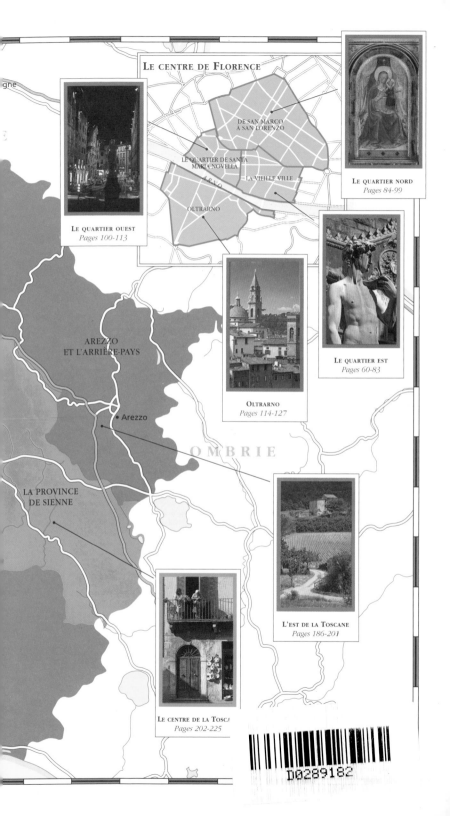

LE CENTRE DE FLORENCE

DE SAN MARCO
À SAN LORENZO

LE QUARTIER DE SANTA
MARIA NOVELLA

LA VIEILLE VILLE

ARNO

OLTRARNO

LE QUARTIER NORD
Pages 84-99

LE QUARTIER OUEST
Pages 100-113

LE QUARTIER EST
Pages 60-83

OLTRARNO
Pages 114-127

AREZZO
ET L'ARRIÈRE-PAYS

• Arezzo

OMBRIE

LA PROVINCE
DE SIENNE

L'EST DE LA TOSCANE
Pages 186-201

LE CENTRE DE LA TOSCANE
Pages 202-225

D0289182

FLORENCE
ET LA TOSCANE

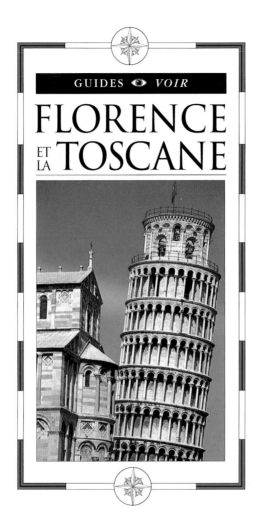

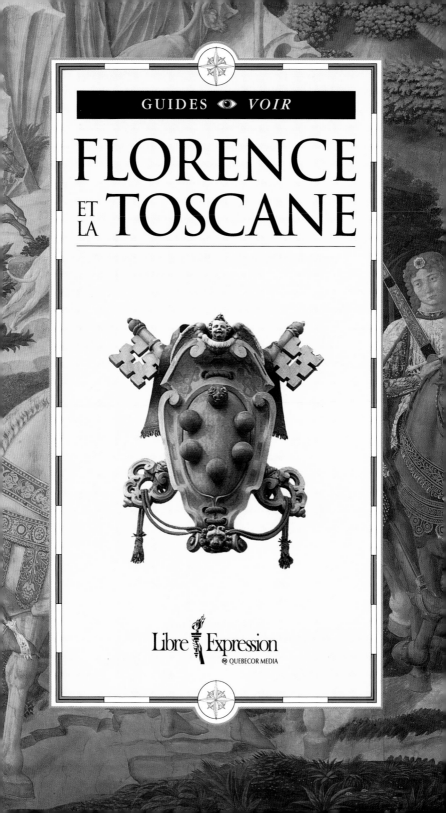

GUIDES ◉ VOIR

FLORENCE
ET LA TOSCANE

Libre Expression
QUEBECOR MEDIA

Libre Expression
QUEBECOR MEDIA

CE GUIDE VOIR A ÉTÉ ÉTABLI PAR
Christopher Catling

DIRECTION
Cécile Boyer

DIRECTION ÉDITORIALE
Catherine Marquet

ÉDITION
Catherine Laussucq

TRADUIT ET ADAPTÉ DE L'ANGLAIS PAR
Dominique Brotot

MISE EN PAGES (PAO)
Maogani

Génie ailé au Palazzo Vecchio

Publié pour la première fois en Grande-Bretagne en 1994,
sous le titre : *Eyewitness Travel Guide: Florence & Tuscany*
© Dorling Kindersley Limited, London 2002,
© Hachette Livre (Hachette Tourisme)
2003 pour la traduction et l'adaptation française,
Cartographie © Dorling Kindersley 2002

© Éditions Libre Expression, 2003,
pour l'édition française au Canada.

Aussi soigneusement qu'il ait été établi, ce guide
n'est pas à l'abri des changements de dernière heure.
Faites-nous part de vos remarques, informez-nous
de vos découvertes personnelles : nous accordons
la plus grande attention au courrier de nos lecteurs.

Imprimé et relié en Chine par L Rex Printing Company Limited

Éditions Libre Expression
7, chemin Bates
Outremont (Québec) H2V 4V7

DÉPOT LÉGAL : 1er trimestre 2003
ISBN : 2-7648-0020-7

Étendard au Palio de Sienne

Paysage toscan du Crete

Fromager à Sienne

Salade panzanella

Fresque à Santa Maria Novella

Le Duomo de Florence

COMMENT UTILISER CE GUIDE

Ce guide a pour but de vous aider à profiter au mieux de votre séjour à Florence et en Toscane. L'introduction, *Présentation de Florence et de la Toscane,* situe la région dans son contexte géographique et historique. Dans *Florence quartier par quartier* et *La Toscane région par région,* plans, textes et illustrations présentent en détail les principaux sites et monuments. Les *Bonnes adresses* vous fourniront des informations sur les hôtels, les marchés ou les restaurants, et les *Renseignements pratiques* vous donneront des conseils utiles, que ce soit pour téléphoner ou vous déplacer.

FLORENCE QUARTIER PAR QUARTIER

Nous avons divisé le centre historique de la ville en quatre quartiers. Chaque chapitre débute par un portrait du quartier et une liste des monuments présentés. Des numéros les situent clairement sur le *Plan du quartier.* Ces numéros correspondent à l'ordre dans lequel les monuments sont décrits dans le corps du chapitre.

Le quartier d'un coup d'œil classe par catégories les centres d'intérêt : églises, musées, rues, places et bâtiments historiques.

2 Plan du quartier pas à pas

Il offre une vue aérienne du cœur de chaque quartier.

Un itinéraire de promenade emprunte les rues les plus intéressantes.

Toutes les pages concernant Florence ont un repère rouge.

Une carte de situation indique où se trouve le quartier dans la ville.

1 Plan général du quartier

Un numéro signale sur ce plan les monuments de chaque quartier. Il apparaît également sur les plans de Florence des pages 136-41.

Des étoiles indiquent les sites à ne pas manquer.

3 Renseignements détaillés

Tous les monuments sont décrits individuellement. Chaque chapitre donne également toutes les informations pratiques telles qu'adresse, heures d'ouverture ou accessibilité aux fauteuils roulants.

1 Introduction

Une description des paysages, de l'histoire et du caractère de chaque région présente son évolution au fil des siècles et ce qu'elle propose aujourd'hui au visiteur.

LA TOSCANE RÉGION PAR RÉGION

Ce guide divise la Toscane en cinq régions traitées chacune dans un chapitre séparé. Un numéro, sur une *Carte touristique*, situe les sites et monuments les plus intéressants.

Des repères colorés aident à trouver chaque région dans le guide.

2 La Carte touristique

Elle offre une vue d'ensemble de toute la région et de son réseau routier. Des numéros situent les sites et monuments. L'accès à la région et les moyens de transport disponibles sont indiqués.

3 Mode d'emploi

Les localités et sites importants sont décrits individuellement dans l'ordre de la numérotation sur la Carte touristique. *Texte, plans et illustrations présentent en détail les bâtiments intéressants de chaque ville ou village.*

Des étoiles signalent les sites ou les œuvres à ne pas manquer.

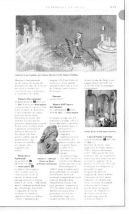

Le Mode d'emploi vous aide à organiser votre visite.

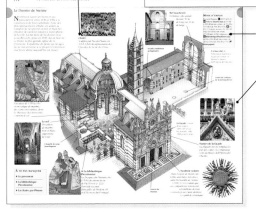

4 Les principaux monuments de Florence et de la Toscane

Deux pages, ou plus, leur sont réservées. La représentation des bâtiments historiques en dévoile l'intérieur. Les plans des musées, par étage, vous aident à localiser les œuvres les plus intéressantes.

PRÉSENTATION DE FLORENCE ET DE LA TOSCANE

Florence et la Toscane dans leur environnement

Située au centre de l'Italie et bordée par l'Ombrie, l'Emilie-Romagne, les Marches et le Latium, la Toscane offre avec ses montagnes, ses collines, ses plaines et son littoral contrasté des paysages très variés. Elle comprend plusieurs îles, dont l'île d'Elbe, et compte plus de 3,5 millions d'habitants sur une superficie de 22 992 km². Deux aéroports internationaux, à Pise et à Florence, la desservent. En train, Florence se trouve à 2 h 30 de Rome et à 3 h de Milan.

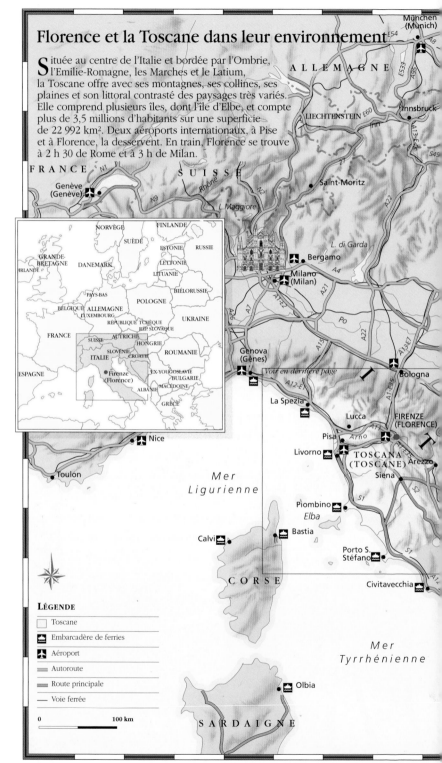

LÉGENDE

- Toscane
- Embarcadère de ferries
- Aéroport
- Autoroute
- Route principale
- Voie ferrée

0   100 km

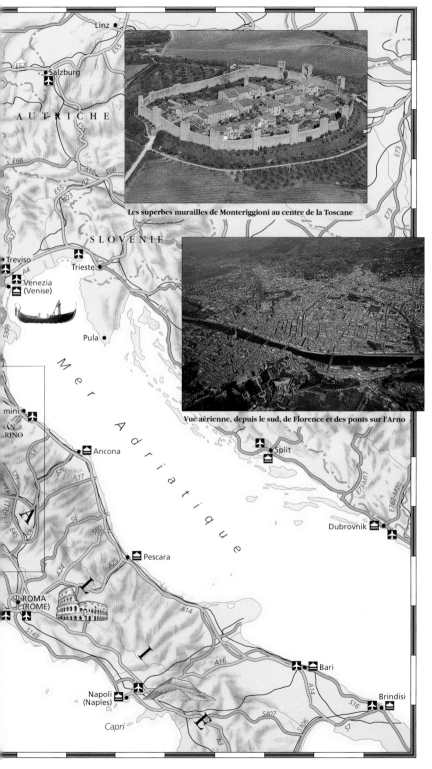

Les superbes murailles de Monteriggioni au centre de la Toscane

Vue aérienne, depuis le sud, de Florence et des ponts sur l'Arno

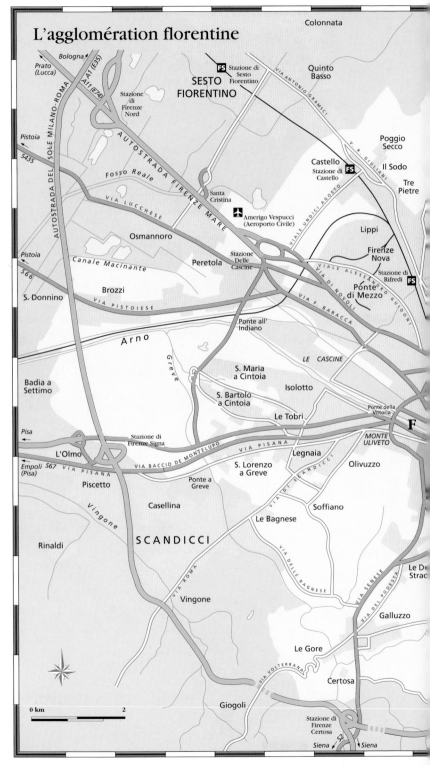

L'agglomération florentine

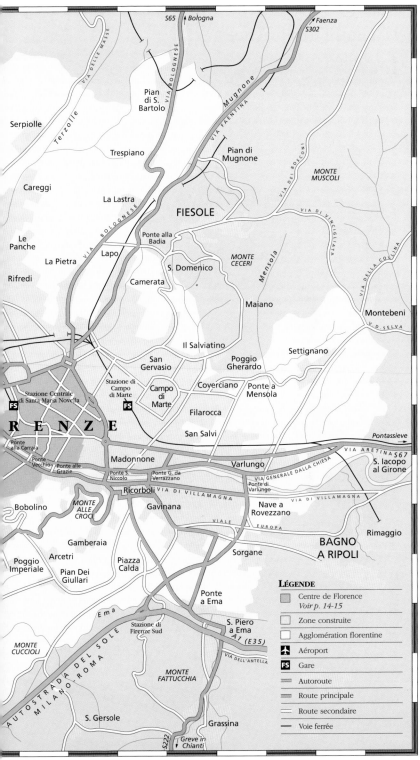

S65 ↑ Bologna
↑ Faenza
S302

VIA DELLE MASSE

Pian di S. Bartolo

VIA BOLOGNESE

Mugnone

VIA FAENTINA

Serpiolle

Terzolle

Trespiano

Pian di Mugnone

VIA DEI BOSONI

MONTE MUSCOLI

Careggi

La Lastra

FIESOLE

VIA DI VINCIGLIATA

Le Panche

VIA BOLOGNESE

Lapo

Ponte alla Badia

MONTE CECERI

Mensola

VIA DELLA COLLINA

La Pietra

S. Domenico

Rifredi

Camerata

Maiano

Montebeni

V. D. SELVA

Il Salviatino

Settignano

San Gervasio

Poggio Gherardo

Stazione di Campo di Marte

Campo di Marte

Coverciano

Ponte a Mensola

Stazione Centrale di Santa Maria Novella

FS

FS

Filarocca

F I R E N Z E

San Salvi

Pontassieve →

Ponte alla Carraia

Madonnone

Varlungo

VIA ARETINA S67

Ponte Vecchio

Ponte alle Grazie

Ponte S. Niccolò

Ponte G. da Verrazzano

VIA GENERALE DALLA CHIESA

S. Iacopo al Girone

Ponte di Varlungo

VIA DI VILLAMAGNA

Ricorboli

VIA DI VILLAMAGNA

Bobolino

MONTE ALLE CROCI

Gavinana

Nave a Rovezzano

Rimaggio

Gamberaia

VIALE EUROPA

BAGNO A RIPOLI

Poggio Imperiale

Arcetri

Piazza Calda

Sorgane

Pian Dei Giullari

Ponte a Ema

Ema

AUTOSTRADA DEL SOLE MILANO-ROMA

Stazione di Firenze Sud

S. Piero a Ema

A1 (E35)

VIA DELL'ANTELLA

MONTE CUCCIOLI

MONTE FATTUCCHIA

S. Gersole

Grassina

S222 ↑ Greve in Chianti

Le centre de Florence

Les plus beaux monuments de Florence sont concentrés dans un espace si restreint que la ville semble dévoiler au visiteur des trésors à chaque pas. Ce guide les présente dans le cadre de quatre quartiers qui peuvent aisément être explorés à pied. Majestueuse et fascinante, la cathédrale (Duomo), se dresse au centre de la cité historique. Santa Croce à l'est, San Marco au nord, Santa Maria Novella à l'ouest et le palazzo Pitti, dans l'Oltrano, en marquent les limites.

À l'ouest : le pont Santa Trinità devant le Ponte Vecchio

Oltrarno : pause sur la piazza di Santo Spirito

LÉGENDE

▢	Monument important
FS	Gare
▦	Terminus des autobus
🚌	Gare routière
P	Parc de stationnement
ℹ	Office du tourisme
✚	Hôpital de garde
🚓	Poste de police
✝	Église
✡	Synagogue

VIALE SPARTACO LAVAGNINI

VIA CAVOUR

VIALE GIACOMO MATTEOTTI

V.D. S. CATERINA D'ALESSANDRIA

VIA BONIFACIO LUPI

PIAZZA DI
SANTA CATERINA
D'ALESSANDRIA

PIAZZA DELL'
DIPENDENZA

VIA XXVII APRILE

VIA ALFONSO LA MARMORA

VIA PIER ANTONIO MICHELI

VIA DEGLI
ARAZZIERI

VIA ALFONSO LA MARMORA

PIAZZA
ISIDORO
DEL LUNGO

San
Marco

GIARDINO
DEI
SEMPLICI

VIA GIORGIO LA PIRA

VIA GINO CAPPONI

GIARDINO
DELLA
GHERARDESCA

GUELFA

PIAZZA DEL
MERCATO
CENTRALE

PIAZZA
DI SAN
MARCO

VIA CESARE BATTISTI

PIAZZA DELLA
SANTISSIMA
ANNUNZIATA

VIA GIUSEPPE PINTI

BORGO GIUSTI

VIA CAVOUR

VIA

Cappelle
Medicee

PIAZZA
DI SAN
LORENZO

DEGLI

VIA DELLA COLONNA

San
Lorenzo

VIA DE' PUCCI

VIA DEI SERVI

PIAZZA FILIPPO
BRUNELLESCHI

ALFANI

PIAZZA MASSIMO
D'AZEGLIO

Biblioteca
Medicea-
Laurenziana

V. DE' MARTELLI

VIA MAURIZIO BUFALINI

VIA DELLA MATTONAIA

VIA DE' GINORI

VIALE ANTONIO GRAMSCI

BRUNELLESCHI

Duomo

PIAZZA
DEL DUOMO

VIA DELL'ORIUOLO

BORGO PINTI

VIA DE' PILASTRI

VIA PIETRO
GIORDANI

VIA DEL PROCONSOLO

V. S. EGIDIO

V. ALESSANDRO
MANZONI

PIAZZA DELLA
REPUBBLICA

VIA CALZAIUOLI

VIA DELL'OCHE

VIA DEL CORSO

BORGO DEGLI ALBIZI

PIAZZA DI
SANT'AMBROGIO

CALIMALA

VIA DEI
TAVOLINI

V. DANTE
ALIGHIERI

PIAZZA
GAETANO
SALVEMINI

VIA PIETRAPIANA

PIAZZA DEI
CIOMPI

VIA DE' MACCI

VESSA

Bargello

PIAZZA DELLA
SIGNORIA

V. D. CONDOTTA

PIAZZA
DI SAN
FIRENZE

V. GIUSEPPE VERDI

GHIBELLINA

VIA GIUSEPPE VERDI

BORGO LA CROCE

Palazzo
Vecchio

PIAZZA DI
S. REMIGIO

PIAZZA DI
SANTA CROCE

L. GO PIERO
BARGELLINI

V. D. S. GIUSEPPE

P D.
PESCE

PIAZZA DI
CASTELLANI

PIAZZA DE'
PERUZZI

VIA DE' BENCI

Santa
Croce

Uffizi

P.te
Vecchio

PIAZZA
DE'
GIUDICI

PIAZZA
MENTANA

LUNG. GEN. DIAZ

LUNG. DELLE GRAZIE

PIAZZA DEI
CAVALLEGGERI

PIAZZA DI
SANTA MARIA
SOPRARNO

DE' BARDI

LUNG. TORRIGIANI

Ponte
alle
Grazie

COSTA DI SAN GIORGIO

LUNG. SERRISTORI

PIAZZA
DEMIDOFF

PIAZZA DE'
MOZZI

V. D. S. NICCOLÒ

0   500 m

**Quartier de San Marco : fontaine
de la piazza della Santissima
Annunziata**

**Dans la vieille ville : entrée principale
du Palazzo Vecchio**

IMAGES DE LA TOSCANE

La Toscane est réputée dans le monde entier pour ses œuvres d'art, son histoire et ses paysages. Partout, le présent se mêle au passé car les Toscans, indépendants et combatifs, ont su préserver leur environnement et leurs traditions. Fiers de leur héritage, c'est avec amabilité qu'ils accueillent le visiteur venu l'admirer.

Malgré les brassages de populations de l'époque contemporaine, il existe encore des Toscans « authentiques » et il n'est pas rare de croiser dans les rues des visages ressemblant fort à ceux des urnes funéraires étrusques (*p. 40-41*). Pour les habitants de Pise ou de Florence, il ne fait d'ailleurs aucun doute que les gènes spécifiquement toscans découverts par les scientifiques proviennent bien de ces lointains ancêtres !

Un visage toscan saisi par Botticelli

Dans sa forme la plus extrême, cet attachement au lieu de naissance s'exprime à travers le *campanilismo*, ardent et revendiqué esprit de clocher : les habitants d'un quartier s'identifient au son de la cloche de leur église. Ainsi, sous l'apparat de nombreuses fêtes toscanes, se cachent d'intenses rivalités entre voisins – une survivance, selon les sociologues, des conflits qui ont opposé pendant des siècles des cités-États puissantes et proches.

Rien d'étonnant, donc, à ce que les Toscans supportent très mal l'autorité et la bureaucratie de Rome et n'hésitent pas, s'ils jugent leur patrimoine en danger, à descendre dans la rue afin de le défendre. Le dernier heurt date de 1990 lorsqu'ils affrontèrent la police afin d'empêcher la fermeture du marché San Lorenzo.

Quand le temps s'arrête à Casole d'Elsa

◁ **Fastes médiévaux pour le Palio de Sienne (*p. 218*)**

Un spectacle rare de nos jours : des bœufs de labour près de Pienza

Le rythme de la vie quotidienne lie encore de nombreux Toscans au passé. Pour les agriculteurs, la journée commence au lever du jour, dès 4 h 30 en été, et à midi, ils ont déjà accompli l'équivalent d'un jour de travail. Si l'agriculture occupait la majorité de la population jusque dans les années 1950 – en général dans le cadre d'un système de métayage, la *mezzadria* –, elle n'emploie plus aujourd'hui que 20 % des actifs. Elle reste cependant un secteur important de l'économie de la région grâce aux cultures maraîchères, fruitières et viticoles. De nombreux cultivateurs ont

Étal de fromages à Florence

ainsi abandonné la terre pour travailler en ville où ils jouissent, en tant qu'ouvriers, d'un revenu stable et de journées de travail plus courtes.

En effet, de nombreuses petites et moyennes entreprises sont installées en Toscane et plus particulièrement autour de Florence. En dépit de cette vie moins rude, les Toscans ont gardé leur rythme ancestral : chacun se lève à l'aube, et presque tout ferme quelques heures en début d'après-midi pour la *siesta*.

Le voyageur avisé découvrira vite l'intérêt qu'il a à se mettre dans l'ambiance, il se lèvera tôt pour jouir de l'animation des cafés avant d'aller admirer en paix des fresques multicentenaires. Plusieurs marchés animés proposent, le matin, au cœur de Florence, des produits locaux (*p. 267*). Les connaisseurs en quête de bonnes affaires s'y pressent avant 9 h.

Les églises ouvrent à 8 h et, sauf durant les messes du dimanche, vous pourrez vous y promener sans craindre que la foule vous dérange dans vos méditations. Aujourd'hui,

Conversation de prêtres, Colle di Val d'Elsa

très peu de Toscans les fréquentent régulièrement préférant consacrer leur dimanche aux amis, au sport ou aux réunions familiales. Quel que soit le jour de la semaine, après l'intense activité du matin, les villes toscanes ralentissent leur rythme. La construction de nouveaux bâtiments est interdite à l'intérieur des

Vendanges en Chianti

murs si bien que pratiquement tous les habitants en âge de travailler ou d'étudier abandonnent les centres historiques aux visiteurs pour se rendre dans les écoles, bureaux ou ateliers

L'heure de la détente à Cortone

des banlieues, telle celle de Firenze Nuova (Nouvelle Florence).

Certaines des plus grandes villes, en particulier Pise, Lucques et Sienne, ont résisté à cette tendance. Loin de devenir des cités-musées entièrement dédiées au tourisme, elles ont conservé une importante activité de services, qui occupent des lieux superbes, témoignage de la même habileté toscane dans le domaine financier qui fit des Médicis une des plus puissantes familles de son temps. On y trouve des professions telles qu'avocats, architectes ou stylistes, souvent diplômés des universités réputées de Pise, Sienne ou Florence, à moins qu'ils ne perpétuent les solides traditions artisanales de la Toscane : les grands couturiers de Milan utilisent ainsi les textiles produits dans les ateliers de Prato ou du centre de Florence, et la renommée des orfèvres du Ponte Vecchio ou d'Arezzo a gagné toute l'Europe.

UNE ÉCONOMIE PROSPÈRE

La Toscane produit verrerie, marbre et motos, tandis qu'elle exporte son huile d'olive et ses vins dans le monde entier... Cela explique que Livourne est le deuxième port d'Italie et que l'aéroport Galileo Galilei de Pise est un très important centre de distribution du fret aérien.

La promenade du soir, ou *passeggiata*, est le meilleur moment pour comprendre le culte que les Toscans vouent au chic et à la beauté : les rues jusqu'alors désertes s'emplissent soudain d'élégants et d'élégantes.

Se montrer sous son meilleur jour, *fare bella figura*, revêt ici une importance extrême et les visiteurs sont jugés selon les mêmes critères. C'est l'occasion pour eux de partager l'aspiration fondamentale des Toscans : créer et cultiver un monde civilisé et harmonieux.

L'élégance italienne
ou *bella figura*

Une place toscane

a vie d'une cité toscane s'organise autour de sa grand-place, ou *piazza*. C'est là que se tiennent les fêtes traditionnelles et que l'on se retrouve aux alentours de 18 h ou 19 h pour la traditionnelle *passeggiata*, la promenade du soir. En règle générale, les bâtiments importants de la vie publique, laïques ou religieux, entourent la *piazza*. Ces édifices présentent pour la plupart des éléments caractéristiques comme le campanile, le *cortile*, ou la loggia, consacrés chacun à un usage spécifique. Vous vous apercevrez que de nos jours ces bâtiments continuent souvent à remplir la fonction pour laquelle ils furent édifiés entre le XIIIᵉ siècle et le XVIᵉ siècle.

Cloche dans son campanile

Puits
Des lois très strictes régissaient l'usage de l'eau, ressource précieuse.

Pavement de marbre ou de grès

Un palazzo, s'il est privé, porte généralement le nom de son propriétaire.

Cortile
On accueillait jadis les visiteurs dans le cortile, cour intérieure entourée d'arcades et protégée des regards indiscrets à l'entrée du palais.

Des trois niveaux des *palazzi* traditionnels, celui du milieu, le *piano nobile*, abritait les salles de réception.

Les rez-de-chaussée accueillaient réserves et ateliers. Beaucoup abritent aujourd'hui des commerces.

Fonts baptismaux

Blasons
Les édifices publics portent souvent, sculptées sur leurs façades, les armoiries d'anciens magistrats ou conseillers.

Le baptistère, souvent octogonal, formait un bâtiment séparé, à l'ouest. Après le baptême, l'enfant entrait cérémonieusement dans l'église pour la première fois.

Fête sur la piazza
Le cadre prestigieux de la grand-place offre souvent un décor approprié aux rencontres costumées où jouteurs, archers et cavaliers font revivre les arts militaires médiévaux.

Créneaux en forme
de queue de poisson

Loggia
Construites pour protéger du soleil ou de la pluie, elles accueillent souvent des marchés.

Le Palazzo del Comune (hôtel de ville) abrite souvent le musée municipal (Museo Civico) et la pinacothèque.

Large nef centrale entourée
d'ailes plus étroites

Loggia ou
colonnade

Le Duomo (du latin *Domus Dei*, la maison de Dieu) est la cathédrale. Une église plus petite s'appelle un *pieve*.

Le campanile, grâce à sa hauteur, permettait au son des cloches de porter loin. Elles annonçaient une réunion publique, la messe, le couvre-feu ou, si on les sonnait *a stormo*, l'approche d'un danger.

Chapelle latérale
Les familles riches faisaient décorer de fresques, peintures et tombeaux les chapelles dédiées à leurs morts .

Comprendre l'architecture en Toscane

Chapiteau roman

Le charme de la Toscane émane en partie du nombre de bâtiments gothiques et Renaissance qui ont subsisté. Des rues entières, comme dans le quartier du Mercato Nuovo à Florence, des places, telle la piazza dei Priori à Volterra *(p. 163)*, et même des villes, comme San Gimignano, sont restées quasiment intactes depuis le XVIe siècle. Quelques indices, la forme des fenêtres par exemple, révèlent le style des édifices et l'époque de leur construction.

Palais gothiques à Cortone

LE ROMAN (DU Ve AU MILIEU DU XIIIe SIÈCLE)

Le style roman s'est développé en Toscane à partir de l'architecture romaine, et des édifices comme Sant'Antimo *(p. 42-43)* conservent un caractère antique. La riche décoration des façades qui fit des églises de Pise et de Lucques de véritables bijoux apparaît au XIIe siècle.

Nœud décoratif

Marqueterie de marbre en placage

Nœuds et entrelacs sont des motifs typiques.

Les chapiteaux sont ornés de têtes humaines et animales.

Le portail central est flanqué de portes plus petites.

Les combles ont souvent trois niveaux d'arcs.

San Paolo a Ripa d'Arno (1210), à Pise (p. 157), *présente une façade où des arcs exubérants contrastent avec une stricte ornementation géométrique.*

LE GOTHIQUE (DU XIIIe AU MILIEU DU XVe SIÈCLE)

Les cisterciens français qui édifièrent l'abbaye de San Galgano en 1218 *(p. 220)* introduisirent en Toscane ce style caractérisé par des arcs brisés, ou ogives. Sienne l'adopta alors pour son Dôme, des bâtiments civils tel le Palazzo Pubblico et plusieurs palais privés *(p. 214-219)*.

Les crochets ont des formes de feuilles ou de fleurs.

Des pinacles, telles des aiguilles miniatures, hérissent le toit.

Fronton pointu

Les niches à pignons abritant les statues de saints ou d'apôtres sont une innovation gothique.

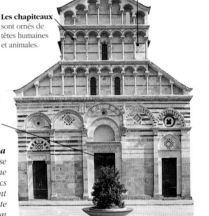

Santa Maria della Spina (1230-1323), avec ses ogives et ses pinacles aigus (p. 157), est un exemple typique de gothique pisan.

Saint Luc, à Orsanmichele

LA RENAISSANCE (XVᵉ ET XVIᵉ SIÈCLES)

C'est la simplicité des édifices de la Rome classique qui inspira Brunelleschi lorsqu'il dessina la loggia de l'hôpital des Innocents (1419-1424) à Florence *(p. 95)*, sa première œuvre architecturale Renaissance. Ses concitoyens adoptèrent avec enthousiasme ce style élégant, considérant leur ville comme la « nouvelle » Rome.

Arc à clé de voûte ornementale

Cour, hôpital des Innocents

Les corniches s'inspirent de l'architecture antique.

Des bandeaux marquent chaque niveau.

Les fenêtres à arc unique en plein cintre sont caractéristiques des édifices Renaissance.

Le palazzo Strozzi (p. 105), dont l'appareillage ~~r~~ustique donne une impression ~~d~~e stabilité et de puissance, est caractéristique de l'architecture toscane de la Renaissance.

LE BAROQUE (FIN DU XVIᵉ ET XVIIᵉ SIÈCLE)

Très théâtral, le baroque si apprécié des papes de Rome rencontra peu d'écho en Toscane et si quelques églises de Florence reçurent de nouvelles façades au XVIIᵉ siècle, la version florentine de ce style est plutôt d'influence classique et nettement moins exubérante que partout ailleurs en Italie.

San Stefano dei Cavalieri (p. 153) arbore sur sa façade baroque des colonnes et pilastres qui donnent une impression de profondeur.

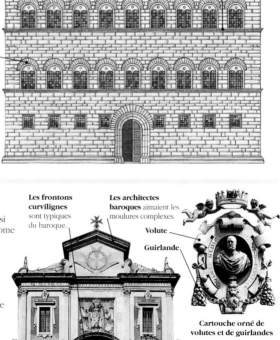

Les frontons curvilignes sont typiques du baroque.

Les architectes baroques aimaient les moulures complexes.

Volute

Guirlande

Cartouche orné de volutes et de guirlandes

Les entourages de fenêtre sont très ouvragés.

Une interaction délibérée entre formes courbes et lignes droites marque l'architecture baroque.

Comprendre l'art en Toscane

L a Toscane fut le théâtre de l'une des plus importantes révolutions artistiques de l'Histoire. Ses chefs-d'œuvre retracent le chemin parcouru de l'art stylisé du Moyen Âge à la beauté classique et à la richesse de la haute Renaissance.

Décor ou fond sans détail

Personnages idéalisés

L'ART MÉDIÉVAL

L'art au Moyen Âge servait de support à la prière et à la contemplation. Patronne de nombreuses villes toscanes, de Sienne en particulier, la Vierge, Reine du ciel, apparaît souvent entourée d'anges et de saints en adoration.

Or, symbole de pureté, utilisé à profusion.

Peu de profondeur

Drapé créant l'unité

Maestà (1308-1311, détail)
Duccio a peint avec une grande délicatesse ce chef-d'œuvre destiné au maître-autel de la cathédrale de Sienne.

Les personnages forment un triangle, symbolisant la Sainte Trinité, qui attire l'œil du spectateur vers les représentations du Christ et de Dieu au sommet.

La Vierge et saint Jean ne sont plus idéalisés.

Lorenzo Lenzi, client de Masaccio, est agenouillé face à sa femme.

L'ART DE LA RENAISSANCE

La révolution artistique, connue sous le nom de Renaissance, qui gagna toute l'Europe à partir du XVe siècle trouve ses origines en Toscane. Inspirés par la Rome antique, soutenus par de riches clients eux-mêmes fascinés par des auteurs tels que Platon et Cicéron, peintres et sculpteurs ressuscitèrent les idéaux classiques. Nus, paysages, portraits, scènes de la vie quotidienne ou inspirées par la mythologie redeviennent ainsi des sujets d'étude.

La Trinité (v. 1427)
Pionnier de la perspective, Masaccio se sert d'éléments architecturaux pour créer la profondeur (p. 110).

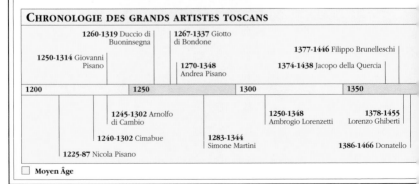

CHRONOLOGIE DES GRANDS ARTISTES TOSCANS

	1260-1319 Duccio di Buoninsegna	**1267-1337** Giotto di Bondone	**1377-1446** Filippo Brunelleschi
1250-1314 Giovanni Pisano		**1270-1348** Andrea Pisano	**1374-1438** Jacopo della Quercia
1200	**1250**	**1300**	**1350**
	1245-1302 Arnolfo di Cambio	**1250-1348** Ambrogio Lorenzetti	**1378-1455** Lorenzo Ghiberti
	1240-1302 Cimabue	**1283-1344** Simone Martini	**1386-1466** Donatello
1225-87 Nicola Pisano			

☐ **Moyen Âge**

LE MANIÉRISME

La peinture maniériste se caractérise par des couleurs intenses, un allongement des formes, des poses délibérément affectées et un grand souci du détail dans des compositions souvent de vastes dimensions.

Michel-Ange joua un rôle primordial dans la formation de ce style et sa *Sainte Famille (p. 81)* influença des artistes tels que Bronzino, le Pontormo et Rosso Fiorentino qui donnèrent une vie nouvelle aux sujets bibliques.

Le Martyre de saint Laurent *(1659)*
Bronzino y présente le corps humain dans des postures très variées (p. 90).

Des statues de dieux romains témoignent de l'intérêt pour l'art classique.

Les corps qui se tordent accentuent l'effet dramatique.

De subtils dégradés accentuent le relief des musculatures.

Rejetant l'idéalisation religieuse du Moyen Âge, les artistes étudièrent l'anatomie pour représenter avec plus de réalisme le corps humain. Ils apprirent les mathématiques pour pouvoir, grâce à la perspective, recréer dans leurs tableaux l'espace en trois dimensions, et placèrent les personnages devant des décors urbains ou des paysages réels. Leurs clients prêtèrent quelquefois leurs traits à un protagoniste ou à un spectateur de la scène principale.

Cette quête de réalisme amena les plus grands créateurs de la Renaissance à apporter une

Madeleine *(1438),* **par Donatello**

nouvelle dimension à leurs œuvres : la recherche de la vérité psychologique. Cette démarche apparaît clairement dans la *Madeleine* de Donatello, sculpture où s'expriment à la fois la douleur et le repentir de l'ancienne pécheresse. La recherche se poursuivait jusque dans les thèmes les plus traditionnels. Ainsi, Fra Filippo Lippi *(p. 82)* s'intéresse plus dans sa *Vierge florentine* (v. 1455) à la relation entre la mère et son fils qu'aux éléments strictement religieux du thème.

Minerve, symbole de la sagesse, dompte la violence animale du centaure.

Minerve et le Centaure
L'allégorie de Botticelli (1485) montre l'intérêt de la Renaissance pour les mythes païens.

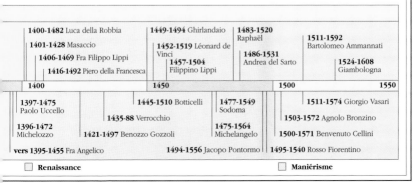

1400-1482 Luca della Robbia	**1449-1494** Ghirlandaio	**1483-1520** Raphaël			
1401-1428 Masaccio			**1511-1592** Bartolomeo Ammannati		
1406-1469 Fra Filippo Lippi	**1452-1519** Léonard de Vinci	**1486-1531** Andrea del Sarto			
1416-1492 Piero della Francesca	**1457-1504** Filippino Lippi		**1524-1608** Giambologna		
1400	**1450**		**1500**		**1550**
1397-1475 Paolo Uccello	**1445-1510** Botticelli	**1477-1549** Sodoma	**1511-1574** Giorgio Vasari		
	1435-88 Verrocchio		**1503-1572** Agnolo Bronzino		
1396-1472 Michelozzo	**1421-1497** Benozzo Gozzoli	**1475-1564** Michelangelo	**1500-1571** Benvenuto Cellini		
vers 1395-1455 Fra Angelico	**1494-1556** Jacopo Pontormo		**1495-1540** Rosso Fiorentino		

☐ **Renaissance**   ☐ **Maniérisme**

Les fresques de la Renaissance

Partout en Toscane, des fresques décorent les murs des églises, des édifices publics ou des palais privés. Les artistes de la Renaissance, en particulier, ont beaucoup utilisé cette technique. Ces peintures murales, dont le nom vient du mot italien *fresco* qui signifie « frais », étaient réalisées sur un enduit de chaux encore humide. La chaux, en séchant, absorbait les pigments puis cristallisait, formant une couche dure aux couleurs vives. Les restaurateurs réussissent aujourd'hui à nettoyer la saleté accumulée en surface au fil des siècles, ils rendent ainsi aux œuvres leur éclat d'origine *(p. 54-55)*.

Le *chiaroscuro*
Le clair-obscur et ses ombres subtiles accentuaient le relief.

Des couleurs cristallines
Les peintres utilisaient des minéraux rares et coûteux pour leurs pigments. C'est du lapis-lazuli qui donna son bleu à la robe de la Vierge del Parto *(v. 1460)* (p. 193) *de Piero della Francesca.*

Les couleurs de terre, tels les rouges et les bruns, provenaient de pigments contenant du fer.

Le pigment blanc servait à rehausser les lumières car il était réfléchissant.

La *sinopia*
Le dessin de la fresque était tracé sur l'avant-dernière couche d'enduit avec un pigment rouge appelé sinopia. *Il restait visible à travers la chaux humide pour guider l'artiste* (p. 152).

Le giornato
La dernière couche d'enduit séchait généralement au bout d'une journée. Les artistes devaient donc diviser leur travail en parties réalisables dans ce laps de temps : le giornato. *Des éléments décoratifs masquaient les raccords lorsque c'était possible.*

Les maçons laissaient le mur rugueux.

Le mur était recouvert d'un premier crépi à base de chaux appelé *arricio*.

L'artiste, s'il ne traçait pas la composition de sa fresque avec la *sinopia* sur l'*arricio*, pouvait reproduire directement sur le mur un modèle créé sur papier.

La fresque finale était peinte sur un mince et lisse enduit de chaux appelé *intonaco*.

Les ateliers
Les apprentis assistaient le maître dans l'exécution de son œuvre, lui permettant de se concentrer sur les éléments importants comme les visages ou les attitudes.

Les apprentis
Tout en étudiant leur art, ils peignaient draperies, fonds ou détails architecturaux dans le style de leur maître.

Qu'acheter en Toscane

La haute couture et les antiquités, qui font la réputation de Florence et de toute l'Italie du Nord, ne sont pas à la portée de toutes les bourses mais on peut aussi y acheter chaussures et maroquinerie à des prix intéressants. Les gourmands trouveront dans les magasins, ou chez les producteurs eux-mêmes, un large éventail de vins, d'huiles d'olive, de miels et de conserves. De nombreuses villes proposent en outre leurs spécialités. *(Voir aussi p. 266-269.)*

Vide-poches en papier marbré

Calepin et boîte de crayons en papier marbré

Les articles de bureau
Spécialité florentine, le papier marbré se présente aussi bien en feuilles qu'en couverture d'agendas ou sous forme de masques de carnaval.

Savon à l'ancienne

Désodorisant à base de fleurs

Les cartes de vœux
On trouve de superbes cartes dans les musées et les librairies.

Les parfums et produits de beauté
Les pharmacies florentines vendent souvent des produits élaborés à partir de recettes traditionnelles.

Majolique peinte à la main

Saladier en céramique

Figurine en albâtre de Volterra

Les céramiques et reproductions
Les artisans toscans proposent aussi bien des pièces originales (artistiche) *que des reproductions d'œuvres de la Renaissance* (reproduzioni). *On peut également acheter des copies de sculptures.*

Reproductions de céramiques Renaissance

Sac à main ouvragé

Élégant porte-documents

Petit porte-monnaie

La maroquinerie
Les créations de stylistes prestigieux comme Gucci côtoient à Florence les imitations vendues dans les rues et sur les marchés.

Ceinture signée Gucci

Chaussure cousue main

Élégante
chaussure de femme

Luxueux bracelet

Écharpe
en soie

Les accessoires de mode
Tous les grands noms de la mode tiennent boutique à Florence.

Les chaussures
Même les stars d'Hollywood se chaussent à Florence dans des boutiques comme Ferragamos.

Miel de tournesol de
Montalcino

Gâteau au chocolat

Vinaigre de vin rouge
et huile d'olive

Les produits toscans
Les gastronomes trouveront dans les alimentari *(épiceries) toscanes un large choix de charcuterie locale – en particulier de saucissons –, de vins, dont le célèbre chianti, d'huiles d'olive (il en existerait quarante variétés), ou encore de confiseries.*

Cœurs d'artichauts
aux olives

Tomates séchées à
l'huile de tournesol

Piments à l'huile
d'olive

Le paysage toscan

Trop pauvres pour s'équiper en matériel moderne, les paysans ont longtemps conservé leurs techniques agricoles ancestrales. La région a été ainsi protégée des cicatrices qu'infligent les cultures intensives, et de nombreuses espèces d'animaux et d'oiseaux prospèrent aujourd'hui dans un cadre où vignobles, oliveraies, champs de céréales, pâturages et bosquets alternent harmonieusement. Plusieurs espèces de fleurs sauvages s'y épanouissent au printemps et en été, et profitent aux abeilles, grillons et cigales.

Cyprès
Ils sont souvent plantés comme brise-vent dans les champs et au bord des routes.

On construit en hauteur pour profiter du vent en été.

Le *Crete*
Ravins et monts lavés de leur sol par les orages alternent dans ce massif argileux au sud de Sienne.

Les terrasses
Des murs de pierres sèches maintiennent le sol en place sur les flancs des coteaux.

UNE FERME TOSCANE
L'exploitation agricole traditionnelle comprend vignobles, oliveraies et champs de maïs ou d'orge pour nourrir le bétail et la basse-cour.

La Garfagnana
Cerfs, sangliers, aigles et martres vivent en sécurité dans le parc naturel protégé qui couvre une grande partie de cette région.

Viticulture
Beaucoup de familles fabriquent leur propre vin et pas un lopin de terre n'est gaspillé.

Olives
L'olivier est cultivé partout et de nombreuses fermes vendent de l'huile pressée artisanalement.

LA FAUNE ET LA FLORE TOSCANES

Mai et juin, très fleuris, sont les meilleurs mois pour visiter la campagne toscane. Les pluies d'automne provoquent une deuxième floraison, puis les cyclamens tapissent le sol des forêts. Même l'hiver a ses fleurs, tels l'ellébore et le perce-neige.

Animaux, oiseaux et insectes

Les sphinx moineaux *mêlent leurs couleurs à celles des fleurs qu'ils butinent.*

Les martinets *rivalisent d'adresse et de légèreté au-dessus des toits des villes.*

Le lézard vert *se nourissant de sauterelles, aime paresser au soleil.*

Les sangliers, *abondants, redoutent à juste titre les chasseurs.*

Fleurs sauvages

La chicorée *fleurit tout l'été et sert d'aliment pour le bétail.*

La mauve, *même blanche ou rouge, est appréciée des abeilles.*

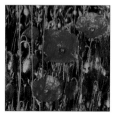

Le coquelicot *pousse souvent près de marguerites d'un blanc éclatant.*

Le liseron, *à l'odeur d'amande, attire de nombreux insectes.*

FLORENCE ET LA TOSCANE AU JOUR LE JOUR

C'est en mai que la Toscane est la plus belle, se couvrant des fleurs que Flore dispense avec tant de grâce dans *Le Printemps* de Botticelli *(p. 82)*. Mais l'automne est tout aussi coloré, les forêts de hêtres et de châtaigniers s'embrasant alors d'or et de pourpre.

Voyager en mai, en septembre ou en octobre permet d'éviter les grosses chaleurs et les queues qui se forment devant les musées à Pâques et

Une moisson au Moyen Âge

en été. En août, alors que les Toscans vont chercher la fraîcheur au bord de la mer, de nombreux restaurants, bars et magasins ferment. Assister à des festivités aussi célèbres que le Palio de Sienne ou la Joute du Sarrasin d'Arezzo impose de prendre des réservations une année à l'avance mais il existe beaucoup d'autres fêtes locales à découvrir. Pour tous renseignements, adressez-vous aux offices du tourisme *(p. 273)*.

PRINTEMPS

La Toscane commence à sortir de la torpeur de l'hiver à l'approche de Pâques. Les coteaux prennent une couleur vert tendre et une odeur de renouveau embaume l'air. Dans les villes, les pots de fleurs réapparaissent aux fenêtres ; iris et glycines s'épanouissent dans les jardins publics.

Sur les menus des restaurants, asperges (une spécialité de la région de Lucques) et fèves fraîches arrosées de jus de citron et d'huile remplacent les plats de gibier de l'hiver.

Hormis à Pâques, il n'y a pas de foule dans les rues et dans les principaux monuments mais le temps peut se montrer imprévisible et humide.

Le premier signe du printemps à Cortone : des fleurs aux fenêtres

Fête de l'Explosion du char

MARS

Carnevale *(mardi gras).* Viareggio *(p. 36).*
Scoppio del Carro, ou Explosion du char *(dimanche de Pâques),* piazza del Duomo, Florence. Des bœufs blancs tirent jusqu'aux portes de la cathédrale un grand char doré bourré de feux d'artifice. Une fusée en forme de colombe, partie d'au-dessus du maître-autel, glisse alors sur un câble pour venir l'enflammer. Cette cérémonie tire ses origines de rites de la fertilité païens et beaucoup de Toscans croient encore qu'une mise à feu réussie annonce de bonnes récoltes.
Festi degli Aquiloni, ou Fête des cerfs-volants *(1er dim. après Pâques),* San Miniato *(p. 159).* Acrobaties aériennes sur le Prato della Rocca qui domine la ville.

AVRIL

Sagra Musicale Lucchese *(avr.-début juil.),* Lucques *(p. 174-175).* Concerts de musique sacrée dans les nombreuses églises romanes de la ville.
Mostra Mercato Internazionale dell'Artigianato, ou Exposition d'artisanat *(dernière semaine),* fortezza da Basso, Florence. Des exposants venus de toute l'Europe.

MAI

Maggio Musicale, Florence. C'est le plus important des festivals artistiques de la ville et il propose, désormais jusqu'en juillet, des concerts de musiciens de renommée internationale – notamment Zubin Mehta qui dirige l'Orchestra Regionale Toscana –, et des spectacles de danse aussi bien classique que moderne.
Festa del Grillo *(1er dim. après l'Ascension),* Le Cascine, Florence. Tirant ses origines d'une célébration païenne du printemps, cette Fête du grillon se déroule dans l'immense parc qui s'étend à l'ouest de la ville. Jusqu'à récemment, les grillons achetés vivants étaient libérés en signe de porte-bonheur. Ils sont aujourd'hui faits main.
Balestro del Girifalco, ou Rencontre du faucon *(1er dim. après le 22 mai),* Massa Marittima *(p. 37).*

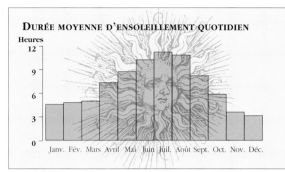

DURÉE MOYENNE D'ENSOLEILLEMENT QUOTIDIEN

Heures

Ensoleillement
*La clarté dorée qui a rendu célèbre la lumière de Toscane est particulièrement remarquable quand les jours d'été écrasés de soleil raccourcissent.
Il fait doux et généralement beau au printemps et en automne.*

ÉTÉ

À partir de juin, le calendrier des manifestations en Toscane se remplit de fêtes organisées dans les petites villes et les villages, souvent autour de la Saint-Jean-Baptiste, le 24 juin. Moins touristiques que les grands festivals, ces célébrations fournissent l'occasion de goûter vins et produits locaux.

Champ de tournesols au cœur de l'été

JUIN

Calcio in Costume ou Football en costume *(24 juin et deux autres jours en juin)*.
Estate Fiesolana, ou Été de Fiesole *(mi-juin à fin août)*, Fiesole *(p. 132)*. Festival de musique, d'art, de théâtre, de danse et de cinéma.
Regata di San Ranieri *(17 juin)*, Pise *(p. 152)*. Régates en costumes et procession de bateaux décorés sur l'Arno. Le soir,

des dizaines de milliers de torches illuminent les bâtiments sur les berges.
Gioco del Pontes ou Jeu du pont *(dernier dimanche de juin)*, Pise. Combat rituel organisé sur un pont *(p. 36)*.

JUILLET

Corsa del Palio *(2 juil. et 16 août)*, Sienne. La manifestation la plus célèbre de Toscane *(p. 218)*.
Pistoia Blues *(début juil.)*, piazza del Duomo, Pistoia *(p. 182-183)*. Une semaine de blues interprété par des artistes venus du monde entier.
Settimana Musicale Senese *(dernière semaine)*, Sienne *(p. 214-215)*. Les membres de la réputée Accademia Musicale Chigiana donnent pendant une semaine des concerts de musique de chambre dans des décors splendides comme le palazzo Chigi-Saraceni.

AOÛT

Festival Pucciniano *(tout le mois)*, Torre del Lago Puccini *(p. 171)*. Les opéras de Puccini dans un théâtre de verdure près du lac au bord duquel il vécut.
Rodéo *(tout le mois)*, Alberese. Démonstrations des cow-boys de la Maremme *(p. 232-233)*.
Cantiere Internazionale d'Arte *(fin juil.-déb. août)*, Montepulciano *(p. 223)*. Dirigé par Hans Werner Henze, cet important festival présente les créations de grands compositeurs, dramaturges et chorégraphes contemporains.
Festa della Bistecca *(15 août)*, Cortone *(p. 200-201)*. La fête du bifteck, spécialité locale.
Il Baccanale *(avant-dernier samedi)*, Montepulciano *(p. 223)*. Festins et chansons rendent hommage au vino nobile *(p. 256)*.

Une glace italienne, quel régal !

Fête patronale dans les rues de Sienne

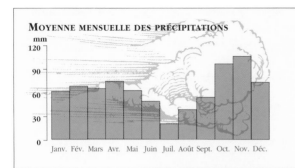

MOYENNE MENSUELLE DES PRÉCIPITATIONS

mm
120
90
60
30
0

Janv. Fév. Mars Avr. Mai Juin Juil. Août Sept. Oct. Nov. Déc.

Précipitations
L'automne est la saison la plus humide en Toscane et il peut pleuvoir pendant des jours, surtout en novembre. Des orages rafraîchissants éclatent souvent à la fin de l'été. Peu de pluie, généralement, en hiver et au printemps.

AUTOMNE

C'est la saison des vendanges, la *vendemmia* partout en Toscane. Il ne faut pas manquer les *sagre* (festivals), annoncés un peu partout dans la région. Ce sont des fêtes familiales et authentiques célébrant une spécialité locale de saison telle que les champignons dont les Toscans raffolent, notamment les *funghi porcini*. À partir de la fin octobre, en même temps que les premières gelées, les forêts se teintent d'or et d'écarlate, un splendide spectacle.

L'automne dans le Val d'Orcia, dans le sud de la Toscane

Vendanges dans le Chianti

SEPTEMBRE

Giostra del Saraceno, ou Joute du Sarrasin *(1er dim.),* Arezzo *(p. 37).*
Festa della Rificolona *(7 sept.),* piazza della Santissima Annunziata, Florence. Portant de petites lanternes de papier coloré, les enfants célèbrent l'anniversaire de la naissance de la Vierge.
Palio della Balestra, ou Fête de l'arbalète *(2e dim.),* Sansepolcro *(p. 192-193).* Parades et lancers de drapeaux accompagnent une compétition de tir à l'arbalète entre Sansepolcro et Gubbio, en Ombrie.
Luminara di Santa Croce *(13 sept.),* Lucques *(p. 174-175).* Procession aux flambeaux derrière le Volto Santo, un Christ sculpté dans le bois.
Rassegna del Chianti Classico *(2e sem.),* Greve in Chianti. La plus grande fête toscane du vin. Festival du vin à Pitigliano (Maremme).
Mostra Mercato Internazionale dell'Antiquariato *(sept.-oct.),* Florence. Importante Biennale des antiquaires.

OCTOBRE

Amici della Musica *(oct.-avr.),* Florence. Début des concerts des « Amis de la musique ».
Sagra del Tordo, ou Fête de la grive *(dernier dim.),* Montalcino *(p. 37).*

Participant à la Joute du Sarrasin d'Arezzo

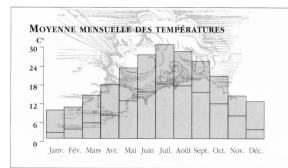

Moyenne mensuelle des températures

C°
30
24
18
12
6
0

Janv. Fév. Mars Avr. Mai Juin Juil. Août Sept. Oct. Nov. Déc.

Températures

Il fait très chaud en juillet et à peine moins en juin et en août. Ce sont les mois les moins agréables pour une visite. Préférez la fin du printemps ou le début de l'automne où l'on peut déjà, ou encore, dîner en terrasse.

NOVEMBRE

Festival dei Popoli *(nov.-déc.)*, dans plusieurs lieux de Florence. Le plus important festival de cinéma de Toscane. Les films sont présentés en version originale sous-titrée en italien.

HIVER

C'est la meilleure période pour découvrir en toute tranquillité les églises et musées de Florence. Le froid se montre parfois mordant mais les ciels bleus et limpides, et la lumière riche et dorée, font de l'hiver la saison préférée des photographes. Partout en ville s'élève le parfum des marrons grillés. La récolte des olives ne s'achève qu'en décembre dans le sud de la Toscane.

DÉCEMBRE

Fiaccole di Natale, ou Noël aux flambeaux *(24 déc.)*, Abbadia di San Salvatore, près de Montalcino *(p. 220)*. Chants de Noël et processions aux flambeaux en souvenir des bergers de la crèche.

JANVIER

Capodanno. Le Nouvel An est célébré avec fougue dans toute la Toscane. Feux d'artifice, chasseurs visant le ciel, pétards explosant dans les rues, tout ce bruit fait partie d'un rituel visant à effrayer les fantômes de l'année écoulée et à accueillir la nouvelle.

Marrons grillés, Montalcino

Pitti Immagine Uomo, Pitti Immagine Donna, Pitti Imagine Bimbo *(au cours du mois)*, fortezza da Basso, Florence. Prestigieuses présentations par les grands couturiers et stylistes italiens et internationaux de leurs collections d'été pour hommes, femmes et enfants.

FÉVRIER

Carnevale *(les dim. avant Carême, mardi gras)*, Viareggio *(p. 171)*. Le carnaval de Viareggio est réputé dans toute l'Italie pour l'originalité de ses chars souvent inspirés de thèmes contemporains *(p. 36)*. Parmi bien d'autres en Toscane, les carnavals de San Gimignano et d'Arezzo sont tout aussi splendides.

JOURS FÉRIÉS

Nouvel An (1er janv.).
Épiphanie (6 janv.).
Lundi de Pâques.
Anniversaire de la Libération (25 avr.).
Fête du Travail (1er mai).
Ferragosto (15 août).
Toussaint (1er nov.).
Immaculée Conception (8 déc.).
Noël (25 déc.).
Saint-Étienne (26 déc.).

Pas de foule en hiver sur la piazza di Santo Spirito de Florence

Les fêtes en Toscane

Beaucoup de fêtes en Toscane commémorent des batailles ou des événements qui eurent lieu il y a des siècles. D'autres tirent leurs origines des tournois médiévaux. Elles ne sont toutefois pas de simples pastiches de l'histoire présentés pour la seule curiosité des touristes mais d'authentiques célébrations qui entretiennent une tradition toujours vivante. Il suffit de constater l'adresse des cavaliers, des jouteurs ou des archers pour s'en convaincre. Voici une sélection des plus spectaculaires.

Le *calcio* en costume

FLORENCE

Les rencontres de *calcio* en costume ou Football en costume sont des festivités qui ont lieu durant 3 jours en juin, dont un est toujours le 24 juin. Mélange de football et de rugby, ce sport souvent violent datant de l'Antiquité oppose les quatre *rione* (arrondissements) médiévaux de la cité dont les équipes de vingt-sept joueurs s'affrontent deux à deux. Celle qui remporte la finale gagne une vache.

Presque plus spectaculaires que les matchs eux-mêmes, des processions en costumes d'époque au son des trompettes et tambours précèdent les rencontres. Celle du 24 juin coïncide avec la Saint-Jean-Baptiste, patron de la cité.

À 22 h, un feu d'artifice ponctue tous ces événements. La rive nord de l'Arno, entre le ponte Vecchio et le ponte alle Grazie, offre le meilleur point de vue pour y assister.

L'OUEST DE LA TOSCANE

Le dernier dimanche de juin, des milliers de spectateurs se pressent à Pise *(p. 152-153)* sur les berges de l'Arno pour assister au Gioco del Ponte, ou Jeu du pont. Cette bataille oppose les représentants des Pisans du nord du fleuve à ceux du sud, les participants arborant des costumes Renaissance. Certains portent même des armures datant des xve et xvie siècles, et des écus aux armoiries des différents arrondissements de la cité, équipement conservé entre deux rencontres au Museo Nazionale di San Matteo *(p. 153)*.

Sur le très vieux ponte di Mezzo, les deux équipes essaient de pousser un char de sept tonnes jusque sur le terrain de l'adversaire, une coutume remontant probablement au Moyen Âge où tous les citoyens devaient suivre un entraînement militaire afin d'assurer la défense de la ville.

Le Jeu du pont de Pise

LE NORD DE LA TOSCANE

La fantaisie et la drôlerie de ses chars vaut au *carnevale* organisé le mardi gras à Viareggio *(p. 171)* une réputation nationale. Leurs caricatures de personnalités de la vie publique étaient si pertinentes et mordantes que plusieurs controverses, ces dernières années, ont contraint les créateurs des chars à plus de retenue. Leur prestige n'a toutefois en rien diminué dans la ville où leurs œuvres restent exposées toute l'année. Comme partout en Italie, la célébration du carnaval, mêlant traditions païennes et chrétiennes, offre l'occasion d'intenses plaisirs.

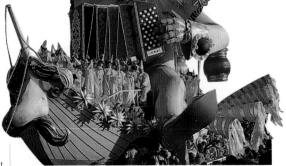

L'un des chars spectaculaires du carnaval de Viareggio

Cavaliers attendant de charger à la Joute du Sarrasin d'Arezzo

L'EST DE LA TOSCANE

C'est sur la Piazza Grande, à Arezzo *(p. 194-195)*, que se tient chaque premier dimanche de septembre la Giostra del Saracino, ou Joute du Sarrasin. L'origine de cette tradition remonte aux croisades qui unirent l'Europe, au Moyen Âge, contre les Maures d'Afrique du Nord.

Précédée par des défilés bigarrés, la rencontre proprement dite oppose huit cavaliers en armure qui représentent les quatre *contrade* (quartiers) rivaux d'Arezzo. Ils doivent frapper de leur lance le bouclier du « Sarrasin », une effigie de bois, et éviter d'être désarçonnés par le fléau d'arme mis en mouvement par le choc. Leurs supporters font partie du spectacle. Occupant les quatre côtés de

Tir à l'arc à la Fête de la grive de Montalcino

la place, ils se taisent lorsque c'est leur *contrada* qui joute mais essaient à force de vacarme de distraire les adversaires.

LE CENTRE DE LA TOSCANE

La manifestation la plus importante de cette région est le Palio de Sienne *(p. 218)*, mais la Sagra del Tordo, ou Fête de la grive, qui se tient le dernier dimanche d'octobre à Montalcino *(p. 220-221)* attire aussi beaucoup de monde. Dans l'imposant décor offert par la *fortezza* (château) du XIVᵉ siècle, les archers des quatre *contrade* de la ville s'affrontent en costumes d'époque. Cette compétition a toutefois pour fonction principale de servir de prétexte à des agapes mettant

en valeur les productions agricoles locales telles que l'huile d'olive et le vin.

Celui-ci, en particulier, coule sans retenue, notamment le Brunello, considéré comme l'un des meilleurs vins rouges d'Italie, accompagné de grives grillées au feu de bois. Les amoureux des oiseaux peuvent cependant leur préférer des spécialités plus conventionnelles comme la *porchetta* (cochon de lait rôti).

Montalcino organise d'autres rencontres de tir à l'arc en août pour l'ouverture de la chasse.

TOSCANE DU SUD

Le Balestro del Girifalco, ou Rencontre du faucon, se déroule à Massa Marittima *(p. 230)* le premier dimanche après la Saint-Bernardin (22 mai) et le premier dimanche d'août. Une longue parade en costumes Renaissance où musiciens alternent avec lanceurs de drapeaux précède la compétition. Celle-ci oppose les équipes des trois divisions historiques de la ville : les *terzieri* ou tiers. Les participants doivent atteindre avec le carreau de leur arbalète un faucon mécanique attaché à un câble, ce qui demande une grande adresse et une concentration que la bruyante rivalité entre *tierzeri* ne facilite pas.

Élégance Renaissance au Balestro del Girifalco de Massa Marittima

HISTOIRE DE FLORENCE ET DE LA TOSCANE

La longue et riche histoire de la Toscane marque partout ses paysages. D'innombrables églises se dressent sur les vestiges d'anciens temples païens et des *palazzi* du Moyen Âge et de la Renaissance bordent les rues. L'ancienneté de leurs hôtels de ville témoigne de l'attachement historique de ces cités à leur indépendance. Les châteaux et les villages fortifiés parsemant la campagne, tel San Gimignano *(p. 208-211),* révèlent toutefois que ce désir d'autonomie se conjugua souvent avec de sanglantes rivalités.

Le lion Marzocco, emblème de Florence

Certaines des plus imposantes forteresses, comme la Fortezza Medicea d'Arezzo *(p. 194),* portent le nom des Médicis dont les armoiries, visibles partout en Toscane, rappellent leur importance dans l'histoire de la région. Ils présidèrent à la naissance de l'humanisme et de la Renaissance puis, devenus grands-ducs de Toscane, protégèrent des savants et des ingénieurs comme Galilée.

Le XVIIIᵉ siècle vit leur influence décliner et avec elle celle de Florence mais la cité tint à nouveau un rôle de premier plan de 1865 à 1871, servant alors de capitale à l'Italie récemment unifiée.

La Seconde Guerre mondiale puis l'inondation de 1966 causèrent de grands dommages aux œuvres d'art et aux monuments de la Toscane. Les programmes de réhabilitation qui furent mis en œuvre permirent cependant d'élaborer de nouvelles méthodes scientifiques de restauration. L'héritage artistique de cette région peut ainsi continuer d'inspirer les créateurs qui y travaillent aujourd'hui ainsi que les innombrables visiteurs qui viennent l'admirer.

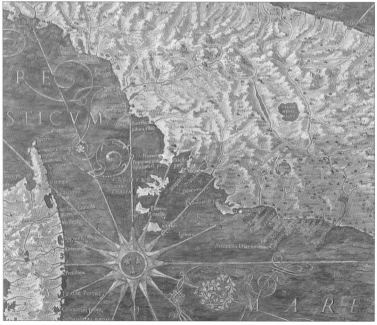

Carte d'Italie du XVIᵉ siècle. L'Arno mène à Florence mais Pise en contrôle le débouché

◁ San Gimignano, porté par son saint patron, a peu changé depuis que Taddeo di Bartolo (1362-1422) l'a peint

La Toscane étrusque et romaine

Venus d'Asie Mineure, les Étrusques se fixèrent aux environs de 900 av. J.-C. dans une région correspondant à une partie de la Toscane, de l'Ombrie et du Latium actuels. Sa richesse en minerais leur permit de produire armes, outils et bijoux qu'ils échangèrent avec la Grèce. L'âpre guerre qui les opposa aux Romains en 395 av. J.-C. marqua le début de leur déclin. Leur civilisation avait

Boucles d'oreille étrusques en or

toutefois profondément marqué celle de Rome, notamment la religion, avec des rites tels que les sacrifices d'animaux. Les riches sépultures qu'ils laissèrent, telles celles de Volterra *(p. 162-163),* apportent de précieux renseignements sur leur vie quotidienne.

Des tablettes de cire servaient aux comptes de la maison.

Ce chariot couvert témoigne de l'adresse des Étrusques en menuiserie.

La Chimère d'Arezzo (ıv^e siècle av. J.-C.)
Cette chimère blessée est un exemple frappant de la qualité de la statuaire étrusque.

Jeux athlétiques
Les athlètes ou les courses de chars des tombeaux des Étrusques suggèrent qu'ils organisaient des rencontres semblables aux Jeux olympiques grecs.

URNE FUNÉRAIRE ÉTRUSQUE

Ce que nous savons des Étrusques provient pour beaucoup de l'étude du contenu de leurs tombeaux, comme cette urne en terre cuite du ı^{er} siècle av. J.-C. trouvée à Volterra et décorée de scènes domestiques.

Le relief illustre le dernier voyage du mort.

CHRONOLOGIE

900 av. J.-C.	800	700	600	500	400	300

ıx^e siècle av. J.-C. Des Étrusques sur l'île d'Elbe

508 Lars Porsena, chef étrusque de Chiusi, mène une attaque ratée contre Rome

474 Les Étrusques sont vaincus en Asie Mineure par leurs rivaux commerciaux. Des ports comme Populonia commencent à décliner

vıı^e siècle Début du commerce maritime avec la Grèce et le Proche-Orient

vı^e siècle Confédération des douze cités les plus puissantes : Dodecapolis

Pièce de Populonia

395 Rome prend Veii in Lazio. Fin de l'indépendance étrusque

Lustre circulaire
Seize lampes à huile forment le tour de ce lustre en bronze datant d'env. 300 av. J.-C.

La famille du défunt assiste au cortège funèbre.

Statue de Vénus
Les Étrusques adoptèrent des divinités romaines, telle Vénus, déesse de la beauté.

Tablette de plomb
Les prêtres étrusques gravaient le détail des rites sur des tablettes de plomb. Leur langue reste cependant en partie ésotérique et nous ne comprenons pas toutes leurs croyances et traditions.

OÙ VOIR LA TOSCANE ANTIQUE

Les célèbres bronzes, la *Chimère* et l'*Orateur*, se trouvent au Musée archéologique de Florence *(p. 99)*. Les musées de Fiesole *(p. 132-133)*, Volterra *(p. 162)*, Chiusi *(p. 224)*, Cortone *(p. 200)* et Grosseto *(p. 234)* présentent aussi de superbes collections. On peut voir les ruines d'une ville étrusque près de Roselle *(p. 234)*.

Tombeau en pierre taillée
Les tombes de Sovana datent du IIIe siècle av. J.-C. (p. 234).

Théâtre romain
Les thermes et le théâtre découverts à Volterra datent d'après la conquête de la ville au IVe siècle av. J.-C. (p. 163).

---

205 Rome contrôle toute la Toscane. Les Étrusques paient un tribut en blé, armes, bronze et fer

90 Devenant citoyens romains, les Étrusques n'existent plus en tant que culture séparée

250 Des marchands orientaux introduisent le christianisme à Florence. Martyre de saint Minias

313 Constantin accorde un statut officiel au christianisme

200	100	1 apr. J.-C.	100	200	300	400

Bronze d'un orateur romain v. 300 av. J.-C.

20 Fondation de Saena (Sienne), colonie militaire

59 Des vétérans de l'armée romaine fondent Florentia (Florence)

405 Flavius Stilicho bat les Ostrogoths assiégeant Florence

Le début du Moyen Âge

Lion datant du Moyen Âge

Assaillie par des tribus germaniques telles que les Goths et les Lombards, l'Italie connut de sombres années du Vᵉ au VIIIᵉ siècle où Charlemagne, répondant à l'appel du pape, chasse les Lombards de Toscane. En récompense, il est sacré empereur des Romains, ouvrant sans le savoir la voie aux interminables conflits qui opposeront la papauté au Saint-Empire.

Les premières églises avaient des charpentes en bois.

Mosaïque de la Vierge
Cette mosaïque de Cortone (p. 200) témoigne de l'influence byzantine sur l'art du début du Moyen Âge.

Les chapiteaux sont ornés de scènes bibliques.

Statue équestre
Cette sculpture du Xᵉ siècle de la cathédrale de Sovana évoque le conflit entre le pape et l'empereur pour le contrôle de l'Église.

Logement des prêtres

La chapelle Sant'Agata
Beaucoup des sanctuaires chrétiens les plus anciens de Toscane, comme cette chapelle du XIIᵉ siècle, furent élevés sur la tombe d'un saint martyrisé par les Romains (p. 152).

Les chapelles semi-circulaires aux toits en forme de patelle sont typiques de cette période.

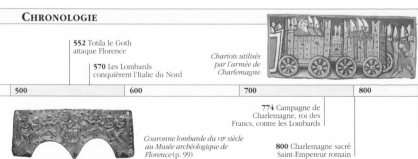

CHRONOLOGIE

552 Totila le Goth attaque Florence

570 Les Lombards conquièrent l'Italie du Nord

Chariots utilisés par l'armée de Charlemagne

500	600	700	800

774 Campagne de Charlemagne, roi des Francs, contre les Lombards

Couronne lombarde du VIIᵉ siècle au Musée archéologique de Florence (p. 99)

800 Charlemagne sacré Saint-Empereur romain

Les cloches du campanile sonnaient pour appeler le village à l'église.

La comtesse Matilda
Matilda, la dernière margrave, régna sur la Toscane au XIe siècle et y édifia de nombreuses églises.

OÙ VOIR LA TOSCANE DU DÉBUT DU MOYEN ÂGE

On trouve dans toute la région des églises de cette période : à San Piero a Grado *(p. 157)* ; Barga *(p. 170)* ; Lucques *(p. 174-175)* ; San Quirico d'Orcia *(p. 221)* ; Massa Marittima *(p. 230)* ; Sovana *(p. 232)* ; San Miniato al Monte à Florence *(p. 130)* ; et Fiesole *(p. 132)*.

Castello di Romena
La famille Guidi, qui contrôlait la région, construisit cette tour au XIe siècle près de Bibbiena.

Fonts baptismaux
Des scènes des vies de Moïse et du Christ ornent à Lucques (p. 174-175) les fonts baptismaux de San Frediano.

SANT'ANTIMO *(p. 224)*
Fondée, selon la légende, en 781 par Charlemagne, cette église révèle l'influence des tribunaux romains, sur le plan des premiers sanctuaires chrétiens : l'autel occupe l'emplacement de la chaire du magistrat.

Le déambulatoire, derrière l'autel, servait aux processions.

Santi Apostoli à Florence
Fondée en 786, l'église incorpore des colonnes de thermes antiques (p. 109).

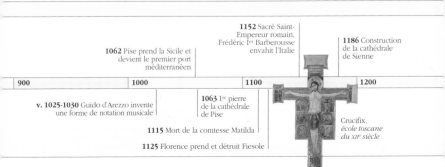

1062 Pise prend la Sicile et devient le premier port méditerranéen

1152 Sacré Saint-Empereur romain, Frédéric Ier Barberousse envahit l'Italie

1186 Construction de la cathédrale de Sienne

| 900 | 1000 | 1100 | 1200 |

v. 1025-1030 Guido d'Arezzo invente une forme de notation musicale

1063 1re pierre de la cathédrale de Pise

1115 Mort de la comtesse Matilda

1125 Florence prend et détruit Fiesole

Crucifix, école toscane du XIIe siècle

La fin du Moyen Âge

Malgré les luttes incessantes qui opposent factions et cités au XIIIᵉ siècle, industrie textile et commerce enrichissent la Toscane. Les échanges avec le monde musulman conduisent le Pisan Fibonacci à introduire en Occident la numérotation arabe. Les progrès de la géométrie qui en découlent permettent aux architectes toscans de se lancer dans la construction d'édifices plus audacieux. Pendant ce temps, les banquiers développent les principes de tenue de livres de compte qui sous-tendent toujours la comptabilité moderne.

Des condottieri (mercenaires) prenaient en charge les conflits.

Des tours défensives protégeaient la ville.

Les citoyens aisés jouissaient de temps libre.

L'Enfer de Dante
Pris dans le conflit des guelfes et des gibelins, Dante (en bleu) dut s'exiler de Florence en 1302. Il se vengea en décrivant dans ses poèmes les tourments de ses ennemis en enfer.

Pétrarque et Boccace
Comme Dante, ils écrivaient en toscan et non en latin. Les sonnets de Pétrarque (en haut à gauche) et les contes de Boccace (en bas à gauche) étaient très populaires.

EFFETS DU BON GOUVERNEMENT
Cette fresque allégorique du début du XIVᵉ siècle d'Ambrogio Lorenzetti montrant citoyens heureux et ville prospère s'oppose dans le Palazzo Pubblico de Sienne *(p. 214-215)* à celle des *Effets du Mauvais Gouvernement* où la cité se trouve livrée au crime et à la ruine.

CHRONOLOGIE

1215 Début du conflit entre guelfes, favorables au pape, et gibelins qui soutiennent l'empereur

1252 Premier florin d'or

1260 Sienne bat Florence à Montaperti

1278 Campo Santo de Pise

| 1200 | 1220 | 1240 | 1260 | 1280 |

1220 Sacré empereur, Frédéric II d'Allemagne revendique l'Italie

1224 Saint François d'Assise reçoit les stigmates à La Verna

1284 Battue par la flotte de Gênes, Pise décline en tant que port

Le lys de Florence sur un florin

L'emblème des lainiers
Ce médaillon de Luca della Robbia montre l'Agneau de Dieu, emblème de la corporation des lainiers, l'une des activités majeures de Florence.

La construction profitait de la prospérité.

Saint François (1181-1226)
Les monastères fondés par saint François d'Assise en Toscane furent à l'origine d'une évolution majeure du christianisme.

Banquiers à Sienne
Les banquiers toscans prêtaient aux papes, aux rois et aux marchands. Nombre d'entre eux furent ruinés quand Édouard III d'Angleterre faillit à ses dettes en 1342.

Où voir la Toscane de la fin du Moyen Âge

Les tours spectaculaires de San Gimignano *(p. 208-211)* donnent une idée de l'aspect des cités toscanes au Moyen Âge. Sienne renferme le plus bel hôtel de ville de l'époque *(p. 214-215)* et la tour penchée, le dôme et le baptistère de Pise *(p. 154-156)* révèlent le désir de nouveauté des architectes de cette période.

L'art de la construction
Les trous circulaires où les maçons enfonçaient leurs supports d'échafaudage restent apparents.

Lucignano
Certaines des constructions médiévales les mieux conservées de Toscane se trouvent à Lucignano (p. 199).

1294 Construction du Duomo de Florence

1300 Giovanni Pisano sculpte la chaire de la cathédrale de Pise

1350 Achèvement de la tour penchée de Pise ; Boccace commence *Le Décaméron*

1377 Sir John Hawkwood nommé capitaine général de Florence

1300	1320	1340		1380

1302 Dante commence *La Divine Comédie*

1345 Construction du Ponte Vecchio de Florence

1348-93 La peste emporte la moitié de la population toscane

1299 Construction du Palazzo Vecchio de Florence

Sir John Hawkwood, mercenaire anglais

1374 Mort de Pétrarque

La Renaissance

Médaillon de della Robbia à la chapelle des Pazzi (1430)

À partir du XVe siècle, Florence connaît sous l'habile direction des Médicis une longue période de prospérité. Banquiers et marchands aisés se font construire des palais et financent la décoration des églises. Artistes et architectes profitent de cette manne et, rompant avec le gothique pour puiser dans le passé romain, s'efforcent de faire « renaître » les valeurs classiques. Les érudits, de leur côté, redécouvrent des philosophes tels que Cicéron ou Platon. L'étude de leurs œuvres inspire les humanistes, défenseurs du rôle de la connaissance et de la raison dans les affaires humaines.

Un marché des tissus
Le dynamisme de l'industrie textile florentine donna les moyens à des marchands tel Rucellai (p. 104) de passer commande aux artistes.

Les médaillons en terre cuite représentant des bébés qu'ajouta Andrea della Robbia vers 1490 rappellent la fonction du bâtiment.

La Bataille de San Romano *(1456)*
Les Florentins engageaient des mercenaires, les condottieri, *pour livrer bataille à leur place. Cette saisissante description par Uccello de la victoire de Florence sur Sienne en 1432 est une des premières tentatives de maîtrise de la perspective.*

Les arcs classiques témoignent de la passion florentine pour l'architecture antique.

SPEDALE DEGLI INNOCENTI

Chef-d'œuvre de classicisme maîtrisé, la colonnade (1419-1426) que Brunelleschi donna à l'hôpital des Innocents *(p. 95)* est un archétype d'architecture Renaissance. L'hôpital était le premier orphelinat d'Europe.

CHRONOLOGIE

1402 Concours des portes du baptistère de Florence (p. 66)

1416 Donatello termine son *St Georges (p. 67)*

1426-1427 Masaccio peint les fresques de la vie de st Pierre à Santa Maria del Carmine (p. 126-127)

1436 Brunelleschi achève la coupole du Dôme de Florence (p. 64-65). Le travail commence à San Marco (p. 96-97)

1400	1410	1420		1440

1406 Florence prend Pise

1419 Construction du spedale degli Innocenti

Cosme l'Ancien

1434 Cosme l'Ancien rentre d'exil.

Grès gris et plâtre blanc s'opposent à la riche ornementation de l'architecture de la fin du Moyen Âge.

Chapiteau corinthien

Érudits humanistes
S'intéressant à de nombreux sujets, de l'art à la politique, les humanistes forgèrent l'image de l'homme de la Renaissance, ouvert à toutes formes de savoir.

OÙ VOIR LA TOSCANE DE LA RENAISSANCE

La majeure partie de Florence fut reconstruite pendant la Renaissance. Ne pas manquer San Lorenzo *(p. 90-91)*, les fresques de la chapelle Brancacci *(p. 126-127)*, les peintures des Offices *(p. 80-83)* et les sculptures du Bargello *(p. 68-69).*

La cathédrale de Pienza
Le pape Pie II rêvait de transformer Pienza (p. 222) *en ville Renaissance idéale.*

David *(1475)*
Le bronze de Verrocchio souligne la vulnérabilité de David, l'un des sujets favoris des Florentins (p. 77).

Emblème des Pazzi
La riche famille des Pazzi connut la disgrâce après avoir tenté d'assassiner Laurent le Magnifique en 1478.

Le couvent San Marco *(1437)*
Cosme l'Ancien finança entièrement le couvent de Michelozzo (p. 96-97)

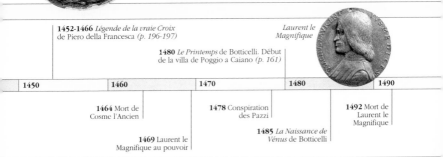

1452-1466 *Légende de la vraie Croix de Piero della Francesca (p. 196-197)*

1480 *Le Printemps* de Botticelli. Début de la villa de Poggio a Caiano *(p. 161)*

Laurent le Magnifique

1450	1460	1470	1480	1490

1464 Mort de Cosme l'Ancien

1469 Laurent le Magnifique au pouvoir

1478 Conspiration des Pazzi

1485 *La Naissance de Vénus* de Botticelli

1492 Mort de Laurent le Magnifique

La Florence des Médicis

La famille des Médicis gouverna Florence quasiment sans interruption de 1434 à 1743. Ce règne commença discrètement avec Cosme l'Ancien, fils d'un riche marchand, Giovanni di Bicci. Bien que n'étant pas élus, les premiers membres de la dynastie jouissaient du soutien du peuple. À la chute de la République fondée par Savonarole en 1494 *(p. 50-51)*, le décadent Alexandre prit en 1531 le titre de duc de Florence. Son successeur, Cosme Ier, sera grand-duc de Toscane. La famille donnera également deux papes à l'Église.

Armoiries des Médicis

Giovanni di Bicci
Habile homme d'affaires, il fonda la fortune des Médicis.

Giovanni di Bicci
(1360-1429)

① Cosme l'Ancien
(1389-1464)

② Pierre le Goutteux
(1416-1469)

③ Laurent le Magnifique
(1449-1492)

Julien
(1453-1478)

Jules, pape Clément VII
(1478-1534)

④ Pierre II
(1472-1503)

⑤ Jean, pape Léon X
(1475-1521)

⑦ Julien, duc de Nemours
(1479-1516)

⑧ Alexandre, duc de Florence (1511-1537, ascendance incertaine)

⑥ Laurent, duc d'Urbin
(1492-1519)

Catherine, duchesse d'Urbin *ép*. Henri II de France (1519-1589)

Laurent le Magnifique
Poète et politique, il fut le modèle de l'homme de la Renaissance. Il réussit à instaurer la paix entre les cités de l'Italie du Nord.

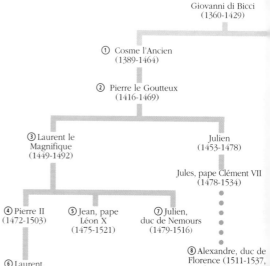

Catherine de France
Représentée ici avec deux de ses fils, les futurs Charles IX et Henri III de France, elle avait épousé Henri II en 1533.

Léon X
Élu pape à 38 ans à peine, il financera en partie l'achèvement de la basilique Saint-Pierre par la vente d'indulgences, provoquant le schisme de Luther.

LE MÉCÉNAT DES MÉDICIS

Leur richesse permit aux Médicis
de commander certaines des plus
grandes œuvres de la Renaissance.
Beaucoup d'artistes flattaient
leurs clients en les représentant dans
leurs tableaux. Dans l'*Adoration des
Mages* (1475) de Botticelli, le roi aux
cheveux gris prosterné aux pieds
de la Vierge est Cosme l'Ancien.
En robe blanche, son petit-fils Julien
se tient agenouillé à côté de lui.
Enfin, le jeune homme à l'épée,
sur la gauche de la toile, aurait,
pense-t-on, les traits idéalisés
de Laurent le Magnifique.

***Adoration des Mages* (1475) par Botticelli**

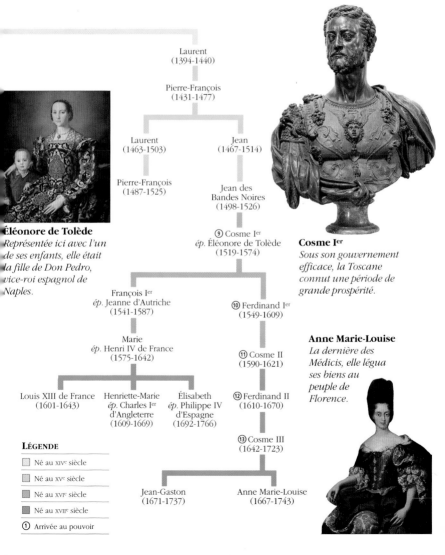

Laurent
(1394-1440)

Pierre-François
(1431-1477)

Laurent
(1463-1503)

Jean
(1467-1514)

Pierre-François
(1487-1525)

Jean des
Bandes Noires
(1498-1526)

⑨ Cosme Ier
ép. Éléonore de Tolède
(1519-1574)

Éléonore de Tolède
*Représentée ici avec l'un
de ses enfants, elle était
la fille de Don Pedro,
vice-roi espagnol de
Naples.*

François Ier
ép. Jeanne d'Autriche
(1541-1587)

⑩ Ferdinand Ier
(1549-1609)

Marie
ép. Henri IV de France
(1575-1642)

⑪ Cosme II
(1590-1621)

Cosme Ier
*Sous son gouvernement
efficace, la Toscane
connut une période de
grande prospérité.*

Anne Marie-Louise
*La dernière des
Médicis, elle légua
ses biens au
peuple de
Florence.*

Louis XIII de France
(1601-1643)

Henriette-Marie
ép. Charles Ier
d'Angleterre
(1609-1669)

Élisabeth
ép. Philippe IV
d'Espagne
(1692-1766)

⑫ Ferdinand II
(1610-1670)

⑬ Cosme III
(1642-1723)

LÉGENDE

☐ Né au XIVe siècle
☐ Né au XVe siècle
☐ Né au XVIe siècle
☐ Né au XVIIe siècle
① Arrivée au pouvoir

Jean-Gaston
(1671-1737)

Anne Marie-Louise
(1667-1743)

La République florentine

Savonarole
(1452-1498)

En 1494, après la fuite de Pierre de Médicis devant les troupes françaises de Charles VIII, le prieur dominicain Jérôme Savonarole fonde à Florence une république de « la vertu ». Excommunié, ayant lassé le peuple par ses excès, il est exécuté en 1498.

La république se maintient toutefois jusqu'en 1512. Elle renaît de 1527 jusqu'à 1530 où le pape Clément VII (un Médicis) et l'empereur Charles Quint s'allient pour placer un Médicis au pouvoir, Alexandre, après un siège de la ville qui dura dix mois.

Frise du Palazzo Vecchio
L'inscription républicaine « Christ est roi » signifie qu'aucun mortel ne peut revendiquer le pouvoir absolu.

Jardins de Boboli actuels

Charles VIII entre à Sienne
Quand les Français envahirent les cités toscanes en 1494, Savonarole les accueillit comme les envoyés de Dieu venus punir la passion de ses compatriotes pour les livres profanes qui méritaient d'après lui l'autodafé.

Judith et Holopherne
Pour symboliser la chute des Médicis, on plaça en 1494 devant le Palazzo Vecchio la statue de Donatello représentant Judith tuant le tyran Holopherne.

LE SIÈGE DE FLORENCE *(1529-1530)*
Assiégés par les 40 000 soldats levés par le pape et l'empereur, les Florentins ne se rendirent qu'après une résistance héroïque. La fresque de Vasari, au Palazzo Vecchio, montre l'ampleur des défenses et des forces en présence.

CHRONOLOGIE

1498 Exécution de Savonarole

1504 Michel-Ange termine *David* (p. 77)

1512 Florence assiégée par le cardinal Jean de Médicis

1495	1505	1510

1494 Charles VIII attaque Florence. Prise du pouvoir par Savonarole

1502 Soderini est élu chancelier de la République

Le chancelier Soderini

1509 Le pape Jules II commence à chasser les Français d'Italie

1513 Jean de Médicis sacré pape (Léon X)

L'exécution de Savonarole
Lorsque cet orateur inspiré perdit le soutien populaire, ses ennemis politiques réussirent en 1498 à le faire exécuter pour hérésie.

Toutes les voies d'accès étaient barrées.

Plate-forme d'artillerie

Des troupes campaient au sud.

Machiavel
L'auteur du Prince, traité sur l'art de gouverner, fut secrétaire de la République de Florence.

OÙ VOIR LA TOSCANE RÉPUBLICAINE

Savonarole vécut à San Marco *(p. 96-97)* et une plaque marque l'endroit de son exécution place de la Seigneurie *(p. 76-77).* Le *David* de Michel-Ange *(p. 94)* symbolise la victoire de la jeune République sur la tyrannie. Le Conseil de la République, se réunissait dans le salon des Cinq-Cents *(p. 76).*

Le clocher de San Miniato
Il servit en 1530 de plate-forme d'artillerie (p. 130-131).

Croquis de Michel-Ange
Lors du siège de 1530, Michel-Ange put travailler en paix dans les Cappelle Medicee (p. 90-91).

1520 Michel-Ange commence les tombeaux des Médicis *(p. 91)*

Coffret en cristal du pape Clément VII

1521 Jules de Médicis sacré pape (Clément VII). Les Médicis reprennent le pouvoir à Florence

1527 Sac de Rome par les troupes impériales. La République florentine renaît

1531 Alexandre de Médicis devient le 1er duc de Florence

1530 Siège de Florence par les forces du pape et de l'empereur

1532 Publication posthume du *Prince* de Machiavel

515 | 1525 | 1530

Le grand-duché

Après avoir imposé l'unité politique en Toscane, Cosme Ier en devient le grand-duc en 1570. Commence alors une longue période de prospérité pendant laquelle les Médicis s'emploient à fonder un État toscan à partir de cités rivales. La dynastie s'éteint en 1737 et le grand-duché passe aux ducs autrichiens de Lorraine. Le Risorgimento, mouvement patriotique italien, les chassera du pouvoir en 1860. Florence devient en 1865 la capitale de la jeune nation italienne jusqu'à ce que la prise de Rome, en 1870, achève son unification.

Léopold en famille
Entre autres réformes, Léopold Ier, le futur empereur d'Autriche Léopold II, abolit la peine de mort.

L'Église rejeta les découvertes de Galilée.

Galilée explique sa théorie de la gravité.

Le port de Livourne
Livourne devint un port franc en 1608 : les navires de tous les pays y jouissaient des mêmes droits d'accostage. Réfugiés juifs et maures affluèrent, contribuant à la prospérité de la cité.

Le Vieux Marché
Il fut détruit en 1865 quand Florence devint la capitale italienne. L'arc de triomphe de la piazza della Repubblica (p. 112) se dresse à cet endroit.

L'ÂGE DE LA SCIENCE

Au XVIIe siècle, les Médicis accordèrent leur protection à de nombreux savants. Parmi eux, Galilée, dont les expériences et les observations astronomiques posèrent les fondements de la démarche empirique moderne. Ses découvertes lui valurent d'être persécuté pour avoir contredit les enseignements de l'Église catholique romaine.

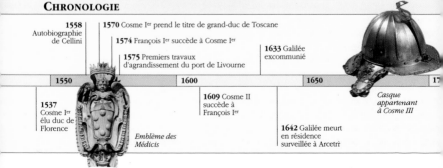

CHRONOLOGIE

1558 Autobiographie de Cellini

1570 Cosme Ier prend le titre de grand-duc de Toscane

1574 François Ier succède à Cosme Ier

1575 Premiers travaux d'agrandissement du port de Livourne

1633 Galilée excommunié

| 1550 | 1600 | 1650 | 17 |

1537 Cosme Ier élu duc de Florence

Emblème des Médicis

1609 Cosme II succède à François Ier

1642 Galilée meurt en résidence surveillée à Arcetri

Casque appartenant à Cosme III

Le Grand Tour
Il était à la mode au XVIIIe siècle de visiter la Toscane. Ce détail de la Tribuna *de* Zoffani *(1770) montre une visite des Offices.*

Galilée conçut les instruments nécessaires à ses expériences *(p. 74).*

Cosme II offrit asile à Galilée accusé d'hérésie.

La capitale
Florence s'endetta pour jouer son rôle de capitale. Ce dessin satirique montre une manifestation contre le transfert du siège du pouvoir (le Palazzo Vecchio) à Rome.

OÙ VOIR LA TOSCANE DU GRAND-DUCHÉ

Les Médicis réunirent durant cette période les collections des Offices *(p. 80-83)* et du palazzo Pitti *(p. 120-123),* le bâtiment d'où les grands-ducs gouvernèrent la Toscane pendant plus de trois cents ans. L'histoire de Galilée et de ses contemporains est présentée au museo di Storia della scienza de Florence *(p. 74),* et les fresques de la sala del Risorgimento, au Palazzo Pubblico de Sienne *(p. 214),* décrivent les événements qui précédèrent l'unification de l'Italie.

Palazzo dei Cavalieri
La statue par Francavilla de Cosme Ier (1596) se dresse devant ce palais de Vasari (p. 152).

Salle de bains de Napoléon
Il n'utilisa jamais cette salle de bains créée pour lui au palazzo Pitti (p. 120-123).

1765 Réformes du grand-duc Léopold Ier

1790 1re campagne d'Italie de Napoléon

1799 Défaite de l'Autriche : Louis de Bourbon, puis la sœur de Napoléon, Élisa Baciocchi, gouvernent la Toscane

1815 Défaite de Waterloo

1814-21 Séjour de Stendhal en Italie

1840 Ruskin visite Florence

1750	1800	1850

1743 Mort d'Anne Marie-Louise, la dernière des Médicis

1737 La fin de la dynastie des Médicis donne le pouvoir à la maison de Lorraine

1814 Napoléon exilé sur l'île d'Elbe

John Ruskin (1819-1900), critique d'art fasciné par la Renaissance

1865 Florence devient capitale de l'Italie

1871 La capitale retourne à Rome

L'époque moderne

Bien qu'à Florence industries et commerces modernes se soient développés hors du centre historique, le XXᵉ siècle a fait peser bien des menaces sur le patrimoine artistique de la cité des Médicis. En dehors du Ponte Vecchio, tous les anciens ponts furent détruits pendant la Seconde Guerre mondiale puis, en 1966, l'Arno déborda en une crue dévastatrice. Les Florentins ont réagi avec détermination, lançant d'ambitieux programmes de restauration et prenant des mesures énergiques pour lutter contre la pollution, en particulier automobile.

La circulation
Voitures interdites dans le centre de Florence.

La Bohème *(1896)*
Les festivals de la région mettent souvent cet opéra de Puccini, compositeur toscan, à leur programme (p. 33).

Firenze Nuova
En s'installant en périphérie, à Nouvelle Florence, les industries ont préservé la fonction culturelle et touristique du centre.

LA RESTAURATION D'ART

On utilise en Toscane des techniques scientifiques de pointe pour étudier avant restauration des fresques telles que *Le Cortège des Rois mages* (p. 89). Des ordinateurs permettent notamment d'établir des cartes de répartition des pigments et des dommages structurels.

CHRONOLOGIE

Domenico Tiburzi, populaire brigand de la Maremme

1896 1ʳᵉ représentation de *La Bohème* de Puccini

1922 Mussolini dirige le 1ᵉʳ gouvernement fasciste

1940 L'Italie entre dans la Seconde Guerre mondiale

1943 Chute des fascistes

1890	1900	1910	1920	1940

1915 L'Italie entre dans la Première Guerre mondiale aux côtés des alliés

1896 Domenico Tiburzi est abattu au terme de vingt-quatre ans de poursuites

1944 Nombreux dégâts en Toscane pendant la retraite des nazis

L'inondation de 1966

Le 4 novembre, l'Arno dépassa de 6 m le niveau des quais. Le flot boueux endommagea de nombreux trésors artistiques.

Où voir la Florence moderne

Vous trouverez les grands noms de la mode dans la via Tornabuoni et la via della Vigna Nuova (p. 105). Les expositions photographiques du museo Alinari (p. 104) retracent le développement de la cité au XXe siècle. Le *Crucifix* de Cimabue, terriblement endommagé, rappelle que Santa Croce (p. 72) a beaucoup souffert de l'inondation de 1966.

Une image numérisée permet aux restaurateurs de reconstituer les parties détruites.

Mode

Les stylistes florentins tels Pucci, Gucci, Ferragamo (p. 266), *et plus récemment, Daelli et Coveri, ont acquis une réputation internationale.*

Commandes du programme informatique

La gare *(1935)*
C'est un des bâtiments modernes intéressants du centre de la ville (p. 113).

Le tourisme

La Toscane attire des touristes depuis des siècles (voir p. 53). *Florence accueille aujourd'hui quelque 5 millions de visiteurs par an.*

San Giovanni Battista *(1964)*
Giovanni Michelucci éleva son église moderne près de l'aéroport Amerigo Vespucci.

1966 Inondation de Florence

1957-1965 Boom industriel italien

1987 Le Sorpasso : l'économie italienne est une des plus dynamiques d'Europe

1950	1960	1970		1990	2000

1946 L'Italie devient une république

1993 Une bombe terroriste endommage les Offices

1999 L'Italie adopte la monnaie unique européenne

Attentat aux Offices

FLORENCE QUARTIER PAR QUARTIER

Florence d'un coup d'œil

Nous avons divisé le centre historique de Florence en quatre parties indiquées sur la carte ci-dessous et étudiées chacune en détail dans une section de ce guide. La plupart des visiteurs explorent d'abord l'est de la ville où se dresse le superbe Duomo, cœur de la cité. La magnificence des Médicis a marqué le nord tandis que les plus belles boutiques se trouvent à l'ouest. Franchir le Ponte Vecchio conduit à l'Oltrarno et aux trésors du palazzo Pitti.

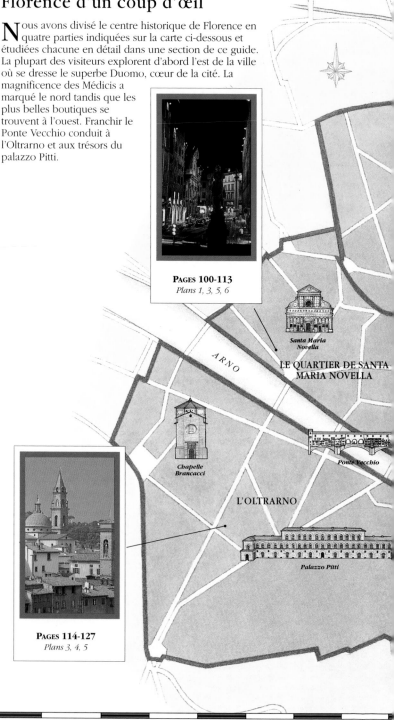

PAGES 100-113
Plans 1, 3, 5, 6

Santa Maria Novella

LE QUARTIER DE SANTA MARIA NOVELLA

Chapelle Brancacci

Ponte Vecchio

L'OLTRARNO

Palazzo Pitti

PAGES 114-127
Plans 3, 4, 5

ARNO

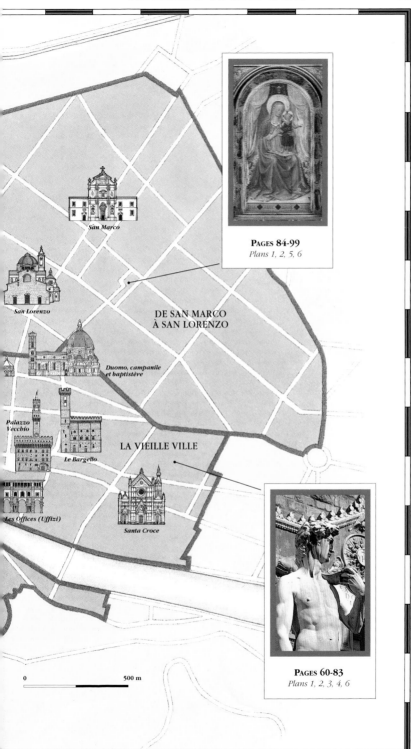

San Marco

San Lorenzo

PAGES 84-99
Plans 1, 2, 5, 6

DE SAN MARCO
À SAN LORENZO

Duomo, campanile
et baptistère

Palazzo
Vecchio

LA VIEILLE VILLE

Le Bargello

Les Offices (Uffizi)

Santa Croce

0   500 m

PAGES 60-83
Plans 1, 2, 3, 4, 6

LA VIEILLE VILLE

Nombreux sont les visiteurs qui, dès leur arrivée à Florence, dirigent leurs pas vers la piazza del Duomo, interdite à la circulation, et la cathédrale Santa Maria del Fiore. Cet imposant édifice, achevé en 1436, peut accueillir jusqu'à 20 000 personnes. Impossible toutefois d'apprécier l'immensité de ce monument sans prendre du recul. En vous promenant dans les rues, au sud, vous ne cesserez d'apercevoir son revêtement de marbre polychrome. Une autre grande église se

L'horloge du Duomo, décorée par Paolo Uccello

dresse dans cette partie de la ville : Santa Croce. Elle abrite les tombeaux de grandes familles de Florence et de certains de ses plus illustres artistes, et occupe le centre du quartier traditionnel des artisans, notamment ceux qui travaillaient la laine. Si l'on trouve peu de prestigieux palais dans ces rues, l'atmosphère reste cependant chaleureuse et authentique. Dans les ateliers, des spécialistes continuent de restaurer les livres et les œuvres d'art endommagés par l'inondation de 1966 *(p. 54-55)*.

LE QUARTIER D'UN COUP D'ŒIL

Musées et galeries
Bargello p. 68-69 ❻
Casa Buonarroti ❿
Casa di Dante ❹
Museo di Firenze com'era ❽
Museo Horne ⓬
Museo dell'Opera del Duomo ❷
Museo di Storia della scienza ⓭
Palazzo Nonfinito ❼
Palazzo Vecchio p. 78-79 ⓱
Galleria degli Uffizi p. 80-83 ⓲

Églises
Badia Fiorentina ❺
Duomo, campanile et baptistère p. 64-65 ❶
Orsanmichele ❸
Santa Croce p. 72-73 ⓫
Santo Stefano al Ponte ⓮

Place historique
Piazza della Signoria p. 76-77 ⓰

Boutique
Erboristeria ⓯

Glacier
Vivoli Gelateria ❾

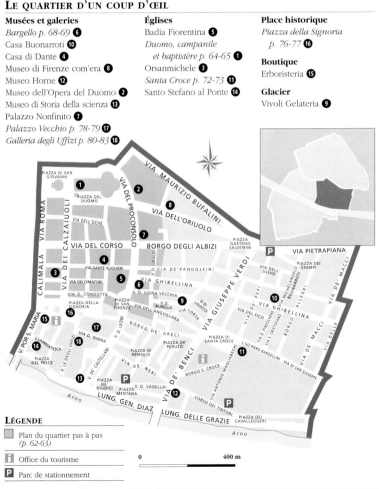

LÉGENDE

▢ Plan du quartier pas à pas *(p. 62-63)*

ℹ️ Office du tourisme

🅿️ Parc de stationnement

◁ **Le *David* de Michel-Ange sur la piazza della Signoria**

Pas à pas autour du Duomo

Au cœur d'une cité très marquée par la Renaissance, cette partie de Florence conserve un aspect médiéval et Dante reconnaîtrait sûrement son dédale de ruelles. Sa maison, la casa di Dante, se dresse toujours près de l'église paroissiale où il aurait aperçu pour la première fois sa bien-aimée Béatrice *(p. 70)*.

Il reconnaîtrait également le Bargello et, bien entendu, le baptistère. Et si les palais Renaissance du borgo degli Albizi datent d'après sa mort, il emprunta souvent cette très vieille rue. Elle suit le tracé de la *via* antique qui menait à Rome.

La coupole, achevée en 1436 par Brunelleschi, devait dépasser en taille même les plus grandes réalisations de l'Antiquité.

PIAZZA DI SAN GIOVANNI

PIAZZA DEL DUOMO

★ **Le Duomo,
le campanile
et le baptistère**
*L'immense Duomo
(il peut accueillir
20 000 personnes),
son élégant
campanile et le
baptistère
constituent un
ensemble
architectural
remarquable* ❶

VIA DELL' OCHE

VIA S. ELISABETTA

VIA D.

VIA DE' MEDICI

VIA ROMA

VIA D. SPEZIALI

VIA DEI CALZAIUOLI

VIA DE' CERCHI

**La Loggia del
Bigallo** fut
construite pour
la Misericordia
par Alberto Arnoldi
en 1358. Au XVe siècle,
on y exposait
pendant trois jours
les enfants perdus
ou abandonnés avant
de les placer, si
nécessaire, dans des
familles d'accueil.

V.D.TAVOLINI

V.D. CIMATORI

V. DE' LAMBERTI

CALIMALA

VIA PORTA ROSSA

VIA DEL

★ **Orsanmichele**
*Des reliefs de cette église gothique illustrent les
activités des arts, les corporations florentines, tel
l'art des charpentiers et maçons* ❸

**La via dei
Calzaiuoli**
et ses élégantes
boutiques est au centre de la
passeggiata, la promenade du soir.

★ **Museo dell'Opera del Duomo**
Il présente des œuvres retirées du Duomo, du campanile et du baptistère, comme ce panneau de Verrocchio **②**

CARTE DE SITUATION
Voir atlas, plan 6

DE SAN MARCO À SAN LORENZO

LA VIEILLE VILLE

L'OLTRARNO

Arno

Palazzo Nonfinito
Il abrite aujourd'hui le musée d'Anthropologie **⑦**

PEGNA
DROGHERIA

Pegna, un libre-service caché dans la via della Studio, propose un large éventail de produits tels que chocolat, miel, vin et huile d'olive *(p. 267)*.

VIA FOLCO PORTINARI

VIA DELL'ORIUOLO

BORGO DEGLI ALBIZI

VIA DE' GIRALDI

RSO

VIA DE PANDOLFINI

VIA DEL PRESTO

VIA DEL PROCONSOLO

ALIGHIERI

VIA DELL'ACQUA

VIA D. MAGAZZINI

PIAZZA DI S. FIRENZE

VIA DELLA VIGNA VECCHIA

NDOTTA

VIA DELL'ANGUILLARA

Le palazzo Salviati, décoré de fresques du XIVe siècle, abrite le siège de la Banca Toscana.

Santa Margherita de'Cerchi est l'église où Dante épousa Gemma Donati en 1285.

★ **Le Bargello**
Ancienne prison, il abrite une collection très variée, notamment de sculptures comme cette œuvre de Cellini (1500-1571) **⑥**

Badia Fiorentina
Sa cloche réglait la vie quotidienne de Florence au Moyen Âge **⑤**

Casa di Dante
Cet édifice du Moyen Âge abrite un musée consacré au poète **④**

LÉGENDE

– – – Itinéraire conseillé

0   100 m

À NE PAS MANQUER
★ Duomo, campanile, baptistère
★ Le Bargello
★ Le museo dell'Opera del Duomo
★ L'Orsanmichele

Le Duomo, le campanile et le baptistère ❶

Au cœur de Florence, la cathédrale Santa Maria del Fiore, le Duomo (Dôme), domine la ville de son immense coupole. Ses dimensions témoignent de l'ambition de la cité de se montrer première en tout. Une ambition qui faillit s'avérer irréaliste : entrepris en 1296, le Duomo ne fut consacré qu'en 1436. Commencé en 1334 par Giotto, le campanile, l'un des plus élégants d'Italie, connut à lui seul trois architectes. Le baptistère, aux portes célèbres dans le monde entier *(p. 66)*, remonterait au IVe siècle.

Le campanile
Paré de marbre blanc, vert et rose, il mesure 85 m, soit 6 de moins que la coupole.

Entrée de l'escalier de la coupole

Fenêtres gothiques

La façade néo-gothique, bien que du style du campanile, ne date que de 1871-1887.

★ Le plafond du baptistère
Des mosaïques du XIIIe siècle représentant le Jugement dernier dominent les fonts baptismaux où bien des Florentins célèbres, dont Dante, furent baptisés.

Entrée principale

Les bas-reliefs de terre cuite sont d'Andrea Pisano.

Portes Sud

Escalier menant à Santa Reparata
La crypte contient les vestiges de l'église Santa Reparata (IVe siècle) démolie en 1296.

À NE PAS MANQUER

★ **La coupole de Brunelleschi**

★ **Le baptistère**

Le sommet de la coupole offre une vue spectaculaire sur la cité.

★ La coupole de Brunelleschi

Brunelleschi eut une idée de génie en utilisant un échafaudage mobile pour construire la plus vaste coupole de son temps. Un escalier de 463 marches permet d'atteindre le sommet. Il passe entre les deux coques qu'imposait cette technique.

Des briques de tailles diverses, disposées en chevrons, forment une voûte autoportante – une technique copiée sur le Panthéon de Rome.

Fresques du *Jugement dernier* par Vasari

MODE D'EMPLOI

Piazza del Duomo. **Plan** 2 D5 (6 D2). 🚌 *1, 6, 14, 17, 23.*
Duomo 🕿 *(055) 230 28 85.* **Ouv.** *10 h - 17 h lun. - sam. (15 h 30 jeu., 16 h 45 sam.) ; 13 h 30 - 16 h dim.* 🕂 *7 h 30, 8 h 30, 9 h, 9 h 30, 18 h 30 lun. - sam. ; 7 h 30, 9 h, 10 h 30, midi, 18 h dim.* 🅿 ♿ 🛇
Duomo Ouv. *8 h 30 - 19 h lun.-sam. (17 h 40 sam.).* **Crypte. Ouv.** *10 h - 17 h 30 t.l.j. (17 h 15 sam., à partir de 13 h 30 dim. ; jusqu'à 16 h le jeu. d'oct. à juin).*
Campanile Ouv. *8 h 30 - 19 h 30 t.l.j.* 🅿 **Baptistère Ouv.** *12 h - 19 h lun. - sam., 8 h 30 - 14 h dim.* 🕂 🅿 🛇 *Tout fermé 1er jan. et f. relig.* 🛇
W *www.operaduomo.firenze.it*

Chapelles
Chacune des trois absides renferme cinq chapelles. Le vitrail, du XVe siècle, est entres autres de Lorenzo Ghiberti.

La balustrade octogonale, autour du maître-autel, est de Baccio Bandinelli.

Pavement de marbre
En s'élevant vers la coupole, on découvre le motif en dédale du pavement du XVIe siècle.

CHRONOLOGIE

400	600	800	1000	1200	1400	1600	1800

IVe et Ve siècles Construction du baptistère et de Santa Reparata

Panneau des portes sud

1403-1424 Portes nord de Ghiberti

1338 Portes sud d'Andrea Pisano

1425-1452 Portes est de Ghiberti, les « Portes du Paradis »

1887 Achèvement de la façade

897 Première trace écrite du baptistère

XIe-XIIIe siècle Parement de marbre vert et blanc du baptistère

1209 Signes du zodiaque du baptistère

1271 Achèvement du *Jugement dernier* au plafond du baptistère

1436 Achèvement de la coupole

1359 Achèvement du campanile par Giotto

1296 Arnolfo di Cambio commence la nouvelle cathédrale sur le site de Santa Reparata

Les portes est du baptistère

Lorenzo Ghiberti

L e jeune Lorenzo Ghiberti remporta, face à des artistes tels que Donatello et Brunelleschi, le concours organisé en 1401 pour la commande des portes nord du baptistère. Les panneaux d'essai de Ghiberti et de Brunelleschi *(p. 69)* sont si différents du gothique

Le panneau de Ghiberti

florentin de l'époque qu'on les considère souvent comme les premières œuvres de la Renaissance.

Les « Portes du Paradis »
Ayant consacré 21 ans aux portes nord, Ghiberti travailla sur celles de l'est de 1424 à 1452. Enthousiasmé, Michel-Ange les baptisa « Portes du Paradis ». Les panneaux du baptistère ne sont que des copies, les originaux se trouvent au musée de l'Œuvre du Duomo.

Les rochers déchiquetés, symbole de la douleur d'Abraham, mettent en relief l'acte sacrificiel.

Abraham et le sacrifice d'Isaac

L'architecture en perspective crée une illusion de profondeur

Joseph vendu aux marchands et reconnu par ses frères

Clé des portes est

1	2
3	4
5	6
7	8
9	10

1 Adam et Ève chassés du Paradis
2 Caïn tue son frère Abel
3 L'ivresse de Noé
4 Abraham et le sacrifice d'Isaac
5 Ésaü et Jacob
6 Joseph vendu aux marchands
7 Moïse reçoit les Tables de la Loi
8 La chute de Jéricho
9 Le combat contre les Philistins
10 Salomon reçoit la reine de Saba

Le Duomo, le campanile et le baptistère ➊

Voir p. 64-65.

Museo dell'Opera del Duomo ➋

Piazza del Duomo 9. **Plan** 2 D5 (6 E2).
📞 *(055) 230 28 85.* **Ouv.** *9 h - 19 h 30 lun. - sam. ; 9 h à 13 h 30 dim. et j. fériés.* **Fermé** *les 25 déc., 1er janv., dim. de Pâques.* **Accès payant.**
🎫🔲🚻♿

L e musée de l'œuvre du Dôme, largement remanié, a réouvert ses portes récemment. Plusieurs parties ayant été réorganisées, diverses salles sont désormais consacrées à l'histoire du Duomo. Des informations sur la rénovation sont disponibles en italien et en français. Du guichet, les visiteurs traversent divers espaces ouverts présentant des reliefs, des sculptures et

...lie utilisée pour
...a construction
...de la coupole

des sarcophages étrusques et romains pour rejoindre la salle principale. Ils y découvrent des statues de l'atelier d'Arnolfo di Cambio, autrefois installées dans les niches de la cathédrale. Certaines sont d'Arnolfo en personne, comme la *Vierge aux yeux de verre* gothique.

Non loin se trouvent le *Saint Luc* de Nanni di Banco, le *Saint Matthieu* de Bernardo Ciuffagni et l'éblouissant *Saint Jean* de Donatello, trois œuvres sculptées entre 1408 et 1415. La nouvelle salle latérale recèle des peintures religieuses du XIVe et du XVe siècle, ainsi que divers reliquaires, dont l'un contient le doigt de San Giovanni.

La *Pietà* de Michel-Ange occupe un emplacement de choix, dans l'escalier. L'artiste aurait donné ses propres traits à Nicodème, encapuchonné. Quant à Marie-Madeleine, elle est de toute évidence l'œuvre d'un élève sans génie. À l'étage, la première salle est dominée par deux tribunes des chantres datant d'environ 1430, dues à Donatello et Luca della Robbia. Sculptées dans du marbre blanc et décorées

Relief de la chaire des chantres de della Robbia au Museo dell'Opera del Duomo

de verre de couleur et de mosaïques, elles représentent toutes deux des enfants dansant et jouant de la musique. Les personnages de della Robbia respirent l'innocence, tandis que ceux de Donatello semblent s'adonner frénétiquement à un rituel primitif.

Cette salle abrite diverses œuvres de Donatello, comme la *Madeleine* (1455) *(p. 25)* et plusieurs personnages de l'Ancien Testament, dont *Habacuc* (1423-1425) affectueusement surnommé *lo zuccone* (tête de courge). La salle de gauche présente les tablettes qui ornaient autrefois le campanile, dues pour certaines à Andrea Pisano et à della Robbia. De là, on rejoint un niveau inférieur présentant les outils des ouvriers de Brunelleschi, et une reconstitution de la façade originale de la cathédrale, due à di Cambio. Puis les visiteurs remontent vers une cour où se trouvent plusieurs panneaux d'origine des portes du baptistère, ainsi que la sortie.

Orsanmichele ➌

Via dell'Arte della Lana. **Plan** 3 C1 (6 D3).
📞 *(055) 28 49 44.* **Ouv.** *de 9 h (à 12 h à 13 h sam. et dim.) et 16 h - 18 h t.l.j.* **Fermé** *1er et 4e lun. du mois ; 1er janv., 1er mai, 25 déc.* 🚫

S on nom, contraction de *Orto di San Michele*, rappelle que cette curieuse église se dresse à l'emplacement du jardin d'un couvent depuis longtemps disparu. L'édifice actuel est la loggia, construite en 1337 pour abriter un marché aux grains mais fut converti en lieu de culte, en 1347.

Quatorze niches, dans les murs extérieurs, contiennent les statues des saints patrons des Arts majeurs (corporations) de Florence. Andrea Orcagna sculpta de 1349 à 1359 l'extraordinaire autel de Notre-Dame-des-Grâces qui orne l'intérieur. Le tableau enchâssé, une *Vierge à l'Enfant* (1348), est de Bernardo Daddi.

Saint Georges sur la façade d'Orsanmichele

Le Bargello ❻

Construit à partir de 1255, ce palais abrita au
Moyen Âge le podestat, magistrat garant de la
paix civile, puis devint au XVIᵉ siècle une prison et le
siège du capitaine des sbires *(bargello)*. Après une
importante rénovation, il devint l'un des premiers
musées nationaux italiens en 1865. Il renferme une
superbe collection de
sculptures Renaissance,
avec des œuvres de
Michel-Ange, Donatello,
Jean de Bologne et Cellini,
des bronzes maniéristes et
présente l'art décoratif.

**Collection
d'armes et
d'armures**

Mercure par Jean de Bologne
*Ce célèbre bronze (1564) évoque
toute la légèreté
du vol.*

**Chapelle de la
Madeleine**

SUIVEZ LE GUIDE !

*À droite de l'entrée s'ouvre la
salle contenant les statues de
Michel-Ange – dont son
Bacchus –. L'escalier de la
cour mène à la loggia, avec les
oiseaux sculptés par Jean de
Bologne, d'où l'on passe dans
la salle Donatello, qui abrite
les panneaux du concours des
portes du baptistère. La
chapelle de la Madeleine et
l'art islamique se trouvent
également à ce niveau. Les
salles Verrocchio et Andrea et
Giovanni della Robbia, celle
des petits bronzes et la
collection d'armes sont au
deuxième étage.*

La cour servait
jadis aux
exécutions

**★ Bacchus
par Michel-
Ange**
*Il s'agit de la
première sculpture
importante (1497) de
l'artiste. À l'opposé des
œuvres idéalisées de
l'Antiquité, le dieu du
vin est ici montré en*

LÉGENDE

☐ Rez-de-chaussée

☐ Premier étage

☐ Deuxième étage

☐ Expositions temporaires

☐ Zones sans exposition

**Salle
Michel-Ange**

La tour date du
XIIᵉ siècle.

Entrée

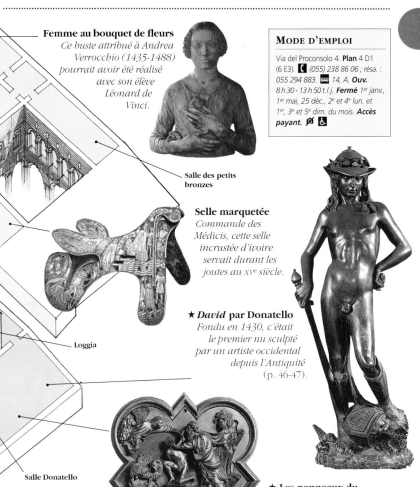

Femme au bouquet de fleurs
Ce buste attribué à Andrea Verrocchio (1435-1488) pourrait avoir été réalisé avec son élève Léonard de Vinci.

Salle des petits bronzes

MODE D'EMPLOI

Via del Proconsolo 4. **Plan** 4 D1 (6 E3). ℂ *(055) 238 86 06 ; résa. : 055 294 883.* 🚌 *14, A.* **Ouv.** *8 h 30 - 13 h 50 t.l.j.* **Fermé** *1er janv., 1er mai, 25 déc., 2e et 4e lun. et 1er, 3e et 5e dim. du mois.* **Accès payant.** ✗ ♿

Selle marquetée
Commande des Médicis, cette selle incrustée d'ivoire servait durant les joutes au xve siècle.

Loggia

★ ***David* par Donatello**
Fondu en 1430, c'était le premier nu sculpté par un artiste occidental depuis l'Antiquité (p. 46-47).

Salle Donatello

★ **Les panneaux du concours des portes du baptistère**
Ce panneau de bronze de Brunelleschi (1401) représente Abraham sur le point de sacrifier Isaac (p. 66).

Le Bargello a gardé sa façade fortifiée.

À NE PAS MANQUER

★ **Le panneau du concours des portes du baptistère**

★ ***David* par Donatello**

★ ***Bacchus* par Michel-Ange**

LA PRISON DU BARGELLO

De nombreux notables moururent au Bargello. Après l'échec de la conspiration des Pazzi et la tentative manquée d'assassinat de Laurent le Magnifique *(p. 47)*, Bernardo Baroncelli, l'un des comploteurs, monta sur le gibet en 1478. Léonard de Vinci dessina son cadavre, exposé à une fenêtre de la prison en avertissement aux ennemis des Médicis.

Casa di Dante ❹

Via Santa Margherita 1. **Plan** 4 D1
(6 E3). 📞 *(055) 21 94 16.* **Ouv**. *mars -
oct. : 10 h - 18 h mer. - lun., 10 h - 14 h
dim. ; nov. fév. : 10 h - 16 h mer. - lun.,
10 h - 14 h. dim.* **Fermé** *les 1er janv. et
25 déc.* **Accès payant.** 📷

D ante (1265-1321) est
peut-être né dans
cette maison ancienne,
même s'il ne s'agit que
d'une reconstitution du
début du XIXe siècle.
Aujourd'hui c'est un
musée consacré à
l'auteur de *La
Divine Comédie.*
Les salles du rez-
de-chaussée
accueillent des
expositions
d'art moderne.

**Buste de Dante sur la façade
de la maison de Dante**

Quelques pas vers le nord
conduisent jusqu'à l'église
Santa Margherita de'Cerchi
où le poète aurait vu pour la
première fois Béatrice
Portinari qui deviendra son
idéal amoureux. Ce sanctuaire
du XIe siècle contient
une belle œuvre de Neri di
Bicci (1418-1491). On peut
assister à des récitals
d'orgue et à des concerts
de musique baroque.

Badia Fiorentina ❺

Via del Proconsolo. **Plan** 4 D1 (6 E3).
📞 *(055) 23 44 545.* **Ouv.** *16 h 30 -
18 h 30 lun. - vend. ; 10 h 30 - 11 h 30
dim. et jours fériés.* 🚫

É glise d'une ancienne
abbaye fondée en 978 par
Willa, la veuve du marquis
Uberto de Toscane, c'est
l'une des plus anciennes de
Florence. Ugo, fils de la
fondatrice, y fut enterré en
1001 mais son splendide
tombeau, par Mino da
Fiesole, date du XVe siècle.
Ce sculpteur raffiné réalisa
également le tombeau de
Bernardo Giugni, dans le
transept droit, et le bas-relief
représentant une Vierge à
l'Enfant et des saints qui fait
face à un splendide tableau
de Filippino Lippi :
l'*Apparition de la Vierge à
saint Bernard,* une des
œuvres les plus significatives

du XVe siècle par le souci
accordé aux détails, en
particulier dans le paysage.

À droite du chœur, une
porte mène au cloître des
Orangers, construit par
Rossellino en 1435-1440.
Les arbres fruitiers qu'y
cultivaient les moines
n'existent plus mais on
peut découvrir dans sa
galerie supérieure des
fresques du XVe siècle
(restaurées en 1973) de
l'histoire de saint
Benoît. Une des
premières
fresques de
Bronzino (1503-
1572) se trouve,
elle, dans la
galerie nord.

Depuis ce
cloître on a une excellente
vue du campanile hexagonal
commencé en 1310 dans le
style roman et achevé en
gothique en 1330.

Au XIVe siècle, Boccace
donna à la Badia Fiorentina
une série de lectures de *La
Divine Comédie* de Dante.
Dans l'esprit et le souvenir de
ces réunions, le sanctuaire
accueille souvent aujourd'hui
rencontres et concerts.

Le Bargello ❻

Voir p. 68-69.

Palazzo Nonfinito ❼

Via del Proconsolo 12. **Plan** 2 D5
(6 E2). 📞 *(055) 239 64 49.* **Ouv.** *de
9 h à 13 h du mer. au lun.* **Fermé** *les
1er janv., 25 avr., dim. de Pâques,
1er mai, 24 juin, 15 août, 8 déc., 25-26,
31 déc.* 🚫 ♿

B ernardo Buontalenti
commença en 1593 ce
palais pour Alessandro Strozzi
mais il n'en réalisa que le
majestueux rez-de-chaussée,
et l'édifice était toujours
inachevé quand le musée
national d'Anthropologie et
d'Ethnologie s'y installa en
1869. La cour intérieure,
attribuée à Cigoli (1559-1613),
en constitue l'élément
architectural le plus
intéressant.

Le musée propose une belle
collection d'art des anciennes
colonies italiennes en Afrique
ainsi que les souvenirs
rapportés par le capitaine
Cook lors de son dernier
voyage dans le Pacifique.

***Apparition de la Vierge à saint Bernard** (1485) par Filippino Lippi*

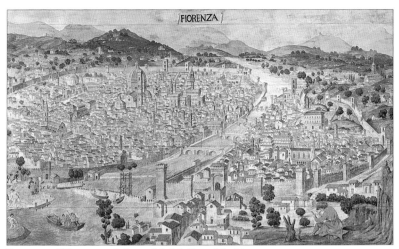

Florence vers 1470 sur une copie du XIXᵉ siècle de la *Pianta della Catena*

Museo di Firenze com'era ❽

Via dell'Oriuolo 24. **Plan** 2 D5 (6 F2). 📞 *(055) 261 65 45.* **Ouv.** *9 h - 14 h ven. - mer. (dernière entrée : 30 min. avant).* **Fermé** *les 1ᵉʳ janv., dim. de Pâques, 1ᵉʳ mai, 15 août, 25 déc.* ***Accès payant.***

Ce musée de « Florence telle qu'elle était » retrace l'histoire de la cité et de son développement au travers de dessins, gravures, plans et peintures. L'une des pièces les plus fascinantes est sans conteste la *Pianta della Catena*, copie du XIXᵉ siècle d'une estampe du Quattrocento (XVᵉ siècle) conservée à Berlin. Elle représente Florence en pleine Renaissance. On peut s'amuser à y repérer les bâtiments qui existaient déjà, comme le palazzo Pitti, et essayer d'imaginer ceux qui restaient à construire, comme les Offices. On y remarque notamment l'enceinte du XIVᵉ siècle détruite par Giuseppe Poggi pendant la brève période (1865-1871) où la cité fut capitale de l'Italie. Le musée consacre une salle à son projet de modernisation de Florence heureusement jamais abouti.

On découvre aussi quatorze lunettes (peinture ovales) commandées en 1599 par Ferdinand Iᵉʳ au Flamand Justus Van Utens. Elles représentent les villas médicéennes *(p. 121 et 161)* et restituent une image de jardins aujourd'hui disparus.

Le bar Vivoli Gelateria ❾

Via Isola delle Stinche 7r. **Plan** 4 D1 (6 F3). 📞 *(055) 29 23 34.* **Ouv.** *mars-oct. : 7h30 -1h mar.-sam., 9h30-1h dim. ; nov.-fév. : 7h30-minuit mar.-sam., 9h30-minuit dim.* **Fermé** *déb. janv. et fin août.*

Le bar Vivoli Gelateria

De longues files d'attente s'étirent en été devant ce minuscule glacier. Vivoli affirme fabriquer la meilleure crème glacée du monde et couvre les murs de son établissement d'articles de presse rédigés par des gastronomes partageant cette opinion.

Si vous vous laissez tenter, vous pourrez déguster votre glace en flânant dans la via Torta et les ruelles et placettes du quartier de Santa Croce bordées de petits magasins destinés à une clientèle locale plutôt que touristique et d'ateliers d'encadrement et d'ébénisterie.

Casa Buonarroti ❿

Via Ghibellina 70. **Plan** 4 E1. 📞 *(055) 24 17 52.* **Ouv.** *de 9 h 30 à 14 h du mer. au lun.* **Fermé** *les 1ᵉʳ janv., 25 avr., 1ᵉʳ mai, 15 août, 25 déc.* ***Accès payant.*** 🚫 ♿

Michel-Ange (qui avait pour nom de famille Buonarroti) habita brièvement dans ce groupe de trois maisons qu'il avait achetées en 1508. Plusieurs de ses descendants se sont efforcés d'y réunir ses œuvres.

Parmi celles-ci, sa première sculpture connue, la *Vierge à l'escalier* (1490-1492), et la *Bataille des Centaures* (1492), deux reliefs de styles très différents bien qu'ils soient contemporains. Intéressant pour les ébauches qu'il présente, le musée renferme notamment une maquette en bois d'une façade pour San Lorenzo jamais réalisée.

Santa Croce ⓫

L a magnifique église gothique Santa Croce (1294) abrite les tombeaux de maints Florentins célèbres tels Michel-Ange et Galilée. Giotto et son disciple Taddeo Gaddi peignirent au début du XIVᵉ siècle les fresques radieuses qui décorent plusieurs de ses chapelles, et Brunelleschi créa, avec la cappella de'Pazzi, un des joyaux de l'architecture Renaissance. Il dessina également le cloître dont le réfectoire, transformé en musée, renferme des œuvres qui se trouvaient jadis dans l'église, comme le *Crucifix* de Cimabue.

La façade de marbre fut financée en 1863 par un riche Anglais, Francis Sloane.

Tombeau de Galilée
Condamné par l'Église en 1616, il n'eut droit à des funérailles chrétiennes qu'en 1737 quand Giulio Foggini érigea ce monument.

Dante mourut en exil et repose à Ravenne. Ses admirateurs érigèrent ce cénotaphe en 1829.

Machiavel *(p. 51)* fut enterré ici en 1527. Le monument, par Innocenzo Spinazzi, date de 1787.

Tombeau de Michel-Ange
Michel-Ange n'acheva jamais la Pietà qu'il destinait à son tombeau (p. 67). Vasari dessina en 1570 ce monument et ses allégories de la Peinture, l'Architecture et la Sculpture.

Entrée

Sortie

Entrée du cloître

Entrée du musée

À NE PAS MANQUER

★ **La cappella de'Pazzi**

★ **Le tombeau de Leonardo Bruni**

★ **La fresque de la chapelle Baroncelli**

Crucifix de Cimabue
Les dégâts subis par ce chef-d'œuvre du XIIIᵉ s. rappellent l'inondation de 1966.

Le *Crucifix* de Donatello (1425), dans la première chapelle Bardi, choqua Brunelleschi qui trouvait que le Christ ressemblait à un paysan. Pour justifier sa critique, il réalisa le crucifix de Santa Maria Novella.

Les fresques de la seconde chapelle Bardi, par Giotto (1317), représentent des scènes de la vie de saint François.

Le campanile néogothique date de 1842.

★ Fresque par Gaddi de la chapelle Baroncelli
Cet ange apparaissant à des bergers endormis (1338) constituait la première scène nocturne peinte en fresque.

Boutique

★ Tombeau de Leonardo Bruni
L'effigie par Rossellino (1447) du grand humaniste est un chef-d'œuvre de réalisme.

★ Cappella de'Pazzi
Brunelleschi dessina cette chapelle en 1430. Des frises et des médaillons en terre cuite par Luca della Robbia décorent l'intérieur très sobre.

Musée Horne

Santa Croce ⓫

Voir p. 72-73.

Museo Horne ⓬

Via de' Benci 6. **Plan** 4 D1 (6 F4).
☎ (055) 24 46 61. **Ouv.** de 9 h à
13 h du lun. au sam. **Fermé** les
*1er janv., dim. et lun. de Pâques,
25 avr., 1er mai, 15 août, 1er nov.,
25-26 déc.* **Accès payant.** 📷

H erbert Percy Horne (1844-
1916), historien d'art
britannique, vint à Florence
pour y écrire un livre sur
Botticelli et y resta jusqu'à la
fin de sa vie. Le musée Horne
présente ses collections
privées dans le palais
Renaissance construit en 1489
pour la riche famille Alberti
qu'il habita et restaura.
   La disposition des pièces
– entrepôts et ateliers au rez-
de-chaussée, appartements à
l'étage – est typique de
nombreuses demeures de
cette époque. Les Alberti, qui
s'enrichirent dans le
commerce des étoffes,
avaient en outre des
teintureries en sous-sol et des
séchoirs dans la cour.
   Horne installa dans le palais
sa collection de meubles
Renaissance et les œuvres d'art
qu'il avait réussi à rassembler,
comme le polyptyque de *Saint
Étienne* par Giotto, une *Vierge
à l'Enfant* attribuée à Simone
Martini (1283-1344) et une
Vierge de Bernardo Daddi
(v. 1312-1348). Beaucoup des
plus belles pièces se trouvent
cependant aujourd'hui aux
Offices.

   La cuisine, située au dernier
étage pour éviter la
propagation des odeurs dans
le reste de la maison,
renferme la collection de
poteries et d'ustensiles de
cuisine de l'esthète anglais.

Museo di Storia della scienza ⓭

Piazza de' Guidici 1. **Plan** 4 D1 (6 E4).
☎ 055 265 311. 🚌 B, 23. **Ouv.** hiver :
9h30-17h lun.-sam. (13h mar.), 10h-13h
2e dim. du mois ; été : 9h30-17h lun.-sam.
(13h mar. et sam.). **Fermé** les 1er janv.,
25 avr., 1er mai, 24 juin, 15 août, 8,
25-26 déc. **Accès payant.** 🚫 ♿

C e petit musée installé dans
le palais Castellani reflète la
passion pour les sciences qui
régnait à Florence au début du
XVIIe siècle sous le règne du
grand-duc Ferdinand II, le
protecteur de Galilée. Une salle
est d'ailleurs consacrée au
premier et une autre au grand
astronome né à Pise. On peut y
voir la lunette qui lui permit de
découvrir les satellites de
Jupiter et des reconstitutions à
grande échelle de ses
expériences sur la vitesse et la
chute des corps. C'est à sa
mémoire que Ferdinand dédia
en 1657 la première académie
scientifique du monde :
l'Accademia del Cimento
dont les membres
perfectionnèrent
ou inventèrent

de nombreux instruments de
mesure ou d'observation
exposés au musée tels que
thermomètres, baromètres,
microscopes ou astrolabes. Les
sphères armillaires, splendides
représentations du mouvement
des astres, sont spectaculaires.
   Une carte du monde établie
en 1554 par Lobo Homem
fournit de précieuses
informations sur les
connaissances géographiques
de l'époque.

**Galilée (1564-1642), mathématicien
de la cour des Médicis**

Santo Stefano al Ponte ⓮

Piazza Santo Stefano al Ponte. **Plan**
3 C1 (6 D4). *Téléphoner pour r.-v.*

S ituée près du Ponte
Vecchio, d'où son nom,
cette petite église
présente une façade
romane du début
du XIIIe siècle et

Sphère armillaire de 1564 décrivant le mouvement des astres

LE MONDE EN CARTE

Le sens et le souci de l'espace qui conduisirent les Florentins à devenir des maîtres de la perspective en firent également d'excellents marins et cartographes. Pour établir leurs cartes, ils se fondaient sur les observations et les carnets de bord des premiers explorateurs. L'Amérique doit ainsi son nom plus au Florentin Amerigo Vespucci qu'à Christophe Colomb. Au retour du second, après sa traversée de l'Atlantique, le roi Ferdinand d'Espagne chargea en effet Vespucci, navigateur réputé, de vérifier que Colomb avait bien ouvert une nouvelle route vers les Indes. Le Florentin fut le premier à comprendre que l'aventurier italien avait en réalité découvert un nouveau continent et il décrivit son voyage dans une série de lettres adressées à Pierre de Médicis. Dès qu'ils en prirent connaissance, les cartographes florentins s'empressèrent de réviser leurs cartes et ils nommèrent cette nouvelle terre Amerigo en hommage à leur concitoyen.

Pointe de l'Amérique du Sud encore inconnue

Premier relevé de l'Argentine

Afrique et Arabie bien décrites après des siècles d'échanges

Les antipodes restent à découvrir

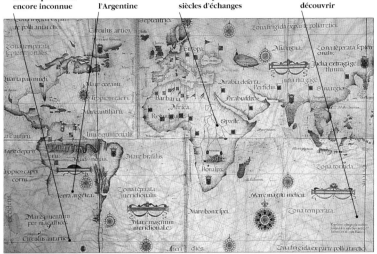

Carte du xvie siècle par le Portugais Lobo Homem, au musée de l'Histoire de la science

un maître-autel de Jean de Bologne (1591). Plus que pour son architecture, c'est plutôt pour les concerts organisés par les Amici della Musica que les Florentins la fréquentent. Le programme est affiché à l'entrée.

Erboristeria ⑮

Spezieria–Erboristeria Palazzo Vecchio. Via Vaccherecia 9r. **Plan** 3 C1 (6 D3). ▯ *(055) 239 60 55.* **Ouv.** *9 h - 19 h lun. - sam., 1er et dern. dim. du mois.* **Fermé** *le 25 déc.*

Cette très vieille herboristerie, connue sous le nom de Palazzo Vecchio, se cache près de la piazza della Signoria parmi les cafés qui bordent la via Vaccherecia. Des fresques ravissantes ornent son intérieur. Visiteurs et Florentins y trouvent savons, parfums et cosmétiques fabriqués selon d'anciennes recettes par des moines ou des religieuses. Tout près, au 4 de Calimala, une concurrente, l'Erboristeria della Antica Farmacie del Cinghiale, tire son nom du sanglier *(cinghiale)* de bronze qui se dresse sur le Mercato Nuovo voisin *(p. 112)*.

Piazza della Signoria ⑯

Voir p. 76-77.

Palazzo Vecchio ⑰

Voir p. 78-79.

Les Uffizi (offices) ⑱

Voir p. 80-83.

Façade des Offices dominée par le corridor de Vasari *(p. 106-107)*

Piazza della Signoria ⑯

Cœur de la vie florentine depuis le xive siècle, la place de la Seigneurie où se tenaient le *parlamento* (réunion du peuple) à l'appel de la cloche du Palazzo Vecchio *(p. 78-79)*, mais aussi les exécutions capitales, est aujourd'hui une véritable galerie de sculptures. Les statues (ou leurs copies) commémorent de grands événements de l'histoire de la cité souvent liés à la brève République florentine *(p. 50-51)* fondée par Jérôme Savonarole qui périt brûlé sur cette place.

Campanile

Salone dei Cinquecento
Des fresques de Vasari évoquant l'histoire de Florence ornent cette vaste salle construite en 1495.

Palazzo Vecchio

Cosme Ier
La statue équestre par Jean de Bologne (1595) rend hommage à l'homme qui réalisa l'union de la Toscane (p. 52-53).

Le Marzocco (lion héraldique) est une copie de l'œuvre de Donatello située au Bargello.

★ La fontaine de Neptune
Des Naïades sculptées par Jean de Bologne entourent le dieu de la mer (1575) du maniériste Bartolomeo Ammannati.

Fêtes
Cérémonies et réjouissances se tinrent pendant des siècles sur la place comme le montre cette estampe du XVIIIᵉ siècle.

★ **Persée**
Ce bronze de Cellini (1554) montrant Persée tenant la tête de Méduse devait avertir les ennemis de Cosme Iᵉʳ du sort qui les attendait. L'original du socle est au Bargallo.

MODE D'EMPLOI

Plan 4 D1 (6 D3). 🚌 *A, B Zone piétonne.*

Le bar des Uffizi, sur la terrasse de la loggia dei Lanzi, offre une belle vue de la place.

★ **L'Enlèvement des Sabines** *(1583)*
Jean de Bologne tailla ce groupe fluide dans un bloc de marbre défectueux.

Hercule tuant Cacus
(1534) par Bandinelli

La loggia dei Lanzi (1382), d'Orcagna, porte le nom des lansquenets qui formaient la garde de Cosme Iᵉʳ. Des statues de la Rome antique bordent le mur du fond.

★ **David** *(1501)*
Le David *original de Michel-Ange fut enlevé de la Piazza della Signoria en 1873 pour être placé à l'Accademia (p. 94).*

À NE PAS MANQUER

★ *David* **par Michel-Ange**

★ **La fontaine de Neptune par Ammannati**

★ *L'Enlèvement des Sabines* **par Jean de Bologne**

★ *Persée* **par Cellini**

Palazzo Vecchio ⓱

L'installation, au sommet de son imposant campanile, de la cloche destinée à prévenir les citoyens de la tenue d'une réunion ou de l'approche d'une menace marqua en 1322 l'achèvement du Palazzo Vecchio, appelé également aujourd'hui palais de la Seigneurie. Si l'édifice a conservé son aspect médiéval, Cosme Iᵉʳ en remodela entièrement l'intérieur quand il s'y installa en 1540. Après avoir pressenti Léonard de Vinci et Michel-Ange, ce fut finalement Vasari qu'il chargea de sa décoration. De nombreuses fresques de l'artiste célèbrent ainsi le fondateur du grand-duché de Toscane.

★ **Sala dei Gigli (salle des Lys)**
Les lys autour des fresques de Ghirlandaio (1485) rappellent les liens qui unissaient la Toscane et la France.

SUIVEZ LE GUIDE !

Un escalier monumental conduit au 1ᵉʳ étage et au salon des Cinq-Cents orné de fresques et de statues. Les appartements des anciens maîtres de Florence se trouvent au niveau supérieur. Attention, on ne peut visiter certaines pièces du Palazzo Vecchio qu'accompagné d'un guide qui présente les anciens passages secrets.

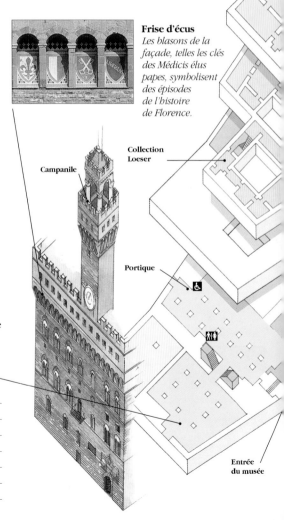

Frise d'écus
Les blasons de la façade, telles les clés des Médicis élus papes, symbolisent des épisodes de l'histoire de Florence.

Collection Loeser

Campanile

Portique

Entrée du musée

★ **Le *cortile* et sa fontaine**
La copie du génie de Verrocchio orne la fontaine de la cour de Michelozzi (1565).

LÉGENDE DU PLAN

- ☐ Rez-de-chaussée
- ☐ Premier étage
- ☐ Mezzanine
- ☐ Deuxième étage
- ☐ Expositions temporaires
- ☐ Zones sans exposition

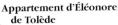

Appartement d'Éléonore de Tolède

Les vies de figures historiques ou mythologiques, comme ici Pénélope, servirent de thèmes à la décoration de l'appartement de l'épouse de Cosme Ier.

Salle des cartes

Le quartiere degli Elementi est orné d'allégories de l'Eau, du Feu, de la Terre et de l'Air par Vasari.

Génie ailé tenant un dauphin

Le bronze de Verrocchio (1470) est exposé dans la Chancellerie. On a depuis la petite pièce voisine une belle vue de San Miniato al Monte.

Appartement du pape Léon X

Le salone dei Cinquecento

accueillait les réunions du Conseil de la République florentine *(p. 50-51).*

Cappella di Eleonara

Des soldats égyptiens poursuivant Moïse se noient dans la mer Rouge sur ce détail des fresques (1540-1545), par Bronzino, de la chapelle d'Éléonore de Tolède.

trésor de sme Ier

★ Le Génie victorieux par Michel-Ange

Le neveu de Michel-Ange présenta en 1565 à Cosme Ier cette statue (1533-1534) destinée à l'origine au tombeau de Jules II.

À NE PAS MANQUER

★ Le *cortile* et sa fontaine

★ *Le Génie victorieux* par Michel-Ange

★ Sala dei Gigli

Galleria degli Uffizi ⑱

V asari édifia de 1560 à 1580 pour
Cosme Iᵉʳ cet édifice destiné à
accueillir les services administratifs (les
Offices ou *Uffizi*) du nouvel État toscan
(*p. 48*). À partir de Ferdinand Iᵉʳ en 1581,
les Médicis qui empruntaient
souvent la grande galerie reliant
les bureaux prirent
l'habitude de l'agrémenter
de leurs œuvres
d'art, créant ainsi
le premier musée
du monde.

**Le corridor de
Vasari** conduit au
Palazzo Vecchio

Escalier principal

Hall d'entrée

Entrée

La terrasse du bar offre
une vue inhabituelle de la
place de la Seigneurie
(*p. 76-77*).

Bar

45

44 43

Le plafond du corridor est peint
de « grotesques » inspirées de
fresques retrouvées à Rome dans des
souterrains pris pour des grottes.

42

41

35

SUIVEZ LE GUIDE !

*La collection d'art se trouve
au dernier étage des Offices,
bâtiment en forme de fer à
cheval. Un large corridor, où
sont exposées les sculptures
antiques, en longe le bord
intérieur. Les salles des
peintures ouvrent sur ce
couloir, présentant les œuvres
par ordre chronologique de
manière à montrer l'évolution
de l'art florentin depuis le
gothique jusqu'à la haute
Renaissance et au-delà. Les
tableaux les plus célèbres
occupent pour la plupart les
salles 7 à 18.*

**Vierge à l'Enfant avec
anges et saints**
*Ce tableau (1310) où Giotto
creuse l'espace annonce la
Renaissance.*

**Escalier de
Buontalenti**

33

32   33

31   28

29

30

**Entrée
du corridor
de Vasari**
(*p. 106-107*)

À NE PAS MANQUER

★ *Le Duc et la
duchesse d'Urbino*
**par Piero della
Francesca**

★ *La Naissance de
Vénus* **par Botticelli**

★ *La Sainte Famille*
par Michel-Ange

★ *La Vénus d'Urbino*
par Titien

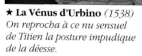

★ **La Vénus d'Urbino** (*1538*)
*On reprocha à ce nu sensuel
de Titien la posture impudique
de la déesse.*

★ **Le duc et la duchesse d'Urbino** *(1460)*
*Ces panneaux par Piero della Francesca font partie
des premiers véritables portraits Renaissance.
L'artiste représenta même le nez cassé du duc.*

MODE D'EMPLOI

Loggiato degli Uffizi 6. **Plan** 4 D1
(6 D4). ☎ 055 238 86 51
(informations) ; 055 29 48 83
(réservations). Ligne ouv. :
8 h 30 - 18 h 30 lun. - sam.
(12 h 30 sam.). 🚌 B, 23.
Ouv. 8 h 15 - 18 h 50 mar. - dim.
(horaires plus longs en été ; dern.
entrée : 45 min. avant fermet.).
Fermé 1er janv., 1er mai, 25 déc.
Accès payant. 📷 ♿
Corridor Vasari : ☎ 055 29 48
83 (visites guidées).
🔲 www.uffizi.firenze.it

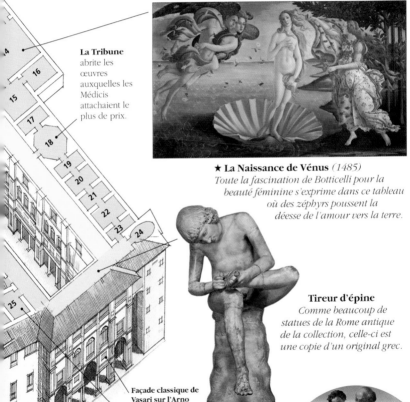

La Tribune
abrite les
œuvres
auxquelles les
Médicis
attachaient le
plus de prix.

★ **La Naissance de Vénus** *(1485)*
*Toute la fascination de Botticelli pour la
beauté féminine s'exprime dans ce tableau
où des zéphyrs poussent la
déesse de l'amour vers la terre.*

Tireur d'épine
*Comme beaucoup de
statues de la Rome antique
de la collection, celle-ci est
une copie d'un original grec.*

**Façade classique de
Vasari sur l'Arno**

LÉGENDE DU PLAN

☐ Corridor est

☐ Corridor ouest

☐ Corridor sud

☐ Salles d'exposition 1 à 45

☐ Zones sans exposition

★ **La Sainte Famille** *(1508)*
*L'interprétation des couleurs
et des attitudes dans
ce tableau de Michel-Ange,
le premier à ne pas
représenter Jésus sur les
genoux de la Vierge, inspira les
maniéristes (p. 25).*

À la découverte de la collection des Uffizi

La galerie des Offices, créée en 1581 par le grand-duc François Ier à partir de ses collections personnelles, offre une occasion unique de découvrir les chefs-d'œuvre de la Renaissance dont les plus grands maîtres ont travaillé pour les Médicis *(p. 48-49)*. Ceux-ci ne cessèrent d'enrichir la collection jusqu'en 1737 où Anne Marie-Louise, dernière des Médicis, la légua au peuple de Florence.

L'ART GOTHIQUE

Les six salles qui suivent la salle 1 des antiquités sont consacrées au gothique toscan du XIe au XIVe siècle. Dans la salle 2, la comparaison entre la *Vierge* de Cimabue, celle de Duccio di Buoninsegna et la *Vierge à l'Enfant avec anges et saints* de Giotto permet de mieux saisir ce que ce dernier a apporté à la peinture. Le réalisme des personnages aux expressions variées annonce déjà la Renaissance, tout comme la mise en perspective du trône.

On retrouve ce désir de donner de la profondeur à l'espace dans la *Présentation au Temple* d'Ambrogio Lorenzetti (1342) dans la salle 3.

Et l'on peut mesurer en salle 4 l'influence du naturalisme de Giotto sur l'école florentine du XIVe siècle représentée par des artistes comme Bernardo Daddi, Andrea Orcagna, Taddeo Gaddi ou Giottino dont la *Déposition* (1360-1365) apparaît plus médiévale que biblique.

LA PREMIÈRE RENAISSANCE

Une meilleure compréhension de la géométrie permit aux artistes de la Renaissance de donner l'illusion de la troisième dimension dans leurs tableaux. Paolo Uccello (1397-1475), en particulier, dont l'étonnante *Bataille de San Romano* (1456) *(p. 46)* domine la salle 7, se passionnait pour la perspective.

Cette salle recèle également deux des premiers portraits Renaissance, ceux du duc et de la duchesse d'Urbino peints par Piero della Francesca (1416-1492).

Si l'exactitude de ces profils conserve une certaine froideur expérimentale, la *Vierge florentine* (1455-1466) de Fra Filippo Lippi, en salle 8, est un chef-d'œuvre de chaleur et d'humanité. Le peintre, au travers d'un sujet religieux, célèbre des prodiges plus terrestres tels que la beauté d'une femme ou celle du paysage toscan.

Vierge florentine (1455-1466) par Fra Filippo Lippi

BOTTICELLI

Les tableaux de Botticelli des salles 10 à 14 justifient à eux seuls la visite des Offices. La pureté des couleurs, leur profondeur, rappellent que les artistes de la Renaissance cherchaient en permanence de nouveaux pigments.

Le Printemps (1480) par Botticelli

Ses chefs-d'œuvre, *La Naissance de Vénus* (1485) *(p. 81)* et *Le Printemps* (1480), témoignent des efforts entrepris par les humanistes pour unir mysticismes antique et chrétien. Fasciné par la mythologie païenne, Botticelli craignait le péché. Sa Vénus est la Vierge et la Primavera du *Printemps* Marie. À travers la Beauté, c'est à l'Absolu qu'aspire l'artiste.

Celui-ci s'est représenté dans l'*Adoration des Mages* (1475). Il est en manteau jaune, entouré de nombreux membres de la famille des Médicis *(p. 49)*.

LÉONARD DE VINCI

Détail de l'*Annonciation* (1472-1475) par Léonard de Vinci

L a salle 15 abrite des œuvres de jeunesse du célèbre peintre où l'on voit l'influence de ses maîtres s'effacer devant son propre style comme dans l'*Annonciation* (1472-1475) et l'*Adoration des Mages* (1481), restée inachevée.

LA TRIBUNE

B ernardo Buontalenti dessina en 1584 cette sorte de petit temple octogonal au plafond incrusté de nacre pour François Ier qui désirait y réunir ses œuvres préférées de la collection Médicis. Parmi les tableaux, remarquez le portrait d'Éléonore de Tolède avec son fils Jean par Bronzino (1545) *(p. 49)* et celui de Bia, sœur illégitime de Cosme Ier morte prématurément en 1542.

La *Vénus des Médicis* est une

Portrait de *Bia* (1542) par Bronzino

copie romaine, probablement du Ier siècle av. J.-C., d'une statue grecque attribuée à Praxitèle. Une petite salle attenante renferme une autre copie de sculpture hellénistique : l'*Hermaphrodite endormi*.

ART NON FLORENTIN

L es œuvres des salles 19 à 23 montrent avec quelle rapidité les idéaux et les techniques de la Renaissance se propagèrent hors de Florence. Des artistes ombriens comme le Pérugin et des peintres allemands comme Dürer sont bien représentés.

LE CORRIDOR SUD

C e couloir reliant les deux ailes des Offices commande à gauche une vue magnifique sur l'Arno, le Ponte Vecchio et les collines qui entourent la ville, et à droite sur la place de la Seigneurie, le Palazzo Vecchio et le Duomo.

Les Médicis réunirent au XVe siècle la plupart des statues antiques qui décorent ce passage. La précision anatomique et la richesse d'expression de ces sculptures, notamment le *Tireur d'épine* *(p. 81)* ou la *Jeune fille assise se préparant pour la danse*, influencèrent grandement les artistes de la Renaissance. Ceux-ci, en redécouvrant l'art de l'époque classique, provoquèrent le bouleversement culturel ferment des siècles qui suivirent.

HAUTE RENAISSANCE ET MANIÉRISME

E xposée en salle 25, la *Sainte Famille* par Michel-Ange, marquée par son regard de sculpteur *(p. 81)*, eut une influence considérable sur la génération suivante de peintres toscans, notamment Bronzino (1503-1572), le Pontormo (1494-1556) et le Parmesan (1503-1540), dont la *Madone au long cou* (v. 1534) présentée en salle 29 offre un exemple remarquable, avec ses couleurs éclatantes et sa posture exagérée, de ce qui sera connu sous le nom de maniérisme.

Salle 26, parmi les maîtres de la haute Renaissance, Raphaël est à l'honneur avec des œuvres telles que *Léon X*, un *Autoportrait*, et la *Vierge au chardonneret*. Cette dernière porte les traces des dommages causés par le tremblement de terre de 1547. En salle 28, le chef-d'œuvre de Titien, la *Vénus d'Urbino* (1538), est considéré comme l'un des plus beaux nus jamais peints.

Vierge au chardonneret (1506) par Raphaël

PEINTURES PLUS TARDIVES

L es salles 41 à 45 renferment des tableaux acquis par les Médicis aux XVIIe et XVIIIe siècles, notamment des œuvres de Rubens (1577-1640) et de Van Dyck (1599-1641) en salle 41 (parfois fermée), du Caravage (1573-1610) en salle 43, et de Rembrandt (1606-1669) en salle 44.

DE SAN MARCO À SAN LORENZO

Tout ce quartier porte l'empreinte de la personnalité de Cosme l'Ancien, fondateur de la dynastie des Médicis. Homme d'affaires avisé qui s'imposa par ses qualités de gestionnaire plutôt que par la force ou la menace, mécène érudit et sophistiqué malgré ses tenues vestimentaires modestes de simple marchand, il était habité d'une passion pour la construction et voulait élever des églises, palais et bibliothèques qui dureraient un millier d'années comme les bâtiments de la Rome antique. Il engagea dans ce but les plus grands

Médaillon du spedale degli Innocenti

artistes et architectes de l'époque pour construire les églises de San Lorenzo et de San Marco ou édifier le palazzo Medici-Riccardi. Il est considéré comme l'un des grands esprits novateurs de la Renaissance florentine.

Ses successeurs restèrent fidèles au quartier, et même après leur installation en 1550 au palazzo Pitti, de l'autre côté de l'Arno, les grands-ducs continuèrent, pour leur ultime voyage, à se rendre à San Lorenzo afin de reposer dans les extraordinaires Cappelle Medicee (chapelles des Médicis) décorées notamment par Michel-Ange.

LE QUARTIER D'UN COUP D'ŒIL

Églises et synagogue
San Lorenzo p. 90-91 **2**
San Marco p. 96-97 **7**
Santa Maria Maddalena
dei Pazzi **16**
Santissima Annunziata **14**
Tempio Israelitico **17**

Bâtiments historiques
Palazzo Medici-Riccardi **5**
Palazzo Pucci **4**
Spedale degli Innocenti **12**

Musées
Cenacolo di Sant'Apollonia **6**
Conservatorio **10**
Galleria dell'Accademia **9**
Museo Archeologico **15**
Opificio delle Pietre Dure **11**

Jardin
Giardino dei Semplici **8**

Places et marchés
Mercato Centrale **1**
Piazza di San Lorenzo **3**
Piazza della Santissima
Annunziata **13**

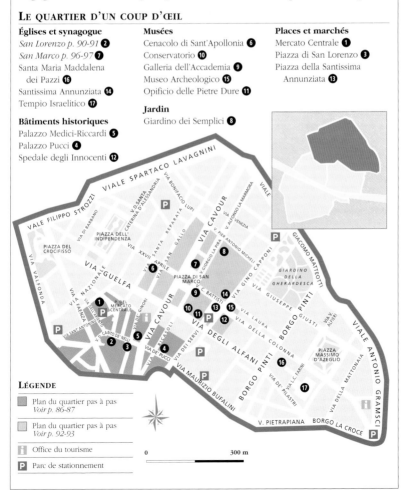

LÉGENDE

Plan du quartier pas à pas
Voir p. 86-87

Plan du quartier pas à pas
Voir p. 92-93

Office du tourisme

Parc de stationnement

0 ——————— 300 m

◁ **Vierge à l'Enfant par Fra Angelico (v. 1440) à San Marco**

Pas à pas autour de San Lorenzo

Deux édifices dominent le quartier :
le palazzo Medici-Riccardi, le palais
des Médicis construit de 1444 à 1464,
et San Lorenzo, l'église commencée
en 1424 par Filippo Brunelleschi pour
Giovanni da Bicci et à laquelle travailleront
les plus grands artistes sous le règne
de son fils, Cosme l'Ancien. Tout autour,
un immense marché emplit rues et places
d'étals d'articles de cuir, de cachemires, de soieries
et de vêtements vendus à des prix très raisonnables,
surtout si l'on marchande.

**Buste, palazzo
Medici-Riccardi**

Bistrots et vendeurs de plats à
emporter abondent autour du
marché. Ils proposent des mets
italiens traditionnels tels que
tripes ou *porchetta.*

Mercato Centrale
*Construit en 1874, ce marché couvert
propose poissons, viandes et fromages
au rez-de-chaussée et fruits et
légumes à l'étage sous la
verrière* ❶

**Le palazzo Riccardi-
Manelli** se dresse sur le
site de la maison où
naquit Giotto en
1266.

VIA DELL' ANTONINO

PIAZZ
DEL MERC
CENTRA

BORGO LA NOCE

VIA SANT' ARIENTO

VIA DEL CA

VIA FAENZA

VIA DELL' AMORINO

PIAZZA DI
MADONNA DEGLI
ALDOBRANDINI

VIA DEL
MELARANCIO

VIA DEL GIGLIO

VIA DELL' ALLORO

VIA DE' CONTI

VIA F. ZANNETTI

**Biblioteca Mediceo-
Laurenziana**

Les Cappelle Medicee font
partie de San Lorenzo mais on
y accède par une entrée
séparée sur la piazza di
Madonna degli Aldobrandini.
Michel-Ange a réalisé la
Nouvelle Sacristie et les
tombeaux des Médicis.

À NE PAS MANQUER

★ **San Lorenzo**

★ **Le palazzo Medici-
Riccardi**

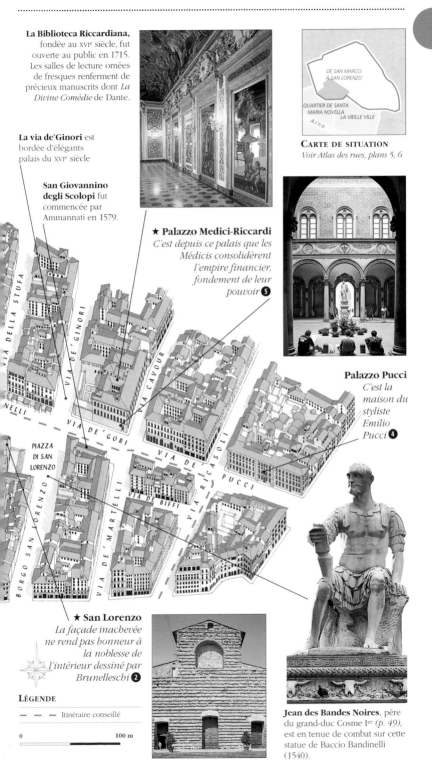

La Biblioteca Riccardiana, fondée au XVIe siècle, fut ouverte au public en 1715. Les salles de lecture ornées de fresques renferment de précieux manuscrits dont *La Divine Comédie* de Dante.

La via de'Ginori est bordée d'élégants palais du XVIe siècle

San Giovannino degli Scolopi fut commencée par Ammannati en 1579.

CARTE DE SITUATION
Voir Atlas des rues, plans 5, 6

DE SAN MARCO À SAN LORENZO

QUARTIER DE SANTA MARIA NOVELLA
LA VIEILLE VILLE

Arno

★ **Palazzo Medici-Riccardi**
C'est depuis ce palais que les Médicis consolidèrent l'empire financier, fondement de leur pouvoir **5**

Palazzo Pucci
C'est la maison du styliste Emilio Pucci **4**

VIA DELLA STUFA

VIA DE'GINORI

VIA CAVOUR

VIA DE'GORI

VIA DE' PUCCI

VIA DE'RICASOLI

NELLI

PIAZZA DI SAN LORENZO

VIA DE BIFFI

VIA DE' MARTELLI

BORGO SAN LORENZO

★ **San Lorenzo**
La façade inachevée ne rend pas honneur à la noblesse de l'intérieur dessiné par Brunelleschi **2**

Jean des Bandes Noires, père du grand-duc Cosme Ier *(p. 49)*, est en tenue de combat sur cette statue de Baccio Bandinelli (1540).

Le Mercato Centrale

Mercato Centrale ❶

Via dell'Ariento 10-14. **Plan** 1 C4 (5 C1). *Ouv.* de 7 h à 14 h lun. - sam. **Parking souterrain ouv**. de 7 h à 20 h 30 du lun. au sam.

Édifice de pierre, d'acier et de verre construit en 1874 par Giuseppe Mengoni auquel a été ajouté en 1980 une mezzanine et un parking souterrain, le Mercato Centrale constitue avec ses marchands de produits alimentaires le cœur du marché de San Lorenzo, le marché le plus fréquenté de Florence. Les très nombreux étals du rez-de-chaussée proposent viandes, volailles, poissons, fromages et des spécialités toscanes telles que *porchetta* (cochon de lait rôti), *lampredotto* (tripes de porc) ou *panino con la trippa*. Ceux du premier étage vendent légumes, fruits et fleurs.

San Lorenzo ❷

Voir p. 90-91.

Piazza di San Lorenzo ❸

Plan 1 C5 (6 D1). 🚶 été : de 7 h à 20 h ; hiver : de 8 h à 20 h du mar. au sam.

À l'extrémité ouest de la place se dresse la statue de Jean des Bandes Noires, célèbre *condottiere* (chef des compagnies mercenaires) et père de Cosme Ier, le premier grand-duc de Toscane (*p. 49*). Jean devait son surnom aux bannières noires qu'il arbora après la mort de son cousin, le pape Léon X.

Pendant la journée, la sculpture de Baccio Bandinelli (1540) disparaît presque au milieu des étals du marché qui s'étend tout autour de San Lorenzo. Les éventaires les plus proches de l'église proposent essentiellement des articles pour touristes tels que cuir et souvenirs mais ceux qui emplissent les rues voisines vendent aussi bien draps que lentilles.

Statue de Jean des Bandes Noires, piazza di San Lorenzo

Palazzo Pucci ❹

Via de'Pucci 6. **Plan** 2 D5 (6 E1). 📞 (055) 28 30 61. **Fermé** au public.

Ce palais est la demeure ancestrale du grand couturier Emilio Pucci, *marchese* di Barsento. Alliée traditionnelle des Médicis, sa famille joua un grand rôle dans l'histoire de Florence. Elle fit construire cette résidence au XVIe siècle sur des plans de Bartolomeo Ammannati.

Emilio Pucci y présente les collections de haute couture à sa clientèle mais sa boutique se trouve via della Vigna Nuova. Le styliste est particulièrement réputé pour l'élégance décontractée de ses créations. Il a dessiné les uniformes bleus de la police municipale, les *vigili urbani* (*p. 276*).

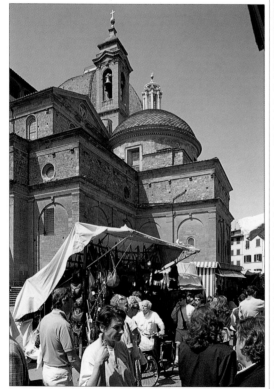

Le marché de San Lorenzo

Palazzo Medici-Riccardi ❺

Via Cavour 1. **Plan** 2 D5 (6 D1).
📞 *(055) 276 03 40.* **Cappella dei Magi** *ouv.* 9 h - 19 h jeu. - mar. **Fermé** le 1er mai et le 25 déc. **Accès payant.** *Réservation recommandée en période de pointe.* 📷 ♿

C osme l'Ancien, pour faire bâtir sa nouvelle résidence, s'adressa tout d'abord à Brunelleschi. Mais, soucieux de ne pas troubler ses concitoyens en affichant sa richesse et sa puissance, il refusa le projet de l'architecte qu'il jugeait trop somptueux et préféra les plans plus austères de son ami Michelozzo.

Les Médicis vécurent de 1444 à 1540 dans ce palais qu'ils vendirent en 1665 à la famille Riccardi. L'édifice abrite aujourd'hui le siège de la préfecture et la bibliothèque Riccardienne.

Le portail principal ouvre sur un splendide *cortile* orné de médaillons et de copies de camées antiques qui se trouvent maintenant au Museo degli Argenti *(p. 123).* Le *David* de Donatello (maintenant au Bargello, *p. 68-69)* se dressait jadis ici mais c'est désormais l'*Orphée* de Bandinelli qui occupe la place d'honneur.

Depuis cette cour, on accède au premier étage par un escalier et la chapelle, célèbre pour la fresque peinte en 1459-1460 par Benozzo Gozzoli : *Le Cortège des Rois mages,* qui met en scène plusieurs Médicis – notamment Laurent, vêtu de blanc

Cène (1450) par Andrea del Castagno à Sant'Apollonia

sur un cheval blanc –, et le peintre lui-même (son nom est inscrit sur son bonnet).

Un autre escalier, à droite dans la cour, conduit au 2e étage et à la salle des fêtes, ou sala di Luca Giordano du nom du peintre napolitain qui la décora en 1683 de fresques baroques : *L'Apothéose des Médicis.*

Cenacolo di Sant'Apollonia ❻

Via XXVII Aprile 1. **Plan** 2 D4.
📞 *055 238 86 07.* **Ouv.** 8 h 15 - 13 h 50 mar. - dim. **Fermé** certains jours (téléphoner). 📷 ♿

L e cloître et le réfectoire de l'ancien couvent des religieuses camaldules sert aujourd'hui aux étudiants de l'université de Florence. Élève de Masaccio, Andrea del Castagno décora la salle au milieu du XVe siècle.

Sur le mur du fond, la superbe fresque de la *Cène* (1450) montre toute la maîtrise d'expression d'un artiste dont peu d'œuvres nous sont parvenues. Placé seul devant la table, tranchant sur le blanc de la nappe et brisant l'équilibre de la composition, son Judas, au visage creusé par le clair-obscur, présente le profil d'un satyre, créature mythologique souvent utilisée à l'époque pour symboliser le mal.

San Marco ❼

Voir p. 96-97.

Giardino dei Semplici ❽

Via Micheli 3. **Plan** 2 E4. 📞 *055 275 74 02.* **Ouv.** 9 h - 13 h, lun. - ven. , dim. au printemps ; téléphoner. **Fermé** les 24-26, 31 déc., 1er, 6 janv., 25 avr., dim. et lun. de Pâques, 1er mai, 13-17 août, 1er nov. 📷 ♿

Le jardin des Simples

N iccolò Tribolo créa en 1545 pour Cosme Ier ce jardin des Simples, l'un des premiers jardins botaniques d'Europe, dans l'espace s'étendant entre la via Micheli, la via Giorgio la Pira et la via Gino Capponi. Les essences qu'on y cultivait servaient à la confection d'antidotes et à l'extraction de parfums ou d'huiles médicinales.

Le jardin a conservé au fil des siècles sa disposition originale mais s'est enrichi à côté de la flore toscane de nombreuses espèces exotiques.

Au no 4 de la via Giorgio la Pira, deux petits musées spécialisés donnent sur ses allées : le musée de Géologie et de Paléontologie, et le musée de Minéralogie qui possède une topaze de 151 kilos.

Le jardin du palazzo Medici-Riccardi

San Lorenzo ❷

C'est à partir de 1424 que Brunelleschi construisit cette église, joyau de la première Renaissance, à l'emplacement d'un sanctuaire roman du XIᵉ siècle. Les plus grands artistes participèrent à sa décoration ainsi qu'à celle des Cappelle Medicee, ou chapelles des Médicis, ensemble comprenant la cappella dei Principi

(chapelle des Princes) et sa chapelle funéraire : la Nouvelle Sacristie de Michel-Ange. Celui-ci travailla aussi à la bibliothèque Laurentienne (Biblioteca Mediceo-Laurenziana) en 1524, écrin de la collection de manuscrits des Médicis.

La coupole de Buontalenti rappelle celle du Dôme de Brunelleschi *(p. 64-65).*

★ La cappella dei Principi
Commencée en 1604 par Matteo Nigetti, la décoration en marbre de ce riche mausolée ne fut achevée qu'en 1962.

L'Ancienne Sacristie, dessinée par Brunelleschi (1420-1429), fut décorée par Donatello.

★ L'escalier de Michel-Ange
Michel-Ange, en dessinant l'escalier maniériste de la bibliothèque qu'exécuta Ammannati en 1559, cherchait par ses lignes à « amplifier » l'espace.

Michel-Ange dessina le plafond et les lutrins de la bibliothèque. Celle-ci donne sur le gracieux cloître construit en 1462 par Manetti.

Le Martyre de saint Laurent
Les personnages aux postures extrêmes de cette vaste fresque peinte par Bronzino en 1659 sont typiques du maniérisme (p. 25).

Le jardin du cloître est planté de haies décoratives, de grenadiers et d'orangers.

★ **Les tombeaux des Médicis**
Michel-Ange les orna de quatre puissantes allégories : Le Jour, La Nuit, Le Crépuscule et l'Aurore.

Six grands-ducs reposent dans la chapelle des Princes.

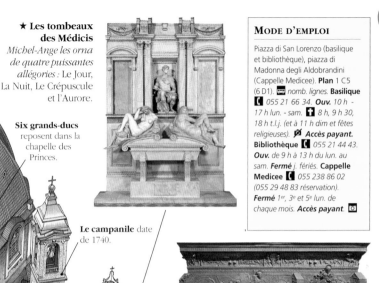

Le campanile date de 1740.

Chaires de Donatello
Le sculpteur avait 74 ans quand il réalisa en 1460 les bas-reliefs : la Passion *et la* Résurrection.

Une simple dalle marque l'emplacement du tombeau de Cosme l'Ancien (1389-1464), fondateur de la dynastie des Médicis.

Joseph et le Christ à l'atelier
Pietro Annigoni (1910-1988) est l'un des rares artistes modernes dont le travail est visible à Florence.

Michel-Ange soumit plusieurs projets pour la façade de San Lorenzo mais elle resta inachevée.

Entrée de l'église

À NE PAS MANQUER

★ **Cappella dei Principi**

★ **L'escalier de Michel-Ange**

★ **Les tombeaux des Médicis par Michel-Ange**

Pas à pas autour de San Marco

Située jadis à la périphérie de la ville, cette partie de Florence renfermait la ménagerie des Médicis et ses lions, girafes et éléphants. C'est aujourd'hui un quartier d'étudiants qui emplissent la piazza di San Marco entre deux cours à l'université ou à l'Accademia di Belle Arti. Cette dernière est la plus ancienne école d'art du monde (1563). Elle eut Michel-Ange pour premier directeur *(p. 94)* et des artistes tels que Vasari, Ammannati et Bronzini comme professeurs.

Le palazzo Pandolfini de Raphaël date de 1516.

Michel-Ange s'exerçait en dessinant les statues des jardins Médicis.

★ **San Marco**
Dans ce couvent dominicain devenu musée, on visite la cellule de Savonarole et on admire les peintures de Fra Angelico (1395-1455) ❼

La piazza di San Marco est un lieu de rencontre animé.

VIA DEGLI ARAZZIERI

VIA SAN GALLO

V. DE

VIA CAVOUR

PIAZZA DI

SAN MARCO

VIA RICASOLI

Cenacolo di Sant'Apollonia
La Cène *d'Andrea del Castagno (1450)* orne le réfectoire de cet ancien couvent ❻

Conservatorio
Le conservatoire de musique de Florence a une riche bibliothèque ❿

À NE PAS MANQUER

★ **La galleria dell'Accademia**

★ **San Marco**

★ **Le spedale degli Innocenti**

★ **La galleria dell'Accademia**
Ce musée, célèbre pour le David de Michel-Ange, présente aussi l'Arbre de vie par Bonaguida ❾

Opificio delle Pietre Dure
On y restaure de précieuses mosaïques ⓫

Santissima Annunziata
Les Médicis financèrent en 1444 la reconstruction de cette église par Michelozzo. Les fresques de l'atrium sont d'Andrea del Sarto ⑭

Giardino dei Semplici
On y étudie les plantes médicinales depuis 1543 ⑧

CARTE DE SITUATION
Voir Atlas des rues, plan 2

★ Spedale degli Innocenti
Cet orphelinat (p. 46-47) *fut le premier édifice Renaissance achevé (1445) par Brunelleschi. Andrea della Robbia ajouta les médaillons d'enfants emmaillotés* ⑫

Museo Archeologico
Ses collections comprennent notamment des vases et des bronzes étrusques ⑮

Légende

– – – Itinéraire conseillé

0   50 m

Le grand-duc Ferdinand Ier, dernière statue de Jean de Bologne, fut fondue avec le métal de canons pris à l'ennemi par la flotte toscane.

La section centrale du *Cassone Adimari* par Scheggia à la galleria dell'Accademia

Galleria dell'Accademia ❾

Via Ricasoli 60. **Plan** 2 D4 (6 E1).
☎ *055 238 86 09 (information) ;*
055 29 48 83 (réservation).
***Ouv.** 8 h 15 - 18 h 50 mar. - dim.*
(horaires plus longs en été).
***Fermé** les 1er janv., 1er mai, 25 déc.*
Accès payant. 📷 ♿

Fondée en 1563 à l'initiative de la compagnie de Saint-Luc, la corporation des artistes, et plus particulièrement du sculpteur Fra Giovannangelo da Montorsoli (1507-1563), l'Académie des beaux-arts de Florence fut la première école d'Europe d'enseignement de la peinture, de la sculpture et de l'architecture.

La collection d'art exposée dans la galerie fut constituée

La *Vierge de la mer* (v. 1470) par
Sandro Botticelli

en 1748 dans le but de donner aux élèves des sujets d'étude. Depuis 1873, elle comprend plusieurs œuvres parmi les plus importantes de Michel-Ange, notamment son célèbre *David* (1504). Ce nu colossal du héros biblique qui tua le géant Goliath lui avait été commandé par la ville de Florence et, une fois achevé, il prit place devant le Palazzo Vecchio. Michel-Ange devint grâce à lui, à 29 ans, le sculpteur le plus admiré de son temps. On déplaça en 1873 la statue à l'Accademia pour la protéger des intempéries et de la pollution et c'est une copie qui décore aujourd'hui la piazza della Signoria (p. 76-77). Une deuxième se dresse au centre du piazzale Michelangelo (p. 131).

Le génie du maître s'exprime avec presque autant de force dans une pietà bouleversante et une statue de saint Matthieu destinée à la façade du Duomo. Toutes deux inachevées, elles sont présentées dans la galerie dite des Captifs car elle contient quatre ébauches des *Captifs* sculptés à partir de 1521 qui

devaient orner le tombeau du pape Jules II. Deux autres se trouvent au Louvre. Ces corps musculeux luttant pour s'arracher à leur gangue de pierre font partie des œuvres les plus troublantes de l'histoire de la sculpture.

Installées en 1585 dans la grotte de Buontalenti des jardins de Boboli, elles ont été remplacées depuis par des moulages (p. 124-125).

La galleria dell' Accademia renferme également une importante collection de tableaux peints par des contemporains de Michel-Ange tels Fra Bartolomeo, Filippino Lippi, Bronzino et Ridolfo del Ghirlandaio. Parmi les plus belles pièces, la *Vierge de la mer* attribuée à Botticelli

David par Michel-Ange

(1445-1510), *Vénus et Cupidon* exécutée par le Pontormo (1494-1556) d'après un dessin de Michel-Ange et le *Cassone Adimari*, un coffre de mariage que décore la représentation de la noce Adimari-Ricasoli sur la piazza San Giovanni. Élément du trousseau de la mariée, il offre un aperçu fascinant de la vie quotidienne et des costumes des riches Florentins aux alentours de 1440.

Trois salles proposent des peintures des XIIIe et XIVe siècles, notamment l'*Arbre de vie* par Pacino di Bonaguida, et le salone della Toscana abrite des sculptures et des toiles des membres de l'Académie au XIXe siècle. Parmi celles-ci une série de plâtres du sculpteur Lorenzo Bartolini (1777-1850), dont les bustes du poète romantique anglais Lord Byron et du compositeur Franz Liszt.

Détail d'une *Vierge avec saints* du XIVe siècle à l'Accademia

Conservatorio Musicale Luigi Cherubini ❿

Piazza delle Belle Arti 2. **Plan** 2 D4 (6 E1). 📞 *(055) 29 21 80.* **Bibliothèque *fermée*** *au public*

Cette académie de musique porte le nom du compositeur florentin né en 1760 qui dirigea de 1822 jusqu'à sa mort, en 1842, le Conservatoire de Paris. Le Conservatorio Musicale possède une superbe collection d'instruments anciens actuellement exposée au Palazzo Vecchio. Acquise par le grand-duc Ferdinand III, elle comprend des violons, altos et violoncelles issus des ateliers Amati, Ruggeri et Stradivarius, ainsi qu'un clavecin par Bartolomeo Cristofori, l'inventeur du piano.

Détenant de nombreux manuscrits de compositeurs

tels que Monteverdi ou Rossini, la bibliothèque, malheureusement fermée au public, est l'une des plus riches des conservatoires italiens.

Dessus de table par Zocchi (1849)

Opificio delle Pietre Dure ⓫

Via degli Alfani 78. **Plan** 2 D4 (6 F1). 📞 *055 265 11.* **Ouv.** *8 h 15-14 h lun.- sam. (19 h mar.). Dern. entrée : 30 min. avant fermet.* **Fermé** *j. fériés.* **Payant.**

Fondé en 1588 par le grand-duc François Ier, l'Atelier des Pierres dures spécialisé dans la marqueterie de pierres semi-précieuses, une forme de mosaïque spécifiquement florentine appelée *pietra dura,* occupe depuis 1796 l'ancien monastère de San Niccolò.

Si la vocation principale de cet institut national fut pendant deux siècles de décorer la chapelle des Princes, le mausolée des Médicis dans l'église San Lorenzo, ses artisans se consacrent aujourd'hui à des travaux de restauration et à la transmission d'un savoir-faire séculaire.

Un musée présente un choix d'œuvres réalisées par l'Opificio, notamment des plateaux de table par Zocchi et Niccolò Betti. La vaste gamme de minéraux utilisés donne des compositions d'une richesse étonnante.

Spedale degli Innocenti ⓬

Piazza della Santissima Annunziata 12. **Plan** 2 E4. 📞 *(055) 249 17 08.* **Ouv.** *de 8 h 30 à 14 h du jeu. au mar. (der. ent. : 30 min. av. la ferm.).* **Fermé** *1er janv., pâques, 25 déc.* **Accès payant.** 🚫

L'art (corporation) de la soie commanda à Brunelleschi en 1419 l'hôpital des Innocents, le premier orphelinat d'Europe. L'institution ouvrit en 1444 et une partie du bâtiment remplit toujours cette fonction d'accueil. Une autre abrite des bureaux de l'Unicef.

L'architecte, qui disposait d'un vaste terrain dégagé jouxtant l'église Santissima Annunziata, pensait aménager entièrement une nouvelle place. Il ne put cependant achever son projet et ne réalisa que l'harmonieuse loggia de l'hôpital *(p. 46-47).* Andrea della Robbia ajouta vers 1490 les médaillons en terre cuite représentant des enfants emmaillotés qui ornent chaque arcade. La *rota,* petite porte à tambour à l'extrémité gauche du portique, servit jusqu'en 1875 à déposer les enfants. Elle pivotait sans que l'anonymat du « donateur » en souffrît.

Brunelleschi dessina également les deux cloîtres dont le plus grand est décoré de *sgraffiti* (*sgraffito* signifie « égratigné » en italien), dessins réalisés en grattant un enduit mince.

Un petit musée ouvre sur le second cloître. La salle du Ghirlandaio rassemble les meilleures œuvres du musée ; on peut y admirer notamment une étonnante *Adoration des Mages* (1488).

Médaillons d'Andrea della Robbia (v. 1490) sur l'hôpital des Innocents

San Marco ❼

Moine dominicain en habit gris

Désirant y accueillir les moines dominicains de Fiesole, Cosme l'Ancien confia en 1437 à son architecte préféré, Michelozzo, l'agrandissement du couvent de Saint-Marc fondé au XIIIe siècle. À la demande de saint Antonin, Fra Angelico participa à sa décoration et le bâtiment est devenu un musée où sont réunies presque toutes les œuvres de ce peintre illuminé par la foi.

Les cellules 38 et 39 sont celles où Cosme l'Ancien aimait venir faire retraite.

Le Christ bafoué
Cette fresque allégorique de Fra Angelico (v. 1440) ne montre que des symboles des outrages subis par le Christ.

Les cellules 12 à 15 contiennent des souvenirs de Savonarole, nommé prieur de San Marco en 1491 *(p. 50-51).*

Un cèdre très ancien se dresse au centre du cloître Saint-Antonin.

Entrée de l'église

Déposition de Croix
(1435-1440)
L'ancien hospice des Pèlerins renferme de nombreuses peintures de Fra Angelico et de son atelier.

Entrée du musée de San Marco

LÉGENDE DU PLAN

☐	Rez-de-chaussée
☐	Premier étage
☐	Zones sans exposition

Cloître Saint-Antonin

**Les cellules du
1er étage** sont toutes
décorées de fresques
de la *Vie du Christ.*

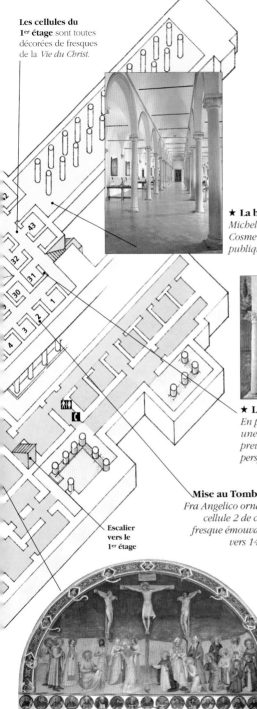

MODE D'EMPLOI

Piazza di San Marco. **Plan** 2 D4.
🚌 *nomb. lignes.* **Église** ☎ *055
28 76 28.* **Ouv.** *7 h -12 h, 16 h -
20 h.* ✝ *7 h 30, 18 h 30 lun. au
sam. ; 10 h 30, 11 h 30, 12 h 30,
18 h 30 dim. et fêtes religieuses.*
📷 ♿ **Musée** ☎ *055 238 86 08
(réserv. 055 29 48 83).* **Ouv.** *8 h 30
- 13 h 50 t.l.j. (jusqu'à 18 h 50 sam.,
jusqu'à 19 h dim. ; dern. entrée :
30 min. avant la fermet.).* **Fermé**
*2e et 4e lun. et 1er, 3e et 5e dim. du
mois, 1er janv., 1er mai, 25 déc.*
Accès payant. 📷 ♿

★ La bibliothèque
*Michelozzo construisit en 1441 pour
Cosme l'Ancien la première bibliothèque
publique d'Europe.*

★ L'Annonciation *(v. 1445)*
*En plaçant Gabriel et la Vierge dans
une loggia élaborée, Fra Angelico fait
preuve de sa maîtrise des courbes en
perspective.*

Mise au Tombeau
*Fra Angelico orna la
cellule 2 de cette
fresque émouvante
vers 1442.*

**Escalier
vers le
1er étage**

★ La Crucifixion *(1441-1442)*
*Fra Angelico pleurait d'émotion en peignant cette superbe
fresque dans la salle du Chapitre.*

À NE PAS MANQUER

**★ *L'Annonciation*
par Fra Angelico**

**★ *La Crucifixion*
par Fra Angelico**

**★ La bibliothèque
par Michelozzo**

Fontaine maniériste de Pietro Tacca, piazza della Santissima Annunziata

Piazza della Santissima Annunziata ⓭

Plan 2 D4.

Bordée à l'est par l'élégante colonnade de l'hôpital des Innocents de Brunelleschi, c'est l'une des plus belles places de Florence même si l'architecte ne put réaliser son projet d'ensemble symétrique (p. 95). C'est Ammannati qui construisit de 1557 à 1563 le palazzo Grifoni dont le premier étage arbore en décoration un petit arc de triomphe typiquement maniériste.

La statue de Ferdinand Ier, l'une des dernières œuvres de Jean de Bologne, fut achevée en 1608 par son assistant, Pietro Tacca, qui créa également les deux fontaines de bronze qui ornent la place. Celle-ci s'emplit le 25 mars, pour la fête de l'Annonciation, d'étals proposant des *brigidini*, biscuits préparés pour l'occasion.

Santissima Annunziata ⓮

Piazza della Santissima Annunziata.
Plan 2 E4. ☎ (055) 239 80 34.
Ouv. de 7 h 30 à 12 h 30 et de 16 h à 18 h 30 t.l.j. 🚫

Sept riches Florentins fondèrent en 1233 l'ordre des Servites (les *Servi di Maria*) puis édifièrent en 1250 un oratoire sur ce site alors hors des remparts. Michelozzo le remplaça par l'église

actuelle à partir de 1451. Il prit cependant soin de conserver une fresque miraculeuse de l'*Annonciation* exécutée par un artiste anonyme du début du XIVe siècle qu'un ange aurait aidé pendant son sommeil en peignant le visage de la Vierge, et ce sanctuaire est resté l'un des plus chers au cœur des Florentins. Ils gardèrent en effet jusqu'en 1750 l'habitude de commencer l'année le 25 mars, date de la fête de l'Annonciation.

Ils exprimaient cette dévotion par des ex-voto de cire (fondus

en 1786) placés dans le cloître. Aujourd'hui transformé en atrium, celui-ci est orné de fresques datant de la fin du XVe siècle et du début du XVIe siècle, notamment l'*Adoration des Mages* (1511) et *La Naissance de Marie* (1514) d'Andrea del Sarto qui est inhumé dans l'église.

La décoration intérieure s'avère étonnamment baroque et massive pour Florence. Le petit temple en marbre dessiné par Michelozzo et exécuté par Pagno Portigiani en 1448 pour abriter l'*Annonciation* miraculeuse se dresse à gauche de l'entrée. Les jeunes couples qui viennent y offrir un bouquet à la Vierge auront un mariage heureux. Neuf chapelles rayonnent depuis le chœur. Jean de Bologne décora celle du centre, qui allait accueillir son tombeau, d'un crucifix et de reliefs en bronze.

L'entrée du cloître Saint-Luc, ou cloître des Morts car il servit longtemps de lieu de sépulture, se trouve dehors sous le portique. De là, on accède à la chapelle où sont ensevelis de grands artistes tels Cellini ou le Pontormo.

La Naissance de Marie (1514) par Andrea del Sarto

Le vase François, orné d'épisodes de la mythologie grecque

Museo Archeologico **⑮**

Via della Colonna 36. **Plan** 2 E4.
📞 *055 235 75.* **Ouv.** *14 h - 19 h lun.,
8 h 30 - 19 h mar. et jeu., 8 h 30 -
14 h mer. et ven. - dim. (téléphoner)*
Fermé *1er janv., 1er mai, 25 déc.*
Accès payant. 📷 ♿

L e Musée archéologique occupe depuis 1870 le palazzo della Crocetta construit en 1620 pour la princesse Marie-Madeleine de Médicis. Il propose un ensemble exceptionnel de vestiges des civilisations égyptienne, grecque, romaine et étrusque.

Cette dernière est particulièrement à l'honneur et on a reconstitué dans le jardin du palais, à partir de matériaux trouvés sur les lieux de fouilles, différents types de tombeaux. Les collections étrusques ont toutefois subi de graves dégâts lors de l'inondation de 1966 et, les travaux de restauration se poursuivant, on ne peut en admirer qu'une partie.

Parmi les nombreux bronzes, de guerriers notamment, les deux plus beaux – et les plus célèbres – sont exposés au premier étage. Il s'agit de la *Chimère d'Arezzo* *(p. 40)*, lion mythique à tête de chèvre sur le dos et une queue en forme de serpent, sculptée au IVe siècle av. J.-C. et retrouvée dans un champ en 1553 ; et de l'*Orateur*, découvert vers

Bronze d'un guerrier étrusque

1566 près du lac Trasimène en Italie centrale. Cette statue funéraire d'un aristocrate du Ier siècle av. J.-C., Aulus Metellus, présente l'intérêt de mêler styles étrusque et romain.

Le vase François, mis au jour dans une tombe étrusque à Fonte Rotella près de Chiusi *(p. 224)*, constitue sans conteste le clou de la collection de vestiges grecs. C'est une œuvre du potier Ergotimos et du peintre Clitias signée en 570 av. J.-C. et ornée de six rangs de scènes mythologiques.

La collection d'objets égyptiens provient pour beaucoup de l'expédition franco-toscane organisée en 1829. Elle comprend le buste d'un pharaon inconnu, une sculpture de la vache divine Hathor allaitant Horemheb, successeur de Toutankhamon, et de nombreuses pièces en bois, tissu ou ivoire, notamment un char thébain datant du XVe siècle av. J.-C.

Santa Maria Maddalena dei Pazzi **⑯**

Borgo Pinti 58. **Plan** 2 E5.
📞 *055 247 84 20.* **Église et cloître**
Ouv. *9 h - 12 h et 15 h - 19 h t.l.j.* **Fermé**
17 h 30 - 18 h pour les messes. 📷

C et ancien couvent cistercien reconstruit en 1492 par Giuliano da Sangallo qui lui donna son élégant portique passa aux carmélites au XVIIe siècle et fut remanié par Pier Francesco Silvani. Il subit ensuite les pillages des troupes de Bonaparte puis l'inondation de 1966. La chapelle principale, parée en 1675 de marbres polychromes par Ciro Ferri, est un des rares exemples de haut baroque à Florence. La chapelle du Lys a conservé sa décoration du XVIe siècle par Bernardino Poccetti. On accède au cloître depuis la crypte.

Une grande fresque de la *Crucifixion* (1493-1496) par le Pérugin orne sa salle capitulaire. Avec son paysage peint dans des tons doux de vert et de bleu, elle constitue un exemple caractéristique du style de cet artiste de l'école ombrienne.

Tempio Israelitico **⑰**

Via Farini 4. **Plan** 2 F5. 📞 *055
24 52 52.* **Synagogue et musée**
Ouv. *oct. - mars : 10 h - 13 h, 14 h -
16 h dim. - jeu. , 10 h - 13 h ven. ;
avr. - oct. : 10 h - 13 h, 14 h - 17 h
dim. - jeu., 10 h - 13 h ven.*
Fermé *fêtes juives.*

L'intérieur de la synagogue

I mpossible de manquer l'ample coupole verte de la synagogue lorsqu'on contemple Florence depuis l'une des collines environnantes.

Comme partout en Europe, les juifs connurent alternativement en Toscane des périodes de tolérance et de persécution. Ils sont les bienvenus au XVe siècle car ils concurrencent les trop puissants usuriers locaux mais une bulle papale les contraint vers 1555 au ghetto. Celui-ci sera détruit, avec le Mercato Vecchio, au milieu du XIXe siècle, lors de la création de la piazza della Repubblica *(p. 112)*. La construction du Tempio Israelitico commencera très peu de temps après, en 1874, sous la direction de Marco Treves. De style mauresque, le bâtiment abrite un musée d'objets rituels.

Le quartier de Santa Maria Novella

Détail de la chapelle Strozzi à Santa Maria Novella

Cette partie de Florence s'étend de la gare principale de chemin de fer, rare exemple d'architecture moderne dans la cité, jusqu'au Ponte Vecchio, son plus ancien pont dont l'aspect a bien peu changé depuis 1593 et l'installation des bijouteries qui le bordent toujours.

Entre ces deux extrêmes, la capitale de la Toscane offre de quoi satisfaire tous les visiteurs, qu'ils se passionnent pour les fresques religieuses de Santa Maria Novella et Santa Trinità ou qu'ils préfèrent découvrir au palazzo Davanzati le confort étonnant dont jouissaient les riches Florentins du Moyen Âge.

Non loin s'étend la piazza della Repubblica, percée dans le cadre d'un ambitieux projet de modernisation de Florence lorsque celle-ci fut brièvement capitale de l'Italie. Ses cafés en font un des lieux les plus animés de la ville. Depuis les éventaires d'article de soie et de cuir du Mercato Nuovo jusqu'aux salons feutrés des grands couturiers de la via della Vigna Nuova et de la via de'Tornabuoni, ce quartier est également celui où faire ses achats. Dans ses ruelles, des artisans entretiennent une tradition séculaire de qualité, dans le domaine de la taille de pierre, l'ébénisterie ou la restauration d'art.

Le quartier d'un coup d'œil

Musées
Museo Marino Marini (San Pancrazio) ❶
Palazzo Davanzati ❿
Palazzo Rucellai ❷

Églises
Ognissanti ⓰
Santa Maria Novella p. 110-111 ⓱
Santa Trinità ❼
Santi Apostoli ❽

Pont
Ponte Vecchio p. 106-107 ❾

Marché
Mercato Nuovo ⓲

Bâtiments historiques
Palazzo Antinori ⓮
Palazzo di Parte Guelfa ⓫
Palazzo Strozzi ❺
Stazione di Santa Maria Novella ⓲

Places et rues historiques
Piazza della Repubblica ⓭
Piazza di Santa Trinità ❻
Via dei Fossi ⓯
Via de' Tornabuoni ❹
Via della Vigna Nuova ❸

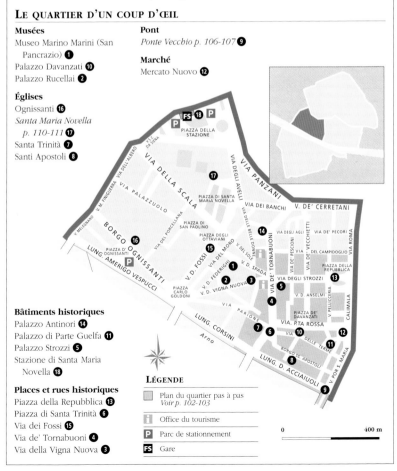

Légende
Plan du quartier pas à pas
Voir p. 102-103
Office du tourisme
Parc de stationnement
Gare

0   400 m

◁ **La piazza di Santa Trinità vue depuis le ponte Santa Trinità**

Pas à pas autour de la piazza della Repubblica

L e plan de la Florentia fondée sur les rives de l'Arno par des vétérans romains en 59 av. J.-C. transparaît encore sous celui de la cité actuelle, et plus particulièrement dans la moitié ouest de la ville. Ici, les rues forment un quadrillage régulier autour de l'ancien forum. La place antique devint le plus grand marché d'alimentation de Florence *(p. 52)* avant que les autorités ne décident au XIXᵉ siècle de créer la piazza della Repubblica, célébrant par un arc de triomphe le fait que la cité était alors capitale de l'Italie.

Palazzo Strozzi
Ce palais monumental domine la place ❺

Piazza di Santa Trinità
Une colonne antique se dresse au centre ❻

★ **Santa Trinità**
Les fresques de la vie de saint François par Ghirlandaio (1483) sont inspirées de scènes du quartier. Ici, un enfant que le saint rendit à la vie après une chute depuis le palazzo Spini-Ferroni ❼

Le palazzo Spini-Ferroni, représenté sur les fresques de Ghirlandaio à Santa Trinità, abrite aujourd'hui la boutique de mode de Salvatore Ferragamo *(p. 108).*

Les statues des quatre saisons qui décorent le ponte Santa Trinità furent érigées en 1608 pour le mariage de Cosme Iᵉʳ.

LÉGENDE

– – – Itinéraire conseillé

0   200 m

Santi Apostoli
Charlemagne serait son fondateur ❽

★ Piazza della Repubblica
Un arc de triomphe célèbre les six années (1865-1871) où Florence fut capitale de l'Italie ⑬

Mercato Nuovo
Loggia construite au XVIᵉ siècle, le Marché neuf abrite aujourd'hui des marchands de souvenirs chers ⑫

Palazzo Davanzati
Des oiseaux exotiques décorent la sala dei Pappagalli, l'ancienne salle à manger de ce palais du XIVᵉ siècle ⑩

★ Ponte Vecchio
Élève de Giotto, Taddeo Daddi dessina en 1345 ce pont médiéval. Au XVIᵉ siècle, Ferdinand Iᵉʳ remplaça par des bijoutiers les poissonniers et tanneurs qui y tenaient boutique ⑨

Palazzo di Parte Guelfa
C'était le siège du parti guelfe qui domina Florence au Moyen Âge ⑪

À NE PAS MANQUER

★ Piazza della Republica

★ Ponte Vecchio

★ Santa Trinità

Museo Marino Marini (San Pancrazio) ❶

Piazza San Pancrazio. **Plan** 1 B5 (5 B2). ☎ (055) 21 94 32. **Ouv.** de 10 h à 17 h lun., mer.–sam. (de juin à sept. : de 10 h à 23 h le jeu.) **Fermé** les 25 déc., 1er mai, le jeu. et en août. **Accès payant.** 📷 ♿ ✔

Fondée au IXe siècle, l'église San Pancrazio est l'une des plus anciennes de Florence. Giovanni Rucellai, riche marchand florentin, dont elle était l'église paroissiale, la fit rénover au XVe siècle par Leon Battista Alberti. Outre sa gracieuse façade et son porche classique (1461-1467), l'édifice conserve de cette époque la cappella di San Sepolcro, où repose Rucellai, qu'Alberti dessina sur le modèle du Saint-Sépulcre de Jérusalem.

San Pancrazio abrite aujourd'hui un musée dédié à Marino Marini (1901-1980), l'un des plus célèbres sculpteurs modernes italiens. Né à Pistoia, où l'on peut admirer une grande partie de son œuvre au palazzo

Cavaliere (1949), bronze de Marini au musée Marino Marini

del Comune et au récent Centro Marino Marini (p. 182), il fit ses études à Florence avant de partir enseigner à Monza puis à la célèbre académie Brera de Milan. Artiste figuratif inspiré par les maîtres antiques, il développa un style original : de l'érotisme allègre à la lassitude et la tristesse, il exprime dans ses bronzes, notamment la série des *Cavaliers*, un large éventail d'humeurs et de sentiments.

Palazzo Rucellai ❷

Via della Vigna Nuova 16. **Plan** 1 C5 (5 B2). **Archivo Alinari ouv.** 9 h - 18 h lun. - ven.

La famille des Rucellai acquit son immense fortune en important une teinture rouge extraite d'un lichen qu'on ne trouvait que sur l'île de Majorque. Cette teinture, appelée *oricello,* donna également son nom à la famille.

Au milieu du XVe siècle, Giovanni Rucellai commanda plusieurs édifices à Leon Battista Alberti (1404-1472). Celui-ci était alors surtout connu pour ses écrits pédagogiques et moraux qui en font un des grands théoriciens de l'humanisme. Alberti, qui avait commencé à 40 ans la rédaction d'un traité d'architecture : *De re aedificatoria,* s'efforça d'appliquer dans ses réalisations les principes d'harmonie et d'équilibre qu'il défendait. La façade du palazzo Rucellai rompt ainsi totalement avec le style des palais médiévaux. De nombreuses fenêtres l'aèrent et des pilastres, d'ordre dorique au rez-de-chaussée, ionique au premier étage et corinthien au deuxième, créent un lien visuel entre les différents niveaux car, pour l'architecte, il faut atteindre « le consentement et l'ajustement des parties en un tout ».

Les symboles gravés sur les entablements : les voiles de la Fortune des Rucellai et la bague des Médicis, rappellent que Bernardo Rucellai épousa Lucrèce, sœur de Laurent le Magnifique en 1460. La loggia, en face du palais, fut construite pour le mariage.

Le palazzo Rucellai abritait le musée Alinari, mais la collection est aujourd'hui au Largo Fratelli Alinari 15 et s'appelle Archivio Alinari. Les frères Alinari commencèrent à photographier Florence vers 1840, peu après l'invention de la photographie, et montèrent en 1852 leur propre société. Des expositions tournantes de photos d'archives apportent un témoignage unique sur la vie de la cité au cours des cent cinquante dernières années.

Photo du lungarno degli Acciaiuoli au XIXe siècle, musée Alinari

Via della Vigna Nuova ❸

Plan 3 B1 (5 B3).

Le nom de cette rue percée au XIIIe siècle rappelle l'époque où cette partie de Florence abritait de nombreux jardins et vergers. Ce sont aujourd'hui de prestigieuses boutiques de mode qui bordent la rue de la Vigne-Neuve. Tous les grands designers italiens sont présents, ainsi que des petites boutiques vendant de la soie de qualité, du cachemire ou encore de la lingerie. Vous y trouverez ainsi Enrico Coveri (n° 27-29), Gucci (n° 11r), Dolce & Gabbana (n° 25), Valentino (n° 47) et Versus-Versace (n° 38r).

Armani, via della Vigna Nuova

Via de' Tornabuoni ❹

Plan 1 C5 (5 C2).

Artère aristocratique depuis des siècles, Via de' Tornabuoni est aujourd'hui une des rues commerçantes les plus chic de Florence. Les plus grands joailliers et couturiers et y tiennent boutique, notamment Salvatore Ferragamo (n° 14r), Max Mara (n° 19r), Enrico Coveri (n° 81r), Gucci (n° 73r), Prada pour hommes (n° 67r), Prada pour femmes (n° 53r), Armani (n° 48/50r), Bulgari (n° 61r), Cartier (n° 40r) et Damiani (n° 30). Vous y trouverez la librairie Seeber (n° 68) fondée en 1865 et la pâtisserie La Gioacosa (n° 83), réputée pour ses spécialités florentines.

LE PLUS GRAND PALAIS DE FLORENCE

Les Strozzi durent s'exiler en 1434, du temps de Cosme l'Ancien, à cause de leurs liens avec les Albizzi, ennemis des Médicis. Filippo Strozzi rétablit la fortune de la famille en fondant une banque à Naples et retourna à Florence en 1466, bien décidé à surpasser au moins dans un domaine ses anciens rivaux. L'idée tourna à l'obsession. Pendant des années, il acheta et démolit les résidences entourant sa demeure. Enfin, il posséda un terrain assez vaste pour réaliser son projet : construire le plus grand palais de la ville. Il ne laissa rien au hasard et ce furent des astrologues qui décidèrent du jour le plus favorable à la pose de la première pierre. Cette précaution ne l'empêcha toutefois pas de mourir deux ans plus tard, ayant à peine vu l'édifice commencer à s'élever. Ses héritiers s'efforcèrent d'achever son projet grandiose mais son coût finit par les ruiner.

Filippo Strozzi (1428-1491)

Palazzo Strozzi ❺

Piazza degli Strozzi. **Plan** 3 C1 (5 C3). **Piccolo Museo di palazzo Strozzi** *Fermé* pour restauration.

Le palais Strozzi impressionne avant tout par ses dimensions : il fallut démolir quinze immeubles pour dégager l'espace où il fut construit et, s'il ne possède que trois niveaux, son rez-de-chaussée paraît presque aussi haut qu'un palais habituel. Mais Filippo Strozzi, le riche banquier qui l'avait commandé, devait rétablir le rang de sa famille exilée par les Médicis. Il mourut toutefois deux ans après la pose de la première pierre en 1489.

Trois architectes se succédèrent jusqu'en 1536 pour l'achever : Giuliano da Sangallo, Benedetto da Maiano et Simone de Pollaiuolo (dit il Cronaca). L'extérieur à bossage rustique est resté intact et on peut admirer les ferronneries, notamment les supports de torches et d'étendards, commandées au maître artisan Nicolò Grosso. L'élégance de la cour intérieure à colonnade a malheureusement souffert de l'installation d'un énorme escalier de secours métallique lorsque le bâtiment fut adapté à l'accueil de grandes expositions. On accède par ce *cortile* au Piccolo Museo di palazzo Strozzi où maquettes et dessins retracent l'histoire du bâtiment qui accueille aujourd'hui défilés de mode, expositions temporaires, manifestations culturelles et la célèbre Biennale des antiquaires *(p. 34)*.

Il abrite en outre le gabinetto Vieusseux, bibliothèque nommée d'après l'érudit suisse qui fonda en 1818 une association littéraire et scientifique qui compta Stendhal parmi ses membres.

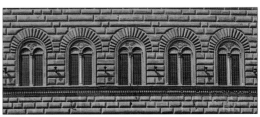

Extérieur à bossage rustique du palazzo Strozzi

Ponte Vecchio ❾

Construit en 1345, le Ponte Vecchio est sans conteste le plus ancien pont de Florence : les nazis dynamitèrent tous les autres pour protéger leur retraite. Il abrite depuis son origine des échoppes mais les bouchers, tanneurs ou forgerons du Moyen Âge qui trouvaient l'Arno si pratique pour se débarrasser de leurs ordures furent chassés en 1593 par Ferdinand Ier, indisposé par leur vacarme et leur pestilence. Il les remplaça par des joailliers et orfèvres. La tradition s'est maintenue et les boutiques du pont proposent toujours aux visiteurs bijoux modernes et anciens.

Corridor de Vasari
Cette galerie construite par Vasari au-dessus du pont abrite les autoportraits de grands artistes comme Rembrandt, Rubens et Hogarth.

Ateliers en surplomb
Certains des plus anciens ateliers débordent au-dessus du fleuve sur des consoles de bois appelées sporti.

Les trois arches du pont reposent sur deux solides piliers en forme d'étrave.

LE CORRIDOR DE VASARI

Giorgio Vasari, architecte de la cour des Médicis, construisit en 1565 cette galerie reliant le Palazzo Vecchio au palazzo Pitti en passant par les Uffizi afin de permettre à Cosme Ier de se rendre de l'un à l'autre sans se mêler à la foule et risquer un attentat. Dès le début, on y accrocha des œuvres d'art afin d'agrémenter le trajet.

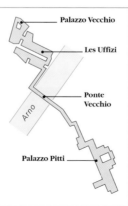

Palazzo Vecchio

Les Uffizi

Ponte Vecchio

Arno

Palazzo Pitti

Buste de Cellini
Un buste de Benvenuto Cellini (1500-1571), le plus célèbre des orfèvres florentins, orne le pont depuis 1900.

★ Le pont au crépuscule
C'est au coucher du soleil, vu depuis le pont Santa Trinità, que le Ponte Vecchio offre le plus beau spectacle.

MODE D'EMPLOI

Plan 3 C1 (5 C4). 🚌 *Plusieurs jusqu'au pont. Zone piétonne.*

★ Les bijouteries
Elles vendent aussi bien boucles d'oreilles bon marché que précieux bijoux anciens.

Tour Mannelli
Les Mannelli refusèrent avec obstination de détruire cette tour médiévale qui se dressait sur le passage du corridor de Vasari.

Le corridor de Vasari contourne la tour Mannelli sur des potences.

Des fenêtres circulaires, ou *oculi,* éclairent le corridor.

Point de vue
Peu d'autres endroits offrent un aussi beau panorama du fleuve. Chanteurs de rue, peintres et vendeurs à la sauvette ajoutent à l'ambiance.

À NE PAS MANQUER

★ **Les bijouteries**

★ **Le pont au crépuscule**

Piazza di Santa Trinità

Piazza di Santa Trinità **❻**

Plan 3 C 1 (5 C 3).

Plusieurs palais aristocratiques bordent cette place animée, dont le palazzo Spini-Ferroni datant de 1290 mais qui connut une importante reconstruction au XIXe siècle. Son rez-de-chaussée abrite la boutique de Salvatore

Ferragamo *(p. 266),* le célèbre chausseur et maroquinier. Au nord, le palazzo Bartolini-Salimbeni édifié par Baccio d'Agnolo au début du XVIe siècle est l'un des plus beaux exemples d'architecture civile haute Renaissance. La colonne en granit érigée entre ces deux palais provient des thermes de Caracalla à Rome. Le pape Pie IV l'offrit à Cosme Ier en 1560. La statue de la Justice placée au sommet date de 1581.

Le pont Santa Trinità se trouve juste au sud de la place. Considéré comme le plus beau pont de Florence, il commande une vue superbe du Ponte Vecchio *(p. 106-107)* et du palazzo Corsini (à l'ouest), édifice baroque à la balustrade ornée de sculptures.

À l'origine en bois (1252), l'ouvrage d'art fut reconstruit par Ammannati en 1567 pour célébrer la défaite de Sienne. On attribue à Michel-Ange son dessin élégant dont

l'ellipse évoque les tombeaux des Médicis *(p. 91).* Cosme II fit dresser les statues des quatre saisons qui l'encadrent pour son mariage en 1608 avec Marie d'Autriche.

Le ponte Santa Trinità dût être une nouvelle fois reconstruit après son dynamitage par les troupes allemandes en 1944.

Santa Trinità **❼**

Piazza di Santa Trinità. **Plan** 3 C 1 (5 C 3). 📞 *(055) 21 69 12. **Ouv.** de 8 h à 12 h et de 16 h à 18 h, lun. - sam., 16 h à 18 h dim.* 📷 ♿

La nef de Santa Trinità

Saint Jean Gualbert fonda en 1092 l'ordre des moines de Vallombreuse qui eurent, par l'exemple de leur austérité, une grande influence politique et morale à Florence. Le sanctuaire roman édifié au XIe siècle reflétait cette austérité. Il en reste des vestiges dans la crypte de l'église actuelle, du XIIIe siècle, dont l'intérieur, une fois franchies les portes de la façade baroque ajoutée en 1593 par Buontalenti, demeure d'une grande simplicité.

La chapelle Sassetti, à droite du maître-autel, est ornée de fresques peintes par Ghirlandaio en 1483-1486. Parmi ces *Scènes de la vie de saint François d'Assise,* l'une décrit un miracle survenu sur la piazza di Santa Trinità et permet de découvrir l'aspect qu'avait à l'époque l'église, représentée dans le fond avec le palazzo Spini-Ferroni. La

Ponte Santa Trinità

fresque où *Le pape Honorius confirme la règle de saint François* possède quant à elle pour décor la piazza della Signoria. À droite, Sassetti, directeur des banques des Médicis, se tient avec son fils Teodoro à la gauche de Laurent le Magnifique. L'humaniste Ange Politien gravit un escalier accompagné de ses élèves, les fils de Laurent le Magnifique : Julien, Pierre et Jean.

Giuliano da Sangallo sculpta les sarcophages de Sassetti et de sa femme.

Santi Apostoli ❽

Piazza del Limbo. **Plan** 3 C1 (5 C4). 📞 *(055) 29 06 42.* **Ouv.** *de 10 h à midi et de 16 h à 19 h t.l.j.* 🚫

L a petite église des Saints-Apôtres est, avec le baptistère, l'une des plus anciennes de la ville. Les Florentins aiment à penser que l'empereur Charlemagne la fonda en 800 mais elle date plus probablement de 1059-1100. Elle est construite sur le plan basilical des premiers sanctuaires chrétiens et les chapiteaux des colonnes de marbre vert séparant ses trois nefs proviennent d'édifices antiques.

Sa façade romane donne sur la piazza del Limbo, ancien lieu de sépulture des enfants décédés sans baptême et donc voués, selon la théologie médiévale, à attendre la Rédemption dans les Limbes.

Tabernacle en terre cuite émaillée par della Robbia à Santi Apostoli

Ponte Vecchio ❾

Voir p. 106-107.

Fresque au palazzo Davanzati

Palazzo Davanzati ❿

Via Porta Rossa 13. **Plan** 3 C1 (5 C3). 📞 *(055) 238 86 10.* **Ouv.** *en partie seult. ; 8 h 30 - 13 h 50 t.l.j.* **Fermé** *1ᵉʳ jan., 1ᵉʳ mai, 25 déc., 1ᵉʳ, 3ᵉ et 5ᵉ lun et 2ᵉ et 4ᵉ dim. du mois.* 📷

C e palais construit au début du XIVᵉ siècle pour une riche famille de lainiers est typique des demeures patriciennes de la fin du Moyen Âge. La cour d'entrée, conçue pour pouvoir cribler de projectiles d'éventuels importuns, reste à usage défensif mais la cour intérieure, où un superbe escalier monte aux étages, dispense aux pièces donnant de ce côté une lumière abondante pour l'époque. Comble du raffinement, un puits et un système de poulies alimentent en eau les cinq niveaux tous pourvus de sanitaires. La pièce principale au premier étage est sobre, mais les crochets subsistant sous le plafond indiquent que des tapisseries étaient accrochées aux murs. De nombreuses chambres ont des salles de bains attenantes et sont décorées de fresques inspirées d'un roman médiéval français *La Châtelaine de Vergi*.

Malheureusement, des problèmes structurels ont amenés à fermer au public le musée principal. Toutefois une petite exposition comprenant des photographies et quelques objets du musée ont été aménagés dans l'entrée du palais connu aussi sous le nom de museo dell'Antica Casa Fiorentina.

Palazzo di Parte Guelfa ⓫

Piazza di Parte Guelfa. **Plan** 3 C1 (6 D3). **Fermé** *au public.*

D es luttes incessantes opposèrent aux XIIᵉ et XIIIᵉ siècles en Italie du Nord les gibelins, partisans de l'empereur germanique, et les guelfes favorables aux ducs de Bavière et au pape *(p. 44).* Les guelfes triomphent définitivement à Florence en 1268. Ils créent alors le *Parte Guelfa* pour gérer les biens confisqués à leurs ennemis et font construire un palais pour ses gouverneurs.

Emblème des guelfes

La partie inférieure du bâtiment date de cette époque, la fin du XIIIᵉ siècle, mais Brunelleschi dessina en 1531 sa partie supérieure. Vasari, qui acheva les travaux, ajouta l'élégant escalier et la petite loggia via di Capaccio.

Santa Maria Novella ⓱

Construite par les dominicains de 1279 à
1360, cette église gothique est par sa
simplicité et l'usage de marbres polychromes
une adaptation toute florentine du style
cistercien importé de Bourgogne. Les
œuvres qui la décorent, ainsi que ses
chapelles et ses cloîtres, en font un véritable
musée. À droite de sa façade où se mêlent
gothique et Renaissance, s'ouvre un ancien
cimetière qui a conservé ses niches
funéraires *(avelli)*.

Cloître Vert
*Il doit son nom à la dominante
verte de ses fresques
(malheureusement
endommagées en
1966) par Uccello
et ses élèves.*

**Bâtiments
monastiques**

★ **La chapelle des Espagnols**
*Utilisée par la suite espagnole
d'Éléonore de Tolède, épouse
de Cosme Ier (p. 49), elle est décorée
de fresques opposant le salut par
l'Église à la damnation.*

★ **La Trinité**
*Masaccio fut le premier,
par cette œuvre, à
appliquer les règles de la
perspective (p. 24).*

Entrée du musée

Entrée

Les voiles sur la façade
rappellent l'emblème des Rucellai
(p. 104) qui financèrent son
achèvement en 1470.

Alberti ajouta les volutes
pour cacher les toits des
chapelles latérales.

Chapelle Strozzi
La Divine Comédie de *Dante inspira les fresques peintes au XIVe siècle par Nardo di Cione et son frère Andrea Orcagna. Le poète lui-même figure, en compagnie de membres de la famille Strozzi, sur la représentation du* Paradis.

MODE D'EMPLOI

Piazza di Santa Maria Novella.
Plan 1 B5 (5 B1). 055
21 59 18 (église), 055 28 21 87
(musée). A, 6, 11, 12, 36, 37.
Église ouv. 9 h 30 - 17 h 30
lun. - jeu. ; 13 h - 17 h 30 ven. - dim.
7 h 30, 8 h 30, 18 h du lun.
au sam. ; 8 h 30, 10 h 30, midi,
18 h dim. et fêtes religieuses.
Accès payant. Musée
ouv. 9 h - 14 h sam. - jeu. (dern.
entrée : 30 min. avant fermeture).
Fermé les 25 déc., 1er janv., dim.
de Pâques, 1er mai. **Accès payant.**

Les arcs blanc et gris animent le volume intérieur.

★ La chapelle Tornabuoni
Prenant Florence pour cadre et ses habitants comme figurants, les fresques de Ghirlandaio Scènes de la vie de la Vierge *et* Scènes de la vie de saint Jean-Baptiste *donnent une image minutieuse de la vie à son époque.*

★ La chapelle Filippo Strozzi
Les fresques presque maniéristes de Filippino Lippi s'inspirent des vies de saint Philippe et de saint Jean l'Évangéliste. Boccace situa le début du Décaméron *dans cette chapelle.*

Les murs de l'ancien cimetière sont décorés d'emblèmes et de blasons.

Intérieur
Les piliers de la nef sont plus rapprochés à l'est pour créer l'illusion d'une église exceptionnellement grande.

À NE PAS MANQUER

★ *La Trinité* par Masaccio

★ La chapelle Filippo Strozzi

★ La chapelle Tornabuoni

★ La chapelle des Espagnols

Mercato Nuovo ⓬

Plan 3 C1 (6 D3). **Ouv.** d'avr. à oct. :
de 9 h à 19 h t.l.j. ; de nov. à mars : de
9 h à 19 h du mar. au sam.

Battista del Tasso
construisit en 1551 cette
loggia du Marché neuf pour
abriter les étals des
marchands de soieries et de
produits de luxe. On
l'appelle parfois aussi le
Marché de paille car on y
vend depuis le XIXᵉ siècle
toutes sortes d'articles en
vannerie, du chapeau
jusqu'aux meubles. Les
éventaires d'aujourd'hui
proposent également aux
touristes, souvenirs, cuirs,
cravates ou lainages.

Au sud du marché, la
fontaine del Porcellino est
ornée d'une copie en bronze
du XVIIᵉ siècle d'un marbre
romain des Uffizi
représentant un sanglier. Le
museau de l'animal brille
comme de l'or car le
caresser, c'est s'assurer de
revenir un jour à Florence.
Les pièces jetées dans le
bassin sont distribuées aux
organisations
charitables
de la ville.

Il Porcellino, Mercato Nuovo

Piazza della Repubblica ⓭

Plan 1 C5 (6 D3).

La place actuelle fut ouverte
en 1890 à l'emplacement
du Mercato Vecchio qui
s'étendait lui-même sur le site
du forum romain. Il ne reste
plus de l'ancien marché
qu'une colonne supportant
une statue de l'Abondance
datant du XVIIIᵉ siècle. À
l'ouest, un arc de triomphe
érigé en 1895 célèbre la
période où Florence fut
capitale de l'Italie.

**L'une des nombreuses terrasses de
café de la piazza della Repubblica**

La démolition du Mercato
Vecchio constituait la
première étape d'un vaste
projet de modernisation
de la cité qui impliquait
la destruction de presque
tous les bâtiments historiques
du centre de la ville.
Heureusement, une
campagne internationale
de protestation conduisit à
l'abandon de ce plan
d'urbanisme.

La place, aussi populaire
auprès des Florentins que
des visiteurs, est bordée
de grands cafés comme le
Café-concert Paszkowski,
réputé pour ses pâtisseries, le
Gilli, très chic, ou le Giubbe
Rosse, ainsi appelé à cause
des vestes rouges de ses
serveurs. Ce dernier servit
de point de ralliement
littéraire et artistique au
début de ce siècle,
notamment pour les
fondateurs du futurisme.

Le grand magasin
Rinascente (p. 269) se trouve
à l'est de la place.

Palazzo Antinori ⓮

Piazza Antinori 3. **Plan** 1 C5 (5 C2).
Fermé au public.
Cantinetta Antinori 📞 (055) 29 22 34.
ouv. de 12 h 30 à 14 h 30 et de 19 h
à 22 h 30 du lun. au ven. 🍽 ⓔ

Édifié en 1461-1466 pour
Giovanni Boni, cette
demeure appartient depuis
1506 à la famille Antinori et
est considérée, avec son
élégant *cortile* et son
parement lisse, comme l'un
des plus beaux petits palais
florentins de la première
Renaissance.

La famille Antinori possède
dans toute la Toscane et en
Ombrie de vastes domaines
agricoles dont les
productions – vins, huiles
d'olive ou liqueurs –,
jouissent d'une grande
réputation. On peut les
goûter dans le restaurant
qu'abrite le palais : la
Cantinetta Antinori.

Dans un cadre décoré de
fresques, les gourmets y
savoureront également une
large gamme d'autres
produits régionaux et des
plats traditionnels toscans tels
les *crostini alla toscana*.

Via dei Fossi ⓯

Plan 1 B5 (5 B3).

**Reproductions de statues vendues
via dei Fossi**

La via dei Fossi et les rues
voisines renferment
quelques-unes des boutiques
les plus magiques de Florence.
Parmi celles-ci, Bottega
Artigiana del Libro (nº 40,
lungarno Corsini) propose des
papiers marbrés, des articles de
bureau et des masques de
carnaval artisanaux, et Fallani
Best (nº 15, borgo Ognissanti)
des sculptures et du mobilier
Art nouveau et Art déco.
Antonio Frilli (nº 26, via dei
Fossi) s'est spécialisé dans la
sculpture – pièces Art nouveau
originales et copies d'œuvres
célèbres. Neri (nº 57, via dei
Fossi) vend également des
antiquités de grande qualité, et
Lisio (nº 41, via dei Fossi) des

costumes historiques et des reproductions de tissus anciens. Attachée au couvent du même nom, la Farmacia di Santa Maria Novella (n° 16, via della Scala) date du XVIᵉ siècle et commercialise les produits de toilettes et les liqueurs fabriqués par les moines dominicains *(p. 266-267)*.

Ognissanti ⓰

Borgo Ognissanti 42. **Plan** 1 B5 (5 A2). 📞 055 239 87 00. **Ouv.** 8 h 30 - 12 h 30, 13 h 30 - 17 h 30 lun. - ven. ; 9 h 30 - 10 h 30 ; 13 h 30 - 17 h sam.; 9 h 30 - 10 h 30, 13 h 30 - 18 h dim. Fermé 1ᵉʳ et 5ᵉ lun. du mois 🚫 ♿ **Cenacolo del Ghirlandaio** (348 645 03 90). **Ouv.** de 9 h à 12 h les lun. mar. et sam.

L'église de Tous-les-Saints fut construite de 1252 à 1255 mais il ne reste du bâtiment d'origine que son campanile. Matteo Nigetti donna en 1637 au sanctuaire actuel sa façade baroque – l'une des premières réalisations dans ce style à Florence –, qui déplut fortement.

Les Vespucci sont enterrés dans la deuxième chapelle à droite. Domenico del Ghirlandaio représenta sur la fresque qui la décore, *La Vierge de la Miséricorde* (1472), le membre le plus célèbre de la famille : le navigateur Amerigo Vespucci qui donna son nom au

Le cloître d'Ognissanti orné de fresques du XVIIᵉ siècle

continent américain *(p. 75)*. C'est le jeune homme entre la Vierge et le vieillard vêtu de rouge.

Sandro Botticelli repose également à Ognissanti. On peut admirer sa fresque de *Saint Augustin* (1480) sur le mur sud. En comparaison, le *Saint Jérôme* (1480) de Ghirlandaio, sur la paroi opposée, paraît presque inexpressif.

Un très joli cloître flanque l'église. Ghirlandaio peignit en 1480 la fresque de la *Cène* qui décore son réfectoire.

Santa Maria Novella ⓱

Voir p. 110-111.

Stazione di Santa Maria Novella ⓲

Plan 1 B4 (5 B1). 📞 (055) 28 87 85. **Fermé** de 1 h 30 à 4 h 15. **Informations ferroviaires ouv.** de 7 h à 21 h t.l.j. **Marché :** de 9 h 30 à 20 h, t.l.j. 🛈 **ouv.** 8 h 30 - 17 h 30 lun. - sam. 📞 (055) 21 22 45. **Banque ouv.** de 8 h 20 à 13 h 20 et de 14 h 45 à 15 h 45 du lun. au ven. **Pharmacie ouv.** 24 h/24. 🚻

La gare centrale (1935) est considérée comme l'une des plus belles réalisations modernes en Italie *(p. 55)*. Elle est l'œuvre d'un groupe de jeunes architectes toscans comprenant Giovanni Micheluzzi et Piero Berardi qui partageaient le point de vue « fonctionnaliste » : la forme d'un édifice doit refléter son usage.

La Vierge de la Miséricorde **(1472) de Ghirlandaio où figure le jeune Amerigo Vespucci, Ognissanti**

L'OLTRARNO

Jadis, vivre sur la rive sud du fleuve, « au-delà de l'Arno » était mal considéré. Cette partie de la ville était en effet habitée par ceux qui ne pouvaient s'offrir un palais dans le centre de la cité. Ce préjugé disparut quand les grands-ducs s'y installèrent avec leur cour en 1560.

Statue,
musée Bardini

LE SIÈGE DU GOUVERNEMENT DES MÉDICIS

Impressionnante bâtisse, le palazzo Pitti, autrefois résidence des Médicis et de leurs successeurs, abrite aujourd'hui plusieurs musées : la galerie Pitti ou galerie Palatine, le musée de l'Argenterie et la galerie d'Art moderne. C'est Éléonore de Tolède, l'épouse espagnole de Cosme Ier, qui acquit en 1540 le palais Pitti. Souffrant d'une maladie incurable, peut-être la malaria ou la tuberculose, elle avait persuadé son mari que le cadre demeuré relativement champêtre de l'Oltrarno conviendrait mieux à sa santé. Au fil des ans et des remaniements, le bâtiment finit par atteindre trois fois la taille de celui prévu par les plans originaux et on lui adjoignit un superbe parc aménagé : les jardins de Boboli. Suivant l'exemple des maîtres de la Toscane, des aristocrates commencèrent à la fin du XVIe siècle à franchir l'Arno pour construire leurs palais autour de la via Maggio et de la piazza Santo Spirito. Mais le quartier a toujours été aussi le domaine des artisans. Au détour des ruelles, on peut y découvrir de petits ateliers où s'exercent des métiers séculaires : sculpteurs sur bois, encadreurs, doreurs, restaurateurs de meubles, maroquiniers. À côté des magasins d'antiquités ils voisinent dans un apparent désordre avec les portails blasonnés des demeures patriciennes.

LE QUARTIER D'UN COUP D'ŒIL

Églises
Chapelle Brancacci
p. 126-127 ❿
Santa Felicità ❺
San Frediano in Cestello ⓫
Santo Spirito ❶

Musées
Cenacolo di Santo Spirito ❷
Museo Bardini ❽
Museo « La Specola » ❾
Palazzo Pitti p. 120-121 ❻

Rue et place
Piazza di Santo Spirito ❸
Via Maggio ❹

Jardins
Jardins de Boboli p. 124-125 ❼

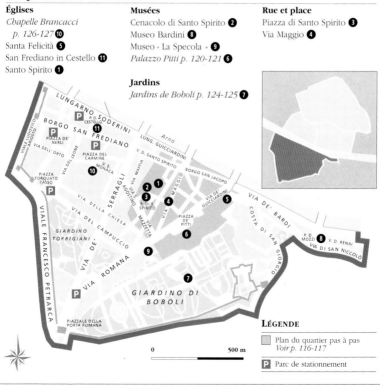

LÉGENDE

Plan du quartier pas à pas
Voir p. 116-117

P Parc de stationnement

◁ **La coupole et la flèche de Santo Spirito parmi les toits de l'Oltrarno**

L'Oltrarno pas à pas

Un dédale de ruelles bordées de petites maisons et de magasins proposant aussi bien quincaillerie, produits alimentaires qu'antiquités occupe la plus grande partie du quartier. De nombreux ateliers d'artisans s'ouvrent sur ces voies étroites où les restaurants, restés authentiques, pratiquent des tarifs raisonnables. La via Maggio et ses palais imposants rompt ce maillage de ruelles. La circulation y est incessante mais il suffit de s'en écarter pour retrouver le calme de la Florence traditionnelle.

Armoiries des Médicis

Cenacolo di Santo Spirito
L'ancien réfectoire du monastère abrite des sculptures du XIᵉ au XVᵉ siècle ❷

Santo Spirito
La dernière église dessinée par Brunelleschi, et achevée après sa mort en 1446, est un modèle de simplicité ❶

Le palazzo Guadagni (1503) fut le premier à avoir une loggia au dernier étage. Il sera beaucoup copié.

Le palazzo di Bianca Cappello (1566), qu'habitait la maîtresse du grand-duc François Iᵉʳ *(p. 48-49)*, est décoré de *sgraffiti.*

À NE PAS MANQUER

★ **Le palazzo Pitti**

★ **Les jardins de Boboli**

LÉGENDE

— — — Itinéraire conseillé

0   100 m

La casa Guidi fut la demeure du poète Robert Browning et de sa femme Elizabeth de 1846 à 1861.

LUNGARNO GU

VIA DI SANTO SPIR

VIA DE' COVERELLI

VIA DEL PRESTO DI SAN MARTINO

PIAZZA DI S. SPIRITO

VIA DE' MICHELOZZI

BORGO TEGOLAIO

V. DELLE CALDAIE

VIA MAZZETTA

VIA MAG

PIAZZA DI S. FELICE

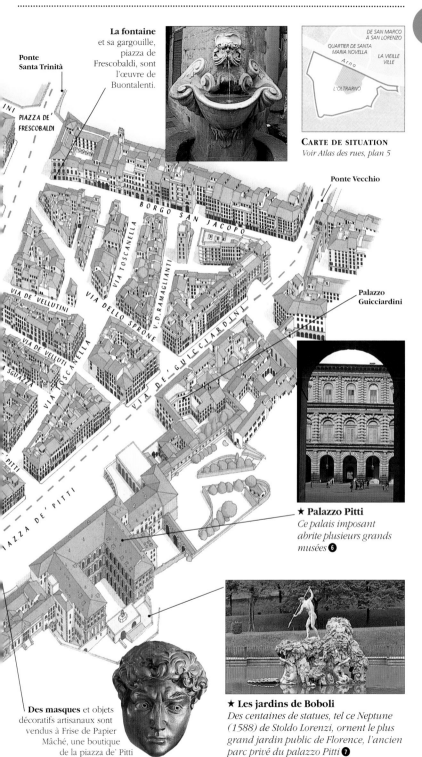

La fontaine et sa gargouille, piazza de Frescobaldi, sont l'œuvre de Buontalenti.

CARTE DE SITUATION
Voir Atlas des rues, plan 5

DE SAN MARCO À SAN LORENZO
QUARTIER DE SANTA MARIA NOVELLA
LA VIEILLE VILLE
Arno
L'OLTRARNO

Ponte Santa Trinità

PIAZZA DE' FRESCOBALDI

Ponte Vecchio

BORGO SAN JACOPO

VIA TOSCANELLA

VIA DELLO SPRONE

V. D. RAMAGLIANTI

VIA DE' VELLUTINI

VIA DE' VELLUTI

VIA TOSCANELLA

A SGUAZZA

PITTI

PIAZZA DE' PITTI

VIA DE' GUICCIARDINI

Palazzo Guicciardini

★ **Palazzo Pitti**
Ce palais imposant abrite plusieurs grands musées ❻

Des masques et objets décoratifs artisanaux sont vendus à Frise de Papier Mâché, une boutique de la piazza de' Pitti

★ **Les jardins de Boboli**
Des centaines de statues, tel ce Neptune (1588) de Stoldo Lorenzi, ornent le plus grand jardin public de Florence, l'ancien parc privé du palazzo Pitti ❼

Santo Spirito ❶

Piazza di Santo Spirito. **Plan** 3 B2 (5 A4).
📞 *(055) 21 00 30.* **Ouv.** *8 h - midi, 16 h -18 h, mar., jeu. et ven. ; 8 h 30 - midi mer. ; 16 h - 18 h sam. et dim.* 🚫

Brunelleschi commença en 1435 la construction de l'église du Saint-Esprit à la demande de l'ordre des Augustins installé dans l'Oltrarno depuis le milieu du XIIIᵉ siècle. Les travaux se poursuivirent toutefois bien après sa mort (1446) puisque Baccio d'Agnolo n'acheva le campanile qu'en 1517 et que la façade date du XVIIIᵉ siècle.

Malgré le monumental baldaquin baroque du maître-autel ajouté par Giovanni Caccini en 1607, l'intérieur offre une harmonie de proportions qui fait de Santo Spirito un des plus beaux exemples d'architecture religieuse de la première Renaissance. Ses quarante chapelles latérales constituent une véritable galerie d'art. On peut notamment y admirer des œuvres de Cosimo Rosselli, Domenico Ghirlandaio et une magnifique *Vierge à l'Enfant* (1466) par Filippino Lippi (transept sud).

Dans la nef gauche, une porte sous l'orgue mène au vestibule à plafond à caissons (1491) du Cronaca. Giuliano da Sangallo dessina en 1489 la sacristie qu'il précède.

Cenacolo di Santo Spirito ❷

Piazza di Santo Spirito 29. **Plan** 3 B1 (5 B4). 📞 *(055) 28 70 43.* **Ouv.** *10 h 30 -13 h 30 mar. - sam. (dern. entrée : 30 min. avant ferm.)* **Fermé** *: 1ᵉʳ jan., lun. de Pâques, 1ᵉʳ mai, 15 août, 25 déc.* **Accès payant.** 🚫 📷

Du monastère qui entourait Santo Spirito, il ne reste plus que les deux cloîtres. On y accède par le vestibule de la sacristie et le réfectoire *(cenacolo)* dont l'entrée se trouve à gauche de l'église. Une *Crucifixion* (1360-1365) et une *Cène* le décorent. Ces fresques du haut gothique sont attribuées aux élèves d'Andrea Orcagna et de son frère Nardo di Cione.

Le cénacle renferme également un petit musée, la fondazione Salvatore Romano, du nom du marchand d'art qui offrit à la ville la collection de sculptures présentée (XIᵉ siècle).

La façade du palazzo Guadagni

Piazza di Santo Spirito ❸

Plan 3 B2 (5 A4). 🛒 *2ᵉ (antiquités) et 3ᵉ (marché) dim. du mois.*

Cette place, qui accueille un marché sous les arbres centenaires plantés au milieu, offre un très agréable but de promenade dans ce quartier aux nombreux ateliers d'ébénisterie.

On attribue à Simone del Pollaiuolo, dit le Cronaca, le palazzo Guadagni qui dresse sa façade harmonieuse au nº 10, à l'angle de la via Mazzetta. Construit en 1503, c'était le premier palais de la ville à présenter une loggia au dernier étage. Ce modèle fut très imité par l'aristocratie florentine au XVIᵉ siècle.

Via Maggio ❹

Plan 3 B2 (5 B5).

Percée au milieu du XIIIᵉ siècle, cette rue devint aristocratique après l'installation en 1560 des grands-ducs au palazzo Pitti *(p. 120-121)* et elle est toujours bordée aujourd'hui de palais des XVᵉ et XVIᵉ siècles, tels le palazzo Ricalosi au nº 7 ou le palazzo Rosselli del Turco au nº 40. La demeure la plus célèbre de la rue s'élève toutefois au nº 26. Œuvre de Buontalenti (1566), elle abrita la maîtresse du grand-duc François de Médicis, Bianca Cappello, dont on peut apprécier la beauté sur plusieurs portraits des Uffizi et du palazzo Pitti.

Nef latérale à Santo Spirito

**Détail de *L'Annonciation* (1528)
par le Pontormo**

Santa Felicità ➎

Piazza di Santa Felicita. **Plan** 3 C2
(5 C5). 📞 *(055) 21 30 18.* **Ouv.**
*9 h - 12 h, 13 h - 18 h lun. - sam. ;
16 h 30 - 18 h dim.* 🚫 ♿

Un sanctuaire chrétien
occupa ce site dès le
IVe siècle. Reconstruit au
XIe puis au XIVe, il fut remanié
en 1736-1739 par Ferdinando
Ruggieri. Vasari ajouta en 1564
le porche au-dessus duquel
passe le célèbre corridor.

Les peintures les plus
réputées de Santa Felicita se
trouvent à droite de l'entrée
dans la chapelle Capponi. Il
s'agit de *L'Annonciation* et de
La Déposition de Croix par le
Pontormo. Œuvres majeures
du début du XVIe siècle (1525-
1528), elles offrent avec leurs
couleurs intenses un bel
exemple du style maniériste.
Agnolo Bronzino aida le maître
à peindre les évangélistes des
médaillons de la voûte.

Palazzo Pitti ➏

Voir p. 120-123.

Les jardins de Boboli ➐

Voir p. 124-125.

Museo Bardini ➑

Piazza de'Mozzi 1. **Plan** 4 D2 (6 E5).
📞 *(055) 234 24 27.* **Ouv.** *heures
irrégulières car en rénovation
(téléphoner).* **Fermé** *les 1er jan., dim.
de Pâques, 15 août, 25 déc.*
Accès payant. 🚫

Antiquaire et collectionneur
du XIXe siècle, Stefano
Bardini sauva de nombreux
éléments architecturaux
appartenant aux bâtiments
démolis lors de la création de
la piazza della Repubblica
(p. 112). Il construisit en 1883
sur les ruines d'une église du
XIIIe siècle ce palais dont portes,
cheminées, plafonds à caissons
et escaliers proviennent
d'anciens édifices du Moyen
Âge et de la Renaissance.

Les vingt salles du musée
proposent un mélange
inhabituel de sculptures
(y compris antiques), de
peintures, d'armures,
d'instruments de musique,
de céramiques et de mobilier
ancien.

Musée Bardini, piazza de'Mozzi

Museo « La Specola » ➒

Via Romana 17. **Plan** 3 B2 (5 B5).
📞 *(055) 22 88 251.* **Ouv.** *de 9 h à
13 h du jeu. au mar.*
Fermé *jours fériés.* 📷 📹 **Accès
payant.**

Inauguré en 1775, le palazzo
Torrigiani appartient
désormais à la faculté des
sciences naturelles de
l'université de Florence. Le
musée d'Histoire naturelle et de
Zoologie qu'il abrite, est appelé
museo « La Specola » car il
occupe un ancien observatoire
astronomique créé sur le toit du
palais par le grand-duc Pierre-
Léopold de Lorraine. Il est
notamment célèbre pour son
étonnante collection de cires
anatomiques d'un prodigieux
réalisme comprenant les trois
tableaux sculptés au XVIIe siècle
par Giulio Zumbo illustrant les
ravages de la peste.

La chapelle Brancacci ➓

Voir p. 126-127.

San Frediano in Cestello ⓫

Piazza di Cestello. **Plan** 3 B1 (5 A3).
🚌 D, 6. 📞 *(055) 21 58 16.* **Ouv.** *de
9 h à 11 h et de 16 h 30 à 18 h du lun.
au sam. de 17 h à 18 h 30 le dim.* 📷

Lainiers, bourreliers et
tanneurs occupèrent
longtemps les petites maisons
basses de ce quartier dont
l'église paroissiale passa en
1628 aux cisterciens. Ils
commencèrent à la
reconstruire en 1680 et
l'architecte Antonio Maria
Ferri acheva sa coupole en
1698. Contrairement à ce que
pourrait laisser croire sa
façade nue dominant l'Arno,
l'édifice possède une
décoration intérieure.

Non loin, la porte San
Frediano (1324) a conservé
ses ferrures du XIVe siècle.
Charles VIII de France la
franchit en vainqueur le
17 novembre 1494. Il repartit
le 28, laissant la voie libre à
Savonarole et à sa
« République
de la vertu ».

**La coupole et la façade nue
de San Frediano in Cestello**

Palazzo Pitti ❻

L es travaux de cet impressionnant palais commencèrent en 1457 pour le compte du banquier Luca Pitti décidé à dépasser en faste les Médicis. Ironie du sort, ceux-ci rachetèrent en 1540 l'édifice inachevé à ses héritiers ruinés. Il devint la résidence principale des grands-ducs en 1550. Ses salles somptueuses accueillent aujourd'hui les visiteurs venus admirer les trésors des collections de la puissante famille *(p. 122-123)* et des Habsbourg-Lorraine.

Cour intérieure
La fontaine de l'Artichaut de Francesco Susini (1641), dans la cour dessinée par Ammannati, doit son nom au légume, aujourd'hui disparu, qui l'ornait.

Les jardins de Boboli s'étendent sur le site des carrières qui servirent à la construction du palais *(p. 124-125).*

★ Galleria Palatina
Elle présente des chefs-d'œuvre réunis pour le plaisir des grands-ducs qui vivaient ici.

Les portiques latéraux furent ajoutés en 1828 par les ducs de Lorraine.

Des fresques par Pierre de Cortone ornent les plafonds de la Galleria Palatina.

La façade du palais, de 200 m de large, trois fois plus que dans le projet original de Brunelleschi.

★ Museo degli Argenti
Outre l'argenterie, ses collections comprennent également orfèvrerie et verrerie. Et cette représentation en pierres précieuses de la piazza della Signoria (p. 76-77).

À NE PAS MANQUER

★ La Galleria Palatina

★ Le museo degli Argenti

Galleria d'Arte Moderna

Située au deuxième étage, elle présente des œuvres de 1784 à 1924, dont cette Maremme toscane *(v. 1850) par Giovanni Fattori du groupe des Macchiaioli.*

Le musée des Attelage témoignent aussi de l'opulence des grands-ducs.

Galleria del Costume

Son exposition retrace deux siècles d'histoire de la mode à la cour des grands-ducs.

MODE D'EMPLOI

Piazza Pitti. **Plan** 3 C2 (5 B5). D, 11, 36, 37. **Galleria Palatina et Appartements royaux** 055 238 86 14. **Ouv.** 8 h 15 - 18 h 50 mar. - dim. **Fermé** 25 déc. **Galleria d'Arte Moderna** 055 238 86 01. **Galleria del Costume** 055 238 87 13. **Museo degli Argenti** 055 238 87 09. **Ouv.** 8 h 15 - 13 h 50 t.l.j. **Fermé** 2e et 4e dim. du mois et 1er et 5e lun. du mois. **Museo delle Porcellane** (entrée par les jardins Boboli p. 125). 055 238 86 05. **Ouv.** 9 h - 13 h 30 t.l.j. **Fermé** 1er, 3e et 5e lun. et 2e et 4e dim. du mois. **Tous musées fermés jours fériés.** Billetterie fermée 45 min avant la fermeture. **Accès payant** pour tous les musées. Les billets pour la **Galleria Palatina** donnent accès aux **Appartements royaux**. Les billets pour la **Galleria d'Arte Moderna** donnent accès à la **Galleria del Costume**.

Entrée des musées

Fenêtres imposantes

Elles devaient dépasser en taille l'entrée du palazzo Medici-Riccardi.

Appartements royaux

Les Appartements royaux prolongent, dans l'aile sud, la Galleria Palatina.

À la découverte du palazzo Pitti

La galerie Palatine fut aménagée par les Médicis et les Habsbourg-Lorraine aux XVIe et XVIIe siècles. Ces appartements somptueux furent décorés par des tableaux de collections privées des deux familles, et la galerie ouvrit au public en 1833. Le palais comprend également les Appartements royaux (il appartint à la famille royale d'Italie de 1865 à 1919), le musée de l'Argenterie, la galerie d'Art moderne et la galerie des Costumes.

GALLERIA PALATINA

La galerie Palatine renferme près de mille tableaux qui sont restés exposés tels qu'il plaisait aux grands-ducs des XVIIe et XVIIIe siècles, c'est-à-dire sans souci du sujet ou de la chronologie. L'opulente décoration des salles reflète les goûts et les préoccupations des époques de leur aménagement.

Ainsi, des fresques baroques commencées par Pierre de Cortone de 1641 à 1647 et achevées par son élève Ciro Ferri en 1666 ornent les plafonds des salles 4 à 8. Peintes pour Ferdinand III, le père de Cosme III, elles décrivent de manière allégorique l'éducation d'un prince qui, arraché à l'amour de Vénus par Minerve (déesse du savoir), se voit enseigner la science par Apollon, puis la guerre par Mars et le gouvernement par Jupiter

avant d'être accueilli par Saturne sur le mont Olympe, résidence mythologique des dieux. Pierre de Cortone réalisa également les fresques des *Quatre Âges du monde* de la salle du Poêle.

En revanche, c'est dans un style beaucoup plus froid que Giuseppe Cacciali

Marie-Madeleine par Titien (v. 1535)

aménagea en 1813 pour Napoléon les appartements dont on peut encore voir la salle de bains (salle 27) *(p. 53)*. Alors qu'il venait de conquérir l'Italie du Nord, l'empereur commanda en 1810 à Antonio Canova une *Vénus italique* devant remplacer la *Vénus des Médicis* exposée aux Uffizi et que Napoléon comptait rapporter à Paris. Il faisait avec cette commande preuve d'une générosité inaccoutumée, ses agents ne s'embarrassant d'habitude pas d'autant de scrupules. La statue de Canova, dans la salle de Vénus, voisine avec deux chefs-d'œuvre, *La Belle* et *Le Concert*, de Titien dont la *Marie-Madeleine* se trouve, elle, dans la salle d'Apollon. On ne sut jamais le nom de la jeune femme qui servit de modèle à *La Belle* (et à plusieurs autres tableaux) ni quels liens l'unissaient à Titien. Ceux qui existaient entre Raphaël et la Fornarina sont, en revanche, bien connus. À la fois maîtresse et modèle, elle prêta notamment ses traits à la *Vierge à la chaise* et à la *Femme au voile* (salles de Saturne et de Jupiter). Alors qu'elle lui avait consacré sa jeunesse, son amant, hanté par le remords et la crainte de l'enfer, la répudia à l'approche de la mort.

LA GALLERIA PALATINA
Elle se trouve au premier étage du palazzo Pitti.

Escalier vers le rez-de-chaussée

Salle de Vénus

Salle d'Apollon

Salle de Mars

Salle de Jupiter

Salle de Saturne

Vierge à la chaise par Raphaël (v. 1516)

Escalier est

Vénus italique par Antonio Canova (1810)

Outre les autres artistes des XVIᵉ, XVIIᵉ et XVIIIᵉ siècles, les œuvres de Botticelli, du Pérugin, d'Andrea del Sarto, du Pontormo, du Tintoret, de Véronèse, du Caravage, de Van Dyck et Rubens sont particulièrement bien représentées. Du dernier, ne pas manquer *Les Malheurs de la guerre*, allégorie émouvante de la guerre de Trente Ans.

APPARTEMENTS ROYAUX

La salle du Trône

Les salles d'apparat, ou Appartements royaux, situés au premier étage de l'aile sud du palais, furent construites au XVIIᵉ siècle. Successeurs des Médicis *(p. 52-53)*, les ducs de Lorraine les réaménagèrent à la fin du XVIIIᵉ et au début du XIXᵉ siècle dans un style néoclassique. En 1865, lorsque Florence devint capitale de l'Italie, le roi Hubert Iᵉʳ et la reine Marguerite s'y installèrent.

L'or utilisé à profusion, dans l'ornementation ou les riches soieries couvrant les murs, comme dans la salle Ovale ou celle des Perroquets, rappellent que ces appartements servaient aux réceptions et cérémonies officielles. Les fresques de plusieurs artistes florentins, de nombreuses tapisseries et des portraits des Médicis par le peintre flamand Justus Sustermans les décorent.

MUSEO DEGLI ARGENTI

Le musée de l'Argenterie se trouve au-dessous de la galerie Palatine et occupe au rez-de-chaussée et sur la mezzanine les pièces qui servaient de palais d'été aux Médicis. Sa collection d'objets précieux donne un aperçu de l'immense fortune amassée par la dynastie qui régna sur la Toscane et du luxe dans lequel vivaient ses membres.

Vase en jaspe et or du XIVᵉ siècle

Créations des plus grands orfèvres florentins et allemands, meubles en ébène incrustés de pierres semi-précieuses, vases antiques ou byzantins, joyaux, ambre et ivoire, et même un grand camée gravé représentant Cosme Iᵉʳ et sa famille, emplissent ainsi neuf salles aux murs décorés de fresques du XVIIᵉ siècle. C'est la sala Buia qui abrite le clou de la collection : seize vases en pierres semi-précieuses de diverses époques qui appartenaient à Laurent le Magnifique.

GALLERIA D'ARTE MODERNA

Située au deuxième étage, d'où elle offre une belle vue des jardins de Boboli, la galerie d'Art moderne permet de découvrir l'art toscan de 1794 à 1924.

Si les styles néoclassique et romantique marquèrent l'Italie comme tout le reste de l'Europe, c'est le mouvement des Macchiaioli qui propose au XIXᵉ siècle la démarche la plus novatrice. Il s'agit pour ces peintres en rupture avec l'académisme de rendre la lumière de la Toscane par des taches de couleur représentant exactement le rapport entre clairs et sombres. C'est le critique d'art Diego Martelli qui fit don en 1897 de cette collection, qui comprend notamment les toiles de Giovanni Boldini et de Giovanni Fattori *(p. 121)*.

GALLERIA DEL COSTUME

Gaspare Maria Paoletti édifia en 1776 pour la famille de Savoie la palazzina della Meridiana, pavillon de style néoclassique dont la façade principale donne sur le jardin. La galerie du Costume retrace l'évolution de la mode depuis la fin du XVIIIᵉ siècle jusqu'aux années 1920. Le musée occupe depuis 1983 treize pièces du rez-de-chaussée, dont certaines ont retrouvé leur mobilier et leurs tapisseries d'origine.

Le Camp italien après la bataille de Magenta (v. 1855) par Giovanni Fattori

Les jardins de Boboli **⑦**

L a réalisation de ce parc attenant au palazzo Pitti commença en 1549 et ne s'acheva qu'au XVIIᵉ siècle. Cet immense jardin à l'italienne, l'un des plus beaux du monde, fut ouvert au public en 1766. Décorés de centaines de statues et de fontaines, parterres et haies géométriques s'y mêlent à des bosquets imitant la fantaisie de la nature. On y découvre également une île, une grotte, de superbes panoramas de Florence et un amphithéâtre qui accueillit les spectacles donnés lors des somptueuses fêtes des Médicis.

★ L'amphithéâtre
Il occupe un vallon qui servit de carrière pour le palais. On y donna les toutes premières représentations d'opéra.

Kaffeehaus
Ce pavillon rococo construit en 1776 par Zanobi del Rosso abrite un petit bar ouvert en été. Les vues sur la ville sont splendides.

Forte di Belvedere

Fontaine de Ganymède

Entrée du palais et des jardins

Galleria del Costume

La fontaine de Neptune (1565-1568) est de Stoldo Lorenzi.

★ Grotta Grande
Plusieurs sculptures ornent cette grotte artificielle (1583-1588), notamment Pâris et Hélène *(1560) par Vincenzo de'Rossi,* Vénus *(1565) par Jean de Bologne et les reproductions des* Quatre Captifs *de Michel-Ange (p. 94).*

Fontaine de Bacchus *(1560)*
Valerio Cioli donna au dieu romain du Vin les traits de Pietro Barbino, nain de la cour de Cosme Iᵉʳ.

Lunette des jardins de Boboli
*Le Flamand Justus
Van Utens peignit cette
vue du palazzo Pitti et des
jardins de Boboli en 1599.*

MODE D'EMPLOI

Piazza de'Pitti. **Plan** 3 B2 (5 B5).
Jardins de Boboli (055) 265
18 16. D, 11, 36, 37. **Ouv.**
juin - août : 8 h 15 - 18 h 30 t.l.j. ;
avr., mai, sept. et oct. : 8 h 15 -
18 h 30 t.l.j. ; nov. - fév. : 8 h 15 -
16 h 30 t.l.j. ; mars : 8 h 15 - 17 h 30
t.l.j. **Fermés** les 1er et 4e lun. du mois.
25 déc., 1er jan. **Accès payant.**
Galleria del Costume 055
238 87 13. **Ouv.** 8 h 30 -14 h du
mar. au sam. **Fermé** lun. et 2e dim.
de chaque mois. **Accès payant.**

Le musée des Porcelaines,
est accessible par la roseraie.

Viottolone
*Des statues antiques (ou
des copies) bordent
cette allée de
cyprès plantés
en 1637.*

★ L'Isolotto (petite île)
*Une copie de l'Océan (1576)
de Jean de Bologne, dont
l'original se trouve au Bargello
(p. 68-69), se dresse au centre
de ce jardin aquatique entouré
de statues de paysans
dansants.*

Hémicycle

Entrée

Orangerie
*Zanobi del Rosso l'édifia en 1785 pour
protéger du gel des plantes rares.*

À NE PAS MANQUER

★ **L'amphithéâtre**

★ **Grotta Grande**

★ **L'Isolotto
(petite île)**

La chapelle Brancacci ❿

Les fresques de la *Vie de saint Pierre* commandées vers 1424 par le marchand florentin Felice Brancacci ont rendu célèbre l'église Santa Maria del Carmine. Commencées par Masolino en 1425, poursuivies par son élève Masaccio en 1426-1427, elles furent achevées par Filippino Lippi en 1485. L'usage que fit Masaccio de la perspective dans le *Paiement du tribut* et le réalisme tragique qu'il donna à *Adam et Ève chassés du Paradis* placent cet artiste à l'avant-garde de la peinture de la Renaissance. Michel-Ange et Léonard de Vinci, notamment, trouvèrent dans ses fresques une source d'inspiration.

Saint Pierre guérissant les malades
Masaccio représenta les miséreux avec un réalisme révolutionnaire pour son époque.

Dans chaque scène, saint Pierre se reconnaît à son manteau orange.

Les groupes de personnages stylisés reflètent l'intérêt de Masaccio pour la sculpture de son contemporain Donatello *(p. 69).*

La simplicité du style de Masaccio concentre l'attention sur les personnages principaux.

Adam et Ève chassés du Paradis
L'intensité d'expression de ces deux êtres accablés de honte et de douleur révèle tout le talent de Masaccio à donner à ses personnages une densité psychologique.

CLÉ DES FRESQUES : ARTISTES ET SUJETS

☐ Masolino

☐ Masaccio

☐ Lippi

1	2	3	7	8	9	
4	5	6	10	11	12	

1 Adam et Ève chassés du Paradis
2 Le Paiement du tribut
3 La Prédication de saint Pierre
4 Saint Pierre en prison reçoit la visite de saint Paul
5 Saint Pierre ressuscite le neveu de l'empereur ; saint Pierre en chaire
6 Saint Pierre guérissant les malades
7 Saint Pierre baptisant les convertis
8 Saint Pierre guérissant un estropié ; ressuscitant Tobie
9 La Tentation d'Adam
10 Saint Pierre et saint Jean faisant l'aumône
11 Le Crucifiement de saint Pierre ; saint Pierre devant le proconsul
12 L'Ange délivrant saint Pierre

La Tentation d'Adam
par Masolino paraît
bien conventionnelle
comparée au couple de
Masaccio sur le mur
opposé.

Femme au turban
*Caché derrière l'autel durant
500 ans, ce médaillon permit
de découvrir la fraîcheur des
couleurs originales de
Masaccio.*

Saint Pierre
est présenté
devant un décor
florentin.

Deux personnages
*Le style de Masolino est
extrêmement décoratif comparé
à celui de Masaccio.*

Saint Pierre devant le proconsul
*Cette scène est de Filippino Lippi qui termina à partir
de 1480 ce cycle de fresques laissé inachevé par
Masaccio, mort à 27 ans.*

DEUX PROMENADES À PIED

**Buste, museo
Faesulanum**

L a campagne n'est jamais loin à Florence et il ne faut que quelques minutes de marche depuis le Ponte Vecchio *(p. 106-107)* au cœur de la cité pour rejoindre de calmes allées ombragées. La première promenade que nous vous proposons est une des préférées des Florentins qui apprécient tout particulièrement les panoramas offerts sur la ville par San Miniato al Monte et le piazzale Michelangelo. Les sonneries de cloches se répondant de quartier en quartier augmentent encore le plaisir à certaines heures du jour. La seconde promenade permet d'explorer Fiesole, à 8 km de Florence. Situé à l'emplacement d'une ancienne et puissante cité étrusque puis romaine dont les vestiges rappellent la splendeur et la puissance passées Fiesole n'est plus aujourd'hui qu'un modeste village. Par temps clair, on découvre depuis ce lieu chargé d'histoire des vues magnifiques sur les toits de tuile rouge de Florence et les collines parsemées de cyprès du Mugello.

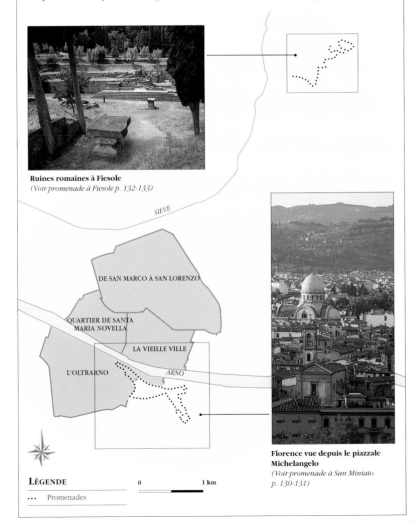

Ruines romaines à Fiesole
(Voir promenade à Fiesole p. 132-133)

SIEVE

DE SAN MARCO À SAN LORENZO

QUARTIER DE SANTA
MARIA NOVELLA

LA VIEILLE VILLE

L'OLTRARNO   ARNO

**Florence vue depuis le piazzale
Michelangelo**
*(Voir promenade à San Miniato
p. 130-131)*

LÉGENDE

0   1 km

••• Promenades

◁ **L'escalier conduisant à San Miniato al Monte**

Deux heures de promenade à San Miniato al Monte

Cette promenade vous conduit depuis le centre de Florence jusqu'à l'église San Miniato al Monte qui dresse sa façade de marbre polychrome au sommet d'une colline au sud de la ville. L'itinéraire suit les murs de la cité et traverse le piazzale Michelangelo, célèbre pour son panorama, avant de retourner au Ponte Vecchio.

N° 19, costa di San Giorgio ③

En partant du Ponte Vecchio ①, prenez au sud la via de Guicciardini puis, à gauche de l'église Santa Felicità ②, le raidillon appelé costa di San Giorgio. Galilée habita au n° 19 ③.

La porte San Giorgio ④ se dresse au bout de cette voie. Construite en 1260, c'est la plus ancienne de Florence. Bicci di Lorenzo peignit au début du XVe siècle la fresque aujourd'hui abîmée décorant l'intérieur de l'arc. Elle représente la *Vierge avec saint Georges et saint Léonard.* La sculpture montrant saint Georges terrassant le dragon est une réplique de l'œuvre originale (1284) en cours de restauration.

En franchissant la porte, on accède à droite au Forte di Belvedere ⑤ dessiné par Bernardo Buontalenti en 1590. Cette forteresse servait moins à défendre Florence des cités rivales qu'à protéger le palazzo Pitti. La vue qu'elle commande sur les rues de la ville permettait aux soldats de se tenir prêts à tirer au canon sur la foule en cas d'émeute. Ce site stratégique offre un magnifique panorama des jardins de Boboli ⑥ et de la campagne au sud de Florence. Descendez la via di Belvedere qui longe une portion des anciens remparts de la cité (à

gauche) datant de 1258. Petite arche dans le mur, la porte San Miniato ⑦ se trouve au pied de la colline.

San Miniato al Monte
Tournez à droite dans la via del Monte alle Croci et suivez-la jusqu'au viale Galileo Galilei. Prenez encore à droite puis traversez pour atteindre le large escalier menant à la terrasse de San Miniato al Monte ⑧. Vous pourrez y reprendre votre souffle en admirant la vue du Forte di Belvedere. Construite en 1018 à l'emplacement, selon la tradition, de la tombe de saint Minias, riche marchand arménien décapité au IIIe siècle et premier martyr florentin, San Miniato al Monte est une des églises romanes de Toscane les mieux préservées. Sa façade décorée au XIIe siècle d'un parement de marbre blanc et de serpentine porte au sommet la statue d'un aigle serrant un ballot de laine, emblème de la corporation des lainiers qui finança le sanctuaire à partir de 1288. La mosaïque qu'il surmonte date

La façade de San Miniato al Monte ⑧

San Miniato vue depuis le Forte di Belvedere ⑤

du XIIIᵉ siècle mais a été restaurée. Elle représente le Christ entre la Vierge et saint Minias. Le campanile, commencé par Baccio d'Agnolo en 1523, ne fut jamais achevé et servit de plate-forme d'artillerie pendant le siège de Florence *(p. 50-51)*.

L'intérieur de l'édifice présente un dallage orné de sept mosaïques de marbre dont un panneau figurant les signes du zodiaque (1207). En mosaïque de marbre également, la balustrade et l'ambon du chœur surélevé. Une autre mosaïque, de style byzantin, décore l'abside.

Mosaïque du XIIIᵉ s. sur la façade de San Miniato

Elle représente, comme celle de la façade, le Christ entre la Vierge et saint Minias. Les reliques de ce dernier se trouvent dans la crypte qui s'ouvre au fond de la nef et dont les colonnes proviennent de bâtiments antiques. Ne pas manquer la chapelle du Cardinal, au nord, à la voûte ornée de médaillons par Luca della Robbia. Antonio Rossellino sculpta le tombeau (1466) qui l'occupe en mémoire de Iacopo di Lusitania, cardinal du Portugal mort à Florence en 1439 à l'âge de 25 ans. Le vaste cimetière ⑨ attaché à San Miniato al Monte a été créé en 1854. Les familles riches y rivalisaient de magnificence et certaines tombes atteignent la taille de petites maisons. Quittez l'ensemble des bâtiments par une porte ouverte à l'ouest et suivez le chemin qui descend

San Salvatore al Monte ⑩

jusqu'à l'église San Salvatore al Monte ⑩. De là, un escalier rejoint le viale Galileo Galilei qui mène, à droite, au piazzale Michelangelo ⑪ aménagé en 1869 par Giuseppe Poggi. Décorée de copies de statues de Michel-Ange et très fréquentée par les marchands de souvenirs, cette esplanade offre une vue splendide du centre de la ville.

Vous pouvez, pour rentrer, soit monter dans le bus nᵒ 13, soit emprunter l'escalier qui descend, à l'ouest de la place, jusqu'à la porte San Niccolò ⑫ datant du XIVᵉ siècle. Prenez à gauche la via di San Niccolò puis la via de'Bardi qui passe devant le palazzo de'Mozzi (XIIIᵉ s.) ⑬. En face se dresse le musée Bardini ⑭ *(p. 119)*. Il ne vous reste plus qu'à suivre l'Arno pour retourner au Ponte Vecchio ①.

David, piazzale Michelangelo ⑪

MODE D'EMPLOI

Départ : Ponte Vecchio
Longueur : *3 km*
San Miniato al Monte Ouv. *avr. - sept. : 8 h - 12 h, 14 h - 19 h t.l.j. ; oct. - mars : 8 h - 12 h, 14 h 30 - 18 h t.l.j.* ***Où faire une pause ?*** *Plusieurs cafés sur le trajet.*

LÉGENDE

••• Promenade

⚜ Point de vue

0   500 m

Deux heures de promenade à Fiesole

L e village de Fiesole, réputé pour ses vestiges romains et étrusques, domine la vallée de l'Arno à 8 km au nord de Florence dans la région du Mugello. Depuis le XVe siècle, les riches Florentins viennent profiter en été de la fraîcheur et de la salubrité de son air.

Le campanile du Duomo ②

Piazza Mino da Fiesole
Une demi-heure après son départ de Florence, le bus n° 7 arrive sur la grand-place de Fiesole ① au terme d'un trajet à travers un paysage parsemé de villas. Cité étrusque fondée au VIIe siècle av. J.-C., Fiesole commença à décliner après la création de Florence au Ier siècle av. J.-C. mais garda son indépendance jusqu'en 1125. L'imposant campanile de la cathédrale San Remolo ② domine la place. La construction de ce Duomo de style roman commença en 1028. Des chapiteaux antiques coiffent les colonnes de son intérieur sobre.

Entre le Duomo et le Palazzo Comunale (XIVe siècle) ③, l'actuel hôtel de ville, se dresse une statue équestre du roi Victor-Emmanuel II et de Garibaldi appelée *Rencontre de Teano* ④. Prenez à droite, en regardant la cathédrale, la via Dupre qui descend vers le jardin archéologique et son théâtre romain ⑤. Construit au Ier siècle av. J.-C., ce théâtre accueille tous les ans les spectacles de l'Estate

Bronze de la Rencontre de Teano ④

Fiesolana *(p. 36-37)*. trois mille spectateurs peuvent s'asseoir sur ses gradins de pierre. Non loin, le museo Faesulanum ⑥ présente sculptures, pièces de monnaie, céramiques, urnes funéraires et bijoux trouvés lors des fouilles effectuées à Fiesole. Les objets les plus anciens remontent à l'âge du bronze. Le bâtiment abritant cette exposition est une réplique construite en 1912-1914 du temple que les Romains élevèrent au Ier siècle sur des fondations étrusques et dont les vestiges se trouvent au nord du parc, non loin des thermes ⑦ et d'anciennes fortifications étrusques du IVe siècle av. J.-C.

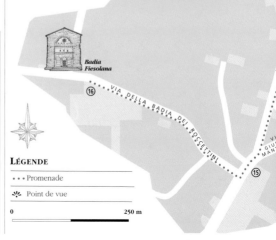

Le parc archéologique ⑤

MODE D'EMPLOI

Départ : piazza Mino da Fiesole
Longueur : 1,5 km
Prévoir au moins deux heures avec la visite des musées. La pente de la via di San Francesco est raide.
Badia Fiesolana : ouverte le dimanche matin pour la messe.
Comment y aller ? *De Florence : Le bus n° 7 part de la gare routière de Santa Maria Novella ou piazza di San Marco.*
Où faire une pause ? *Plusieurs cafés autour de la piazza Mino da Fiesole.*

Badia Fiesolana

⑯

VIA DELLA BADIA DEI ROCCETTINI

VIA

VIA VEC...

VIA GIUSE MANTE

⑮

LÉGENDE

• • • Promenade

🌿 Point de vue

0 ——————————— 250 m

Depuis le théâtre, reprenez la via Dupre jusqu'au museo Bandini ⑨ qui possède une intéressante collection de peintures des XIVe et XVe siècles.
De retour sur la piazza Mino da Fiesole, prenez à droite la via di San Francesco. Elle passe devant le Palazzo Vescovile ⑩ et offre un superbe point de vue ⑪ depuis le chemin menant à Sant'Alessandro ⑫, basilique mariant une façade néoclassique (1815-1817) avec un intérieur roman du IXe siècle aux colonnes et chapiteaux

Fiesole vu de la via di San Francesco

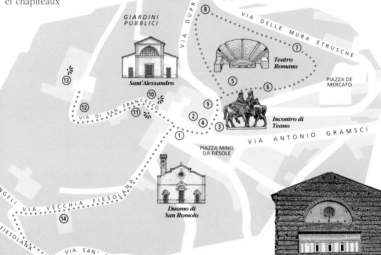

antiques. Il faut continuer à grimper pour atteindre San Francesco ⑬, couvent fondé en 1399 et restauré en 1907. Le musée des Missions franciscaines, dans le cloître, présente des objets rapportés par les missionnaires, en particulier d'Extrême-Orient.

De Fiesole à San Domenico
Revenez sur vos pas, ou traversez le parc, jusqu'au centre du village et descendez la via Vecchia Fiesolana. Elle passe devant la villa Médicis ⑭ construite en 1461 par Michelozzo pour Cosme l'Ancien. Coupez par la via Bandini puis reprenez la via Vecchia Fiesolana jusqu'au hameau de San Domenico. Son église ⑮ date du

L'église San Domenico (XVe siècle) ⑮

Façade de la Badia Fiesolina ⑯

XVe siècle. Le réfectoire du couvent attenant présente une *Vierge avec des saints* et une *Crucifixion* peintes vers 1430 par Fra Angelico qui fut prieur dominicain du monastère jusqu'en 1437.
De là, la via della Badia dei Roccettini conduit à la Badia Fiesolana ⑯, belle église dont la façade Renaissance inachevée incorpore celle, plus petite et incrustée de marbre, de l'ancien sanctuaire roman. Vous pourrez prendre le bus n° 7 pour Florence sur la place San Domenico.

ATLAS DES RUES

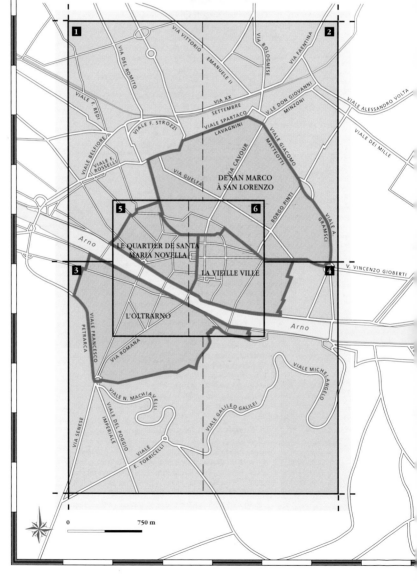

L es articles de ce guide décrivant monuments, restaurants, hôtels ou boutiques comportent des références cartographiques qui renvoient aux plans de cet atlas (voir ci-contre *Comment lire les plans ?*). S'il y a deux références, la seconde (entre parenthèses) renvoie aux plans agrandis 5 et 6. La carte ci-des-

sous précise la zone couverte par chacun des six plans de l'atlas et comment elle recoupe les quatre quartiers du centre historique (en rose) où sont situés tous les monuments (*voir aussi* Le centre de Florence, *p. 14-15*). Le répertoire des noms de rues se trouve pages 142-143. Il est précédé d'un glossaire des abréviations.

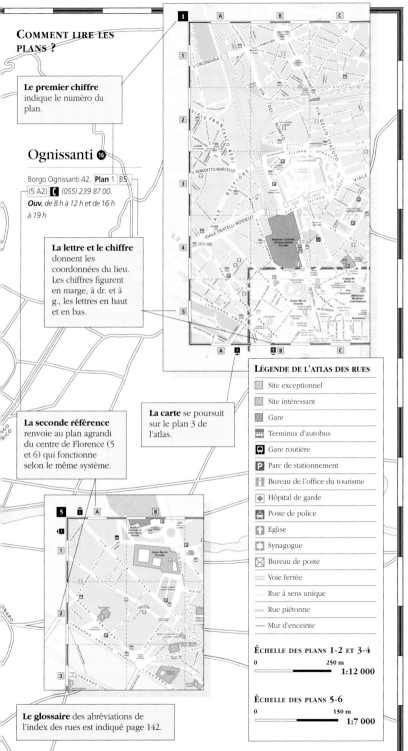

COMMENT LIRE LES PLANS ?

Le premier chiffre indique le numéro du plan.

Ognissanti ⓰

Borgo Ognissanti 42. **Plan** 1 B5 (5 A2) ☎ *(055) 239 87 00.* ***Ouv.*** *de 8 h à 12 h et de 16 h à 19 h*

La lettre et le chiffre donnent les coordonnées du lieu. Les chiffres figurent en marge, à dr. et à g., les lettres en haut et en bas.

La seconde référence renvoie au plan agrandi du centre de Florence (5 et 6) qui fonctionne selon le même système.

La carte se poursuit sur le plan 3 de l'atlas.

Le glossaire des abréviations de l'index des rues est indiqué page 142.

LÉGENDE DE L'ATLAS DES RUES

Site exceptionnel

Site intéressant

Gare

Terminus d'autobus

Gare routière

Parc de stationnement

Bureau de l'office du tourisme

Hôpital de garde

Poste de police

Eglise

Synagogue

Bureau de poste

Voie ferrée

Rue à sens unique

Rue piétonne

Mur d'enceinte

ÉCHELLE DES PLANS 1-2 ET 3-4

0   250 m

1:12 000

ÉCHELLE DES PLANS 5-6

0   150 m

1:7 000

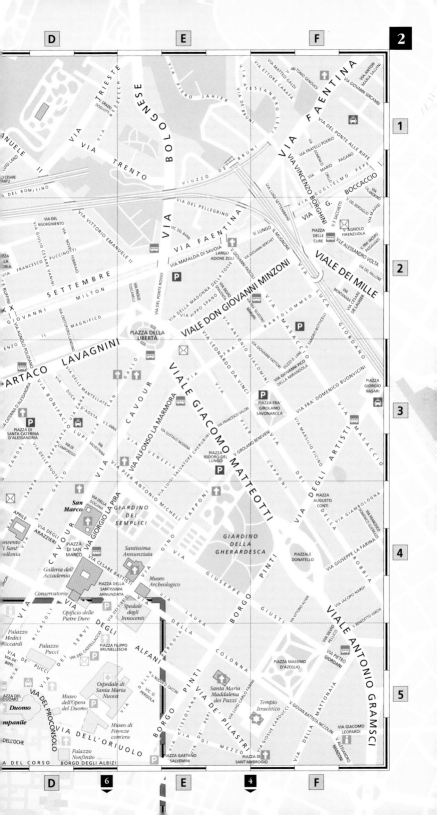

VOIR PAGES 5 ET 6
POUR AGRANDISSEMENT
DE CETTE PARTIE

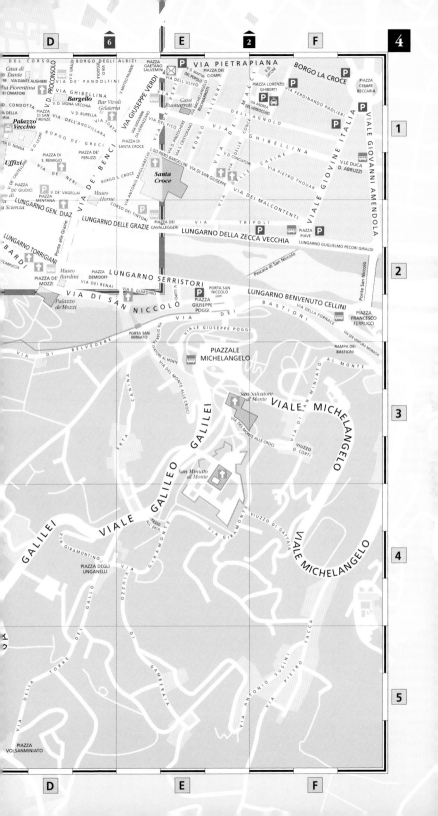

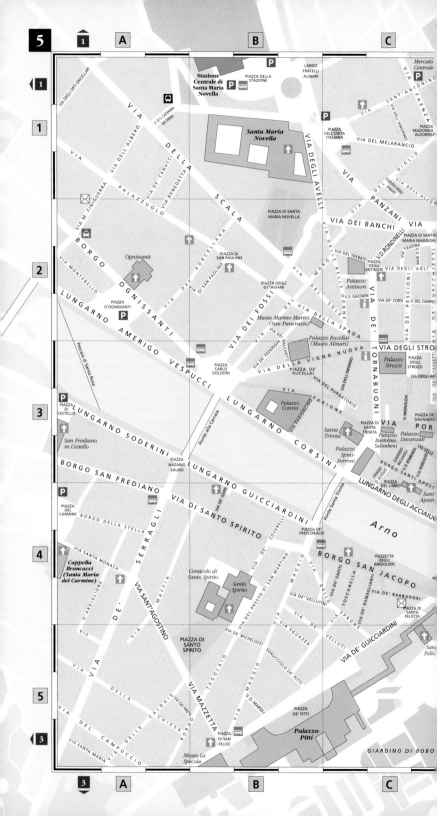

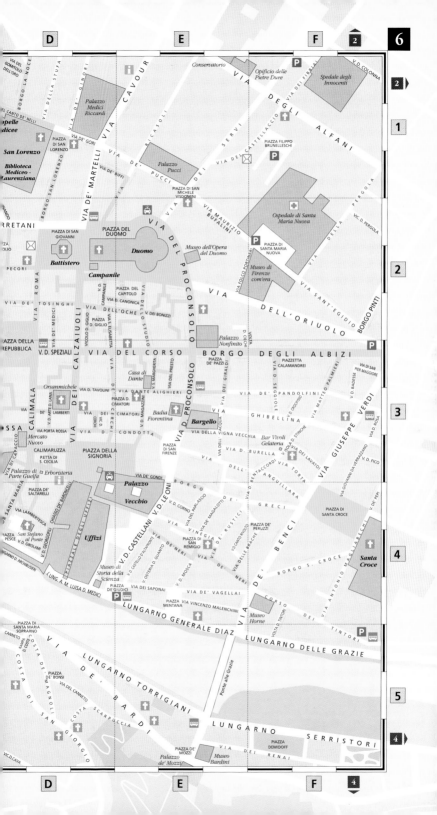

Répertoire des noms de rues

GLOSSAIRE DES ABRÉVIATIONS

d.	di, del, dell', dello, della, dei, de', delle, degli	**Lung.**	Lungarno	**P.te**	Ponte	**V.**	Via
		P.	Piazza	**S.**	San, Sant', Santa, Santo	**Vic.**	Vicolo
		P.ta	Porta	**SS.**	Santi, Santissima	**V.le**	Viale

A

XX Settembre, V. 1 C2
XXVII Aprile, V. 1 C4
Acciaiuoli, Lungarno degli 3 C1 (5 C4)
Acqua, V. dell' 6 E3
Adua, P. 1 B4
Agli, V. degli 1 C5 (5 C2)
Agnolo, V. dell' 4 E1
Alamanni, V. Luigi 1 B4
Albero, V. dell' 1 B5 (5 A1)
Albizi, Borgo d. 2 D5 (6 E3)
Alfani, V. degli 2 D4 (6 E1)
Alfieri, V. Vittorio 2 F4
Alighieri, V. 4 D1 (6 E3)
Alinari, Largo Fratelli 1 C4 (5 B1)
Allegri, Borgo 4 E1
Alloro, V. dell' 1 C5 (5 C1)
Altoviti, Chiasso degli 5 C3
Amendola, V.le 4 F1
Amorino, V. dell' 5 C1
Angiolieri, Piazzetta d. 5 C4
Anguillara, V. d. 4 D1 (6 E3)
Anselmi, V. d. 3 C1 (5 C3)
Antinori, P. degli 5 C2
Arazzieri, V. degli 2 D4
Archibusieri, Lungarno degli 3 C1 (6 D4)
Arcovata, V. dell' 1 A1
Ardiglione, V. d' 3 B2 (5 A5)
Ariento, V. dell' 1 C4 (5 C1)
Ariosto, V.le Ludovico 3 A1
Armati, Chiasso degli 5 C1
Arte della Lana, V. dell' 6 D3
Artisti, V. degli 2 F4
Avelli, V. degli 1 C5 (5 B1)

B

Badesse, V. delle 6 F3
Baldinucci, P. Filippo 1 B2
Baluardo, V. del 3 B3
Banchi, V. dei 1 C5 (5 C2)
Bandini, V. Angelo Maria 1 B1
Bandini, V. Sallustio 1 B1
Barbadori, V. de' 5 C4
Barbano, V. di 1 C3
Barbera, V. Gaspero 1 B1
Barbi, Vic. del 2 E2
Bardi, V. de' 3 C2 (6 D5)
Bargellini, Largo Piero 4 E1
Baroncelli, Chiasso de' 6 D4
Bartolini, V. Lorenzo 3 A1
Bastioni, Rampa dei 4 F3
Bastioni, V. dei 4 E2
Battisti, V. Cesare 2 D4
Beccaria, P. Cesare 4 F1
Belfiore, V.le 1 A4
Belle Donne, V. d. 1 C5 (5 C2)
Bellini, V. Lorenzo 3 A5
Belvedere, V. di 4 D3
Benci, V. de' 4 D2 (6 E4)
Benedetta, V. 1 B5 (5 A2)
Benevieni, V. Girolamo 2 E3
Bentaccordi, V. de' 6 E4
Berchet, V. Giovanni 2 E2
Bersaglio, V. del 2 F2
Bezzecca, V. 2 D1
Bianchi, V. Celestino 1 C1
Biffi, V. de' 2 D5 (6 D1)
Bobolino, V. del 3 B3
Boccaccio, V. Giovanni 2 F2
Bolognese, V. 2 E2
Bombarde, V. delle 5 C3
Bonaini, V. Francesco 1 B2
Boni, V. de' 5 C2
Bonizzi, V. dei 6 E2
Bonsi, P. de' 6 D5
Borghini, V. Vincenzo 2 F1
Botticelli, V. Sandro 2 F3
Brache, V. delle 6 E4
Brunelleschi, P. 2 D5 (6 F1)
Brunelleschi, V. de' 1 C5 (6 D2)
Bruni, V. de' 2 E1
Bruni, Viuzzo de' 2 E1
Bufalini, V. Maurizio 6 E2

Buonarroti, V. Michelangelo 4 E1
Burella, V. delle 4 D1 (6 E3)

C

Cadorna, V.le dei 1 C2
Caduti nei Lager, P.le 1 B3
Calamandrei, Piazzetta 6 F3
Caldaie, V. delle 3 B2 (5 A5)
Calimala 3 C1 (6 D3)
Calimaruzza 6 D3
Calza, P. della 3 A3
Calzaiuoli, V. dei 6 D3
Camaldoli, V. di 3 A1
Campanile, V. del 6 D2
Campidoglio, V. del 5 C2
Campora, V. delle 3 A3
Camporeggi, V. di 2 D3
Campuccio, V. d. 3 A2 (5 A5)
Canacci, V. de' 1 B5 (5 A1)
Canneto, V. del 6 D5
Canneto, Vic. del 6 D5
Canonica, V. della 6 D2
Cantagalli, V. 3 A4
Canto de' Nelli, V. del 6 D1
Canto Rivolto, V. del 6 E4
Cantù, Largo Cesare 2 D1
Capaccio, V. di 6 D3
Capitolo, P. del 6 E2
Capponi, V. Gino 2 E4
Capponi, V. Pier 2 E3
Carafa, V. Ettore 2 F1
Cardatori, V. dei 3 A1
Carducci, V. Giosue 2 F5
Carmine, P. del 3 A1 (5 A4)
Carraia, P.te alla 3 B1 (5 B3)
Casine, V. delle 4 E1
Casone, V. del 3 A2
Cassia, V. 1 A3
Castellaccio, V. d. 2 D5 (6 E1)
Castellani, V. de' 4 D1 (6 E4)
Castelli, V. Benedetto 3 A5
Castello d'Altafronte, V. del 6 E4
Catalani, V. Alfredo 1 A2
Cava, Vic. della 3 C2 (6 D5)
Cavalleggeri, P. dei 4 E2
Cavour, V. 2 D4 (6 D1)
Cellini, Lung. Benvenuto 4 F2
Cenacolo di Santo Spirito 3 B1 (5 B4)
Cennini, V. Bernardo 1 B4
Cerchi, V. de' 6 D3
Cerchi, Vic. de' 6 D3
Cernaia, V. della 1 C2
Cerretani, V. de' 5 C2
Cestello, P. di 3 B1 (5 A3)
Cestello, V. di 3 A1
Cherubini, V. 2 E4
Chiara, V. 1 C4
Chiesa, V. della 3 A2 (5 A5)
Ciechi, Volta dei 6 F2
Cimarosa, V. Domenico 1 A2
Cimatori, P. dei 6 D3
Cimatori, V. dei 4 D1 (6 D3)
Cinque Giornate, V. d. 1 B2
Ciompi, P. dei 4 E1
Circondaria, V. 1 A1
Cirillo, V. Domenico 2 F1
Cironi, V. Piero 1 A1
Cittadella, V. 1 A3
Colonna, V. della 2 E4 (6 F1)
Conce, V. delle 4 E1
Conciatori, V. dei 4 E1
Condotta, V. d. 4 D1 (6 D3)
Conti, P. Augusto 2 F4
Conti, V. de' 5 C1
Cornino, Chiasso 5 C3
Corno, V. del 6 E4
Corridoni, V. Filippo 1 A1
Corsi, V. de' 5 C2
Corsica, V. 1 A3
Corsini, Lung. 3 B1 (5 B3)
Corso, V. del 2 D5 (6 D3)
Corti, Viuzzo delle 4 F3
Cosseria, V. 1 B2
Coste, Rampa delle 6 D5

Costituzione, P. della 1 C2
Coverelli, V. de' 3 B1 (5 B4)
Crimea, V. 1 B2
Crispi, V. Francesco 1 C2
Cristofori, V. 1 A3
Crocifisso, P. del 1 C4
Crocifisso, V. del 6 F3
Cure, P. delle 2 F2
Curtatone, V. 1 A5

D

Da Castiglione, V. Dante 3 A4
Da Diacceto, V. Iacopo 1 A4
Da Foiano, V. Benedetto 3 B4
Da Palestrina, V. 1 A3
Da Verrazzano, V. 4 E1 (6 F4)
Da Vinci, V. Leonardo 2 E2
Davanzati, P. de' 3 C1 (5 C3)
D'Azeglio, P. Massimo 2 F5
De Lauger, V. Cesare 2 F2
De' Medici, Lungarno Anna Maria Luisa 6 D4
De' Ricci, V. Scipione 1 B1
Degli Uberti, V. Farinata 3 A4
Del Lungo, P. Isidoro 2 E3
Del Verrocchio, V. 4 F1
Della Bella, V. Giano 3 A2
Della Robbia, V. dei 2 E4
Demidoff, P. 4 D2 (6 F5)
Di Lando, V. Michele 3 B4
Di Savoia, V. Mafalda 2 E2
Diaz, Lung. Gen. 4 D2 (6 E4)
Dionisi, V. Fausto 1 C3
Dogana, V. della 2 D4
Dolfi, V. Giuseppe 1 C3
Donatello, P.le 2 F4
Drago d'Oro, V. del 3 A1
Duca degli Abruzzi, V.le 4 F1
Duca d'Aosta, V. 2 D3
Duomo, P. del 2 D5 (6 D2)

E

Erta, Passo all' 4 E4
Erta Canina 4 E3

F

Fabbri, V. Egisto 1 B2
Fabroni, V. Giovanni 1 B1
Faentina, V. 2 E2
Faenza, V. 1 C4 (5 C1)
Farini, V. Luigi Carlo 2 E5
Fattori, V. Giovanni 2 F3
Federighi, V. de' 5 B3
Ferrucci, P. Francesco 4 F2
Fibbiai, V. dei 2 D4 (6 F1)
Ficino, V. Marsilio 2 F3
Fico, V. del 4 E1 (6 F3)
Fiesolana, V. 2 E5
Finiguerra, V. 1 B5 (5 A2)
Fiordaliso, V. del 5 C3
Firenzuola, V. Agnolo 2 F2
Fiume, V. 1 C4
Fornace, V. della 4 F2
Forte di San Giorgio, V. del 3 C2
Fortezza, V. della 1 C3
Foscolo, V. Ugo 3 A3
Fossi, V. dei 1 B5 (5 B3)
Fra' Bartolommeo, V. 2 E3
Fra' Domenico Buonvicini, V. 2 F3
Fra' Girolamo Savonarola, P. 2 F3
Fra' Iacopo Passavanti, V. 2 F2
Fra' Silvestro Maruffi, V. 2 F2
Frescobaldi, P. d. 3 B1 (5 B4)

G

Galdi, V. Matteo 2 F1
Galileo, P.le 3 C4
Galileo Galilei, V.le 3 C5
Galluzzi, V. Riguccio 1 B1
Gamberaia, Viuzzo di 4 E4
Garibaldi, V. Giuseppe 1 A5
Gattaia, Viuzzo di 4 F4
Gelsomino, V. del 3 A5

Genovesi, V. Antonio 2 F1
Georgofili, V. de' 6 D4
Geppi, V. de' 5 B4
Ghiacciaie, V. delle 1 A3
Ghibellina, V. 4 D1 (6 E3)
Ghiberti, P. Lorenzo 4 F1
Giacomini, V. de' 5 C2
Giacomini, V. Antonio 2 F2
Giambologna, V. 2 F4
Gianni, V. Francesco 1 B1
Giardino, V. del 4 E2
Giglio, P. del 6 D2
Giglio, V. del 1 C5 (5 C2)
Giglio, Vic. del 6 D2
Ginori, V. de' 2 D4 (6 D1)
Giordani, V. Pietro 2 F5
Giordano, V. Luca 2 F2
Giovine Italia, V.le 4 F2
Giraldi, V. de' 4 D1 (6 E3)
Giramonte, V. 4 E4
Giramontino, V. 4 D4
Girolami, V. de' 6 D4
Giudici, P. de' 4 D1 (6 E4)
Giusti, V. Giuseppe 2 E4
Goldoni, P. Carlo 3 B1 (5 B3)
Gomitolo dell'Oro, V. d. 6 D1
Gondi, V. de' 6 E3
Gordigiani, V. Luigi 1 A2
Gori, V. de' 6 D1
Gramsci, V.le Antonio 2 F4
Grazie, Lung. d. 4 D2 (6 F5)
Grazie, P.te alle 4 D2 (6 E5)
Greci, Borgo de' 4 D1 (6 E4)
Guasti, V. Cesare 1 B1
Guelfa, V. 1 C4
Guerrazzi, V. 2 F4
Guicciardini, Lungarno 3 B1 (5 B3)
Guicciardini, V. d. 3 C2 (5 C5)

I

Il Magnifico, V. Lorenzo 1 C3
Indipendenza, P. dell' 1 C3
Inferno, V. dell' 3 C1 (5 C3)
Isola delle Stinche, V. 6 F3
Italia, Corso 1 A5

J

Jahier, V. Piero 2 E1

L

La Croce, Borgo 4 F1
La Farina, V. Giuseppe 2 F4
La Marmora, V. Alfonso 2 E3
La Noce, Borgo 6 D1
La Pira, V. Giorgio 2 D4
Lambertesca, V. 6 D4
Lamberti, V. de' 6 D3
Lambruschini, V. 1 C1
Lami, V.le Giovanni 1 C2
Landini, V. Francesco 1 A3
Landino, V. Cristoforo 2 D2
Lane, Viuzzo delle 2 F3
Lastri, V. Marco 1 A1
Laura, V. 2 E4
Lavagnini, V.le Spartaco 1 C3
Lavatoi, V. dei 6 F3
Leone, V. del 3 A1
Leone X, V. 1 C3
Leoni, V. dei 4 D1 (6 E4)
Leopardi, V. Giacomo 2 F5
Levi, V. Alessandro 2 E2
Libertà, P. della 2 E2
Limbo, P. del 5 C4
Locatelli, V. Antonio 1 A1
Lorenzoni, V. Giovanni 1 B1
Lungo il Mugnone, V. 2 F2
Lungo le Mura di Santa Rosa, V. 3 A1
Lupi, V. Bonifacio 2 D3
Lupo, V. 4 E2

M

Macci, V. de' 4 E1
Machiavelli, V.le Niccolò 3 A3
Madonna degli Aldobrandini, P. di 1 C5 (5 C1)

La Toscane
Région par Région

La Toscane d'un coup d'œil

Hors de Florence, ce sont Pise et sa tour penchée, à l'ouest, et Sienne et San Gimignano, au centre de la Toscane, qui attirent le plus d'amateurs d'art et d'architecture. Toutefois, par leurs paysages, le Nord, avec les Alpes et la Riviera Apuanes, l'Est et les riches forêts du Mugello, et le Sud au littoral encore sauvage, possèdent également de quoi ravir les visiteurs.

    La carte ci-contre attribue à chacune de ces régions une couleur correspondant aux repères colorés des chapitres qui les décrivent.

DE LA LUNIGIANA À PISTOIA

Lucques

Pise

LE NORD DE LA TOSCANE
Pages 164-185

L'OUEST DE LA TOSCANE
Pages 148-163

LE SUD DE LA TOSCANE
Pages 226-237

0   20 km

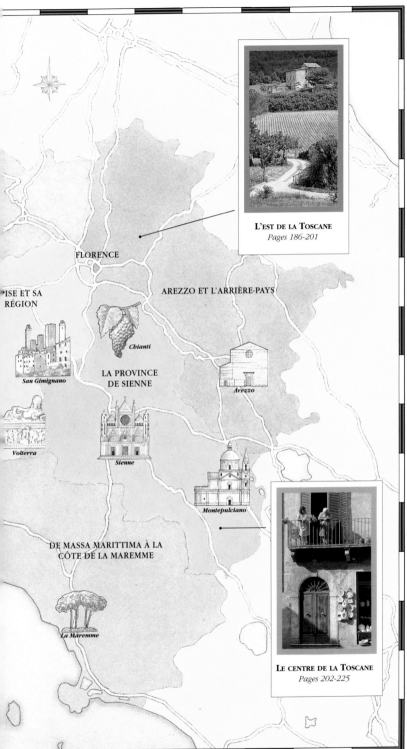

L'EST DE LA TOSCANE
Pages 186-201

FLORENCE

'ISE ET SA
RÉGION

AREZZO ET L'ARRIÈRE-PAYS

Chianti

**LA PROVINCE
DE SIENNE**

San Gimignano

Arezzo

Volterra

Sienne

Montepulciano

DE MASSA MARITTIMA À LA
CÔTE DE LA MAREMME

La Maremme

LE CENTRE DE LA TOSCANE
Pages 202-225

PISE ET SA RÉGION

*A*vec ses usines et ses ports, notamment Livourne, cette région constitue le moteur économique de la Toscane. Elle n'en possède pas moins de grandes richesses architecturales, en particulier à Pise, dont la tour penchée est célèbre dans le monde entier, et à Volterra, ancienne cité étrusque perchée sur un plateau battu par les vents.

Établissement portuaire dès l'époque romaine, c'est du XIe au XIIIe siècle que Pise, alors au faîte de sa puissance, rivale principale de Gênes et de Venise, domina la Méditerranée occidentale. Commerçant avec l'Afrique du Nord, ses marchands introduisirent en Italie les découvertes scientifiques et les réalisations artistiques du monde musulman.

Ces évolutions eurent une profonde influence aux XIIe et XIIIe siècles sur les architectes de la région qui ornèrent d'arabesques et de motifs géométriques complexes de nombreux édifices, notamment la cathédrale, le campanile et le baptistère de Pise.

L'envasement de l'estuaire de l'Arno, au XVIe siècle, met un terme à la prospérité maritime de la ville et Cosme Ier commence en 1571 les travaux visant à faire de Livourne le premier port de la Toscane.

L'entreprise réussira si bien que la ville est aujourd'hui le deuxième port d'Italie, débouché naturel de la verrerie, des meubles, des motos, des textiles et des articles de cuir produits dans les usines de la vallée de l'Arno. Pise demeure toutefois au cœur des échanges grâce à l'aéroport international Galileo Galilei. Malgré sa vocation industrielle, la vallée de l'Arno réserve partout de bonnes surprises au visiteur, comme l'église romane San Piero a Grado ou les maquettes des inventions de Léonard de Vinci dans le musée qui lui est consacré.

Le paysage de collines et de terres agricoles au sud de la vallée, bien qu'agréable, ne présente pas d'intérêt particulier. Seule s'impose la visite de Volterra, cité médiévale riche en vestiges étrusques.

Collines toscanes près de Volterra

◁ **La tour penchée au milieu des toits de Pise**

À la découverte de la région de Pise

S i Pise et sa célèbre tour penchée, et l'ancienne lucumonie (grande cité étrusque) de Volterra en constituent les hauts lieux, cette région révèle d'autres merveilles au visiteur qui prend le temps de l'explorer. Dans les collines qui bordent la vallée de l'Arno, des villages perchés comme San Miniato veillent depuis le Moyen Âge sur de superbes paysages, et les architectes de la Renaissance imaginèrent pour leurs clients de somptueuses villas telles celles de Poggio a Caiano et Artimino. Les admirateurs de Léonard de Vinci ne manqueront pas son village natal où il grandit entre vignes et oliveraies.

Vers Viareggio

Vers Lucques

PISA

CERTOSA DI PISA

MARINA DI PISA

SAN PIERO A GRADO

LIVORNO

LA RÉGION D'UN COUP D'ŒIL

COLLINE

Vers Grosseto

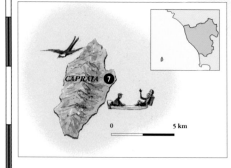

CAPRAIA ⑦

0   5 km

Vers Pistoia

POGGIO
A CAIANO
⑫

Vers Florence →

VINCI
⑩ ⑪
ARTIMINO

s Montecatini
Terme

Arno

⑨ EMPOLI

⑧
SAN MINIATO

S129

OLTERRA ⑬

S68

Vers Sienne ↘

Cecina

ÉTALLIÈRE

0   10 km

**Les canaux et les quais de Venezia
Nuova à Livourne**

SE DÉPLACER

Bien qu'une autoroute relie
désormais Pise à Florence,
prendre la route S67 s'avère
plus pratique pour visiter les
localités des contreforts sud
de la vallée de l'Arno. Pour
rejoindre Rome, la S1 longe la
côte en contournant Livourne.
La région est bien desservie
par le train, en particulier
entre Pise et Florence mais
l'autocar reste souvent
le meilleur moyen pour se
déplacer. Notamment pour
rejoindre Volterra (plusieurs
départs tous les jours de
Florence, Pise et Livourne)
qui ne possède pas de gare.

LÉGENDE

〰️	Autoroute
〰️	Route principale
〰️	Route secondaire
〰️	Cours d'eau

La S68 vers Volterra

Pise ❶

Incrustation de marbre, façade du Duomo

Les bâtiments les plus majestueux de Pise : le Duomo, le campanile et le baptistère datent des XIIe et XIIIe siècles, époque où la cité connut grâce à sa flotte une grande prospérité, soumettant même la Corse et la Sardaigne. Ils n'auraient pu exister sans les progrès permis par les échanges avec le monde arabe et annoncent l'architecture Renaissance qui se développera à Florence.

Campo dei Miracoli

🏛 Campo dei Miracoli
Voir p. 154-155.

🏛 Museo delle Sinopie
Piazza del Duomo. **Ouv.** avr. - sept. : 8 h - 19 h 40 t.l.j. ; mars - oct. : 9 h - 17 h 40 t.l.j. ; nov. - fév. : 9 h - 16 h 40 t.l.j. *Accès payant.*
Le musée des Sinopie abrite les dessins qui servirent à la réalisation des fresques couvrant jadis les murs du Campo Santo *(p. 154-155)*. Tracés sur l'avant-dernière couche d'enduit, l'*arriccio* *(p. 26-27)*, ils résistèrent aux terribles dégâts causés au cimetière lors des bombardements de 1944.
La technique de la peinture *a fresco* est aussi présentée en détail.

🏛 Museo dell'Opera del Duomo
Piazza Duomo. **📞** (050) 56 05 47. **Ouv.** avr. - sept. : 8 h - 19 h 40 t.l.j. ; mars et oct. : 9 h - 17 h 40 t.l.j. ; nov. - fév. : 9 h - 16 h 40 t.l.j. *Accès payant.* 👤
Ouvert en 1986 dans un ancien couvent dont la tour date du XIIe siècle, il rassemble des œuvres d'art provenant du Duomo et du baptistère. Parmi les objets exposés, de beaux chapiteaux

corinthiens et des panneaux décorés de délicates arabesques en mosaïque de marbre témoignent de la double influence, romaine et islamique, qui marqua les architectes des XIIe et XIIIe siècles. Même s'ils furent féconds, les échanges culturels manquaient souvent de civilité à l'époque. Le superbe griffon (chimère à corps de lion et ailes d'aigle) coulé en bronze au Xe siècle par des artisans maures fut ainsi volé par des aventuriers pisans.

Le musée présente également des tableaux du XVe au XVIIIe siècle, des meubles en marqueterie, de l'orfèvrerie, des pierres précieuses, une section archéologique (objets étrusques, romains et égyptiens) et des sculptures (XIIIe et XIVe) de Nicola Pusanos ainsi qu'une *Vierge à l'Enfant* en ivoire de Giovanni Pisano réalisée pour le maître-autel du Duomo.

🏛 Piazza dei Cavalieri
Appelée place des Sept-Rues (Sette Vie) jusqu'au XVIe siècle, cette place des Chevaliers se trouve au cœur du quartier étudiant. La prestigieuse Scuola Normale Superiore de l'université de Pise occupe en effet le grand bâtiment qui dresse sa façade ornée d'exubérants *sgraffiti* noirs et blancs au nord de la place. C'était au Moyen Âge l'hôtel de ville, le palazzo degli Anziani, mais Cosme Ier commanda en 1562 à Vasari sa transformation en quartier général de l'ordre des Chevaliers de Saint-Étienne. Aujourd'hui, il ne subsiste de l'édifice original que la salle du conseil devenue une salle de conférences.
Les chevaliers disposaient également de leur propre église, attenante à leur palais Santo

Griffon en bronze du Xe siècle

Polyptyque de la *Vierge à l'Enfant* (1321) par Simone Martini

MODE D'EMPLOI

Carte routière B2. 🚌 98 929.
✈ *Galileo Galilei.* FS 🚂 *Pisa
Centrale, viale Gramsci.*
ℹ️ *Via Carlo Cammeoz.
(050) 56 04 64. Piazza della
Stazione. (050) 422 91.*
📅 *Mer. et sam.* **Magasins
fermés** *le lun. matin.* 🎏 *Gioco
del Ponte (p. 36).*

Stefano dei Cavalieri (1565-1569), œuvre de Vasari au superbe plafond à caissons. Des proues de navires et des étendards décorent ses murs. Pietro Francavilla sculpta en 1596 la statue équestre de Cosme qui se dresse devant.

De l'autre côté de la place, le palazzo dell'Orologio (1607), qui abrite une bibliothèque, incorpore deux tours médiévales : l'ancienne prison communale et la torre della Fame. C'est dans cette dernière, comme le rapporte Dante dans *L'Enfer,* que le podestat de la ville, le comte Ugolino, fut jugé coupable de trahison en 1288 et condamné à mourir de faim avec ses fils et petits-fils. Ainsi, la branche masculine de la famille Della Gherardesca disparut.

🏛 Museo Nazionale di San Matteo

Piazzetta San Matteo in Soarta 1.
📞 *(050) 54 18 65.*
Ouv. *9 h - 19 h mar. - dim.*
Accès payant.
Au bord de l'Arno, l'ancien couvent de San Matteo abrite derrière une élégante façade gothique le musée qui conserve les armures (XVᵉ et XVIᵉ siècles) du Gioco del Ponte *(p. 33).* Souvent mal présentées, ces collections offrent néanmoins une occasion rare d'avoir un aperçu général des arts pisans et florentins du XIIᵉ au

Le grand-duc
Cosme Iᵉʳ

XVIIIᵉ siècle. Elles comportent en particulier un ensemble important de peintures sur bois à fond d'or comprenant des œuvres des plus grands artistes du XIVᵉ siècle, notamment le polyptyque de la *Vierge à l'Enfant* par Simone Martini.

On peut également admirer, dans les salles donnant sur le cloître, des sculptures remarquables tels une *Vierge* gothique attribuée à Nino Pisano ou le buste de *Saint Lussorio* (v. 1424) de Donatello. Ne pas manquer non plus le *Saint Paul* (1426) de Masaccio et la lumineuse *Vierge à l'Enfant* de Gentile da Fabriano.

LE CENTRE DE PISE

Campo dei Miracoli ①
Museo Nazionale di San Matteo ⑤
Museo dell'Opera del Duomo ③
Museo delle Sinopie ②
Piazza dei Cavalieri ④
Santa Maria della Spina ⑥
San Paolo a Ripa d'Arno ⑦

LÉGENDE

FS Gare

🚏 Terminus d'autobus

P Parc de stationnement

ℹ️ Information touristique

0   500 m

Campo dei Miracoli

Caisson funéraire

L a célèbre tour penchée de Pise n'est qu'un des splendides monuments religieux qui semblent posés sur la pelouse vert émeraude du Champ des Miracles. Avec le Duomo (cathédrale), commencé en 1063 et dont elle est le campanile, le baptistère (1152-1284) et le Campo Santo (cimetière) entrepris en 1278, elle appartient à un ensemble unique au monde où se marient avec raffinement et légèreté arabesques maures, colonnades romanes et niches et pinacles gothiques.

Campo Santo
Le cimetière renferme des sarcophages antiques et paléochrétiens.

La cappella del Pozzo fut ajoutée en 1594.

Le Triomphe de la Mort
Un artiste anonyme a peint à la fin du XIVᵉ siècle cette série de fresques allégoriques où les sentiments des personnages face à la mort sont exprimés avec un grand sens dramatique.

★ **La chaire du baptistère**
Nicola Pisano acheva en 1260 cette grande chaire de marbre sculptée de scènes de La Vie du Christ.

Galerie supérieure

MODE D'EMPLOI

Piazza dei Miracoli. 📞 050 56 05 47. 🚌 1. **Duomo** *ouv.* avr. - sept. : 10 h - 19 h 40 lun. - sam., 13 h - 19 h 40 dim., nov. - fév. : 10 h - 12 h 45, 15 h - 16 h 45 lun. - sam., 15 h - 16 h 45 dim. ; mars et oct. : 10 h - 17 h 40 lun. - sam., 13 h - 17 h 40 dim. 🕐 8 h, 9 h 30 la sem. ; 8 h, 9 h 30, 11 h, 12 h 10, 18 h. dim. **Accès payant** 📷 **Baptistère et Campo Santo** *ouv.* nov.-fév. : 9 h-16 h 40 t.l.j. ; mars et oct. : 9 h-17 h 40 t.l.j. ; avr.-sept. : 8 h-17 h 40 t.l.j. **Accès payant** 📷 **Tour penchée** *ouv.* t.l.j. 🌐 www.duomo.pisa.it

★ **Portale di San Ranieri**
D'influence byzantine, les panneaux de bronze de la porte du transept sud, par Bonanno Pisano, représentent La Vie du Christ.

Les fresques de la coupole sont postérieures à l'incendie de 1595.

La tour penchée *(p. 156)* ne fut achevée qu'en 1350 lorsque l'on accrocha ses sept cloches.

Des fragments du dallage du XIᵉ siècle subsistent sous la coupole.

Une inscription indique que les travaux commencèrent en 1173.

Du marbre blanc de Carrare pare les murs.

Chaire de la cathédrale
Les statues qui la soutiennent (1302-1311), par Giovanni Pisano, symbolisent les Arts et les Vertus.

Ce sarcophage du XIIᵉ siècle est celui de Buscheto, premier architecte du Duomo.

★ **La façade de la cathédrale**
L'élégante façade de la cathédrale est ornée de marqueteries en forme de nœuds, de fleurs et d'animaux, et d'incrustations de grès de couleur et de majolique.

À NE PAS MANQUER

★ **Le portale di San Ranieri**

★ **La chaire du baptistère par Pisano**

★ **La façade du Duomo**

La tour penchée de Pise

D es fondations peu profondes et la composition du
sol ont fait pencher tous les édifices du Campo
dei Miracoli. Mais aucun ne penche comme la *torre
pendente*. Commencé en 1173, ce campanile pencha
avant même l'achèvement de son troisième étage et
l'on interrompit à cause de cela la construction durant
quatre-vingt-dix ans. Grâce à des travaux récents,
l'inclinaison a été corrigé de 38 cm et la Tour a
réouvert au public fin 2001.

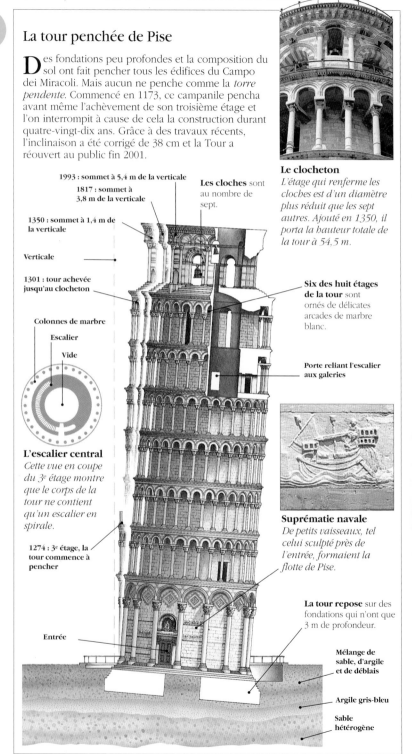

Le clocheton
*L'étage qui renferme les
cloches est d'un diamètre
plus réduit que les sept
autres. Ajouté en 1350, il
porta la hauteur totale de
la tour à 54,5 m.*

1993 : sommet à 5,4 m de la verticale

1817 : sommet à
3,8 m de la verticale

1350 : sommet à 1,4 m de
la verticale

Verticale

1301 : tour achevée
jusqu'au clocheton

Colonnes de marbre

Escalier

Vide

Les cloches sont
au nombre de
sept.

**Six des huit étages
de la tour** sont
ornés de délicates
arcades de marbre
blanc.

**Porte reliant l'escalier
aux galeries**

L'escalier central
*Cette vue en coupe
du 3ᵉ étage montre
que le corps de la
tour ne contient
qu'un escalier en
spirale.*

1274 : 3ᵉ étage, la
tour commence à
pencher

Entrée

Suprématie navale
*De petits vaisseaux, tel
celui sculpté près de
l'entrée, formaient la
flotte de Pise.*

La tour repose sur des
fondations qui n'ont que
3 m de profondeur.

**Mélange de
sable, d'argile
et de déblais**

Argile gris-bleu

**Sable
hétérogène**

Santa Maria della Spina au bord de l'Arno à Pise

🏛 Santa Maria della Spina

Lungarno Gambacorti. 【 (050) 91 05 10. *Ouv. sur autorisation.*
Les flèches, pinacles et statues qui hérissent la toiture de cette charmante chapelle romano-gothique en font un reliquaire des plus appropriés pour l'épine de la couronne du Christ qu'elle renferme depuis le XIVᵉ siècle. Bâtie à l'origine à l'embouchure de l'Arno, Santa Maria fut démontée et reconstruite sur ce site à l'abri des crues du fleuve en 1871.

🏛 San Paolo a Ripa d'Arno

Piazza San Paolo a Ripa d'Arno.
【 (050) 415 15. *Ouv. sur r.-v.* ♿
Élevée au début du IXᵉ siècle puis remaniée aux XIᵉ et XIIᵉ siècles, cette église, l'une des plus anciennes de Pise, présente une façade qui justifie presque à elle seule le déplacement. Le style de sa décoration préfigure en effet celui de la cathédrale *(p. 154-155)*.
Le plan octogonal inhabituel de la chapelle San Agatha *(p. 42)* est d'inspiration islamique.

Tenuta di San Rossore ❷

Carte routière B2. 🚆 *Pise.* 【 050 52 55 00 (050 53 01 01 pour les vis. guid.). *Ouv. 8h30-19h30 sam. et dim.*

Cette vaste forêt en bord de mer au nord de l'Arno fait partie du parco naturale di San Rossore qui s'étend jusqu'au nord de la Toscane. La rumeur prétend que sangliers et cerfs fréquentent les pinèdes et les marais salants de cette réserve zoologique où le président de la République italienne a sa résidence d'été.

Marina di Pisa ❸

Carte routière B2. 🚶 3 000. 🚌
🏨 *dim. en été, mar. en hiver.*

Bateaux à quai à Marina di Pisa

La S22, route longeant l'Arno qui conduit de Pise au littoral, traverse d'anciens marécages aujourd'hui drainés où vous apercevrez peut-être des chameaux en train de paître. Ce sont les descendants du troupeau implanté par Ferdinand II au XVIIᵉ siècle.
Station balnéaire dont les longues plages de sable s'étendent à l'embouchure du fleuve, on découvre à Marina di Pisa, entre mer et pinède, quelques jolies maisons Art nouveau.
5 km plus au sud sur la côte, la S224 traverse le village de Tirrenia aux plages tout aussi belles.

San Piero a Grado ❹

Carte routière B2. 【 (050) 96 00 65. *Ouv. 8 h - 19 h t.l.j.* ♿

Cette église isolée se dresse en pleine campagne à 6 km de la côte. Elle est pourtant construite à l'emplacement de l'ancien port romain de Pise, sur le quai même où, selon le Nouveau Testament, saint Pierre aurait accosté en Italie en l'an 42. Avant de combler l'anse de ses alluvions, l'Arno se jetait à cet endroit dans la mer.
Le sanctuaire actuel date du règne du pape Jean XVIII (1004-1009) mais occupe le site d'un oratoire du IVᵉ siècle. Construction inhabituelle, il ne possède pas de façade mais une abside à l'ouest et trois à l'est.
On entre dans San Piero a Grado par un portail latéral. Des colonnes récupérées dans des édifices romains, aux chapiteaux d'ordres divers, séparent les trois nefs. On peut admirer, dans la nef centrale, les fresques bien conservées que peignit Deodato Orlandi vers 1300. Elles représentent des scènes de la *Vie de saint Pierre*. Les portraits sont ceux des souverains pontifes depuis Pierre jusqu'à Jean XVIII. À l'extrémité ouest subsistent les vestiges d'une basilique paléochrétienne élevée sur un bâtiment antique.

L'intérieur de San Piero a Grado orné de fresques de Deodato Orlandi

La Certosa di Pisa (XVIIIᵉ siècle)

Certosa di Pisa ❺

Carte routière C2. 🚌 *depuis Pise.* 📞
(050) 93 84 30. Ouv. 9 h - 18 h 30 mar. -
sam., 9 h - 12 h. dim. (visite à l'heure le
mat., à la demie l'ap.-midi ; dern. ent. :
1 h avant ferm.) **Accès payant.**

Fondé en 1366, ce vaste
ensemble monastique fut
reconstruit dans le style
baroque aux XVIIᵉ et
XVIIIᵉ siècles. L'église, superbe,
possède une exubérante
décoration de fresques, stucs
et marbres polychromes.

Le **museo di Storia
Naturale** occupe une partie
des bâtiments. Il présente
notamment une collection de
cires anatomiques du XVIᵉ siècle.

À 1 km de la chartreuse, la
pieve di Calci est une belle
église romane du XIᵉ siècle qui
renferme des fonts
baptismaux sculptés au XIIᵉ.

🏛 Museo di Storia Naturale
Certosa di Pisa. 📞 *(050) 93 70 92.*
Ouv. mi-sept. - mi-juin : 9 h - 18 h
mar. - sam. ; 10 h - 19 h dim. ; mi-juin-
mi-sept. : 10 h - 19 h mar. - ven., 16 h -
minuit sam. - dim. **Fermé** jours fériés et
1ᵉʳ et 10 juin. **Accès payant.** ♿ partiel.

🔒 Pieve di Calci
Piazza della Propositura, Calci.
Ouv. t.l.j. ♿

Livourne ❻

Carte routière B3. 👥 *168 370.*
🚆 🚌 ℹ *Piazza Cavour 6.*
(0586) 20 46 11. 📧

Si la ville de Livourne
occupe aujourd'hui le
deuxième rang des ports
d'Italie pour le trafic des
conteneurs, elle le doit à
Cosme Iᵉʳ qui décida en 1571
de le développer au détriment
de Pise dont le port s'ensablait.
Sur ses ordres, Buontalenti
entreprit en 1575 une cité
Renaissance dont on devine
encore le plan régulier
malgré les destructions de
la dernière guerre.

Déclaré port franc en
1608, Livourne comptait
80 000 habitants à la fin du
XVIIᵉ siècle et devait sa
prospérité aux immigrants.

🏛 Piazza Grande
Lorsqu'il dessina Livourne en
1575, l'architecte Buontalenti
organisa la cité autour d'une
grand-place centrale d'où
rayonnaient de larges avenues.

Cette place, malgré les
portiques qui l'entourent, a
perdu son aspect original, les
reconstructions d'après-guerre
l'ayant divisée entre la Piazza
Grande actuelle, au sud, et le
Largo Municipio au nord.

🔒 Duomo
Piazza Grande. **Ouv.** t.l.j.
La cathédrale de Livourne,
édifiée à la fin du XVIᵉ siècle
par Pieroni et Cantagallina,
a beaucoup souffert des
bombardements de la
Seconde Guerre mondiale
mais a été reconstruite
avec une grande
fidélité. Elle conserve
notamment son
portique original
auquel travailla Inigo
Jones, alors apprenti
de Buontalenti. Jones
reprit un dessin
presque identique
pour les arcades de
Covent Garden à
Londres.

🏛 Piazza Micheli
Cette place, qui donne sur le
bassin de la Fortezza Vecchia
(1521-1534), renferme le
monument le plus connu de
Livourne : le *Monumento dei
Quattro Mori.*

La statue en bronze de
Ferdinand Iᵉʳ par Bandini date
de 1595 mais Pietro Tacca
n'ajouta qu'en 1626 les Quatre
Maures enchaînés à ses pieds.
Ils rappellent que la ville eut
jadis un important marché aux
esclaves.

Les canaux de Venezia Nuova

🏛 Venezia Nuova
Les Médicis firent percer au
milieu du XVIIᵉ siècle les
canaux qui font de ce
quartier une petite
« Venise nouvelle »
et l'un des plus
agréables de la cité.
Il s'étend entre la
Fortezza Vecchia
sur le port, et la
Fortezza Nuova
(1590), entourée d'un
fossé, dont l'intérieur a
été transformé en
jardin public. Son

Monumento dei Quattro Mori par Bandini et Tacca, piazza Micheli

La Fortezza Vecchia, port de Livourne

église octogonale,
Santa Caterina, date du
XVIIIe siècle.

♜ Piazza XX Settembre

Située au sud de la Fortezza
Nuova, la place est réputée
pour son marché animé : le
« marché américain », surnom
qu'il ne doit pas à la base de
l'U.S. Airforce (Camp Darby)
installée au nord de Livourne
mais aux surplus de l'armée
américaine qui s'y vendaient
après la Seconde Guerre.
mondiale.

⛫ Museo Civico

Via San Jacopo Acquaviva.
📞 (0586) 80 80 01. **Ouv.** mar. - dim.
10 h - 13 h, 16 h - 19 h. **Accès payant.**
Ce musée présente plusieurs
tableaux du Livournais
Giovanni Fattori (1825-1908)
(p. 123), l'un des principaux
animateurs du mouvement
« tachiste » des Macchiaioli.

⛪ Sanctuaire de Montenero

Situé à 9 km au sud de
Livourne, le sanctuaire de
Montenero (1345 mais
remanié depuis) est dédié à
Notre-Dame des Grâces,
patronne de la Toscane. La
légende raconte que la Vierge
est apparue en ce lieu le
15 mai 1345. On peut y voir
des ex-voto et également des
tableaux et des dessins naïfs
rapportant l'intervention de la
Vierge. Les chapelles sont
réservées aux sépultures de
Livournais illustres.

Capraia ➐

🚢 depuis Livourne. 👥 300.
🛈 Agenzia Viaggi Parco.
Via Assunzione 42 (0586) 90 50 71.

Cette petite île
montagneuse attire
surtout les amateurs d'oiseaux
et de plongée sous-marine.
La municipalité de Livourne
organise des visites de
Gorgona, île voisine qui abrite
une colonie pénitentiaire.

San Miniato ➑

Carte routière C2. 👥 24 700. 🚌
🛈 Piazza del Popolo 3. (0571) 427 45.
🛒 mar., 1er et 2e dim. du mois.

Cette petite ville souffre de
la proximité de la vaste
conurbation industrielle de la
vallée de l'Arno. Perchée sur
l'une des plus hautes collines
de la région, elle parvient
cependant à conserver
l'essentiel de son caractère.
   Pour mener ses campagnes
en Italie contre la papauté,
l'empereur germanique
Frédéric II de Hohenstaufen
(1194-1250) édifia sur cette
éminence stratégique un
château *(rocca)* dont une
des tours sert aujourd'hui
de campanile au Duomo.
Le conflit entre, d'un côté,
le Saint-Empire romain
soutenu par les gibelins, et,
de l'autre, les souverains
pontifes et leurs partisans

guelfes *(p. 44),* déchira
le nord de la péninsule
jusqu'au XIVe siècle et
les habitants de la région
parlent toujours aujourd'hui
de San Miniato al Tedesco
(des Allemands).

Façade du Duomo de San Miniato

⛪ Duomo

Piazza del Duomo. **Ouv.** t.l.j.
De l'édifice original bâti au
XIIe siècle, seule subsiste la
façade de briques rouges dont
les incrustations de majolique
témoignent des échanges avec
l'Espagne et l'Afrique du Nord.
Elles pourraient représenter
les constellations qui servaient
de points de repère aux
navigateurs de l'époque.
Vestige de la *rocca* impériale,
le campanile est appelé torre
di Matilda en honneur de la
pieuse comtesse *(p. 43)* née
en 1046 à Livourne.

⊞ Piazza della Repubblica

La piazza della Repubblica s'étend tout en longueur sous la façade décorée (XVIIe siècle) du séminaire qui lui vaut d'être aussi appelée piazza del Seminario. Cette façade porte des citations de textes religieux fondamentaux, tels les écrits du pape Grégoire Ier le Grand (540-604). Des fresques et des *sgraffiti*, allégories des Vertus, les illustrent.

À droite du séminaire, plusieurs boutiques du XVe siècle ont été restaurées. Elles évoquent les édifices peints par Lorenzetti dans les *Effets du Bon Gouvernement* (p. 44).

Façade du séminaire sur la piazza della Repubblica

⏟ Museo diocesano d'Arte Sacra

Piazza Duomo. 🕿 *(0571) 41 82 71.*
Ouv. *avr. - oct. : 10h-13h, 15h-19h mar.*
dim. ; nov. - mars : 10h-13h, 15h-18h
mar.-dim. **Accès payant.**
Attenant au Duomo, il abrite des œuvres provenant d'églises de la région. Remarquez parmi celles-ci une *Vierge à la sainte ceinture* par Andrea del Castagno, un buste du Christ en terre cuite attribué à Verrocchio et une belle *Crucifixion* par Filippo Lippi.

⋔ Rocca

Un escalier derrière le Museo Diocesano conduit aux ruines de la forteresse de Frédéric II. S'il ne reste presque rien de ses murailles, le site offre un panorama superbe de toute la vallée de l'Arno.

Piazza Farinata degli Uberti à Empoli

Empoli ❾

Carte routière C2. 🁢 *43 500.* 🚇
🚍 🛈 *Via Giuseppe del Papa 98.*
🕿 *(0571) 76 115.* 🎲 *jeu.*

Ville industrielle spécialisée dans la verrerie et le textile, Empoli mérite néanmoins une visite pour son museo della Collegiata.

⊞ Piazza Farinata degli Uberti

Entourée d'arcades, cette place est bordée de bâtiments datant du XIIe siècle, notamment l'église Sant'Andrea à la façade romane de marbre noir et blanc. Luigi Pampaloni exécuta en 1827 la grande fontaine qui l'anime.

⏟ Museo della Collegiata di Sant'Andrea

Piazza della Propositura 3.
🕿 *(0571) 762 84.*
Ouv. *de 9 h à 12 h et de 16 h à 19 h du mar. au dim.* **Fermée** *j. fériés et f. religieuses* **Accès payant.**
Il présente une collection exceptionnellement riche d'œuvres de la Renaissance. Ne pas manquer la *Pietà* (1425) de Masolino et la sculpture de l'*Annonciation* (1447) par Rossellino.

🔒 Santo Stefano

Via dei Neri. **Ouv.** *concerts et expo.*
Masolino peignit en 1424 la fresque de la *Vierge à l'Enfant* qui décore la porte de la sacristie. Dans la seconde chapelle au nord, le tableau

Pietà par Masolino au museo della Collegiata

de Bicci di Lorenzo : *Saint Nicolas de Tolentino*, représente une vue d'Empoli au XVe siècle.

Vinci ❿

Carte routière C2. 🁢 *2 000.*
🚍 🎲 *mer.*

Situé à flanc de colline sur le monte Albano, le village natal de Léonard de Vinci (1452-1519) a décidé de célébrer son génie en transformant un château du XIIIe siècle (restauré en 1952) en **Museo Leonardiano.** Celui-ci propose aux visiteurs de nombreuses maquettes des inventions du maître de la seconde Renaissance réalisées à partir de croquis présentés à côté. Ces inventions comprennent aussi bien un véhicule blindé qu'une paire de skis devant permettre de marcher sur l'eau. Attention, le musée attire une foule dense le dimanche.

Si l'église Santa Croce où fut baptisé Léonard, et qui a conservé les fonts baptismaux de l'époque, s'élève juste à côté du musée, sa maison natale, la **casa di Leonardo,** se trouve à 3 km du centre dans le hameau d'Anchiano. Simple ferme, elle ne justifie la visite que si vous

vous sentez d'humeur à une promenade dans une campagne paisible ou regarder quelques reproductions de dessins.

🏛 Museo Leonardiano
Castello dei Conti Guidi. 📞 *(0571)* *560 55.* **Ouv.** *mars - oct. : 9 h 30 - 19 h t.l.j. ; nov. - fév. : 9 h 30 - 18 h t.l.j.* **Accès payant.**

🏛 Casa di Leonardo
Anchiano. 📞 *et horaires idem.*

Bicyclette d'après des dessins de Léonard de Vinci, Museo Leonardiano

Artimino ⓫

Carte routière C2. 🚌 🍴 *mar.*

Exemple typique de hameau fortifié, ou *borgo,* Artimino commande une vue extraordinaire d'un paysage de collines boisées que pas une usine ne gâche malgré la proximité des zones industrielles de Florence et de Prato. Le village ne présente toutefois d'autre intérêt que l'église romane de San Leonardo. Plus haut sur la colline, le promeneur découvrira toutefois la **villa di Artimino** (souvent appelée aussi « villa des cent

cheminées ») dessinée par Buontalenti en 1594 pour le grand-duc Ferdinand Ier.

Elle sert aujourd'hui de centre de conférence mais le Museo Archeologico Etrusco, qui en occupe le sous-sol, est ouvert au public. Il présente des objets étrusques et romains découverts lors de fouilles dans les alentours.

Les admirateurs de l'œuvre du Pontormo (1494-1556) se doivent de prendre le temps de pousser jusqu'à Carmignano, à 5 km au nord d'Artimino, pour visiter l'église **San Michele** qui abrite sa *Visitation* (1530).

🏛 Villa di Artimino
📞 *(055) 879 20 30 (villa), 871 80 81 (musée).* **Villa ouv.** *mar. sur r.-v.* **Museo Archeologico Etrusco ouv.** *9 h -16 h lun., mar., jeu.-sam., 9 h 30 - 12 h 30 dim.* **Accès payant.**

⛪ San Michele
Piazza S. Francesco e Michele 1, Carmignano. **Ouv.** *t.l.j.*

Poggio a Caiano ⓬

Carte routière C2. 📞 *(055) 87 70 12.* **Ouv.** *t.l.j.* **Accès payant.** ♿

La villa construite en 1480 par Giuliano da Sangallo pour Laurent le Magnifique *(p. 48)* dans ce village à 18 km de Florence fut la première villa italienne bâtie dans le style

La villa di Artimino

Renaissance. Un gracieux escalier extérieur ajouté en 1802-1807 en a toutefois adouci la sévérité originale. Il conduit à la terrasse d'où l'on domine les jardins de la propriété.

Le salon, décoré de fresques, est la pièce la plus intéressante des appartements. Commandées par Jean de Médicis, le futur pape Léon X, les fresques par Andrea del Sarto, le Franciabigio et le Pontormo tracent un parallèle entre les vies d'illustres personnages antiques tels Jules César ou Cicéron et celles de Cosme l'Ancien et de Laurent le Magnifique.

La chambre de Bianca Cappello, grand amour de François Ier de Médicis, a également conservé sa décoration d'origine. Le couple mourut mystérieusement dans cette demeure après un repas et la rumeur accusa d'empoisonnement le frère de François, Ferdinand. Il n'en devint pas moins grand-duc.

La *Villa di Poggio a Caiano* peinte par Justus Van Utens *(p. 71)*

Volterra ⓭

**Stuc
du Duomo**

Perché sur une éminence isolée à l'emplacement d'une ancienne ville étrusque, Volterra commande une vue exceptionnelle des collines qui l'entourent. Ce bourg médiéval doit surtout sa réputation à son musée archéologique riche des découvertes faites dans les tombes de la région mais il ne manque pas de charme malgré un abord sévère. Ses artisans entretiennent une très ancienne tradition du travail de l'albâtre.

🏛 Museo etrusco Guarnacci

Via Don Minzoni 15. ☎ *(0588) 863 47.*
Ouv. *mars - oct. : 9 h - 18 h 45 t.l.j. ;
nov. - fév. : 9 h - 13 h 45 t.l.j.*
Fermé *1er janv. et 25 déc.*
Accès payant. ♿ *partiel.*

Ce musée porte le nom de l'archéologue italien qui commença à en réunir les collections à partir de 1732 : plus de six cents urnes funéraires étrusques dont les décorations offrent un aperçu fascinant de cette civilisation qui reste par bien des aspects mystérieuse *(p. 40-41).* Sculptées dans le tuf ou l'albâtre, ou façonnées en terre cuite comme la célèbre urne des Époux de la salle 20, elles datent du VIe au Ier siècle av. J.-C.

Céramiques, sculptures et objets variés, de la préhistoire à l'Antiquité romaine sont également exposés. Ils comprennent notamment, en salle 22, l'étrange silhouette coulée dans le bronze connue sous le nom d'*Ombra della sera.* C'est le poète Gabriele D'Annunzio qui la baptisa ainsi car elle lui rappelait l'ombre projetée par un homme dans la lumière du soir. On suppose qu'il s'agit d'une statuette votive du IIIe siècle av. J.-C. mais le personnage représenté ne porte aucun vêtement ou bijou permettant de l'identifier avec certitude.

Déterrée en 1879 par un fermier, cette œuvre remarquable aurait pu ne jamais nous parvenir. Elle servit longtemps de tisonnier.

**Ombra
della
Sera**

Détail de La *Déposition* **(1521) par Rosso Fiorentino**

🏛 Pinacoteca e Museo Civico

Via dei Sarti 1. ☎ *(0588) 875 80.*
Ouv. *mi-mars - oct. : 9 h - 19 h t.l.j. ;
nov. - mi-mars : 9 h - 13 h 45 t.l.j.* **Fermé**
1er janv. et 25 déc. **Accès payant.**
Le palazzo Minucci-Solaini (XVe siècle), attribué à Antonio da Sangallo l'Ancien, abrite la collection de peintures florentines du Quattrocento du musée Volterra.

Ghirlandaio peignit son *Rédempteur et des saints* en 1492 pour le monastère San Giusto mais celui-ci fut abandonné après un glissement de terrain semblable à celui dont on voit les effets dans le paysage du tableau. Luca Signorelli, dans sa *Vierge à l'Enfant avec des saints* (1451), rappelle par une frise à la base du trône sa dette à l'art romain. La composition de son *Annonciation*, exécutée la même année, est d'un grand équilibre alors que celle de la *Déposition* maniériste *(p. 25)* peinte par Rosso Fiorentino en 1521 est tout entière centrée sur le corps pâle et inanimé du Christ.

🛏 Duomo

Piazza San Giovanni. **Ouv.** *t.l.j.*
Consacrée au XIIe siècle, la cathédrale romane de Volterra fut agrandie au XIIIe siècle. Le campanile fut achevé en 1483. La nef fut remaniée au XVIe siècle par Leonardo Ricciarelli qui lui donna son plafond à caissons. Celui-ci possède une décoration inhabituelle de stucs d'évêques et de saints peints de riches tons bleus et or. Trois œuvres par Mino da Fiesole (1471) ornent le maître-autel : les deux anges qui l'encadrent et le ciboire sculpté d'allégories de la Foi, de l'Espoir et de la Charité. *La Déposition de Croix*, groupe en bois polychrome sur la droite, date de 1228, et la chaire de la nef centrale de 1584. Elle incorpore toutefois des reliefs de marbre de la fin du XIIe et du début du XIIIe siècle.

Panorama de la campagne environnante

Détail d'un des panneaux de la chaire du Duomo

Face à la nef, une *Cène* attribuée à Guglielmo Pisano fait preuve d'un humour insolite. On y voit notamment un monstre mordre la cheville de Judas. Non loin, une *Annonciation* (1497) par Mariotto Albertinelli orne le deuxième autel du bas-côté nord. Près de l'entrée principale, la cappella dell'Addolorata renferme plusieurs groupes en terre cuite des XVe et XVIe siècles. La *Vierge à l'Enfant*, remarquablement humaine, serait d'un artiste local : Zaccaria da Volterra (1473-1544).

🏛 Museo d'Arte Sacra

Via Roma 13. 📞 *(0588) 867 90.*
Ouv. *mars - nov. : 9 h - 13 h, 15 h - 18 h t.l.j. ; nov. mars : 9 h - 13 h. t.l.j.*
Fermé *1er janv. 1er mai et 25 déc.*
Accès payant.

Ce musée installé dans le Palazzo Arcivescovile abrite des sculptures et fragments architecturaux provenant du Duomo et d'églises de la région, notamment un saint Lin (patron de Volterra) en terre cuite par Andrea della Robbia. Également des cloches du XIe au XVe siècle, de l'argenterie et plusieurs manuscrits enluminés.

🎭 Teatro Romano

Viale Ferrucci. 📞 *(0588) 86 347.*
Ouv. *t.l.j. de la mi-mars à nov. (sauf par temps de pluie)* **Accès payant.**

Situé juste à l'extérieur des murs, ce théâtre antique, l'un des mieux conservés d'Italie, date du 1er siècle av. J.-C. Il subsiste notamment des colonnes corinthiennes hautes de 5 m, pour envisager une reconstruction presque complète.

MODE D'EMPLOI

Carte routière C3. 👥 *12 200.* ℹ️
Via Giusto Turazza 2 📞 *(0588 861 50).* 🗓 *sam.* 🎪 *Astiludio 1er dim. de sept.* 🌐 *www.provolterra.it*

🏛 Piazza dei Priori

Sobre bâtiment qui aurait servi de modèle au Palazzo Vecchio de Florence *(p. 78-79)*, le palazzo dei Priori (1208-1254) domine cette belle place médiévale au centre de la ville d'où la vue porte jusqu'au théâtre romain.

La torre del Porcellino, crénelée, doit son nom au petit sanglier, aujourd'hui très usé, sculpté à sa base.

Écusson du palazzo dei Priori

🎭 Arco Etrusco

Cette porte de la muraille étrusque est en réalité en partie romaine. Seules les colonnes et les trois têtes humaines sculptées dans le basalte, aux traits aujourd'hui à peine visibles, datent véritablement de l'enceinte d'origine.

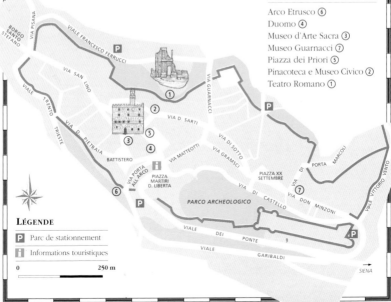

LÉGENDE

🅿 Parc de stationnement

ℹ️ Informations touristiques

0 ————— 250 m

DE LA LUNIGIANA À PISTOIA

*C*ette partie de la Toscane offre de quoi répondre aux goûts de tous les visiteurs : cités historiques riches en art, festivals de musique, activités balnéaires, sports de montagne et réserves naturelles. Des Alpes Apuanes aux plages de la Versilia, des carrières de marbre de Carrare aux jardins maraîchers des plaines, la même diversité anime le paysage.

L'industrie domine la région densément peuplée qui s'étend entre Florence et Lucques : les usines textiles de Prato produisent les trois quarts des exportations de laine d'Italie. Malgré les banlieues étendues des villes telles que Prato, Pistoia, et plus particulièrement Lucques ont su malgré tout maintenir ces activités en périphérie et protéger leur centre historique où trésors de l'architecture et de l'art toscans attendent les visiteurs. Fertiles, les terres des plaines permettent des cultures intensives, florales et maraîchères notamment. Les allées au cordeau d'immenses pépinières bordent la route entre Lucques, célèbre pour ses asperges, et Pescia dont le marché aux fleurs professionnel est l'un des plus importants de la péninsule. Les collines au nord de Lucques, plantées d'oliveraies qui produisent une huile d'olive extrêmement réputée, cèdent très vite la place aux pentes plus escarpées et aux étendues sauvages des Alpes Apuanes, de la Garfagnana et de la Lunigiana que les ducs de Malaspina parsemèrent de châteaux et de villes fortifiées. Certains sommets s'élèvent à près de 2 000 mètres et ces régions montagneuses avec les paysages préservés de leurs parcs naturels attirent aussi bien randonneurs à pied ou à cheval qu'adeptes du deltaplane.

Enfin, sur le littoral, la Riviera apuane, ou Versilia, propose, entre Carrare et ses carrières de marbre, au nord, et Viareggio, au sud, une suite ininterrompue de stations balnéaires parmi les plus élégantes et les plus fréquentées d'Italie, dont Torre del Lago Puccini où le célèbre compositeur Giacomo Puccini écrivit la plupart de ses opéras. Tout le mois d'août, les amateurs pourront assister à des représentations de ses œuvres données dans un théâtre de verdure près du lac *(p. 171)*.

La piazza del Mercato, à Lucques, a gardé la forme de l'amphithéâtre romain dont elle occupe le site

◁ Le village de Vagli di Sotto sur le lago di Vagli situé dans le parc naturel des Alpes Apuanes

À la découverte du nord de la Toscane

Ville superbe, Lucques peut constituer une très agréable base d'exploration de la région. Les sportifs et les amoureux de la nature se dirigeront au nord vers les forêts et les montagnes de la Garfagnana, de la Lunigiana et des Alpes Apuanes. À l'est, Pistoia et Prato proposent au visiteur leur centre historique.

L'Orrido di Botri près de Bagni di Luca

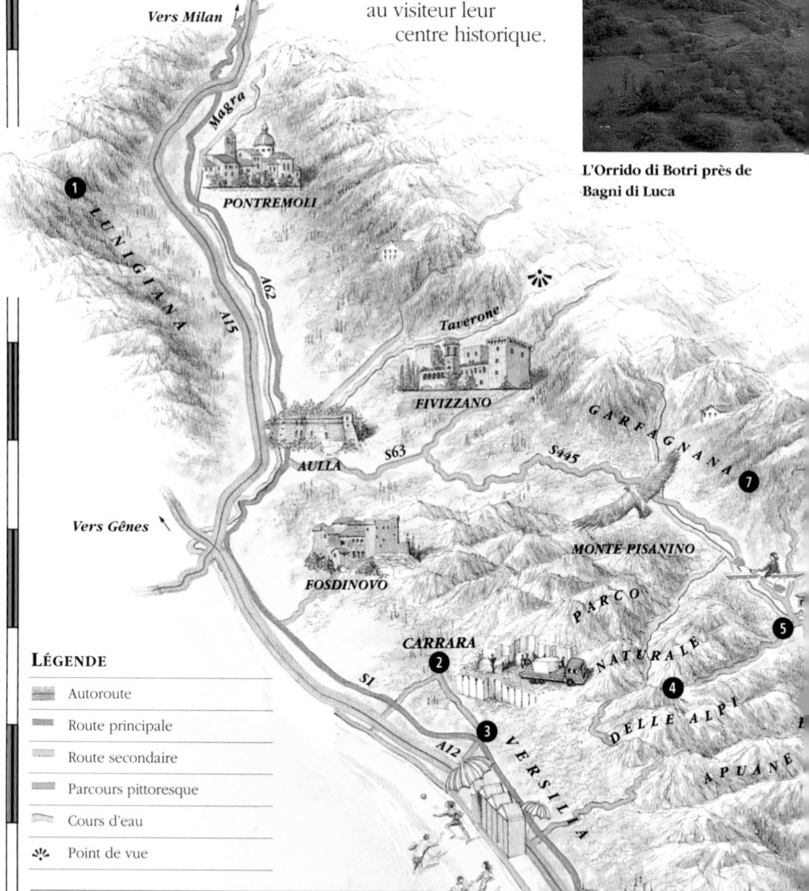
Vers Milan
Magra
PONTREMOLI
LUNIGIANA
A62
A15
Taverone
FIVIZZANO
AULLA
S63
S445
GARFAGNANA
Vers Gênes
MONTE PISANINO
FOSDINOVO
PARCO NATURALE DELLE ALPI APUANE
CARRARA
S1
A12
VERSILIA
VIAREGGIO
TORRE DEL LAGO PUCCINI
Vers Pise
LÉGENDE
Autoroute
Route principale
Route secondaire
Parcours pittoresque
Cours d'eau
Point de vue

Le lago di Massaciuccoli à Torre del Lago Puccini

CIRCULER

Desservies par l'autoroute A11, Lucques, Montecatini Terme, Prato et Pistoia sont d'accès facile en voiture depuis Pise, Florence ou d'autres grandes villes comme Bologne. Plusieurs trains s'y arrêtent tous les jours (ligne Pise-Florence) ; ils desservent en outre les agglomérations du littoral entre Pise et Carrare. Une ligne de chemin de fer remonte également la vallée du Serchio jusqu'à Castelnuovo di Garfagnana mais la plus grande partie de cette région montagneuse n'est accessible que par la route.

LA RÉGION D'UN COUP D'ŒIL

Le hameau de Montefegatesi dans les Alpes Apuanes

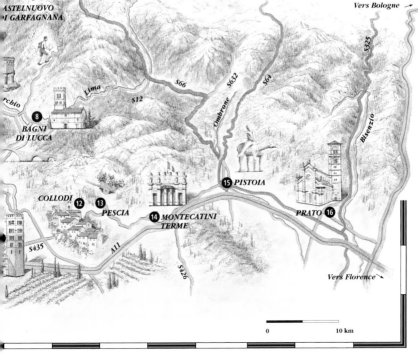

Mer, sable et soleil – les composantes fondamentales de vacances sur la Versilia

La Lunigiana ❶

Carte routière A1. 🚉 🚌 *Aulla.*
ℹ️ *Aulla (0187) 42 14 39.*

C ette région doit son nom
(pays de la lune) au port
de Luni d'où partait à
l'époque romaine un marbre
dont la teinte évoquait la
clarté lunaire. À partir du
XVIᵉ siècle, les ducs de
Malaspina élevèrent châteaux
et fortifications pour protéger
les villes et villages des
brigands, notamment à Massa,
Fosdinovo, Aulla, Fivizzano et
Verrucola.

À Pontremoli, le castello del
Piagnaro (XIVᵉ siècle) abrite le
**museo delle Statue-Stele
Lunigianesi** qui présente des
vestiges préhistoriques
découverts dans les environs.

🏛 Museo delle Statue-Stele Lunigianesi
Castello del Piagnaro, Pontremoli.
📞 *(0187) 83 14 39.* **Ouv.** *9 h - 12 h,
14 h - 17 h mar. - dim.* **Accès payant.**

Carrare ❷

Carte routière B1. 👥 *70 000.*
🚉 🚌 ℹ️ *Viale XX Settembre (0585)
84 44 03.* 🗓 *lun.*

P rès de trois cent carrières
autour de Carrare
produisent le marbre blanc
qui a rendu la cité célèbre
dans le monde entier. Exploité
depuis l'Antiquité, c'est le plus

ancien site industriel dont
l'activité ne connut aucune
interruption. De nombreux
ateliers, en ville, travaillent le
marbre. La plupart accueillent
les visiteurs. Pour en
apprendre plus sur les
techniques utilisées, vous
pouvez également visiter le
museo civico del Marmo.

Le **Duomo** de Carrare, à la
façade romano-gothique en
marbre de la région, se dresse
sur la même place que la
maison où résidait Michel-
Ange quand il venait acheter
les blocs destinés à ses
sculptures. Un relief sur le
bâtiment représente les outils
du sculpteur.

Des visites en autocar sont
organisées régulièrement
jusqu'aux marbrières de
Colonnata et de Fantiscritti,
où un petit musée est

consacré à l'art du carrier.
Pour s'y rendre, suivre les
panneaux indiquant « Cave
di Marmo ».

🏛 Museo Civico del Marmo
Viale XX Settembre. 📞 *0585 84 57 46.*
Ouv. *nov. - avr. : 8 h 30 - 13 h 30 lun.-
sam. ; mai et oct. : 10 h - 17 h lun. - sam. ;
juin - sept. : 10 h - 20 h lun. - sam.* 🔒
Duomo *Piazza del Duomo.* **Ouv.** *t.l.j.*

La Versilia ❸

Carte routière B2. 🚉 🚌 *Viareggio.*
ℹ️ *Viareggio (0584 96 22 33).*

D e Marina di Carrara, au
nord, jusqu'à Marina di
Torre del Lago Puccini, au sud
de Viareggio, la Versilia étend
au pied des Alpes Apuanes,
entre mer Ligurienne et
pinèdes, 30 km de plages de

Une marbrière dans les environs de Carrare

sable fin appelé la Riviera toscane. C'est au début du XIXᵉ siècle que des villes comme Massa, Pietrasanta et Camaiore développèrent les portions du littoral qu'elles contrôlaient, créant les premières stations balnéaires qui longent aujourd'hui la côte d'une ligne ininterrompue de villas, d'immeubles et d'hôtels.

Avec les Alpes Apuanes en majestueuse toile de fond, toutes ces villes côtières proposent plages aménagées, activités sportives et excursions dans l'arrière-pays ; Forte dei Marmi, très fréquentée par les riches Florentins et Milanais, est probablement la plus belle de ces stations.

Affiche vantant la Versilia

Le parco naturale delle Alpi Apuane ❹

Carte routière B1. [FS] [bus] *Castelnuovo di Garfagnana.* [i] *Castelnuovo di Garfagnana (0583) 64 43 54.*

Située à 23 km au nord-ouest de Castelnuovo di Garfagnana, cette réserve naturelle où faune et flore sont protégées s'étend autour du monte Pisanino, le plus haut sommet de la région (1 945 m). Il domine le lago di Vagli, lac artificiel dont la mise en eau engloutit le village de Fabbrica. Les villages pittoresques de Vagli di Sotto (*p. 164*) et Vagli di Sopra, accrochés à flanc de montagne, encore plus de chance. Encore plus haut, à Arni, l'érosion glaciaire a creusé d'impressionnantes cuves : les Marmitte dei Giganti.

La vallée de la Turrite Secca dans le parco naturale delle Alpi Apuane

Au sud, une route de montagne spectaculaire conduit depuis la vallée de la Turrite Secca jusqu'à Seravezza. L'ermitage troglodytique de Calomini, plus à l'est, remonte au XIIᵉ siècle. Non loin se trouve la grotta del Vento, à Fornovolasco, aux stalactites impressionnantes. De l'autre côté du Serchio, la ville de Coreglia Antelminelli produisait jadis des figurines en plâtre vendues dans toute l'Europe.

La *Rocca* (XIIIᵉ siècle) de Castelnuovo di Garfagnana

Le **museo della Figurina di gesso** en retrace l'histoire.

🏛 Museo della Figurina di gesso

Via del Mangano 17, Coreglia Antelminelli. [C] *(0583) 780 82.* **Ouv.** *9 h - 13 h lun. - ven., 10 h - 13 h sam. - dim., 15 h - 17 h t.l.j.* **Accès payant.**

Castelnuovo di Garfagnana ❺

Carte routière B1. [👥] *6 300.* [FS] [bus] [i] *Loggiato Porta 10. (0583) 64 43 54.* [🎮] *jeu.*

Beaucoup de visiteurs rayonnent dans la Garfagnana depuis cette ville où l'Arioste séjourna de 1522 à 1525 dans la *rocca* (XIIIᵉ siècle) servant aujourd'hui d'hôtel de ville. Pour tous renseignements sur les excursions et activités sportives proposées dans la région, s'adresser à la Cooperativa Garfagnana Vacanze.

🏕 Cooperativa Garfagnana Vacanze

Piazza delle Erbe 1. [C] *(0583) 651 69.* **Ouv.** *juin - sept. : 9 h - 13 h, 15 h 30 - 19 h 30 t.l.j. ; oct. - mai : 9 h - 13 h, 15 h 30 - 17 h 30 t.l.j.*

Barga ❻

Carte routière C1. 👥 *11 000*. 🚆 🚌
🚗 *sam.*

Juchée sur une terrasse dominant la vallée du Serchio, Barga est sans aucun doute l'une des villes les plus agréables de la Garfagnana. Malgré sa vocation essentiellement agricole, ce gros bourg aux rues pavées accueille annuellement (juillet) dans son teatro delle Accademia dei Differenti (XVIIIe siècle) un festival d'opéra réputé et toujours très fréquenté.

Vue des toits de Barga

🛈 Duomo
Propositura. **Ouv.** *t.l.j.*
La terrasse herbeuse où se dresse le Duomo de Barga, située sur les hauteurs de la ville, offre un panorama superbe des cimes de marbre blanc et de calcaire des Alpes Apuanes.

Bâtie du IXe au XIVe siècle, cette cathédrale romane dédiée à saint Christophe présente un décor extérieur de sculptures de chevaliers en armures et de bêtes sauvages. La scène de banquet, au-dessus du portail nord, illustrerait une légende locale.

Dans le sanctuaire à trois nefs, on découvre une impressionnante chaire de 5 m de hauteur (XIIe-XIIIe siècle). Taillée dans le marbre par Guido Bigarelli de Côme, elle s'élève sur des piliers qui reposent eux-mêmes sur l'échine de lions. Les sculptures déliées de sa partie supérieure montrent des épisodes de la vie de la Vierge et de celle du Christ.

Deux délicats anges en terre cuite de Luca della Robbia veillent sur le tabernacle doré. L'abside renferme une très grande statue de saint Christophe en bois polychrome du début du XIIe siècle.

La Garfagnana ❼

Carte routière C1. 🚆 🚌 *Castel-nuovo di Garfagnana.* 🛈
Castelnuovo di Garfagnana (0583) 64 43 54.

Trois gros bourgs constituent de bons points de départ pour l'exploration de cette région montagneuse traversée par la vallée fertile du Serchio : Barga, Seravezza et Castelnuovo di Garfagnana (*p. 169*) d'où une route pittoresque conduit aux Alpe di Tre Potenze. On peut s'arrêter au retour au **Museo Etnografico** de San Pellegrino in Alpe et visiter l'**orto botanico Pania di Corfino** du **parco dell'Orecchiella**.

Sculpture romane de la pieve di Brancoli

🏛 Museo Etnografico
Via del Voltone 15, San Pellegrino in Alpe. 📞 *(0583) 64 90 72.* **Ouv.** *mar. - dim. (téléphoner)* **Accès payant.**
♣ Parco dell'Orecchiella
Centro Visitatori, Orecchiella. 📞 *(0583) 61 90 98.* **Ouv.** *juin et sept. : sam. et dim.; juil. - 15 sept. : t.l.j.; avr. - nov. : dim.* ♿
♣ Orto botanico Pania di Corfino *Parco dell'Orecchiella.*
Ouv. *juil. -août : t.l.j. ; mai-juin et sept. : dim.*

Bagni di Lucca ❽

Carte routière C2. 👥 *7 402.* 🚌
🛈 *Via Umberto 1 (0583 88 88 81).*
🚗 *mer., sam.*

Les sources sulfureuses (dix-neuf sources chaudes) de 38 °C à 54 °C de Bagni di Lucca lui valurent de devenir au début du XIXe siècle une station thermale de réputation internationale (*p. 181*) qui attirait une clientèle venue de toute l'Europe. On venait y soigner notamment les troubles du métabolisme. Le casino, construit en 1837, date de cette époque, tout comme l'élégant **palazzo del Circolo dei Forestieri**, qui abrite un restaurant, et le **Cimitero Anglicano** (cimetière protestant).

Vous pouvez aussi, à partir de Bagni di Lucca, explorer les forêts de châtaigniers des collines environnantes. Un bel itinéraire de promenade conduit ainsi à Montefegatesi, un hameau cerné par les sommets des Apennins, puis à l'Orrido di Botri, défilé spectaculaire.

L'église San Giorgio, ou **pieve di Brancoli**, se trouve au sud de Bagni. C'est un des nombreux sanctuaires romans fondés pendant le règne de la comtesse Matilda (1046-1115) (*p. 43*).

Plus au sud encore, sur la route vers Lucques, le pont della Maddalena (XIVe siècle)

Le ponte della Maddalena ou « pont du Diable » près de Bagni di Lucca

Café en bord de mer à Viareggio

franchit le Serchio à Borgo a Mozzano. On l'appelle le « pont du Diable » car, selon la légende, le Malin l'aurait offert au village en échange de la première âme qui le traverserait. Dès l'ouvrage achevé, les villageois rusés y envoyèrent un chien.

🎪 Palazzo del Circolo dei Forestieri
Piazza Varraud 10. 📞 *(0583) 80 99 11.*
***Ouv.** du mar. au dim.* ♿

⛪ Cimitero Anglicano
Via Letizia. 📞 *(0583) 80 99 11.*
***Ouv.** sur r.-v.*

⛪ Pieve di Brancoli
Vinchiana. 📞 *(0583) 96 52 81.*
***Ouv.** sur r.-v.*

Viareggio ❾

Carte routière B2. 🏘 *60 000.*
🚆 🚌 ℹ *Viale Carducci 10 (0584 96 22 33).* 🎪 *jeu.*

S a plage de sable fin, ses pinèdes et son climat font de Viareggio une station balnéaire très appréciée en hiver ou en été. Un incendie détruisit en 1917 la promenade et les pavillons en bois qui la bordaient. On les remplaça par d'élégants édifices Art nouveau tel le Gran Caffè Margherita dessiné par le prolifique Galileo Chini *(p. 190)*. Ils servent de décor à de nombreuses manifestations, dont un célèbre carnaval *(p. 36)*.

Torre del Lago Puccini ❿

Carte routière B2. 🏘 *11 500.* 🚆
🚌 ℹ *Via Marconi 225 (0584) 35 98 93.* 🎪 *ven. (juil.- août : seul. dim.)*

L e compositeur Giacomo Puccini (1858-1924) *(p. 175)* vécut ici, près du lago di Massaciuccoli, afin de pouvoir s'adonner à sa passion : la chasse au gibier d'eau. Sa maison est devenue le **museo Villa Puccini.** Il y repose avec sa femme dans un mausolée entre la salle de musique où il composait et la pièce qui renfermait son fusil. Aujourd'hui, le lac est classé réserve zoologique. Ses opéras sont donnés en été dans un théâtre de verdure au bord de l'eau *(p. 33)*.

🏛 Museo Villa Puccini
Viale Puccini 264. 📞 *(0584) 34 14 45.* ***Ouv.** de avr. à sept. : t.l.j. ; d'oct. à mars : du mar. au dim.*
Accès payant. ♿

Près de la villa de Puccini à Torre del Lago Puccini

Lucques pas à pas ⓫

Colonie romaine depuis 180 av. J.-C., Lucques reste marquée par ses origines antiques : ses rues forment toujours un quadrillage régulier et c'est dans l'arène de son Anfiteatro Romano (IIe siècle av. J.-C.) *(p. 165)* que se tient le marché. De même, la piazza San Michele s'étend à l'emplacement de l'ancien forum et constitue le cœur de la cité. L'église San Michele in Foro qui la domine n'est que l'un des nombreux sanctuaires chrétiens construits à Lucques aux XIIe et XIIIe siècles dans le riche style romano-pisan.

Les palais Renaissance de la piazza San Michele abritent presque tous des bureaux.

Casa di Puccini
Cette plaque est apposée sur la maison où naquit Giacomo Puccini en 1858.

★ San Michele in Foro
Sculpté par Matteo Civitali (1436-1501), l'original de cette Vierge à l'Enfant installée au coin de la façade se trouve dans l'église.

Le Palazzo Ducale
comporte une colonnade maniériste par Ammannati (1578).

San Giovanni (1187)

À NE PAS MANQUER

★ **San Martino**

★ **San Michele in Foro**

Piazza Napoleone
Élisa Baciocchi, sœur de Napoléon, fit tracer cette place pendant son règne sur Lucques (1805-1815) mais c'est la statue de Marie-Louise de Bourbon qui l'orne.

Via Fillungo
Plusieurs boutiques de cette rue commerçante de Lucques portent des décorations Art nouveau.

Vers San Frediano

Vers l'Anfiteatro Romano

VIA SANT ANDREA

VIA DEL CARMINE

VIA SAN GREGORIO

V.D. CHIAVI D'ORO

NGO

VIA SANT'ANASTASIO

VIA SANTA CROCE

PIAZZA BERNADINI

VIA SANTA CROCE

VIA GUINIGI

TERO

PIAZZA DEI SERVI

VIA A. VALLISNERI

ZZA
NELLI

VIA DELL'ARCIVESCOVADO

Vers la villa Bottoni et la Pinacoteca Nazionale

Vers le Giardino Botanico

LÉGENDE

– – – Itinéraire conseillé

0   300 m

MODE D'EMPLOI

Carte routière C2. 🚗 100 000.
🚉 *Piazza Ricasoli.* 🚌 *Piazzale Verdi.*
ℹ *Piazza Santa Maria 35 (0583 41 96 89).* 🏛 *mer, sam. et dim. Antiqu. : 2e sam. et 3e dim. du mois.* 🎭 *Palio della Balestra le 12 juil. ; Estate Musicale (juil.-sept.) ; Luminara di Santa Croce le 13 sept.*

Torre dei Guinigi
Cette tour médiévale coiffée de chênes verts est un repère familier de Lucques

Museo dell'Opera della Cattedrale
Ouvert récemment, il présente des trésors de la cathédrale de San Martino.

★ San Martino
La façade asymétrique de la cathédrale de Lucques offre par ses arcades, ses colonnades et sa riche décoration un exemple caractéristique de l'exubérant style romano-pisan.

À la découverte de Lucques

Mosaïque de San Frediano

Rares sont en Europe les remparts datant de la Renaissance aussi bien conservés que les massives murailles de briques rouges de Lucques. Construites en 1504-1645, elles protègent aujourd'hui la ville de l'agitation du monde moderne. Cette enceinte donne un cachet très particulier à une cité historique d'autant plus paisible que nombreux sont ses habitants à profiter de ses chaussées plates pour se déplacer à vélo.

Lucques vue depuis le sommet de la torre Guinigi

🏛 San Martino

Voir p. 176-177.

🏛 Anfiteatro Romano

Piazza del Mercato.

Il ne reste quasiment plus une pierre de l'amphithéâtre romain édifié ici au IIᵉ siècle av. J.-C. On peut toutefois se le représenter dans la forme elliptique de la piazza del Mercato *(p. 165)* dont la bordure de maisons, élevées au Moyen Âge contre les murs du monument, a laissé libre l'emplacement de l'arène, malgré les nombreuses restaurations menées au fil des siècles. Les accès à cette arène, aux quatre points cardinaux,

continuent même à occuper l'emplacement des portes qu'empruntaient les gladiateurs.

🏛 Palazzo dei Guinigi

Via Sant'Andrea 41. 📞 *336 20 32 21.* **Tour ouv.** *9 h - 19 h 30 t.l.j. sauf 25 déc.* **Accès payant.**

Ce palais, harmonieux bâtiment de briques rouges percé de fenêtres en ogives, fait partie d'un ensemble de maisons édifiées au XIVᵉ siècle par la puissante famille des Guinigi. Celle-ci réussit à préserver Lucques de

l'emprise des Médicis, lui offrant la possibilité de jouir jusqu'en 1799 d'une indépendance unique en Toscane.

Dressée au coin de la rue Sant'Andrea, la torre dei Guinigi le domine. Un petit jardin où poussent des chênes rouvres occupe le sommet de cette imposante tour de défense de 41 m de hauteur.

🌿 Giardino Botanico

Via dell'Orto Botanico 14. 📞 *(0583) 44 21 60.* **Ouv.** *9 h 30 - 12 h 30 t.l.j. ; 14 h 30 - 17 h 30 sam. et dim.* **Accès payant.** ♿

Une grande variété de plantes toscanes, originaires des montagnes comme du littoral, pousse dans ce ravissant jardin botanique créé en 1820 dans un angle des remparts.

🏛 Museo dell'Opera della Cattedrale

Via Arcivescovado. 📞 *(0583) 49 05 30.* **Ouv.** *été : 10 h - 18 h t.l.j. ; hiver : 10 h - 17 h t.l.j. (sauf sam. et dim. jusqu'à 18 h).* **Accès payant.** ♿

Installé dans l'ancien palais de l'archevêché (XIVᵉ siècle), ce musée présente une collection d'œuvres provenant de la cathédrale, notamment une tête de roi sculptée au XIᵉ siècle qui ornait la façade originale et un chef-d'œuvre d'orfèvrerie : la Croce di Pisani exécutée par Vincenzo di Michele.

🏛 Museo nazionale Guinigi

Via della Quarquonia. 📞 *0583 555 70.* **Ouv.** *8 h 30 - 19 h mar. - sam. ; 8 h 30 - 13 h dim.* **Accès payant.**

La villa Renaissance de Paolo Guinigi, l'homme qui régna sur Lucques de 1400 à 1430, abrite ce musée de sculpture et de peinture. Au rez-de-chaussée : pièces archéologiques (préhistoriques, étrusques et romaines) et sculptures, dont un remarquable *Ecce Homo* par le Lucquois Matteo Civitali. Le 1ᵉʳ étage présente meubles et peintures, notamment un *Portrait d'Alexandre de Médicis* par le Pontormo, deux tableaux d'autel de

Lion roman au museo nazionale Guinigi

Le superbe escalier du palazzo Pfanner

Fra Bartolomeo et des crucifix peints des XIIᵉ et XIIIᵉ siècles.

Ne pas manquer les stalles de la cathédrale de Lucques ornées de vues de la ville en marqueterie (1529).

🏛 Palazzo Pfanner

Fermé au public. *Jardins ouv.* mars - oct. : 10 h - 18 h t.l.j. ; nov. - fév. : sur r.v. *Accès payant.*

Le palazzo Pfanner est un édifice imposant construit en 1667. Il possède à l'arrière l'un des plus beaux jardins à la française de Toscane, visible également des remparts. Des statues baroques de déesses et dieux romains, séparées par des citronniers plantés dans d'énormes pots en terre cuite, bordent son allée centrale.

Une collection de costumes

des XVIIIᵉ et XIXᵉ siècles sont à voir. Beaucoup sont en soie, matière dont la production et le commerce assurèrent la prospérité de Lucques.

🏛 Piazza Napoleone et piazza del Giglio

Ces deux places n'en forment presque qu'une seule. La première fut percée en 1806 pendant le règne d'Élisa Baciocchi, sœur de Napoléon. Elle est pourtant ornée de la statue de Marie-Louise de Bourbon qui lui succéda. Elle fait face à l'imposant Palazzo Ducale dont Ammannati dessina la colonnade en 1578.

Sur la seconde, s'élève le teatro del Giglio (1817) où Rossini présenta pour la première fois en Italie son avant-dernier opéra : *Guillaume Tell* (1831). Cette salle est aujourd'hui réputée pour ses productions d'opéras de Puccini, compositeur natif de Lucques.

🏛 Casa di Puccini

Corte San Lorenzo 8 (Via di Poggio). 📞 *(0583) 58 40 28.* *Ouv.* mars - mai et oct. - déc. : 10 h - 13 h, 15 h - 18 h mar. - dim. ; juin - sept. : 10 h - 18 h t.l.j. *Accès payant.*

La maison où naquit Giacomo Puccini (1858-1924) contient des portraits, des maquettes de

costumes pour ses opéras et le piano sur lequel il composait sa dernière œuvre, *Turandot,* quand la mort le surprit. Franco Alfano acheva cet opéra créé à la Scala de Milan.

🏛 Pinacoteca Nazionale

Via Galli Tassi 43. 📞 *(0583) 555 70.* *Ouv.* 8 h 30 - 19 h mar. - sam. , 8 h 30 - 13 h dim. *Accès payant.*

Bâti au XVIIᵉ siècle, le palazzo Mansi a conservé sa décoration et son mobilier du XVIIIᵉ siècle, typiques de l'époque où le maniérisme cédait la place au baroque et au rococo. La palais abrite la pinacothèque nationale de Lucques avec des œuvres de Bronzino, du Pontormo, du Sodoma, de Andrea del Sarto, du Tintoret et de Salvatore Rosa.

🏛 Remparts

Circuit complet : 4,2 km.

Au début du XIXᵉ siècle, Marie-Louise de Bourbon aménagea en jardin public les remparts construits entre 1504 et 1645. Une double rangée d'arbres ombrage ainsi cette très agréable promenade autour de la ville. Des visites guidées permettent de découvrir les salles et les passages de l'un des bastions.

Le compositeur Giacomo Puccini

La porte San Donato sur la promenade des remparts

San Martino

Le battage, travail de septembre

Consacrée en 1070 et dédiée à saint Martin, l'extraordinaire cathédrale de Lucques, au campanile curieusement incrusté dans la façade, porte à l'entrée une statue représentant le célèbre épisode où le saint, encore soldat romain, partagea son manteau avec un mendiant. Sous le porche, de superbes reliefs romans illustrent d'autres moments de sa vie ainsi que les *Travaux des mois*. Ils voisinent avec de délicates mosaïques de marbre polychrome.

Le tableau d'autel de la sacristie, une *Vierge avec des saints,* est de Ghirlandaio (1449-1494).

Des chapelles à coupole entourent l'abside

Arcades romanes et chapiteaux sculptés

Tempietto en marbre (1484) par Matteo Civitali

★ **Le tombeau d'Ilaria del Carretto**
La sacristie abrite le portrait de la jeune épouse de Paolo Guinigi que Jacopo de la Quercia sculpta en 1405-1046

À NE PAS MANQUER

★ **La façade**

★ **Le Volto Santo**

★ **Le tombeau d'Ilaria del Carretto**

★ **Le Volto Santo**
Les pèlerins du Moyen Âge croyaient que Nicodème, disciple et contemporain du Christ, avait sculpté ce crucifix en bois du XIIIe siècle.

★ La façade
Elle comporte, au-dessus du porche, trois galeries dont les colonnes (1204), surmontées de scènes de chasse, sont toutes différentes.

Le campanile,
commencé en 1060, ne reçut ses deux derniers niveaux qu'en 1261.

Des fenêtres circulaires
percées au sommet éclairent la nef centrale très haute de cette église en forme de croix.

Saint Martin
L'original (XIIIe siècle) de cette sculpture du saint partageant son manteau se trouve à l'entrée de la nef centrale.

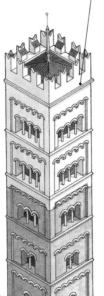

Mosaïques de marbre
Inspirées de mythes ou de la vie quotidienne, elles couvrent la façade. Notez le motif en dédale qui orne le pilier droit du porche.

Nicola Pisano (1200-1278) sculpta *Le Cortège des Rois mages* et *La Déposition* qui ornent le portail gauche.

Sculptures du porche
Le relief du XIIIe siècle, au tympan, représente la Décollation de saint Régule. Les Travaux des mois *encadrent le portail.*

Apôtres de la mosaïque décorant la façade de San Frediano in Lucca

San Frediano

Piazza San Frediano. *Ouv. t.l.j.*
Une fresque colorée,
L'Ascension, exécutée
par l'atelier de Berlinghieri
au XIIIᵉ siècle et restaurée
au XIXᵉ, orne
la façade de
cet édifice
construit entre
1112 et 1147
à l'emplacement
d'un sanctuaire
du VIIIᵉ siècle.

Le bas-côté droit
de cette église à trois
nefs abrite une
imposante fontaine
lustrale romane dont
les décorations
sculptées (XIIᵉ siècle)
représentent Moïse et ses
compagnons franchissant
la mer Rouge en tenue
de chevaliers médiévaux.
Les fresques d'Amico
Aspertini (1508-1509) dans
la deuxième chapelle de la
nef latérale gauche relatent
la légende du Volto Santo
(p. 176) et donnent
un aperçu intéressant
de l'aspect de la cité
au XVIᵉ siècle. Jacopo
della Quercia et son
atelier sculptèrent le
superbe retable en forme
de polyptyque qui orne
la quatrième chapelle, ou
cappella Trenta. Dans des
niches gothiques, sainte
Ursule, saint Richard, saint
Laurent et saint Jérôme
entourent la Vierge.

**Détail de la façade
de San Michele
in Foro**

San Michele in Foro

Piazza San Michele. *Ouv. t.l.j.*
Comme son nom le suggère,
cette église, bâtie du XIIᵉ
au XIVᵉ siècle, s'élève à
l'emplacement de l'ancien
forum romain. Sa
façade
(XIIIᵉ siècle),
magnifique
exemple de style
romano-pisan,
rivalise en
splendeur avec
celle de la
cathédrale San
Martino *(p. 176-
177)*. Une immense
statue de saint
Michel, entouré de
deux anges,
surmonte les arcades et
galeries décorées de
chapiteaux à figures animales
et végétales ainsi que de
mosaïques de marbre
représentant des scènes de

chasse. À l'angle droit est
installée la *Vierge à l'Enfant*
de Matteo Civitali *(p. 172)*.
L'harmonieux campanile date
du XIIᵉ siècle.

L'intérieur renferme
le tombeau de saint Davino
(sous le maître-autel) et l'un
des plus beaux tableaux de
Filippino Lippi, récemment
restauré, *Sainte Hélène, saint
Jérôme, saint Sébastien et
saint Roch*. Les vestiges d'une
église du VIIIᵉ siècle se
trouvent sous le chœur.

Des banques occupent
désormais la plupart des
palais des XVᵉ et XVIᵉ siècles
qui entourent la place
s'étendant devant l'église. Au
sud, le portique du palazzo
Pretorio abrite une statue
(XIXᵉ siècle) de Matteo Civitali
(1436-1501), le plus grand
artiste et architecte de
Lucques.

Via Fillungo

Longeant l'Anfiteatro Romano
(p. 174), la principale
rue commerçante de Lucques
serpente à travers le cœur
de la ville depuis le portone
dei Borghi datant du Moyen
Âge jusqu'à San Cristoforo,
église romano-gothique
du XIIIᵉ siècle qui accueille
les expositions d'artistes
locaux. Plusieurs boutiques
qui la bordent sont décorées
de ferronneries Art nouveau.

Villa Bottini

Via Elisa. ☏ (0583) 49 14 49. **Jardin
ouv.** de 9 h à 13 h du lun. au sam.
Ceint de murs, le joli jardin
de cette demeure édifiée
à la fin du XVIᵉ siècle
est ouvert au public
et accueille de temps en
temps des concerts en été.

La villa Bottini et son jardin

Une journée aux environs de Lucques

Cette excursion en voiture vous emmène par des routes pittoresques, vers les plus belles villas des alentours de Lucques.

L'itinéraire prévoit un premier arrêt à l'église San Giorgio, ou pieve di Brancoli, puis passe devant le ponte (piéton) della Maddalena *(p. 170)*. Dans la station thermale de Bagni di Lucca, le beau pont suspendu au-dessus de la Lima date de 1840.

Les rues étroites et escarpées du village de Collodi ne permettent que de l'explorer à pied. La villa Garzoni, dotée d'un splendide jardin, et le parc Pinocchio se trouvent en contrebas. La villa Torrigiani, près de Camigliano, propose, elle aussi au milieu d'un beau jardin, une collection de porcelaines et de meubles des XIIIᵉ et XVIIIᵉ siècles. La villa Mansi, à la façade baroque, termine cette promenade.

Bagni di Lucca ③
Suivez la S12 pendant 5 km. Restez sur cette route qui traverse la station thermale.

Villa Garzoni ④
Tournez à gauche sur la S12 vers Abetone, puis à droite vers Collodi et la villa Garzoni et ses jardins.

Ponte della Maddalena ②
Continuez pendant 8 km sur la S12.

Borgo a Mozzano

S12

Boveglio

① *Pieve di Brancoli*

Le parc Pinocchio ⑤
Ce parc pour enfants de Collodi a pour thème les aventures de la célèbre marionnette.

Collodi
④⑤

San Giorgio ①
Quittez Lucques par la S12 vers Abetone. Au bout de 10 km, tournez à droite vers San Giorgio di Brancoli.

S12

Villa Reale
Marlia

Camigliano
⑦⑥

Segromigno in Monte

S435

LUCCA

Villa Mansi ⑦
En direction de Segromigno in Monte, prenez la via Piaggiori à droite au premier croisement. Suivez les panneaux jusqu'à la villa Mansi.

Villa Torrigiani ⑥
Au sud de Collodi, prenez à droite la S435 vers Lucques. Tournez encore à droite après Borgonuovo vers Camigliano Santa Gemma, puis à gauche au bout de 1,5 km.

LÉGENDE

▬▬ Itinéraire de l'excursion

═ ═ Autres routes

0   5 km

Le terme Tettuccio est le plus ancien et le plus réputé des établissements thermaux de Montecatini

Collodi ⑫

Carte routière C2. 🚶 *3 000.*
ℹ️ *0583 97 82 05.*

L a **villa Garzoni** dotée de spectaculaires jardins en terrasse et le **parc Pinocchio** *(p. 179)* constituent les deux principaux attraits de Collodi.

L'auteur des *Aventures de Pinocchio* (1881), Carlo Lorenzini séjourna souvent dans son enfance à la villa Garzoni. En 1956, la ville décida de lui rendre hommage en créant ce parc où l'on peut voir des compositions sculptées inspirées des aventures de la célèbre marionnette.

♣ Villa Garzoni
🎧 *(0572) 42 84 00.* **Villa fermée. Jardin ouv.** t.l.j. **Accès payant.**
♣ Parc Pinocchio
🎧 *(0572) 42 96 42.* **Ouv.** *8 h 30 au coucher du soleil* **Accès payant.**
♿ *partiel.* 🖳 *www.pinocchio.it*

La Pescia coule dans une vallée fertile

Pescia ⑬

Carte routière C2. 🚶 *18 000.* 🚌
ℹ️ *0583 97 82 05.* 🗓️ *sam.*

D es hectares de champs multicolores entourent Pescia, ville agricole spécialisée dans la floriculture, où il se vend tous les jours trois millions de fleurs coupées dans le marché de gros situé au sud du bourg, un lieu très animé au petit matin.

Sans grand charme en elle-même, cette cité que partage en deux la rivière dont elle porte le nom possède néanmoins quelques monuments et musées intéressants.

Sur la rive gauche de la Pescia, l'église **San Francesco** abrite des fresques par Bonaventura Berlinghieri (1215-1274) de *La Vie de saint François d'Assise* (1235). L'artiste l'avait personnellement connu et l'on affirme qu'il en peignit un portrait exact. Le **Duomo,** réaménagé en 1693 dans le style baroque par Antonio Ferri, possède un campanile qui était à l'origine une tour des remparts.

Sur la rive droite, le **Museo Civico** présente une petite collection de sculptures, de manuscrits enluminés et de peintures toscanes du XIVe au XVIe siècle, tandis que le **museo archeologico della Valdinievole** propose les objets trouvés dans la Valdinievole voisine, la jolie « vallée de la brume ».

⛪ San Francesco
Piazza San Francesco. **Ouv.** *t.l.j.*
⛪ Duomo
Piazza del Duomo. **Ouv.** *t.l.j.*
🏛 Museo Civico
Palazzo Galeotti, piazza Santo Stefano 1.
🎧 *(0572) 47 79 44.* **Ouv.** *13 h - 19 h lun., mer., ven. ; 8 h - 13 h mar., jeu., sam.*
🏛 Museo archeologico della Valdinievole
Piazza Leonardo da Vinci 1. 🎧 *(0572) 47 75 33.* **Ouv.** *9 h - 13 h lun. - sam., 15 h - 17 h mar. et jeu.*

Montecatini Terme ⑭

Carte routière C2. 🚶 *22 500* 🚌 ℹ️
Viale Verdi 66 (0572) 77 22 44. 🗓️ *jeu.*

N ichée au pied de vertes collines, la station thermale présente dans le cadre harmonieux de son parco delle Terme un ensemble plaisant d'établissements thermaux aux architectures variées.

La plupart furent construits dans les années 1920-1930 bien que l'essor de la cité remontât au XVIIIe siècle et au grand-duc

Le théâtre, sur la grand-place de Montecatini Alto

Léopold Ier, comme le rappelle le nom du terme Leopoldine (1926), bâtiment inspiré des temples antiques dédiés à Esculape, le dieu romain de la médecine. De style néoclassique, le terme Tettuccio (1925-1928) possède des céramiques Art nouveau. Intéressants également, le terme Torretta, et son imitation de tour médiévale, qui accueille des concerts en fin d'après-midi, et le terme Tamerici au jardin magnifiquement entretenu. Les visiteurs peuvent obtenir des billets à la journée pour boire l'eau thermale et se détendre dans les chambres de lecture, de musique ou d'écriture. On peut obtenir plus de renseignements auprès de la Direzione delle Terme at Viale Verdi 41.

Depuis le viale Diaz, un funiculaire conduit à Montecatini Alto, village fortifié dominant la Valdinievole que l'on peut également rejoindre par la route. Sur la place principale, on trouve boutiques d'antiquités et quelques tables de restaurants en terrasse. Sa *rocca* (château) commande une vue panoramique de cette région montagneuse surnommée la « Petite Suisse ».

Monsummano Terme, petite station thermale voisine dont les sources chaudes et sulfureuses de la **grotta Giusti** sont réputées pour le traitement des bronches, possède également son ancien village perché : Monsummano Alto. Ce hameau presque désert, au château en ruine et aux maisons décaties, cache une belle église romane du XIIe siècle et offre une vue splendide des alentours.

Non loin, à Ponte Buggianese, l'artiste florentin Pietro Annigoni (1910-1988) peignit dans l'église **San Michele** des fresques sur la Passion du Christ.

🔒 **San Michele**
Ponte Buggianese. ***Ouv.*** *sur r.-v.*
🏛 **Grotta Giusti**
Monsummano Terme. 📞 *(0572) 510 08.* ***Ouv.*** *avr.-oct. : 9 h-13 h, 15 h-17 h lun.-sam.* **Accès payant.**

Le terme Tamerici, de style néogothique, bâti au début du xxe siècle

---

LES CURES THERMALES EN TOSCANE

Les Romains furent les premiers à découvrir la valeur thérapeutique des bains. Ils furent aussi les premiers à exploiter les sources chaudes d'origine volcanique qu'ils trouvèrent partout en Toscane, et les localités qui naquirent à ces endroits, comme Saturnia *(p. 234),* portent encore parfois leur nom antique.

Le Moyen Âge et la Renaissance virent se développer d'autres stations thermales : sainte Catherine de Sienne (1347-1380) *(p. 215),* qui souffrait d'écrouelles (abcès d'origine tuberculeuse), et Laurent de Médicis (1449-1492), atteint d'arthrite, se soignèrent tous deux dans les eaux chaudes et sulfureuses de Bagno Vignoni *(p. 222).* C'est toutefois au début du XIXe siècle que la vocation thermale de la Toscane connut son plein essor. Aristocrates, rois et empereurs fréquentaient alors Bagni di Lucca *(p. 170).* Ces séjours dans les villes d'eaux, très à la mode à l'époque, avaient pourtant souvent des prétextes plus mondains que médicaux. L'espoir de rencontres galantes et les tables de jeu du casino attiraient plus les « curistes » que l'inhalation de vapeurs sulfureuses, l'ingestion d'eau minérale ou les bains de boue.

Ces traitements n'en restent pas moins prescrits aujourd'hui pour des troubles aussi variés que l'insuffisance hépatique, l'asthme ou les maladies de peau.

Affiche des années 20

Pistoia **⑮**

Symbole de la cappella del Tau

Les habitants de Pistoia souffrent encore actuellement en Toscane d'une réputation de fourberie dont les origines remontent aux luttes intestines entre *Bianchi* et *Neri* (Blancs et Noirs) qui déchirèrent la ville au XIIIe siècle. La mort rôdait dans ses ruelles, souvent donnée d'un coup de pistole, petite dague dont les artisans de la cité s'étaient fait une spécialité. Ils passèrent dans des temps moins troublés à la fabrication d'instruments de chirurgie et l'industrie mécanique a pris une grande importance au XXe siècle dans la vie économique de la ville. Malgré son développement industriel, Pistoia garde un centre historique à l'architecture intéressante.

Le baptistère

⛪ Cattedrale di San Zeno

Piazza del Duomo. **[** 0573 290 95.
***Ouv.** t.l.j.* **Accès payant.**
♿ *entrée latérale.*

Face au baptistère octogonal achevé en 1359, l'imposant campanile (XIIIe siècle) et la façade en marbre de la superbe cathédrale romano-pisane de Pistoia dominent la piazza del Duomo. Des terres cuites d'Andrea della Robbia décorent son portique (1311) et le tympan du portail central.

À l'intérieur, le bas-côté droit renferme le tombeau de Cino da Pistoia orné d'un relief (1337) montrant le poète ami de Dante en train de donner leçon à de jeunes garçons. Non loin, une grille ferme la chapelle Saint-Jacques dont l'extraordinaire autel en argent comprend 628 personnages représentés sous forme de bas-reliefs ou de figurines. Commencé en 1287, ce chef-d'œuvre ne fut achevé qu'en 1456. Dans l'intervalle, presque tous les grands orfèvres toscans des différentes époques apportèrent leur contribution, notamment Brunelleschi qui travailla le métal avant de se consacrer à l'architecture.

🏛 Museo di Sanzeno

Palazzo dei Vescovi, piazza del Duomo. **[** *(0573) 36 92 72.* ***Ouv.** 10 h - 13 h, 15 h - 17 h mar., jeu. et ven.* (sur réserv.). **Accès payant.**
♿ *partiel.*

Le palazzo dei Viscovi (XIVe siècle), magnifiquement restauré, abrite ce musée diocésain qui présente notamment des collections de vêtements liturgiques et d'objets sacrés des XIIIe et XVe siècles. On a déterré au sous-sol les vestiges d'édifices romains.

🏛 Museo Civico

Palazzo del Comune, piazza del Duomo. **[** *(0573) 37 12 96.* ***Ouv.** 10 h - 13 h, 15 h - 16 h mar. - sam., 10 h - 13 h dim.* **Accès payant.** ♿

Il occupe le dernier étage du palazzo del Comune (1284 - 1385) et ses expositions présentent aussi bien des œuvres du Moyen Âge que le travail d'artistes et d'architectes contemporains.

🏛 Centro Marino Marini

Palazzo del Tau, corso Silvano Fedi 72. **[** *(0573) 302 85.* ***Ouv.** 10 h - 13 h, 15 h - 16 h mar. - sam., 10 h - 13 h dim.* **Accès payant.** ♿

Le palazzo del Tau abrite un musée consacré à Marino Marini (1901-1980), célèbre artiste originaire de Pistoia. Les dessins et les sculptures exposés retracent l'évolution du style de l'artiste qui s'était spécialisé dans le travail de formes primitives en bronze ou en argile. Ses thèmes fétiches : le cavalier (*p. 104*) et Pomone, déesse romaine de la fertilité.

Pomone par Marino Marini

⛪ Cappella del Tau

Corso Silvano Fedi 70. **[** 0573 322 04.
***Ouv.** 8 h - 14 h lun. - sam.*

Face au Museo Civico s'élève la cappella del Tau dont le nom vient du T (*tau* en grec) symbolisant une béquille que portaient sur leur soutane les moines appartenant à l'ordre de bienfaisance qui la firent construire.

Elle renferme un ensemble de fresques ayant pour thème la Création.

La Chute, cappella del Tau

⛪ San Giovanni Fuorcivitas

Via Cavour. ***Ouv.** t.l.j.*

Cette église romano-pisane commencée au XIIe et achevée au XIVe siècle se trouvait jadis, comme son nom l'indique, hors des murs de la ville. Gruamonte sculpta en 1162 le relief roman représentant *La Cène* au linteau du portail.

Parmi les nombreuses œuvres d'art qu'abrite cet édifice, Giovanni Pisano exécuta les Vertus cardinales qui décorent la vasque du bénitier, et Fra Gugliemo da

Détail de la frise (1514-1525) par Giovanni della Robbia, ospedale del Ceppo

MODE D'EMPLOI

Carte routière C2. 🏠 *93 000.*
FS *Piazza Dante Alighieri.*
🚌 *Piazza San Francesco.*
ℹ *Palazzo dei Vescovi, piazza del Duomo 4 (0573) 216 22.*
📅 *mer. et sam. Magasins ouv. oct. - mars* 🎠 *Giostro dell'Orso le 25 juil.*

Pisa les scènes du Nouveau Testament (1270) de la chaire. Le polyptyque (1355) à gauche du maître-autel est de Taddeo Gaddi.

🏠 Sant'Andrea
Via Sant'Andrea 21. *Ouv. t.l.j.*
On atteint cette église en traversant la piazza della Sala où se tient le marché animé de Pistoia. Ce sanctuaire à la façade aux bandes blanches et vertes incrustée de marbre abrite la chaire décorée de scènes de la *Vie du Christ* qu'acheva Giovanni Pisano en 1301. Beaucoup le considèrent comme son chef-d'œuvre, plus abouti encore que la chaire qu'il sculpta en 1302-1311 pour la cathédrale de Pise *(p. 155)*. Le crucifix du bas-côté droit est également de Pisano.

🏠 San Bartolomeo in Pantano
Piazza San Bartolomeo 6. *Ouv. t.l.j.*
Cette église romane (1159) présente un beau portail sculpté (1167) et à l'intérieur une chaire magnifique exécutée en 1250 par Guido da Como.

⚕ Ospedale del Ceppo
Piazza Giovanni XXIII.
Hospice et orphelinat fondé en 1277, cet établissement porte le nom du tronc d'arbre creux qui servait au Moyen Âge à recueillir les offrandes faites aux œuvres de bienfaisance. Des médaillons et une frise (1514-1525) en terre cuite auxquels travailla Giovanni della Robbia ornent le portique par Michelozzo (1514) qui précède la façade du bâtiment principal.

❌ Zoo
Via Pieve a Celle 160 a. 📞 *(0573) 91 12 19.* **Ouv.** *9 h - 17 h t.l.j. (jusqu'à 19 h en été).* **Accès payant.** ♿
Ce petit zoo se trouve à La Verginina, à 4 km au nord-ouest de Pistoia.

Façade de San Bartolomeo

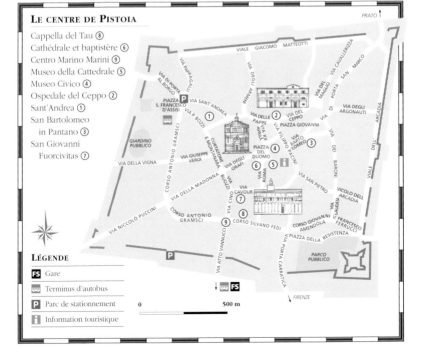

LE CENTRE DE PISTOIA

PRATO ↑

VIALE GIACOMO MATTEOTTI
VIA DI PORTA AL BORGO
VIA DEL MAGGIO
VIA DELLA PORTA SAN MARCO
VIA DI PORTA SAN MARCO
VIA DELLA CAVALLERIZZA
PIAZZA S. FRANCESCO D'ASSISI
VIA SANT'ANDREA
VIA P. BOZZI
VIA DELLE PAPPE VERDI
VIA DEL CEPPO
PIAZZA GIOVANNI
VIA FILIPPO PACINI
VIA DEGLI ARGONAUTI
VIA DELL'ARCADIA
GIARDINO PUBBLICO
VIA GIUSEPPE VEROI
CIMITERIO E MONTAGNA
VIA DEGLI ORAFI
PIAZZA DEL DUOMO
VIA SAN BARTOLOMEO
VIA DEI BAIONI
VIA ROMA
VIALE DELL'ARCADIA
VIA DELLA VIGNA
CORSO ANTONIO GRAMSCI
VIA DELLA MADONNA
VIA CINO BIOZZI
VIA CAVOUR
VIA SAN PIETRO
VICOLO DELL'ARCADIA
VIA NICCOLÒ PUCCINI
CORSO ANTONIO GRAMSCI
CORSO SILVANO FEDI
CORSO GIOVANNI AMENDOLA
VIA LAUDESI
V. FRANCESCO FERRUCCI
PIAZZA DELLA RESISTENZA
VIA ATTO VANNUCCI
VIA DI PORTA CARRATICA
PARCO PUBBLICO
FIRENZE ↘

LÉGENDE

FS Gare
🚌 Terminus d'autobus
P Parc de stationnement
ℹ Information touristique

↓ 🚌 **FS**

0   500 m

Prato 🔞

P rato est depuis le XIIIᵉ siècle l'un des grands centres textiles d'Italie, une activité qui rendit immensément fortuné son plus célèbre citoyen, Francesco di Marco Datini (1330-1410) immortalisé par Iris Origo dans *Le Marchand de Prato* (1957). Son *palazzo*, aux façades décorées de fresques, se dresse toujours au cœur de cette cité au riche patrimoine artistique. Prato n'attire cependant pas que des touristes ou des hommes d'affaires. De nombreux pèlerins viennent y adorer la relique de la sainte ceinture.

Vierge del Ceppo par Fra Filippo Lippi au museo Civico

La façade du Duomo et sa chaire

🏠 Duomo

Piazza del Duomo. *Ouv. t.l.j.*
Cette cathédrale, où se mêlent styles roman et gothique, dresse sur la place principale une façade de marbres blanc et vert qui porte à l'angle droit la célèbre chaire de la Sainte-Ceinture, décorée en 1438 par Donatello des reliefs de la *Danse des putti*. La première chapelle, à droite dans le sanctuaire, renferme la vénérable relique que la Vierge aurait remise à saint Thomas. Elle est présentée le dimanche de Pâques, le 1ᵉʳ mai, le 15 août, le 8 septembre et le jour de Noël.
Fra Filippo Lippi peignit en 1452-1466 les superbes fresques de la *Vie de saint Jean-Baptiste* et de la *Vie de saint Étienne* de l'abside. L'artiste donna à Salomé les traits de sa maîtresse : Lucrezia Buti.

🏛 Museo dell'Opera del Duomo

Piazza del Duomo 49. 📞 (0574) 293 39.
Ouv. 9 h 30 - 12 h 30, 15 h - 18 h 30 mer. - lun. ; 9 h 30 - 12 h 30 dim.
Accès payant.
Outre les panneaux de Donatello de la chaire de la Sainte-Ceinture, le musée présente le splendide reliquaire (1446) réalisé pour la relique par Maso di Bartolomeo et une *Sainte Lucie* par Filippino Lippi, le fils de Fra Filippo Lippi et de Lucrezia Buti.

🚩 Piazza del Comune

Dans le dédale de rues autour du Duomo, la plus importante, la via Mazzoni, conduit à la piazza del Comune ornée de la jolie fontaine du petit Bacchus. L'original de l'œuvre par Ferdinand Tacca se trouve dans le Palazzo Comunale qui domine la place.

🏛 Museo Civico

Palazzo Pretorio, piazza del Comune. 📞 (0574) 61 63 02.
Fermé pour restauration.
Austère palais médiéval, le palazzo Pretorio abrite cette intéressante collection de peintures qui comprend notamment le polyptyque de *La Légende de la sainte ceinture* par Bernardo Gaddi (1312-1348) et la *Vierge del Ceppo* où Filippo Lippi représenta Francesco Datini, fondateur de l'œuvre d'*Il Ceppo dei Poveri* (p. 183).

🏛 Palazzo Datini

Via Ser Lapo Mazzei 43. 📞 (0574) 213 91. *Ouv.* 9 h - 12 h 30, 16 h - 19 h du lun. au sam. ♿
La demeure où vécut le « Marchand de Prato » abrite désormais des archives, notamment le livre de compte de Datini qui servit à Iris Origo pour sa biographie.

La *Légende la sainte ceinture* par Bernardo Daddi au Museo Civico

🔓 Santa Maria delle Carceri

Piazza delle Carceri. *Ouv. t.l.j.*
Giuliano da Sangallo éleva en 1484-1495 ce chef-d'œuvre de la première Renaissance à l'emplacement d'une ancienne prison *(carceri)* où une image miraculeuse de la Vierge était apparue sur un mur. Une frise et des médaillons en terre cuite émaillée blanc et bleu décorent l'intérieur. Ils représentent les évangélistes (1492) et proviennent de l'atelier d'Andrea della Robbia.

⚓ Castello dell'Imperatore

Piazza delle Carceri. *Ouv. mer. - sam., dim. mat. et lun.*
L'empereur Frédéric II de Hohenstaufen espérait encore conquérir l'Italie lorsqu'il construisit en 1237 cet imposant château en face de Santa Maria delle Carceri.

🏛 Museo del Tessuto

Piazza del Commune. 📞 *0574 611 503. Ouv. 10 h 30 - 18 h 30 lun., mer. - sam. (14 h 30 le sam.).* ♿
Ce musée du Tissu, dédié à l'activité qui la rendit

prospère, présente, outre d'anciens métiers à tisser, un large éventail de velours, brocarts et dentelles retraçant l'histoire des techniques et ornementations du XVe au XIXe siècle.

🏛 Centro per l'Arte Contemporanea Luigi Pecci

Viale della Repubblica 277. 📞 *0574 53 17. Ouv. 10 h - 16 h mer. - lun. (téléphoner). Accès payant.* ♿ 🌐 *www.centropecci.it*
Cet important centre culturel près de la sortie Prato est de l'autoroute occupe un intéressant bâtiment moderne (1988). Il présente des films, des concerts et des expositions temporaires.

Le castello dell'Imperatore (1237), construit par Frédéric II

LE CENTRE DE PRATO

Castello dell'Imperatore ⑦
Duomo ①
Museo Civico ④
Museo dell'Opera del Duomo ②
Palazzo Datini ⑤
Piazza del Comune ③
Santa Maria delle Carceri ⑥

LÉGENDE

🚉 Gare
🚌 Terminus d'autobus
🅿 Information touristique
ℹ️ Parc de stationnement

AREZZO ET L'ARRIÈRE-PAYS

Des forêts du Mugello et du Casentino aux hauteurs de la Verna, l'extraordinaire beauté naturelle de l'est de la Toscane attire depuis des siècles ermites et mystiques. Elle seule aurait pu donner naissance à un artiste aussi énigmatique que Piero della Francesca qui peignit dans l'église San Francesco, à Arezzo, les célèbres fresques de La Légende de la vraie Croix.

Quelques kilomètres à peine séparent l'autoroute A1, qui dessert Arezzo au sortir de la vallée de l'Arno puis file au sud vers Rome, de cette région peu visitée de collines pentues couvertes de hêtres, de chênes et de châtaigniers. L'automne, en teintant d'or et de rouge les immenses forêts du Mugello et du Casentino, la rend particulièrement splendide. C'est également la saison des champignons et des truffes que vous verrez sur des étals au bord des routes si vous circulez en voiture à cette époque.

Des alpages, à l'est, nourrissent des troupeaux de brebis élevées pour leur lait, transformé en fromage, ainsi que de beaux bœufs blancs, descendants de ceux qu'appréciaient les Romains pour leurs sacrifices. Les hauteurs offrent depuis des siècles un refuge aux saints ermites et aux monastères.

Ainsi, le sanctuaire perché de La Verna est célèbre car c'est le lieu où saint François d'Assise reçut les stigmates – marques semblables à celles des cinq plaies du Christ. Saint Romuald fonda en 1012 un ermitage près de Camaldoli qui attira tant de fidèles qu'il en naquit une congrégation à laquelle on donna le nom de la localité : l'ordre des camaldules. Et c'est sur les pentes du Protomagno que saint Jean Gualbert fonda en 1036 l'abbaye de Vallombrosa, dans un cadre dont John Milton vanta la beauté dans son poème épique *Le Paradis perdu* (1667).

Pour les amateurs d'art, cette région est celle de Piero della Francesca dont le cycle de fresques de l'église San Francesco d'Arezzo constituent un des plus beaux ensembles peints du monde.

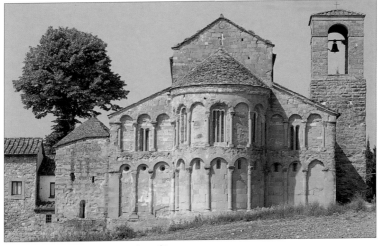

Pieve di San Pietro à Romena, aux environs d'Arezzo

◁ Campagne fertile aux environs de Monterchi

À la découverte de l'est de la Toscane

Cortone, cité forteresse aux maisons anciennes et aux rues étroites, perchée sur un contrefort du mont Sant'Egidio, et la vieille ville d'Arezzo réjouiront les visiteurs en quête de culture, d'art et d'architecture mais la région séduira également les amoureux de la nature, ses bois, prairies et ruisseaux se prêtant aux promenades et randonnées. De nombreux sentiers sont fléchés, en particulier dans les profondes forêts entourant les monastères de Vallombrosa et de Camaldoli.

LÉGENDE

▬▬	Autoroute
▬▬	Route principale
▬▬	Route secondaire
~~	Cours d'eau
☼	Point de vue

0   10 km

Vers Bologne

Santerno

MUGELLO

BORGO SAN LORENZO ❷   ❶

S55

S556

S70

S67

Arno

A1–E35

Vers Florence

❸

VALLOMBROSA

A1–E35

Cortone domine la Valdichiana

CIRCULER

Ses deux principaux axes routiers, la S71 reliant Bibbiena, Poppi et le Casentino, et l'autoroute A1, offrent un accès rapide à la plus grande partie de la région. Les autres routes sont pittoresques, notamment la S70 aux alentours de Vallombrosa, mais leurs épingles à cheveux et la vitesse limitée à 40 km/h sur les plus étroites allongent le temps des trajets.

Pas ou peu de trains en dehors de ceux desservant Arezzo, notamment depuis Florence. D'Arezzo, des services de cars irréguliers permettent de rejoindre les villes les plus importantes de la région.

Vers Flor

Vers Sie

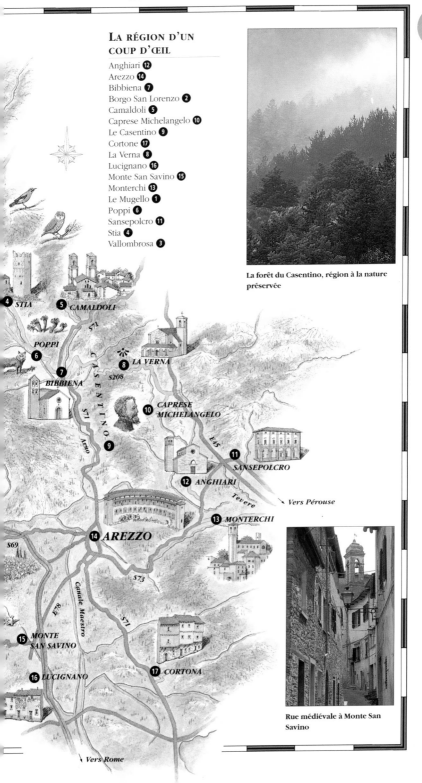

LA RÉGION D'UN COUP D'ŒIL

Anghiari ⑫
Arezzo ⑭
Bibbiena ⑦
Borgo San Lorenzo ②
Camaldoli ⑤
Caprese Michelangelo ⑩
Le Casentino ⑨
Cortone ⑰
La Verna ⑧
Lucignano ⑯
Monte San Savino ⑮
Monterchi ⑬
Le Mugello ①
Poppi ⑥
Sansepolcro ⑪
Stia ④
Vallombrosa ③

La forêt du Casentino, région à la nature préservée

④ STIA
⑤ CAMALDOLI
S71
POPPI
⑥
⑦
BIBBIENA
⑧ LA VERNA
S208
CASENTINO
S71
Arno
⑨
⑩ CAPRESE MICHELANGELO
E45
⑪ SANSEPOLCRO
⑫ ANGHIARI
Tevere
Vers Pérouse
⑬ MONTERCHI
S69
⑭ AREZZO
Canale Maestro
S73
E78
S71
⑮ MONTE SAN SAVINO
⑯ LUCIGNANO
⑰ CORTONA

Rue médiévale à Monte San Savino

Vers Rome

Le Mugello ❶

Carte routière D2. 🚃 Borgo San Lorenzo. 🛈 Via Oreste Bandini 6, borgo San Lorenzo. (055) 845 87 93. (lun., mer., ven. matin).

Cette région s'étendant au nord et à l'est de Florence se visite de préférence en voiture, notamment par la S65 qui passe à Pratolino. Dans le **parco Demidoff**, on peut voir une statue monumentale de l'*Apennin* (1580) par Jean de Bologne. Juste au nord, le **convento di Montesenario** commande un beau panorama des environs et, plus à l'est, Rufina, bourg entouré de vignobles, a créé un **museo della Vita e del Vino della Val di Sieve.**

❧ Parco Demidoff
Via Fiorentina 6, Pratolino. 🗐 (055) 40 94 27. **Ouv.** avr. - sept. : mar. - dim.; mars - oct. : dim. **Accès payant.** ♿

⛪ Convento di Montesenario
Via Montesenario 1, Bivigliano. 🗐 (055) 40 64 41. **Église ouv.** t.l.j., **couvent** sur demande.

🏛 Museo della Vita et del Vino della Val di Sieve
Villa di Poggio Reale, Rufina. 🗐 055 83 96 51.

Borgo San Lorenzo ❷

Carte routière D2. 🏘 15 500. 🚃 🛈 Via Oreste Bandini 6. (055 845 87 93) **ouv.** lun., mer., ven. mat. 🛈 Via Pecori Giraldi, via Togliatti (055 845 62 63) **ouv.** mar. mat., ven. - dim. apr. - midi. 🚌 mar.

Cette ville, très reconstruite après un tremblement de terre en 1919, est la plus importante du Mugello. Son

Tabernacle de saint François à Borgo San Lorenzo

clocher hexagonal greffé à l'abside donne un aspect curieux à son église paroissiale, la **pieve di San Lorenzo,** dont l'artiste Art nouveau Galileo Chini exécuta les peintures murales (1906). Il travailla aussi au tabernacle de saint François (1926), à l'extérieur du bâtiment, et au santuario del Santissimo Crocifisso situé à la périphérie de la ville.

Michelozzo di Bartolomeo (1396-1472) construisit à l'ouest de la ville pour Cosme l'Ancien le **castello del Trebbio,** aux jardins datant du XVe siècle, et la **villa di Cafaggiolo** qui font partie des toutes premières villas médicéennes.

⛪ Pieve di San Lorenzo
Via Cocchi 4. **Ouv.** t.l.j.

♣ Castello del Trebbio
San Piero a Sieve. 🗐 (055) 845 87 93 lun., mer., ven. apr. - midi. **Ouv.** Pâques - oct. : mar. - ven. sur r.-v. **Accès payant.** ♿

⛲ Villa di Cafaggiolo
Cafaggiolo, Barberino di Mugello. **Ouv.** t.l.j. sur r.-v. (groupes seul.) 🗐 (055) 845 87 93 (lun., mer., ven. matin). **Accès payant.** ♿

Paysage forestier à Vallombrosa

Vallombrosa ❸

Carte routière D2. 🚃 depuis Florence. 🗐 (055) 86 20 03. **Ouv. église** à 15h30 t.l.j. ; **abbaye** sur r.-v.

Des forêts entourent l'abbaye de Vallombrosa, comme tous les autres monastères du Casentino *(p. 192)*, et les routes qui y mènent traversent de superbes paysages.

Saint Jean Gualbert fonda en 1036 l'ordre de Vallombreuse dans le respect des idéaux d'austérité et de charité de saint Benoît. Ses successeurs finirent toutefois par s'en éloigner et la congrégation acquit richesse et puissance aux XVIe et XVIIe siècles. Le bâtiment actuel, à l'aspect de forteresse, date de cette époque. Environ vingt moines de l'ordre continuent à y vivre.

Le poète anglais John Milton (1608-1674) visita l'abbaye en 1638 et garda un tel souvenir de sa forêt que, devenu aveugle, il la recréera dans son poème épique *Le Paradis perdu* (1667).

Façade de Santa Maria Assuntia, Stia

Stia ❹

Carte routière D2. 🏛 *3 017.* 🚗 🚌
ℹ️ *Piazza Tanucci 65 (0575) 50 41 06.*
(l'été seulement). 🛍 *mar.*

S anta Maria Assunta, l'église romane de Stia, village animé sur l'Arno, abrite derrière une façade assez terne une *Vierge à l'Enfant* par Andrea della Robbia.

La famille des Guidini construisit au Moyen Âge deux châteaux à peu de distance l'un de l'autre : le **castello di Palagio**, entouré d'un beau jardin, et le **castello di Porciano** qui abrite un musée agricole.

🏛 **Santa Maria Assunta**
Piazza Tanucci. ***Ouv.*** *t.l.j.* ♿
♣ **Castello di Palagio**
Via Vittorio Veneto. 📞 *(0575) 58 33 88.* ***Ouv.*** *juil. - sept. : sam., dim., mar.* **Accès payant.**
♣ **Castello di Porciano**
Porciano. 📞 *(0575) 40 05 17.* ***Ouv.*** *de mi-mai à mi-oct. : dim.* ♿

Camaldoli ❺

Carte routière E2. 🚌 *depuis Bibbiena.* 📞 *(0575) 55 60 12.* **Monastère et ermitage *ouv.*** *9 h - 13 h, 15 h - 18 h t.l.j. ;* **Museo Ornitologico Forestale** *fermé pour rénovation.* **Accès payant.** ♿

L es bâtiments du monastère remontent pour la plupart aux XVIIe et XVIIIe siècles mais comprennent également l'hospice camaldule fondé en 1046 et une pharmacie datant de 1543 qui commercialise les savons, produits de toilette et liqueurs fabriqués par les quarante moines vivant aujourd'hui dans le couvent.

Il faut encore suivre pendant 2,5 km une route en lacets pour atteindre l'ermitage de Camaldoli, ensemble incluant une église baroque, une chapelle et vingt cellules, bâti, à l'endroit où saint Romuald vint se retirer du monde en 1012 avec quelques émules. Leur exemple suscita des vocations et, en 1072, neuf groupes d'ermites avaient essaimé vers de nouveaux lieux de méditation. En 1123, l'ordre des Camaldules obtenait sa pleine autonomie sous la règle de saint Benoît.

Ses membres continuent de nos jours d'entretenir, comme depuis presque mille ans, la superbe forêt de hêtres et de châtaigniers qui entoure le monastère. Les promeneurs y trouveront sentiers tracés et aires de pique-nique.

De l'autre côté de la route, face au parc de stationnement du monastère, un petit musée ornithologique privé présente les nombreuses espèces d'oiseaux de la région.

Poppi ❻

Carte routière E2. 🏛 *6 700.* 🚗 🚌
ℹ️ *Via Nazionale 14, Badia Prataglia (mars - déc. : mar. - dim.) (0575) 55 90 54).* 🛍 *mar.*

L a partie la plus ancienne du village domine de très haut l'arrêt des cars et la gare. Son splendide château, l'imposant **castello di Poppi**, se voit d'aussi loin que Bibbiena *(p. 192)*. Au sud du bourg, le **zoo Fauna Europa** se spécialise dans la conservation d'espèces européennes comme le loup de l'Apennin ou le lynx.

Visible de Poppi, à quelques kilomètres au nord-ouest dans la vallée de l'Arno, se dresse le **castello di Romena** (XIe siècle) où séjourna Dante lorsqu'il dut s'exiler de Florence. L'église de Romena (1152) est un exemple typique de petit sanctuaire roman.

♣ **Castello di Poppi**
📞 *(0575) 52 99 64.* *avr. - oct. : t.l.j. ; nov. - mars : mar. - dim.* **Accès payant.** ♿ *partiel*
🐾 **Zoo Fauna Europa**
Poppi. 📞 *(0575) 52 90 79.* ***Ouv.*** *t.l.j.* **Accès payant.** ♿
♣ **Castello di Romena** Pratovecchio.
📞 *(0575) 58 13 53.* **Fermé** *pour restauration.*

Le castello di Poppi d'où l'on a vue sur tout le Casentino

Paysage du Casentino

Bibbiena **7**

Carte routière E2. 🏛 *11 000*. 🚉
🚌 **i** *Via Berni 25 (0575) 59 30 98.*
🛒 *jeu.*

Cette ville, juchée sur une colline au pied de laquelle ondule l'Arno, est l'une des plus anciennes de la région. Elle fut au Moyen Âge l'enjeu de violents conflits entre Arezzo et Florence. Aujourd'hui cernée de bâtiments industriels, elle constitue le centre économique du Casentino. D'intéressantes peintures de l'école de Sienne et un triptyque par Bicci di Lorenzo (1373-1452) décorent l'église, la **pieve di Santi Ippolito e Donato** construite au XIIᵉ siècle.

La grand-place de Bibbiena, la piazza Tarlati, offre une belle vue sur Poppi *(p. 191)*.

🛡 Pieve di Santi Ippolito e Donato
Piazza Tarlati. **Ouv.** *8 h-12 h, 15 h-18 h t.l.j.* ♿

La Verna **8**

Carte routière E2. 🚌 *depuis Bibbiena.* **📞** *0575 53 41.* **Ouv.** *6 h 30 - 19 h 30 t.l.j.* ♿ *partiel.*

Selon la légende, au moment où Jésus mourut sur la Croix, un tremblement de terre fendit en deux l'éminence rocheuse, la Senna, où s'accroche le couvent de La Verna. En 1213, le comte Orlando Cattani fit don de cette montagne à François d'Assise et ce fut là, en 1224, que le saint reçut les stigmates.

Le monastère ne présente pas d'intérêt architectural mais possède certaines des plus belles œuvres d'Andrea della Robbia. Il est aujourd'hui à la fois un centre religieux d'un grand rayonnement et un site touristique très fréquenté. Plusieurs sentiers fléchés, dans la superbe forêt de hêtres et de sapins qui l'entoure, conduisent à de beaux points de vue.

Le Casentino **9**

Carte routière E2. 🚂 🚌 *depuis Bibbiena.* **i** *Bibbiena.*

Parsemées de petits villages, les collines boisées du Casentino s'étendent au nord d'Arezzo. L'Arno y prend sa source sur les flancs du monte Falterona et d'innombrables

torrents créent sur les pentes de la région les cascades dont le spectacle fait le bonheur des randonneurs. Ceux-ci sont particulièrement nombreux en automne, époque de la cueillette des champignons *(p. 198)*.

Caprese Michelangelo **10**

Carte routière E2. 🏛 *1 671*. 🚌
depuis Arezzo. **i** *Via Capoluogo 1 (0575) 79 37 76.*

Son père y occupant temporairement la charge de *podestà* – magistrat cumulant les fonctions de maire, de juge et de chef de la police –, Michelangelo Buonarroti (Michel-Ange) naquit le 6 mars 1475 à Caprese dans la maison où le **Commune Casa Natale Michelangelo** présente aujourd'hui des photographies et des copies de ses œuvres.

Michelangelo Buonarroti (1475-1564)

Ce sont toutefois des sculptures modernes qui décorent les murs de la ville d'où l'on découvre une belle vue sur les montagnes.

🏛 Commune Casa Natale Michelangelo
Casa del Podestà, Via Capoluogo 1
📞 *(0575) 79 37 76.* **Ouv.** *mi-juin - oct. : t.l.j. ; nov. - mi-juin : mar. - dim.*

Sansepolcro **11**

Carte routière E3. 🏛 *15 700*. 🚌
i *Piazza Garibaldi 2 (0575) 74 05 36.* 🛒 *mar., sam.*

Centre industriel animé, Sansepolcro est surtout connu en tant que ville natale de Piero della Francesca (v. 1416-1492) et nombreux viennent admirer les œuvres présentées par le **Museo Civico.**

Celui-ci, abrité par le Palazzo Comunale (XIVᵉ siècle), possède notamment *La Résurrection* (1463), célèbre fresque où le Christ, curieusement

Le monastère de La Verna, fondé par saint François en 1213

impassible, prend possession
d'un paysage primitif et
éternel en présence de soldats
endormis dans leurs armures
Renaissance. A voir aussi
Polyptyque de la Miséricorde,
malheureusement endommagé,
la première œuvre importante
de l'artiste.

Ne pas manquer non plus la
Crucifixion (xvᵉ siècle) par
Luca Signorelli et, à l'église
San Lorenzo, la *Déposition
de Croix* du maniériste Rosso
Fiorentino (1494-1540).

🏛 **Museo Civico**
Via Aggiunti 65. 📞 *(0575) 73 22 18.*
Ouv. *9h30 - 13h, 14h30 - 18h. t.l.j.*
Accès payant.
🔓 **San Lorenzo** *Via Santa Croce.*
📞 *(0575) 74 05 36.*
Ouv. *10h - 13h, 15h - 18h. t.l.j.* ♿

Anghiari ⓬

Carte routière E3. 🏠 *5 874.* 🚌
ℹ️ *Via Matteotti 103 (0575) 74 92
79.* 📅 *mer.*

L éonard de Vinci aurait dû
peindre au Palazzo
Vecchio une fresque ayant
pour sujet la bataille qui
opposa Florence et Milan à
Anghiari en 1440. Le projet ne

Anghiari, exemple typique de village médiéval fortifié

se réalisa malheureusement
pas. Ce petit bourg historique
est aujourd'hui bien paisible
au milieu des champs de
tabac qui grimpent jusque sur
les flancs du monte Fumaiolo
voisin.

🏛 **Museo dell'Alta Valle del Tevere**
Piazza Mameli 16. 📞 *(0575)
78 80 01.* **Ouv.** *9 h - 13 h mar. - dim.*
Le musée présente des
meubles et jouets fabriqués
localement et quelques belles
œuvres d'art, comme une
Vierge en bois (1420) de
Jacopo della Quercia.
🔓 **Santa Maria delle Grazie**

Propositura. **Ouv.** *t.l.j.* ♿
La principale église du village,
qui date du xviiiᵉ siècle,
renferme un maître-autel et un
tabernacle de l'atelier des della
Robbia et une *Vierge à
l'Enfant* (xvᵉ siècle) par Matteo
di Giovanni.

🏛 **Museo della Misericordia**
Via Francesco Nenci 13. 📞 *(0575)
78 95 77.* **Ouv.** *sur r.-v.*
Il retrace l'histoire de la
Misericordia, organisation
charitable fondée au
xiiiᵉ siècle pour porter
assistance aux pèlerins en
route pour Rome, et
responsable aujourd'hui du
service d'ambulances de la
Toscane *(p. 277).*

Monterchi ⓭

Carte routière E3. 🏠 *1 910.* 🚌
ℹ️ *Arezzo.* 📅 *dim.*

P iero della Francesca choisit
la chapelle de ce village
pour peindre sa fresque,
récemment restaurée, de la
Vierge del Parto (p. 26).
À travers cette œuvre
unique dans l'art italien et
d'une fascinante ambiguïté,
il a réussi à exprimer toute la
fierté de la femme enceinte,
sa fatigue au terme de la
grossesse, et son chagrin de
savoir que son fils ne sera pas
un homme ordinaire.
La fresque se trouve aujourd'hui
au **museo Madonna del Parto.**

🏛 **Museo Madonna del Parto**
Via Regina 1. 📞 *0575 707 13.*
Ouv. *9 h - 13 h, 14 h - 19 h mar. - dim.*
(18 h en hiver). **Accès payant.**

La Résurrection (1463) par Piero della Francesca, à Sansepolcro

Arezzo

Largement reconstruite après la dernière guerre, Arezzo est aujourd'hui l'une des villes les plus riches de Toscane, exportant de l'orfèvrerie dans toute l'Europe. Le centre, où s'élève l'église San Francesco décorée par Piero della Francesca, a néanmoins gardé le charme historique d'une cité vieille de plus de deux mille ans. Un passé que rappelle la Chimère installée près de la gare, copie du bronze étrusque *(p. 40)* coulé ici en 380 av. J.-C.

La façade du Duomo, achevée en 1914

Fontaine de la Chimère

San Francesco

Voir p. 196-197.

Pieve di Santa Maria

Corso Italia 7. **Ouv.** *t.l.j.*
La principale rue commerçante d'Arezzo, le corso Italia, conduit à cette grande église romane qui possède l'une des façades les plus ouvragées de Toscane. Arcades et colonnades ont cependant souffert du temps. Le splendide campanile (1330) est appelé « aux cent trous » en raison des baies géminées (en fait au nombre de quarante) dont il est percé.

Piazza Grande

Cette place offre un cadre superbe aux marchés d'antiquités qui s'y tiennent régulièrement *(p. 268)*. À l'ouest, le palazzo della Fraternità dei Laici, dont la partie inférieure remonte à 1377, porte un relief de la Vierge sculpté en 1434 par Bernardo Rossellino. Le beffroi et l'horloge datent de 1552. Une élégante arcade dessinée par Vasari en 1573 borde la place au nord.

Fortezza Medicea e parco il Prato

(0575) 37 76 66. **Ouv.** été : 8 h - 20 h ; hiver : 8 h - 17 h.
Antonio da Sangallo le Jeune construisit cette imposante citadelle pour Cosme Ier au XVIe siècle. Partiellement démolie au XVIIIe siècle, seuls les remparts sont intacts. On peut pique-niquer à cet endroit qui offre un point de vue magnifique de la vallée de l'Arno.
Dans le parco il Prato, le vaste jardin public d'Arezzo, s'élève une très grande statue (1928) de Pétrarque.
La maison où le célèbre poète aurait vu le jour en 1304 se dresse à l'entrée du parc.

Duomo

Piazza del Duomo. **Ouv.** *t.l.j.*
Commencé en 1278, l'immense Duomo resta inachevé jusqu'en 1510. Sa façade date de 1914. Les fenêtres qui éclairent l'intérieur gothique sont ornées de vitraux du XVIe siècle réalisées par Guillaume de Marcillat, un moine français qui s'installa à Arezzo.
On peut voir le tombeau de l'évêque Guido Tarlati, qui gouverna la ville de 1312 jusqu'en 1327, sur le mur à gauche du maître-autel

(XVe siècle). Les reliefs décrivent des épisodes de sa vie peu conventionnelle. Une petite fresque de *Marie-Madeleine*, peinte par Piero della Francesca (1416-1492), se trouve près du monument. La chapelle de la Vierge renferme une *Assomption* en terre cuite par Andrea della Robbia (1435-1525).

Museo del Duomo

Piazzetta derrière le Duomo 13.
(0575) 239 91. **Ouv.** 10 h - 12 h 30 jeu. - sam. **Accès payant.**
Parmi les œuvres provenant de la cathédrale, le musée possède trois crucifix en bois des XIIe et XIIIe siècles. Margaritone di Arezzo peignit le plus ancien en 1264.
On y verra également le bas-relief en terre cuite de l'*Annonciation* (1434) par Bernardo Rossellino, une *Annonciation* par Spinello Aretino (1373-1410) et des fresques par Vasari (1512-1574), natif d'Arezzo.

Abside de la pieve di Santa Maria et palazzo della Fraternità dei Laici sur la Piazza Grande

♞ Casa del Vasari

Via XX Settembre 55. ☎ *0575 40 90 40.*
Ouv. *8 h 30 - 19 h lun., mer. - sam., 9 h -
12 h 30 dim. et j. fériés.* **Accès gratuit.**
Vasari dessina sa
maison en 1540 et
décora ses murs et ses
plafonds de fresques
où figuraient artistes
et amis. Il s'est
même représenté
en train de
regarder par la
fenêtre. Ce
peintre et

**Détail d'une fresque
de la casa del Vasari**

architecte prolifique
a surtout marqué la
postérité par son livre :
*Les Vies des plus excellents
peintres, sculpteurs et
architectes* (1530). Ses
nombreuses biographies,
catalogues des œuvres et
anecdotes lui valent d'être
considéré comme le premier
historien d'art.

♨ Museo statale d'Arte Medioevale e Moderna

Via di San Lorentino 8. ☎ *0575
40 90 50.* **Ouv.** *9 h - 19 h mar. - sam.,
9 h - 12 h 30 dim. et j. fériés.*
Accès payant.
Le gracieux palazzo Bruni
(XVe siècle) abrite les
collections de ce musée.

Celles-ci comprennent l'un
des plus beaux ensembles
de poteries en majolique
d'Italie, des terres
cuites par Andrea
della Robbia et ses
élèves, des fresques
par Vasari et
Signorelli, et
des peintures
d'artistes
des XIXe et
XXe siècles,
notamment
de membres
du mouvement
des Macchiaioli
(*p. 123*).

♫ Anfiteatro Romano e Museo Archeologico

Via Margaritone 10. ☎ *(0575) 208 82.*
Ouv. *8 h 30 - 19 h t.l.j.* **Accès payant
pour le Musée archéologique.** ♿
Le Musée
archéologique
d'Arezzo
occupe
un ancien
monastère
construit en
partie sur les
ruines d'un
amphithéâtre
romain.
Il présente

**Vase arétin du
Ier siècle av. J.-C.**

MODE D'EMPLOI

Carte routière E3. 🚻 *92 000.* FS
🚌 *Piazza della Repubblica.* ℹ
*Piazza della Repubblica 28. (0575
377 678).* 🗓 *sam.* 🎠 *Giostra del
Saracino (3e dim. de juin et 1er dim.
de sept.).* **Magasins fermés** *sam.
(lun. matin en hiver).*

notamment une vaste
collection de vases
corallins, poteries rouge
foncé produites dans
la région au Ier siècle av. J.-C.
et exportées dans tout
l'Empire romain.

♙ Santa Maria delle Grazie

Via di Santa Maria. **Ouv.** *t.l.j.*
Un gracieux portique
(1482) de Benedetto da
Maiano précède cette église
achevée en 1449, entourée
d'un jardin
fermé par
des murs au
sud-est
de la ville. Son
maître-autel,
par Andrea della
Robbia (1435-1525),
incorpore une fresque
de la Vierge (1430)
par Parri di Spinello.

AREZZO

LÉGENDE

FS Gare
🚌 Terminus des autobus
P Parc de stationnement
ℹ Informations touristiques

0 ———— 500 m

San Francesco

Piero della Francesca peignit de 1452 à 1466 dans l'abside de cette église du XIIIᵉ siècle son chef-d'œuvre : *La Légende de la vraie Croix*. Inspiré de la *Légende dorée,* ce cycle de fresques, l'un des plus beaux d'Italie, raconte comment la Croix, taillée dans l'arbre où poussa le fruit qui tenta Adam, fut découverte près de Jérusalem par l'impératrice Hélène. La Croix servit d'emblème à son fils Constantin lors de la bataille où se joua, en 312, le sort de la chrétienté dans l'Empire romain. Vainqueur, Constantin reconnut officiellement le christianisme par l'édit de Milan signé en 313.

Chapeaux démesurés
Des personnages historiques portent des tenues Renaissance.

Judas révèle l'emplacement de la Croix.

La Croix revient à Jérusalem.

Crucifix peint
Le crucifix peint du XIIIᵉ siècle constitue le point focal des fresques. Saint François, à qui l'église est dédiée, prie au pied de la Croix.

L'impératrice Hélène assiste au déterrement de la Croix. La ville symbolisant Jérusalem est en fait Arezzo au XVᵉ siècle.

L'Annonciation, empreinte de sérénité, est typique du style énigmatique de Piero della Francesca.

La défaite de Khosrô (Chosroês)
La scène représente une bataille de l'époque de la Renaissance mais s'inspire de celles souvent sculptées sur les sarcophages romains.

La Mort d'Adam
Ce portrait expressif d'Adam et Ève âgés illustre la maîtrise de l'anatomie par l'artiste, l'un des premiers à peindre des personnages nus.

Les prophètes ne semblent pas jouer de rôle dans le cycle narratif mais juste remplir une fonction décorative.

MODE D'EMPLOI

Piazza San Francesco, Arezzo.
0575 90 04 04. **Ouv.** 9 h - 17 h
lun. - sam. **Accès payant.**
W www.pierodellafrancesca.it

Les édifices, dans la fresque, reflètent les goûts architecturaux de la Renaissance *(p. 23).*

Le bois de la Croix est enterré.

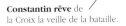

Constantin rêve de la Croix la veille de la bataille.

Constantin adopte la Croix comme emblème.

La reine de Saba reconnaît le bois de la Croix.

Rencontre de Salomon et de la reine de Saba
Elle symbolise l'espoir nourri au XVe siècle d'une union des Églises catholiques d'Orient et d'Occident.

Les champignons en Toscane

Faux mousseron
(Marasmius Oreades)

L es Toscans vouent une véritable passion aux champignons qu'ils considèrent comme un mets extrêmement délicat. À défaut de les ramasser vous-même, vous pourrez goûter aux meilleures variétés dans les restaurants. En entrée, ils sont généralement proposés *trifolati* (revenus avec de l'ail ou du persil) ou hachés dans une sauce à l'ail en accompagnement de pâtes. Les cèpes, appelés ici *porcini*, se servent également *in gratella* (grillés). Quant à la truffe, elle est tout simplement râpée au-dessus de spaghettis ou de tagliatelles maison.

Au retour d'une belle cueillette

Sparassis crépu
(Sparassis crispa)

Pied-bleu
(Lepista personata)

Girolle
(Cantharellus cibarius)

Coulemelle
(Lepiota procera)

Cèpe
(Boletus edulis)

Pleurote
(Pleurotus ostreatus)

Morille
(Morchella esculanta)

Faux mousseron
(Marasmius oreades)

LES MEILLEURS CHAMPIGNONS DE TOSCANE

Les espèces les plus réputées, à la texture ferme et à la chaire parfumée, apparaissent sur les éventaires des magasins et des marchés de toute la région de la mi-septembre à fin novembre.

Porcini
Le cèpe, frais ou séché, est une des rares espèces disponible toute l'année.

Monte San Savino **⓯**

Carte routière E3. 🚶 7 794.
FS 🚌 **ℹ** *Piazza Gamurrini 25
(0575 84 30 98).* 🔄 *mer.*

Lucignano et ses rues concentriques

C ette petite cité construite sur une colline domine la Valdichiana, plaine jadis marécageuse et malsaine que Cosme Ier draina au XVIe siècle, la transformant en une riche terre agricole. Elle nourrit aujourd'hui le bétail dont la viande délicate est utilisée pour le *bistecca alla Fiorentina (p. 255)* sur les tables des restaurants toscans.

Rendu prospère par l'agriculture, Monte San Savino s'est paré d'élégants édifices, dont plusieurs commandés au sculpteur et architecte de la haute Renaissance Andrea Contucci, natif de la ville, connu sous le nom de Sansovino (1460-1529). Son contemporain, Antonio da Sangallo l'Ancien (1455-1534), en réalisa certains autres. La rue principale, le corso Sangallo, porte son nom.

Elle part de la Porte Fiorentina bâtie en 1550 sur un dessin de Giorgio Vasari puis passe devant le *cassero*, ou citadelle (XIVe siècle), aux murs entièrement cachés par des maisons du XVIIe siècle.

Vase de fabrication locale, museo di Ceramica

L'ancienne forteresse abrite un centre d'information touristique et le petit **museo di Ceramica.** Plus loin, la rue longe l'harmonieuse loggia dei Mercanti (1518-1520) de Sansovino et le Palazzo Comunale édifié en 1515 par Sangallo pour le cardinal Antonio di Monte.

Sur la piazza di Monte où se trouve sa maison, Sansovino éleva également la double loggia à colonnes ioniques et le cloître de l'église **Sant'Agostino.** Celle-ci renferme son tombeau, dalle usée derrière la chaire, et est décorée d'une *Assomption* (1539) par Vasari et de fresques du XVe siècle représentant des scènes de la *Vie du Christ.*

🏛 **Museo di Ceramica**
Piazza Gamurrini. **📞** *0575 84 30 98.*
Ouv. *sur r.-v.* **Accès payant.**
🛕 **Sant'Agostino**
Piazza di Monte. **Ouv.** *t.l.j.* ♿

Lucignano **⓰**

Carte routière E3. 🚶 3 349. 🚌
ℹ *Piazza del Tribunale 1 (0575) 83 61 28.* 🔄 *jeu.*

S éduisant village médiéval dont de nombreuses maisons datent du XIVe siècle, Lucignano possède un plan tout à fait inhabituel. À l'intérieur de l'enceinte fortifiée, ses rues forment en effet quatre cercles concentriques autour du sommet de la colline sur laquelle il est bâti. Quatre petites places aèrent le centre.

Un escalier circulaire devant la **Collegiata** rappelle ce curieux plan urbain. L'église, achevée en 1594 par Orazio Porta, est décorée de beaux anges de bois doré ajoutés en 1706.

Édifié au XIVe siècle, le Palazzo Comunale abrite le **Museo Comunale.** De nombreux artistes contribuèrent entre 1350 et 1471 à sa pièce maîtresse : un reliquaire en or de 2,5 m de hauteur appelé *Arbre de Lucignano* à cause de sa forme. Les collections du musée comprennent en outre une *Vierge* par Lippo Vanni (1341-1375), deux peintures de Luca Signorelli (1450-1523) – une lunette montrant saint François d'Assise et une *Vierge à l'Enfant* –, ainsi que de beaux tableaux du XIIIe au XVe siècle de l'école de Sienne.

Plusieurs peintres de cette école travaillèrent de 1438 à 1465 aux fresques de personnages bibliques et mythologiques qui décorent le plafond de la salle principale : la sala del Tribunale.

🛕 **Collegiata**
Costa San Michele.
🏛 **Museo Comunale**
Piazza del Tribunale 22.
📞 *0575 83 80 01.* **Ouv.** *mar. - dim.*
Accès payant. ♿

Le corso Sangallo à Monte San Savino

Cortone ⑰

Cortone est l'une des plus anciennes cités de Toscane et ses murs d'enceinte, qui datent du Moyen Âge, s'appuient sur des fondations étrusques *(p. 40)*. Conquise par les Romains, puis par les Goths au Ve siècle, Cortone fut une des principales places fortes de Toscane à l'époque médiévale résistant même à des villes telles que Sienne et Arezzo. Elle tomba toutefois sous contrôle florentin en 1411. Forteresse perchée au-dessus de la Valdichiana et entourée de terrasses en pierre sèche, elle a gardé son aspect médiéval, ses placettes et ses ruelles très raides, parfois même en escalier, formant un dédale sans dessin apparent.

Maisons médiévales, via Janelli

Palazzo Comunale

✠ Palazzo Comunale

Fermé au public.
Ce bâtiment du XIIIe siècle fut agrandi au XVIe, incorporant la tour qui lui donne son aspect caractéristique. De grandes conversations se tiennent sur son escalier les soirs d'été.

🏛 Museo dell'Accademia Etrusca

Palazzo Casali, piazza Signorelli 9.
📞 0575 63 04 15. *Ouv.* avr. - sept. : 10 h - 19 h mar. - dim. ; oct. - mars : 10 h - 17 h mar. - dim.
Accès payant. ♿ *partiel.*
Ce musée, l'un des plus intéressants de la région a des pièces étrusques, dont une lampe unique en bronze du IVe siècle av. J.-C. *(p. 41)* et une collection d'objets égyptiens comprenant un vaisseau funéraire du IVe millénaire av. J.-C.
On crut longtemps que la peinture à l'encaustique représentant Polymnie, Muse de la Poésie lyrique, était une œuvre romaine du Ier ou IIe siècle av. J.-C. Il s'agit en réalité d'une remarquable imitation du XVIIIe siècle.

⛪ Duomo

Piazza del Duomo. *Ouv. t.l.j.* ♿
Le Duomo actuel, reconstruit par Giuliano da Sangallo au XVIe siècle, incorpore dans sa façade occidentale des vestiges de son prédécesseur roman. Cristofanello dessina en 1550 son élégant portail. L'intérieur a été remanié au XVIIIe siècle.

🏛 Museo Diocesano

Piazza del Duomo 1. 📞 0575 628 30.
Ouv. mai. - sept. : 9 h 30 - 13 h, 15 h 30 - 19 h mar. - dim. ; oct.-avr. : 10 h - 13 h, 15 h - 17 h mar. - dim.
Accès payant. ♿
Installé dans l'église du Gesù (XVIe siècle), le musée présente plusieurs chefs-d'œuvre, en particulier l'*Annonciation* par Fra Angelico (1428-1430), une *Crucifixion* par Pietro Lorenzetti (v. 1280-1348) et une *Déposition* par Luca Signorelli (1441-1523). Il abrite également un sarcophage romain décoré de Lapithes et de Centaures qu'admiraient Donatello et Brunelleschi.

✠ Via Janelli

Les maisons médiévales de cette petite rue, avec leurs étages supérieurs construits en déport sur de puissantes poutres, font partie des plus anciennes d'Italie.

⛪ San Francesco

Via Maffei. *Fermé* au public.
Le frère Élie, natif de Cortone et successeur de saint François d'Assise à la tête des Franciscains, entreprit cette église en 1245 où il repose en compagnie de Luca Signorelli (1441-1523). Elle renferme le précieux reliquaire en ivoire (Xe siècle) qu'il rapporta de Constantinople et la dernière œuvre de Pierre de Cortone (1596-1669) : une *Annonciation*.

L'*Annonciation* (1428-1430) par Fra Angelico au Museo Diocesano

⊞ Piazza Garibaldi

Située à l'est de la ville, cette place, très fréquentée par les étudiants étrangers qui séjournent à Cortone tous les étés, commande de superbes panoramas, notamment sur la jolie église Renaissance de Santa Maria delle Grazie al Calcinaio.

🔒 Via Crucis et Santa Margherita

Longue allée escarpée, bordée de jardins et décorée de mosaïques futuristes par Gino Severini (1883-1966) illustrant des épisodes de la Passion du Christ, la via Crucis qui conduit à l'église Santa Margherita fut percée en 1947.
Reconstruite en 1856-1897 à l'emplacement d'un ancien sanctuaire gothique dont elle a conservé une rose en vitrail, Santa Margherita renferme le tombeau de sainte Marguerite de Cortone et des trophées pris aux Ottomans au XVIIIe siècle lors de batailles navales.
Le piazzale del Santuario qu'elle domine offre une vue superbe des environs.

Santa Maria delle Grazie

🔒 Santa Maria delle Grazie

Calcinaio. **Ouv.** t.l.j.
Une agréable promenade à pied de 15 mn sépare du centre de la ville cette remarquable église Renaissance (1485), l'une des rares œuvres de Francesco di Giorgio Martini (1439-1502) à nous être parvenues. Il faut s'adresser au gardien pour la visiter (maison à l'arrière du jardin, à droite de l'entrée principale).
Les vitraux sont de Guillaume de Marcillat (p. 194) et le maître-autel (1519), par Bernardino Covatti, porte une image miraculeuse : la *Madonna del Calcinaio*.

MODE D'EMPLOI

Carte routière E3. 🏠 22 620. 🚉
Carnucia, 5 km au sud-est de Cortone.
🚌 Piazza Garibaldi. ℹ️ Via Nazionale 42 (0575 63 03 52). 🛒 sam.
🎪 Sagra della Bistecca (14-15 août).
Magasins fermés lun. matin.

⋒ Tanella di Pitagora

Sur la route de Sodo.
📞 (0575) 61 27 78 **Ouv.** sur r.-v.
La plaine renferme plusieurs sépultures étrusques restaurées. L'une d'elles s'est vu attribuer le nom de « tombeau de Pythagore » à la suite d'une confusion entre Cortone et Crotone, la ville de Calabre où naquit le mathématicien grec.

Un tumulus recouvrait les tombes du type de la tanella di Pitagora

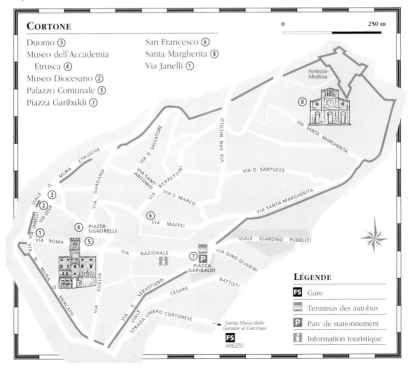

CORTONE

Duomo ③
Museo dell'Accademia Etrusca ④
Museo Diocesano ②
Palazzo Comunale ⑤
Piazza Garibaldi ⑦

San Francesco ⑥
Santa Margherita ⑧
Via Janelli ①

0   250 m

Fortezza Medicea

VIA SANTA MARGHERITA

VIA SAN NICOLO

VIA D. SALVATORE

VIA SANT'ANTONIO

BERRETTINI

VIA D. SANTUCCE

VIALE D. MURA ETRUSCHE

VIA DARDANO

VIA S. MARCO

VIA SANTA MARGHERITA

VIA JANELLI

VIA GESA

③
②
④ PIAZZA SIGNORELLI

① VIA ROMA ⑤

VIA MAFFEI

VIALE GIARDINO PUBBLICI

VIA NAZIONALE ℹ️

⑦ 🅿️ PIAZZA GARIBALDI

VIA GINO SEVERINI

BATTISTI

VIA D. MURA D. MERCATO

VIA GUELFA

VIA S. SEBASTIANO

CESARE

STRADA UMBRO CORTONESE

Santa Maria delle Garazie al Calcinaio
🚉
AREZZO

LÉGENDE

🚉 Gare

🚌 Terminus des autobus

🅿️ Parc de stationnement

ℹ️ Information touristique

LA PROVINCE DE SIENNE

*C*ette région agricole déploie autour de Sienne ses paysages d'une grande beauté, dominés par les remparts de bourgs fortifiés tels San Gimignano et Pienza. Au nord, les vignobles du Chianti produisent certains des meilleurs vins d'Italie. Le Sud est caractérisé par les collines argileuses du Crete que les orages, au fil des siècles, ont dénudées.

La terre de la région connue sous le nom de Chianti, qui s'étend entre Florence et Sienne, convient particulièrement à la vigne qui bénéficie d'une altitude et d'un ensoleillement idéals. Mais aujourd'hui cette région se transforme de plus en plus en lieu de villégiature, les châteaux domaniaux et les villas parsemant ses coteaux sont souvent convertis en hôtels de luxe ou en centres de loisirs. Ceux-ci proposent piscines, courts de tennis ou randonnées à cheval aux familles qui viennent en vacances dans ce splendide paysage de vignobles. Celui du Crete, au sud, est bien différent. Plantés en coupe-vent au bord des routes ou autour des fermes isolées, les cyprès dressent leurs silhouettes déliées sur un décor sauvage et désert où des troupeaux de brebis produisent le lait nécessaire à la fabrication du *pecorino*, fromage très apprécié en Toscane. La S2 relie ces deux terroirs en suivant un tracé très ancien et les églises romanes, les châteaux et les villes fortifiées qui parsèment son parcours n'ont guère changé depuis le Moyen Âge où les pèlerins s'y pressaient en direction de Rome.

UN CONFLIT INCESSANT

C'est la longue opposition entre les deux cités-États de Florence et de Sienne qui marque l'histoire de la région. Sienne connut des heures glorieuses en remportant la bataille de Montaperti en 1260 mais, ravagée par la peste au XIVe siècle, elle finit par se rendre à son ennemie après le siège de 1555, inaugurant son déclin. Plusieurs villes des alentours connurent le même sort et la région est restée en quelque sorte figée dans le temps. Mais après des siècles d'oubli, les gracieux bâtiments médiévaux de nombre de ces cités ont du être restaurés, offrant au visiteur d'aujourd'hui une architecture demeurée intacte.

Monteriggioni, ville fortifiée magnifiquement préservée

◁ **Une maison de San Quirico d'Orcia dans la lumière du matin**

À la découverte du centre de la Toscane

Ville splendide avec ses rues étroites et ses bâtiments médiévaux en brique rose, Sienne est le centre naturel d'où explorer le cœur de la Toscane. Quelques kilomètres seulement au travers d'oliveraies et de vignobles ponctués de cyprès conduisent aux coteaux du Chianti ou à des cités historiques comme San Gimignano et Montepulciano. Bien que les villes s'emplissent de visiteurs pendant la journée, elles retrouvent le soir leur visage toscan et on peut y découvrir d'excellents restaurants aux tarifs abordables.

Damigiane (dames-jeannes) dans leurs claies d'osier, remplies de chianti

CIRCULER

Si la S2 est au départ de Sienne la route principale vers le sud, c'est la S222, ou *Chiantigiana* car elle traverse le Chianti, qui relie la ville à Florence. Des cars assurent des services réguliers sur les deux itinéraires et la plupart des agences de voyages proposent des visites organisées des principaux sites touristiques. Une voiture s'avère néanmoins d'un grand intérêt. Pas de trains hormis entre Sienne et Florence.

Vers Florence

SAN GIMIGNANO ❶

❷

COLLE DI VAL D'ELSA

S68
← *Vers Volterra*

❸

MONTERIGGIONI

S429

S2

S73

Elsa

Cecina

Merse

SAN GALGANO ❼

Vers Massa Marittima ↙ S441

S73

LÉGENDE   *Vers Grosseto*

	Autoroute
	Route principale
	Route secondaire
	Parcours pittoresque
	Cours d'eau
❈	Point de vue

0   10 km

Sienne vue d'une colline voisine

Paysage typique du Crete

Vers Arezzo

Vers Arezzo

Vers Pérouse

Vers Rome

Le palazzo Campana à l'entrée de Colle Alta

San Gimignano ❶

Voir p. 208-211.

Colle di Val d'Elsa ❷

Carte routière C3. 🚶 *17 200.* **FS**
🚌 **ℹ** *Via Campana 43 (0577 92 27
91).* 🛒 *ven.*

Deux villes composent
cette agglomération : la
moderne Colle Bassa, dans
la plaine, connue pour sa
production de verrerie en
cristal, et Colle Alta qui a
gardé son aspect médiéval.

♜ Palazzo Campana
Fermé au public.
Ce palais maniériste
construit sur un viaduc à
Colle Alta en 1539 par
Baccio d'Agnolo fait office
de porte de la ville.

⛨ Duomo
Piazza del Duomo. **Ouv.** *16 h - 17 h lun.
- ven., dim. mat.* **ℂ** *(0577) 92 01 80.*
Le Duomo renferme une
chaire en marbre Renaissance
ornée de bas-reliefs de la
Vierge (1465) attribués à
Giuliano da Maiano. Sa façade
fut remaniée en 1603.

♜ Museo Archeologico
Palazzo Pretorio, piazza del Duomo.
ℂ *(0577) 92 29 54).*
Ouv. *oct. - mars : 15 h 30 - 18 h 30 mar. -
dim. (et 10 h - 12 h sam. et dim.) ; avr. -
sept. : 10 h - 12 h et 17 h - 19 h mar. - dim.*
Accès payant.
Le musée, au dernier étage du
palazzo Pretorio, présente une
collection d'urnes étrusques
trouvées dans des tombes de
la région. Le palais servit en
temps de prison. Les slogans
communistes écrits sur ses
murs datent des années 20.

♜ Museo d'Arte Sacra
Via del Castello 27. **ℂ** *(0577)
92 38 88.* **Ouv.** *voir Museo Civico.*
Occupant l'ancien palais
épiscopal, il présente des
fresques (XIVᵉ siècle) par
Bartolo di Fredi, des peintures
siennoises et des poteries
étrusques.

***Sgraffito* du Museo Civico**

♜ Museo Civico
Via del Castello 31. **ℂ** *(0577) 92 38 88.*
Ouv. *avr. - oct. : 10 h - 12 h, 16 h - 19 h
mar. - dim. ; nov. - mars : 10 h - 12 h,
15 h 30 - 18 h 30 sam. et dim.*
Accès payant.
Le palazzo dei Priori, qui
porte à sa façade décorée de
sgraffiti les armoiries des
Médicis, abrite de petites
collections de peinture de
l'école de Sienne, de poteries
étrusques et de maquettes de
la vieille ville de Colle Alta.
Des fresques peintes par
Simone Ferri en 1581 ornent
le portique de la chapelle
attenante à la salle principale.

⛨ Santa Maria in Canonica
Via del Castello. **Ouv.** *périodiquement.*
Cette église romane à la
façade ornée d'un parement
en briques possède un
campanile d'une grande
simplicité. À l'intérieur,
remanié au XVIIᵉ siècle, on
pourra découvrir un
tabernacle par Pier Francesco
Fiorentino décoré de scènes
de la vie de la Vierge.

♣ Porta Nova
Via Gracco del Secco. **Ouv.** *t.l.j.*
Avec ses deux tours
cylindriques, la Porta Nova
est une grande forteresse
Renaissance dessinée par
Giuliano da Sangallo au
XVᵉ siècle pour surveiller
les approches de la ville
depuis la route de Volterra.

Monteriggioni ❸

Carte routière D3. 🚶 *720.* 🚌

Ce bourg, fondé en 1203,
est un splendide exemple
de village médiéval fortifié.
Entouré de murailles dominées
par quatorze puissantes tours,
il gardait le territoire contrôlé
par Sienne d'une éventuelle
offensive florentine.
   Le spectacle présenté par
cette citadelle au Moyen Âge
impressionna suffisamment

Boutique d'artisanat sur la grand-place de Monteriggioni

Dante pour qu'il l'évoque dans son *Enfer* où il compare Monteriggioni à des géants debout dans un fossé. Le village reste aujourd'hui tout aussi saisissant *(p. 203)*, en particulier vu de la route de Colle di Val d'Esta.

À l'intérieur de son enceinte, le village assoupi ne propose toutefois guère au visiteur qu'une vaste place, une jolie église romane, une ou deux boutiques d'artisanat, quelques restaurants et des magasins proposant les castello di Monteriggioni, excellents vins locaux.

Sienne ❹

Voir p. 212-219.

Asciano ❺

Carte routière D3. 👥 6 250. 🚆 🚌
🛈 *Corso Matteotti 18.*
☎ *(0577 71 71 04).* 🏪 *sam.*

L a route qui conduit de Sienne à Asciano traverse l'étrange paysage du Crete dont les collines dénudées ressemblent à d'immenses fourmilières. Le bourg lui-même est serti dans son enceinte construite en 1351 presque entièrement préservée. Palais et boutiques chic bordent sa rue principale, le corso Matteoti, qui monte vers la place où la **basilica di Sant'Agata,** église romane du XIIIe siècle, domine une fontaine installée en 1472.

La basilica di Sant'Agata à Asciano

La Tentation de saint Benoît (1508) par le Sodoma, à Monte Oliveto Maggiore

À gauche du sanctuaire, le **museo d'Arte Sacra** avec des œuvres de l'école siennoise dont un inhabituel *Saint Michel archange* par Ambrogio Lorenzetti et une *Vierge à l'Enfant* par Duccio.

Dans l'ancienne église San Bernardino, le **Museo Archeologico** présente les objets étrusques découverts dans la **necropoli di Poggio Pinci,** à 5 km du village, dont les tombes datent du VIIe au IVe siècle av. J.-C. Le **museo Amos Cassioli,** dans la via Mameli, expose les œuvres de ce peintre qui vécut à Asciano de 1832 à 1891 mais aussi celles d'autres artistes locaux.

🛈 **Basilica di Sant'Agata**
Piazza della Basilica. **Ouv.** *t.l.j.*
🏛 **Museo d'Arte Sacra**
Piazza della Basilica. ☎ *(0577)*
71 82 07. **Ouv.** *sur r.-v.*
🏛 **Museo Archeologico**
Corso Matteotti 46. **Ouv.** *du mar. au*
dim. **Accès payant.**
🛈 **Necropoli di Poggio Pinci**
Poggio Pinci. ☎ *(0577) 71 95 10.*
Ouv. *sur r.-v.*
🏛 **Museo Amos Cassioli**
Via Mameli. *Appeler l'office du*
tourisme pour horaires. **Accès payant.**
♿

Monte Oliveto Maggiore ❻

Carte routière D3.
☎ *(0577) 70 76 11.* **Ouv.** *9 h 15 - 12 h,*
15 h 15 - 17 h t.l.j. (18 h en été)

U ne allée serpentant entre d'épais cyprès mène à ce monastère, fondé en 1313 par Bernardo Tolomei (1272-1348), qui donnera son nom à la congrégation bénédictine des olivétains. Celle-ci comprendra à la fin du XVIe siècle plus de deux mille moines occupant deux cents abbayes.

L'église, édifice baroque du XVIIIe siècle, abrite un ensemble étonnant de stalles marquetées mais ce sont les fresques décorant le grand cloître (1427-1474) qui ont établi la réputation de Monte Oliveto. Luca Signorelli, élève de Piero della Francesca, peignit les neuf premières en 1495, et le Sodoma acheva les vingt-sept autres en 1505. Chef-d'œuvre de naturalisme, elles illustrent la vie de saint Benoît.

Grande salle à trois nefs, la bibliothèque renferme des manuscrits des XIVe et XVe siècles. La pharmacie est ornée de céramiques du XVIIe siècle.

San Gimignano pas à pas ❶

Ce sont les pèlerins venant du nord de l'Europe et se
rendant à Rome qui sont à l'origine de la prospérité de
San Gimignano dont la population comptait au Moyen Âge
deux fois plus d'habitants qu'aujourd'hui. Après la peste de
1348 et l'abandon des pèlerins qui empruntèrent un autre
itinéraire, la ville déclina lentement. Depuis la fin de la
Seconde Guerre mondiale, San Gimignano connaît une
nouvelle croissance grâce au tourisme et à la production d'un
vin réputé. En outre, on pourra y découvrir de nombreuses
œuvres d'art et d'intéressantes boutiques.

Sant'Agostino
*Bartolo di Fredi y
peignit ce* Christ,
homme de douleur.

Vers Sant'Agostino

**Les magasins de la via San
Matteo,** contrairement à ceux
de la via San Giovanni plus
touristique, s'adressent avant
tout à la population locale.

**Rocca
(1353)**

**La Buca, via San Giovanni, vend
du vin et du jambon de sanglier**

VIA SAN M

VIA DIACCETO

VIA DI QUERCECCHIO

★ Collegiata
*Des fresques couvrent les murs de cette
église du* XIIᵉ *siècle, dont cette* Création
d'Adam et Ève *(1367) par Bartolo di Fredi.*

**Museo
Ornitologico**

Museo d'Arte Sacra
*Il abrite de précieux
objets liturgiques de la
Collegiata et des
peintures religieuses.*

À NE PAS MANQUER

★ **La Collegiata**

★ **La piazza del Duomo**

★ **Le palazzo del
Popolo**

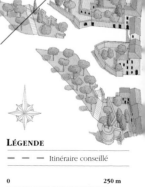

LÉGENDE

– – – Itinéraire conseillé

0   250 m

★ Piazza del Duomo
La tour du Palazzo Vecchio del Podestà (1239) est probablement la plus vieille de la ville.

La torre Grossa commande un panorama spectaculaire.

MODE D'EMPLOI

Carte routière C3. 🏛 *7 041.*
🚌 *Porta San Giovanni.* ℹ️ *Piazza del Duomo 1 (0577 94 00 08).*
🛒 *mar.* **Magasins fermés** *lun. matin (été) sauf marchands de souvenirs.* 🎎 *Fêtes patronales : 31 janv., 12 mars ; carnaval : fév. ; Fiera di Santa Fina : 1er sem. d'août ; Fiera di Sant'Agostino : 29 août ; Festa della Madonna di Pancole : 8 sept.*
W *www.sangimignano.com*

VIA CAPASSI

VIA CAPASSI

PIAZZA DEL DUOMO

PIAZZA DELLA CISTERNA

VIA DEL CASTELLO

VIA DELLA COSTERELLA

VIA DEGLI INNOCENTI

VIA SAN GIOVANNI

VIA PIANDORNELLA

★ Palazzo del Popolo
Une Vierge en majesté *par Lippo Memmi orne la salle du conseil de cet imposant hôtel de ville (1288-1323).*

La piazza della Cisterna doit son nom au puits qui s'y trouve.

La via San Giovanni est bordée de magasins vendant des produits locaux.

Museo Civico
Situé aux derniers étages du palazzo del Popolo, il présente l'une des dernières œuvres du Pinturicchio, une Vierge avec saint Grégoire et saint Benoît.

À la découverte de San Gimignano

Fresque à Sant'Agostino

La « cité des belles tours » est sans doute la ville de Toscane qui a le plus conservé son aspect du Moyen Âge. Les tours qu'elle dresse vers le ciel datent du XIIIe siècle. La ville en comptait alors soixante-seize, forteresses familiales et symboles de puissance, il en reste treize aujourd'hui. Plusieurs dominent la piazza della Cisterna avec ses palais des XIIIe et XIVe siècles. Commençant ici, la via San Giovanni ainsi que la via San Matteo, l'autre grand-rue de San Gimignano, ont conservé leur atmosphère médiévale même si elles sont aujourd'hui bordées de boutiques modernes.

Les tours de San Gimignano se découpent sur le ciel depuis le Moyen Âge

♛ Palazzo Vecchio del Podestà

Piazza del Duomo. **Fermé** au public. Seul l'extérieur est visible.
Construit en 1239 puis agrandi en 1337, le palais comprend une tour de 51 m de hauteur, la torre delle Rognosa, l'une des plus anciennes de San Gimignano. Une loi passée en 1255 interdisait aux simples citoyens d'en construire une plus haute mais elle fut souvent violée par les familles qu'opposaient des querelles sans fin, notamment les Salvucci gibelins et les Ardinghelli guelfes.

⾨ Museo Civico

Palazzo del Popolo, piazza del Duomo. ☎ 0577 94 03 40.
Musée et tour ouv. mars - oct. : 9 h 30 - 19 h t.l.j. ; nov. - fév. : 10 h - 17 h 30 mar. - dim. **Accès payant.**
Le palazzo del Popolo, siège de la municipalité, dresse vers le ciel depuis 1311 sa torre

Grossa, la plus haute tour de la ville (54 m). Ouverte au public, elle offre depuis son sommet une vue magnifique des environs. Des fresques estompées, une *Vierge à l'Enfant* (XIVe siècle) par Taddeo di Bartolo et les armoiries des magistrats de la cité décorent la cour où un escalier mène à la sala di Dante, ornée d'une grande *Vierge en majesté* (1317) par

Le puits (XIIe siècle) et les palais médiévaux de la piazza della Cisterna

Lippo Memmi. Une inscription rappelle que le poète y plaida auprès du conseil de la cité, le 8 mai 1300, la cause de l'alliance guelfe dirigée par Florence.

La collection de peinture exposée au 2e étage comprend, parmi d'autres œuvres siennoises et florentines, une *Vierge avec saint Grégoire et saint Benoît* du Pinturicchio, un *San Gimignano* par Taddeo di Bartolo où la ville, portée par son saint patron, ressemble beaucoup à celle d'aujourd'hui, et des fresques de *Scènes nuptiales* par Memmo di Filippucci (début du XIVe siècle) qui offrent un aperçu peu commun de la vie intime d'un couple de l'époque.

⾨ Museo d'Arte Sacra

Piazza Pecori. ☎ (0577) 94 22 26.
Ouv. mars. - oct. : 9 h 30 - 19 h 30 t.l.j. ; nov. - fév. : 9 h 30 - 17 h t.l.j. **Accès payant.**
Sur la place, des artistes de rue distraient les touristes en été. Dans une petite chapelle, au rez-de-chaussée, on découvre des plaques tombales sculptées. Le 1er étage abrite des peintures, des sculptures et des objets liturgiques de la Collegiata, dont un buste (1493) par Benedetto da Maiano à la mémoire d'Onofrio di Pietro.

⛪ Collegiata

Piazza del Duomo. ☎ 0577 94 03 16.
Ouv. t.l.j.
La sobre façade de cette église romane consacrée en 1148 et agrandie au XVe siècle par Giuliano da Maiano ne laisse pas deviner la richesse de sa décoration intérieure.
Un plafond bleu nuit scintille de milliers d'étoiles dorées au-dessus des arcades à bandes blanches et bleues séparant les trois nefs aux murs presque tous couverts de fresques.
Le cycle de la nef nord, achevé par Bartoldo di Fredi en 1367, illustre sur trois niveaux vingt-six

Le plafond de la Collegiata peint d'étoiles dorées

épisodes de l'Ancien Testament, notamment *La Création d'Adam et Ève, L'Arche de Noé, Moïse traversant la mer Rouge* et *Les Épreuves de Job.*

Le cycle du bas-côté sud représente des scènes de la vie du Christ, datées de 1333-1341 et désormais attribuées à Lippo Memmi, un élève de Simone Martini. Taddeo di Bartolo peignit en 1393-1396 dans la nef centrale la fresque du *Paradis et l'Enfer* où des démons montrent beaucoup d'entrain à torturer les âmes des damnés.

C'est à Domenico Ghirlandaio (1475) que l'on doit les fresques de la petite chapelle Santa Fina. Elles retracent la courte vie de la sainte, consacrée presque entièrement à la prière selon la tradition. Les tours de San Gimignano apparaissent dans le décor de la scène des funérailles. Ghirlandaio exécuta également en 1482 l'*Annonciation* qui décore la loggia du baptistère, dans une cour à gauche de la Collegiata.

🏰 Rocca

Piazza Propositura. *Ouv. t.l.j.*
La *rocca*, ou forteresse, édifiée en 1353 puis démantelée au XVIe siècle sur ordre de Cosme Ier, ne conserve plus qu'une seule de ses tours et un jardin public planté de figuiers et d'oliviers. Les promeneurs y ont une vue superbe d'un paysage de vignobles séculaires.

⛪ Sant'Agostino

Piazza Sant'Agostino. *Ouv. t.l.j.*
Église romano-gothique consacrée en 1298, Sant'Agostino présente une façade dont la simplicité contraste fortement avec l'exubérance de la décoration intérieure rococo (v. 1740) que lui donna Vanvitelli, architecte du roi de Naples. Le *Couronnement de la Vierge* (1483), au-dessus du maître-autel, est de Piero del Pollaiuolo. Benozzo Gozzoli et son atelier peignirent en 1465 les fresques qui l'entourent sur les parois du chœur. Elles illustrent avec réalisme la *Vie de saint Augustin.*

À droite de l'entrée principale, la chapelle San Bartolo renferme un bel autel en marbre sculpté, par Benedetto da Maiano, de bas-reliefs (1495) ayant pour sujet les miracles de saint Barthélemy.

Détail de la *Vie de saint Augustin*

🏛 Museo Ornitologico

Via Quercecchio. 📞 *(0577) 94 13 88.*
Ouv. *avril - sept. : 9 h 30 - 12 h 30, 15 h - 18 h.* ***Accès payant.***
Rassemblée par une personnalité locale, la collection d'oiseaux naturalisés paraît presque déplacée dans l'église baroque du XVIIIe siècle qui l'abrite.

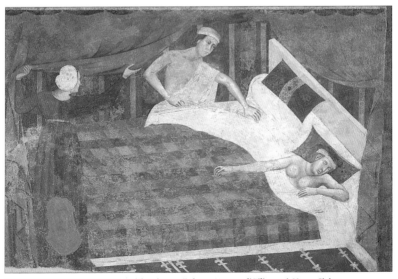

Une des *Scènes nuptiales* peintes au début du XIVe siècle par Memmo di Filippucci, Museo Civico

Sienne pas à pas ❹

La licorne, emblème d'une *contrada*

Comme Rome, Sienne est bâtie sur sept collines et cette caractéristique ajoute au plaisir de la découverte : à tout moment, on peut déboucher d'un labyrinthe de maisons médiévales pour découvrir la ville s'offrant tout entière au regard. Ses rues, ornées des emblèmes animaux de ses dix-sept *contrade* (paroisses), convergent vers la piazza del Campo, cœur de la cité aux alentours duquel se trouvent les principaux monuments.

Les corridors reliant les maisons au-dessus des rues sont typiques de Sienne.

La via della Galluza conduit à la maison où naquit sainte Catherine en 1347.

★ Duomo
Giovanni Pisano sculpta dans les années 1290 les prophètes des niches gothiques de sa façade (p. 216-217).

Chaque étage du campanile possède une fenêtre de moins que le niveau supérieur.

Cafés et boutiques bordent les rues proches du Duomo.

Museo dell'Opera del Duomo
Une légende attribue la fondation de Sienne à Senius, le fils de Remus.

LÉGENDE

– – – Itinéraire conseillé

0   300 m

Loggia della Mercanzia
*Cette arcade bâtie en 1417
abritait le tribunal des
marchands.*

Fonte Gaia

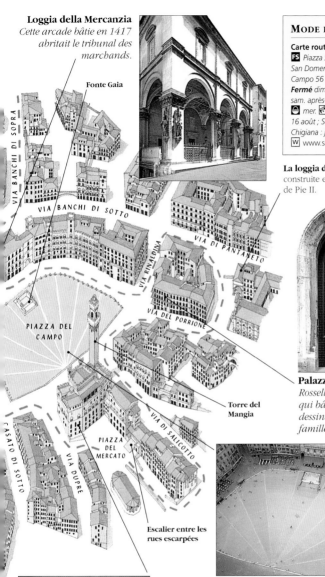

MODE D'EMPLOI

Carte routière D3. 🚶 56 900.
🚊 *Piazza Stazione.* 🚌 *Piazza
San Domenico.* ℹ️ *Piazza del
Campo* 56 (0577 28 05 51).
Fermé dim. après-midi (été),
sam. après-midi. et dim. (hiver).
🏪 mer. 🎏 *Palio :* 2 juil.,
16 août ; Settimana Musicale
Chigiana : juil.
🌐 www.siena.turismo.toscana.it

La loggia del Papa fut
construite en 1462 en l'honneur
de Pie II.

Palazzo Piccolomini
*Rossellino, l'architecte
qui bâtit Pienza (p. 222),
dessina ce palais pour la
famille de Pie II.*

PIAZZA DEL
CAMPO

VIA BANCHI DI SOPRA

VIA BANCHI DI SOTTO

VIA DI PANTANETO

VIA RINALDINA

VIA DEL PORRIONE

**Torre del
Mangia**

CASATO DI SOTTO

VIA DI SALICOTTO

PIAZZA
DEL
MERCATO

VIA DUPRE

**Escalier entre les
rues escarpées**

★ Piazza del Campo
*Les neuf secteurs dessinés sur son pavement
évoquent le Conseil des Neuf qui gouverna
la ville au Moyen Âge.*

★ Palazzo Pubblico
*La tour médiévale de ce
gracieux hôtel de ville
gothique, achevé en
1342, est la deuxième en
hauteur (102 m) d'Italie.*

À NE PAS MANQUER

★ Le Duomo

★ La piazza del Campo

★ Le Palazzo Pubblico

À la découverte de Sienne

Les édifices qui entourent le cœur géographique et historique de Sienne récemment restauré, la piazza del Campo, rappellent l'âge d'or que connut la cité de 1260 jusqu'en 1348, année où la peste fit rage, emportant un tiers de sa population. Deux siècles plus tard, Sienne perdit encore plus de la moitié de ses habitants lors du siège de dix-huit mois qui finit par la soumettre à la domination florentine. Les vainqueurs étouffèrent le développement de la cité qui resta figée dans son magnifique décor médiéval.

Vue aérienne de la piazza del Campo et de ses palais

⚜ Piazza del Campo

D'élégants palais bordent cette place (XIIᵉ siècle) en forme de coquillage où se déroule le célèbre Palio de Sienne. Ils dominent la fonte Gaia dont le bassin en marbre se détache sur le pavement de briques. Il est orné de statues et d'une réplique des reliefs sculptés par Jacopo della Quercia en 1409-1419, mis à l'abri de la corrosion au XIXᵉ siècle. Ils représentent *La Création d'Adam*, une *Vierge à l'Enfant*, *Les Vertus* et *Adam et Ève chassés du Paradis*.
L'eau de la fontaine provient de collines situées à 25 km. L'aqueduc qui la transporte alimente la cité depuis le XIVᵉ siècle.

⚜ Torre del Mangia

Piazza del Campo. *Ouv. nov. - mi-mars :* 10 h - 16 h ; mi-mars - oct. : 10 h -19 h (horaires plus longs en été). ***Accès payant.***
Les frères Muccio et Francesco di Rinaldo érigèrent de 1338 à 1348 le clocher qui se dresse à gauche du Palazzo Pubblico.

Cette tour de 102 m doit son nom au premier sonneur de cloche surnommé *Mangiaguadagni* (mangeur de bénéfices) à cause de sa grande paresse. Le fainéant avait pourtant la responsabilité d'avertir la population de l'approche d'un danger.

⚜ Palazzo Pubblico

Piazza del Campo 1. 📞 0577 29 22 63. **Museo Civico** *ouv. mi-mars - oct. :* 10 h - 19 h t.l.j. ; nov. - mi-mars : 10 h - 17 h 30 t.l.j. **Fermé** les 1ᵉʳ janv., 1ᵉʳ mai, 1ᵉʳ et 25 déc. ***Accès payant.***
Ce palais sert toujours de siège à la municipalité mais le musée qui occupe les étages supérieurs permet de visiter les salles où se réunissaient les gouvernements du Moyen Âge. La plus importante porte le nom de sala del Mappamondo car elle contient la carte dessinée par Ambrogio Lorenzetti au début du XIVᵉ siècle. Une *Maestà* (Vierge en majesté) peinte en 1315 par Simone Martini, maître de l'école siennoise, décore le mur gauche. En face, l'artiste a représenté en 1328 *Guidoriccio da Fogliano*. Ce portrait du *condottiere* en grand appareil est l'une des premières peintures profanes italiennes. Taddeo di Bartolo exécuta en 1470 les fresques de la *Vie de la Vierge* de la chapelle voisine dont les stalles (1428) présentent des dossiers en marqueterie. C'est dans la sala della Pace que l'on peut admirer les allégories d'Ambrogio Lorenzetti. Achevées en 1338, ces œuvres constituent le plus vaste cycle de fresques à sujet séculier du Moyen Âge. La cité florissante des *Effets du Bon Gouvernement à la ville et à la campagne (p. 44-45)* s'y oppose à la ruine causée

La fonte Gaia, piazza del Campo

Guidoriccio da Fogliano par Simone Martini (1328), Palazzo Pubblico

par les *Effets du Mauvais Gouvernement*.

La décoration de la sala del Risorgimento date de la fin du XIXᵉ siècle et retrace les événements qui conduisirent à l'unification de l'Italie.

♛ Palazzo Piccolomini

Via Banchi di Sotto 52. ☎ *0577 24 71 45.* **Ouv.** *9 h - 13 h lun. - sam.* **Fermé** *les 2 premières sem. d'août.*

Construit dans les années 1460 selon les plans de Rossellino, le plus imposant des palais privés de Sienne abrite désormais un musée des archives. Certains documents datent du XIIIᵉ siècle, dont un testament attribué à Boccace et des plaques en bois peintes, parfois par de grands artistes, qui servaient à embellir les registres des magistrats des impôts.

⛩ Pinacoteca Nazionale

Via San Pietro 29. ☎ *0577 28 11 61.* **Ouv.** *8 h - 13 h 30 dim., lun. ; 8 h - 19 h mar. - sam.* **Fermé** *1ᵉʳ jan., 1ᵉʳ mai et 25 déc.* **Accès payant.** ♿

Le palazzo Buonsignori (XIVᵉ siècle) abrite avec la collection de l'école de Sienne, les deux seuls paysages peints en Europe avant le XVᵉ siècle : *Ville sur la mer* et *Château au bord d'un*

Simone (v. 1300) par **Pisano au museo dell'Opera del Duomo**

lac, d'Ambrogio Lorenzetti. L'originalité de l'école siennoise se manifeste également dans un tableau comme l'*Adoration des bergers* (1510) par Pietro di Domenico, d'une grande stylisation alors que le reste de l'Europe était en pleine Renaissance.

🔒 Duomo

Voir p. 216-217.

⛩ Museo dell'Opera del Duomo

Piazza del Duomo 8. ☎ *(0577) 28 30 48.* **Ouv.** *mi-mars - oct. : 9 h - 17 h 30 ; oct. : 9 h - 18 h ; nov. - mi-mars : 9 h - 17 h.* **Fermé.** *1ᵉʳ Jan. et 25 déc.* **Accès payant.**

Le musée occupe une nef inachevée *(p. 216-217)* de la cathédrale et présente des œuvres originales, très érodées et des statues de Giovanni Pisano destinées à la façade.

Au premier étage, une salle est réservée à la *Maestà* peinte par Duccio di Buoninsegna en 1308-1311. Ce chef-d'œuvre de l'école siennoise comportait au revers 26 *Épisodes de la Passion* d'une beauté tout aussi poétique. Séparées en 1771, les deux moitiés de la *Maestà* sont aujourd'hui présentées en vis-à-vis.

Au deuxième étage, un escalier permet d'accéder

depuis la sala dei Parati à une loggia offrant une belle vue de la ville et de la campagne environnante.

Cloître de la casa di Santa Caterina

♛ Casa di Santa Caterina

Costa di Sant'Antonio. ☎ *0577 441 77.* **Ouv.** *9 h - 12 h 30, 14 h 30 - 18 h t.l.j. (15 h 30 - 18 h en hiver).*

Patronne de Sienne et d'Italie depuis 1939, Catherine Benincasa (1347-1380) était la fille d'un teinturier. Elle eut sa première vision du Christ avant huit ans et reçut les stigmates de la Passion en 1374. En 1376, elle réussit par son éloquence à persuader le pape Grégoire XI, alors en Avignon, de rentrer à Rome. Canonisée en 1461, sainte Catherine, ne sachant pas écrire, a eu une très grande influence par les textes qu'elle dicta. Sa maison, entourée de chapelles et de cloîtres, est un lieu de pèlerinage pour de nombreux Italiens.

Le Duomo de Sienne

Nombreux furent les Siennois qui participèrent entre 1136 et 1382 à la construction de leur cathédrale, l'une des plus spectaculaires d'Italie, en aidant au transport de ses pierres noires et blanches extraites de carrières situées à la périphérie de la ville. La décision de lui donner trois nouvelles nefs, prise en 1339, devait faire de ce Duomo la plus grande église de la chrétienté. L'épidémie de peste qui ravagea la cité mit un terme à ce projet et l'extension inachevée abrite aujourd'hui un musée.

★ **Les panneaux de la chaire**
Sculptés par Nicola Pisano en 1265-1268, ils représentent des Épisodes de la vie du Christ.

★ **Le pavement**
Exécutées de 1359 à 1547 en mosaïque de marbre, des scènes très variées, dont Le Massacre des Innocents, *couvrent le sol.*

La nef
Des piliers de marbre noir et blanc supportent la voûte.

Chapelle de saint Jean-Baptiste

★ **La bibliothèque Piccolomini**
Les fresques du Pinturicchio (1509) décrivent la vie de Pie II (p. 222).
Il préside ici aux fiançailles de Frédéric III et d'Éléonore du Portugal.

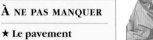

À NE PAS MANQUER

★ Le pavement

★ La bibliothèque Piccolomini

★ La chaire par Pisano

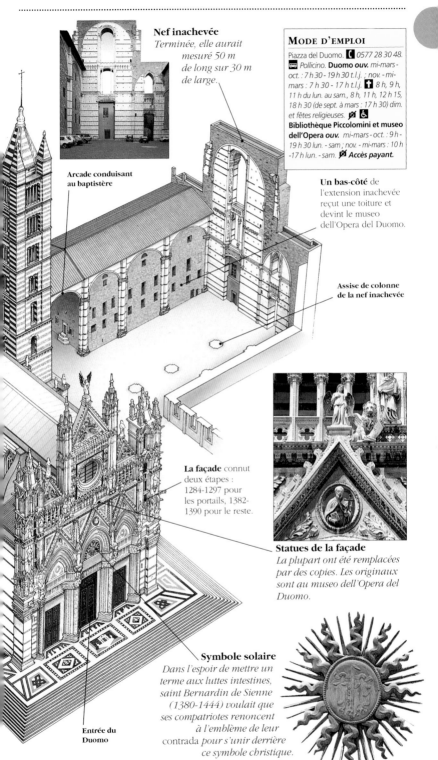

Nef inachevée
Terminée, elle aurait mesuré 50 m de long sur 30 m de large.

MODE D'EMPLOI

Piazza del Duomo. **☎** *0577 28 30 48.*
🚌 *Pollicino.* **Duomo** **ouv.** *mi-mars - oct. : 7 h 30 - 19 h 30 t.l.j. ; nov. - mi-mars : 7 h 30 - 17 h t.l.j.* **✝** *8 h, 9 h, 11 h du lun. au sam., 8 h, 11 h, 12 h 15, 18 h 30 (de sept. à mars : 17 h 30) dim. et fêtes religieuses.* **🚫** **♿**
Bibliothèque Piccolomini et museo dell'Opera **ouv.** *mi-mars - oct. : 9 h - 19 h 30 lun. - sam ; nov. - mi-mars : 10 h -17 h lun. - sam.* **🚫** ***Accès payant.***

Arcade conduisant au baptistère

Un bas-côté de l'extension inachevée reçut une toiture et devint le museo dell'Opera del Duomo.

Assise de colonne de la nef inachevée

La façade connut deux étapes : 1284-1297 pour les portails, 1382-1390 pour le reste.

Statues de la façade
La plupart ont été remplacées par des copies. Les originaux sont au museo dell'Opera del Duomo.

Symbole solaire
Dans l'espoir de mettre un terme aux luttes intestines, saint Bernardin de Sienne (1380-1444) voulait que ses compatriotes renoncent à l'emblème de leur contrada *pour s'unir derrière ce symbole christique.*

Entrée du Duomo

Le Palio de Sienne

Emblème de l'une des *contrade*

L a plus célèbre manifestation de Toscane doit son nom à la bannière *(palio)* remportée par le vainqueur. Opposant dix des dix-sept *contrade* de la ville tirées au sort chaque année, cette course de chevaux se déroule le 2 juillet et le 16 août sur la piazza del Campo *(p. 214)*. Attestée dès 1283, elle pourrait être bien plus ancienne et tirer ses origines de l'entraînement des soldats romains. Lors du défilé en costume qui précède, les porte-étendards rivalisent d'adresse. Après la course, toute la ville est en fête.

Vue imprenable
D'aussi bonnes places valent très cher.

Lancers de drapeaux
Le défilé avant la course permet aux porte-étendards siennois de faire la démonstration de leur habileté.

Chevalier du Moyen Âge
Les costumes traditionnels portés dans le défilé sont confectionnés avec art.

Les spectateurs
Des milliers de personnes se serrent sur la place pour assister à la course aussi intense que brève (env. 90 s).

Galop vers la ligne d'arrivée

Tambour participant au défilé

Vue du Campo pendant une course

La façade de San Domenico

🏠 San Domenico

Piazza San Domenico. *Ouv. t.l.j.*
Commencée en 1226, la
construction de cette
impressionnante église
gothique se poursuivit
par étapes jusqu'en 1465.
Le clocher date de 1340.
À l'intérieur, la ravissante
chapelle Sainte-Catherine
est décorée de fresques par
le Sodoma (1526)
représentant

l'*Extase* et l'*Évanouissement*
de la patronne de Sienne
(p. 215). Le sol couvert de
marbre est attribué à
Giovanni di Stefano. Le
reliquaire en marbre, sur
l'autel, contient la tête de la
sainte. Son ami Andrea Vanni
peignit vers 1380 le seul
portrait fidèle de sainte
Catherine. Il orne la cappella
delle Volte où elle reçut les
stigmates.

🏰 Fortezza Medicea

Viale Maccari. **Fortezza ouv.** *t.l.j.*
Enoteca 📞 *0577 28 84 97.* **ouv.** *midi
- 1 h mar. - sam., 12 h - 20 h lun.*
Théâtre ouv. *nov. - avr. pour les
représentations.* **Fermé** *mai - oct.*
Baldassarre Lanci édifia cette
énorme forteresse de briques
rouges pour Cosme Ier en
1560, à la suite de la défaite
contre les Florentins lors
de la guerre de 1554-1555.
Florence venait de vaincre sa
rivale au terme d'un siège de
dix-huit mois où avaient
péri plus de huit mille
Siennois. Impitoyables,
les Médicis interdirent à la
ville décimée les activités
bancaires et lainières qui
assuraient sa prospérité.

Toute construction
s'arrêta. La citadelle, d'où
l'on bénéficie d'une vue
magnifique de la campagne
environnante, abrite désormais
un théâtre de verdure et, dans
un des bastions donnant sur le
jardin de la Lizza, l'Enoteca
Italica où l'on peut déguster et
acheter des vins de qualité en
provenance de toute l'Italie.

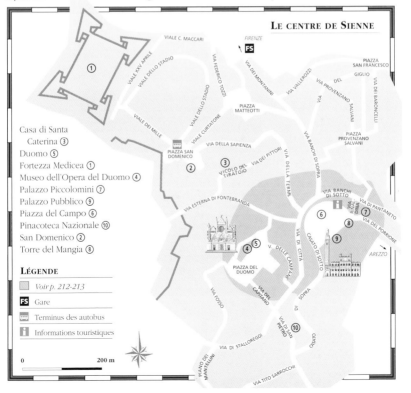

LE CENTRE DE SIENNE

Casa di Santa
 Caterina ③
Duomo ⑤
Fortezza Medicea ①
Museo dell'Opera del Duomo ④
Palazzo Piccolomini ⑦
Palazzo Pubblico ⑨
Piazza del Campo ⑥
Pinacoteca Nazionale ⑩
San Domenico ②
Torre del Mangia ⑧

LÉGENDE

Voir p. 212-213
🚊 Gare
🚌 Terminus des autobus
ℹ Informations touristiques

0   200 m

L'abbaye San Galgano, ruine majestueuse au milieu des bois

San Galgano ❼

Carte routière D4. 🚌 *depuis Sienne.*
📞 *(0577) 75 66 11.* **Abbaye et oratoire** *ouv. t.l.j.*

L e spectacle offert par les
murs de cette église
gothique qui se dresse au
cœur d'une dense forêt
récompense amplement la
distance parcourue pour aller
l'admirer dans son cadre
sauvage et magnifique. Les
moines cisterciens édifièrent
ce sanctuaire en brique et
travertin de 1224 à 1288 ; bien
qu'il ait perdu sa toiture au
XVIII siècle, il garde une
aérienne majesté.

Les moines cisterciens
avaient pour vocation de
partager leur vie entre prière
et travail loin du monde, ils
jouèrent cependant un rôle
politique important dans la
région en servant de
médiateurs entre communes
rivales. Prospère mais victime
d'une administration
corrompue, l'abbaye
commença à décliner au
XIVe siècle. Pillée par le
condottiere anglais sir John
Hawkwood elle n'était plus
occupée que par un abbé en
1397. Abandonné en 1652, le
site resta de longues années
désert ; des religieuses
olivétaines restaurent
actuellement le cloître et les
bâtiments monastiques
attenants à l'église en ruine.

Sur la colline dominant
l'abbaye, la chapelle
Montesiepi occupe depuis
1185 environ l'emplacement
de l'ermitage de saint
Galgano, décédé en 1181.
L'épée du saint, enfoncée
dans le rocher, se trouve juste
derrière la porte de l'oratoire
circulaire. Des fresques
d'Ambrogio Lorenzetti (1344)
décorent la petite chapelle
contiguë. Certaines
sont malheureusement en
mauvais état.

Une échoppe, adossée à
la chapelle, vend huile
d'olive, aromates, vins et
produits de toilette locaux
ainsi que des livres sur
l'histoire de la région.

Montalcino ❽

Carte routière D4. 🏛 *5 100.* 🚌
ℹ️ *Costa del Municipio 8. (0577)
84 93 31.* 🗓 *ven.*

L es rues étroites et
escarpées de ce village
perché au-dessus des vallées
de l'Ombrone et de l'Asso
grimpent jusqu'à la *fortezza*
qui le domine. Construite au
XIVe siècle, elle servit de refuge
à des Siennois (comme le
rappelle la bannière ancienne
qu'elle renferme) qui
refusaient la défaite de leur
ville après le siège de 1555. En
souvenir de ces événements,
des porte-étendards de
Montalcino ouvrent chaque

LA LÉGENDE DE SAINT GALGANO

Fils de famille noble né en
1148, Galgano devint un jeune
chevalier courageux mais
paillard. Frappé par la futilité
de son existence, il décida
de se tourner vers Dieu et
voulut briser son épée. Au
lieu de se rompre, elle
s'enfonça dans le rocher,
signe, pour lui, que le
Seigneur approuvait sa
vocation. Il construisit une
hutte à l'emplacement du
miracle et y mourut en ermite
en 1181. Le pape Urbain III
canonisa Galgano en 1185,
le donnant en exemple à tous
les chevaliers de la chrétienté.

La *fortezza* de Montalcino

année le défilé qui précède le Palio de Sienne *(p. 218).* Cette poche de résistance ne dura toutefois pas et c'est Cosme Ier qui fit élever en 1571 les impressionnants remparts de la forteresse.

Une *enoteca* y propose les excellents vins de la région : le brunello di Montalcino, vieilli au moins cinq ans, ou le rosso di Montalcino, qui se boit plus jeune. Café et boutiques en vendent également partout dans le village.

Non loin du monastère Sant'Agostino et de son église du XIVe siècle, le **Palazzo Vescovile** (palais épiscopal)

abrite une exposition d'objets préhistoriques et étrusques ainsi qu'une collection d'œuvres d'art comprenant des peintures du Sodoma (1477-1549) et de l'école de Sienne, des sculptures des XIIe et XIVe siècles, et d'intéressantes céramiques. Des dégustations de vins se tiennent parfois au **Palazzo Comunale** sur la piazza del Popolo.

Agostino Fantastici édifia en 1818-1832 la cathédrale San Salvatore actuelle à l'emplacement de l'ancienne église romane.

♠ Fortezza
Piazzale della Fortezza.
📞 *(0577) 84 92 11.* **Enoteca**
ouv. *nov. - mars : 9 h 18 h mar. - dim,*
avr. - oct. : 9 h 20 h t.l.j. **Accès payant**
aux remparts.

🏛 Palazzo Vescovile
Via Spagni 4. 📞 *(0577) 84 81 68.*
Fermé *au public.*

🏛 Palazzo Comunale
Costa del Municipio 1.
📞 *(0577) 84 93 31.*
Fermé *au public.*

San Quirico d'Orcia ❾

Carte routière E4. 🏯 *2 390.*
🚌 ℹ *Via Dante Alighieri 33.*
(0577) 89 72 11. 🛒 *2e et 4e mardis du mois.*

Collegiata de San Quirico

Sa **Collegiata** fait la fierté de ce village fortifié. D'origine très ancienne, elle présente trois portails ouvragés (deux romans, un gothique) rajoutés sur une structure du VIIIe siècle. Leurs chapiteaux et linteaux sont richement décorés de dragons, de sirènes et de figures animales sculptés à partir de 1080.

L'église est dédiée à saint Quiricus, tué à l'âge de 5 ans par les Romains pour avoir déclaré sa foi chrétienne, et le triptyque du maître-autel, par Sano di Pietro, montre le martyr en compagnie de la Vierge et d'autres saints.

Voisin de la Collegiata, le **palazzo Chigi** (XVIIe siècle) recèle un intérieur décoré de fresques en cours de restauration. Non loin, le **horti Leonini,** jardin créé au XVIe siècle pour servir de refuge aux pèlerins et aux voyageurs, accueille pendant les mois d'été des expositions de sculpture.

🔒 Collegiata
Via Dante Alighieri.
📞 *(0577) 89 75 06.* ***Ouv.*** *8h - 20h*

🏩 Palazzo Chigi
Piazza Chigi.
Ouv. *10h - 13h, 16h - 19h*
(oct. - mars : 15h30 - 18h30) mar. - dim.

♣ Horti Leonini
Piazza Libertà.
📞 *(0577) 89 75 06.* ***Ouv.*** *du lever au coucher de soleil.* ♿ *partiel*

Maison fleurie dans le joli village de Montalcino

Bagno Vignoni

Bagno Vignoni ❿

Carte routière D4. 🚶 *32*. 🚌 *depuis Sienne.*

Ce minuscule village médiéval ne comprend qu'une poignée de maisons construites autour d'une vaste place dont une piscine bordée d'une arcade occupe le cœur. Construite par les Médicis, elle reçoit les eaux chaudes et sulfureuses qui remontent du sous-sol volcanique de cette région. Connues depuis l'Antiquité romaine, leurs qualités thérapeutiques auraient attiré ici, entre autres, sainte Catherine de Sienne *(p. 215)* et Laurent le Magnifique. Il est aujourd'hui interdit de se baigner dans cette piscine mais vous pouvez essayer celles de l'hôtel Posta Marcucci qu'alimente également une source sulfureuse.

Pienza ⓫

Carte routière E4. 🚶 *1 300*. 🚌 **ℹ️** *Corso il Rossellino 59* **ℂ** *0578 74 90 71*. 🛒 *ven.*

Né en 1405 dans un village qui s'appelait encore Corsignano, Aeneas Sylvius Piccolomini devint l'un des humanistes les plus renommés de son temps puis fut élu pape sous le nom de Pie II *(p. 47)* en 1458. L'année suivante, il décidait de transformer son lieu

de naissance en une ville conforme aux idéaux de la Renaissance, et qui porterait son nom. Il engagea pour ce faire l'architecte et sculpteur Bernardo Rossellino et celui-ci éleva de 1459 à 1462 le Duomo, le palais pontifical et l'hôtel de ville qui se dressent autour de la piazza Pio II. L'ambitieux projet s'arrêta là mais ce centre urbain créé pour lui enchanta tant Pie II qu'il pardonna même à Rossellino les détournements de fonds dont il s'était rendu coupable.
En dehors de sa majestueuse grand-place, Pienza n'est qu'une paisible petite agglomération agricole dont les magasins vendent les productions locales, comme le *pecorino*, un fromage de brebis *(p. 255)*.

🔒 Duomo

Piazza Pio II. **Ouv.** *t.l.j.*
Œuvre de Rossellino (1459), il souffre aujourd'hui d'un affaissement à son extrémité est qui provoque des fissures dans les murs et le sol. Celles-ci ne retirent toutefois rien à l'harmonie de proportions de cette cathédrale riche en œuvres d'art que baignent de lumière les grands vitraux exigés par Pie II. Le souverain pontife voulait en effet une *domus vitrea* (une maison de verre) qui symboliserait la lumière apportée au savoir et à l'esprit par l'humanisme.

Armoiries de Pie II

🏛 Palazzo Piccolomini

Piazza Pio II. **ℂ** *0578 74 85 03*.
Ouv. *10 h - 12 h 30, 15 h - 18 h mar. - dim.* (visite guidée oblig.) **Accès payant.**
Rossellino s'inspira du palazzo Rucellai bâti à Florence par Leon Battista Alberti *(p. 104)* pour construire ce palais près du Duomo où les descendants de Pie II vécurent jusqu'en 1968. Les appartements comprennent la chambre et la bibliothèque de Pie II, contenant toutes deux ses objets personnels. On accède depuis l'élégante cour intérieure à un jardin suspendu et à sa loggia d'où la vue s'étend jusqu'aux pentes boisées du monte Amiata.

Cour du palazzo Piccolomini

🔒 Pieve di Corsignano

Via delle Fonti. **ℂ** *(0578) 74 82 03*.
Ouv. *sur r-v.*
Pie II fut baptisé dans cette église romane (XIᵉ siècle) située à la périphérie de Pienza. Elle possède une inhabituelle tour ronde et un portail décoré de motifs floraux.

La grand-place de Pienza et son Duomo dessinés par Rossellino (1459)

Madonna di San Biagio à la périphérie de Montepulciano

Montepulciano ⑫

Carte routière E4. 🏛 *14 000*. 🚌
ℹ️ *Via di Gracianno 59 (0578 75 73 41)*. 🎉 *jeu.*

Construite à 605 m d'altitude sur une arête rocheuse dominant la vallée de la Chiana, Montepulciano est une des villes perchées les plus hautes de Toscane. Ange Politien (Agnolo Ambrogini) y naquit en 1454. Poète et humaniste, il fut le précepteur des enfants de Laurent le Magnifique *(p. 109)*.
En 1551, Antonio da Sangallo l'Ancien éleva pour Cosme Ier les remparts qui ceinturent la ville et d'où une rue sinueuse, le corso, grimpe jusqu'à la grand-place, au sommet de la colline où s'élève le Duomo.
Le corso passe devant le Caffè Poliziano, de style Art déco, dont le sous-sol abrite une galerie d'art. Des musiciens de jazz y jouent en août pendant la Cantiere Internazionale d'Arte *(p. 33)* dirigée par le compositeur allemand Hans Werner Henze.
Deux festivals rythment le mois d'août : le Bruscello, les 14, 15 et 16, où des comédiens ressuscitent des épisodes de l'histoire tumultueuse de la cité, et le Bravio delle Botti (dernier dimanche d'août), défilé et course de tonneaux que conclut un banquet.

🛡 Madonna di San Biagio
Via di San Biagio 14. **Ouv.** *t.l.j.* ♿
Cette superbe église Renaissance construite en travertin miel et crème sur une plate-forme en dessous des murs d'enceinte est un chef-d'œuvre de Sangallo l'Ancien. Il se consacra à ce lieu de pèlerinage de 1518 jusqu'à sa mort en 1545.

♜ Palazzo Bucelli
Via di Gracciano del Corso 73. **Fermé.**
La partie inférieure de la façade de ce palais (1648) est incrustée d'urnes funéraires et de reliefs étrusques réunis au XVIIIe siècle par son propriétaire, l'antiquaire Pietro Bucelli.

🛡 Sant'Agostino
Piazza Michelozzo. **Ouv.** *t.l.j.*
Michelozzo construisit cette église en 1427 et décora son portail d'un relief montrant la Vierge et l'Enfant entre saint Jean et saint Augustin.

♜ Palazzo Comunale
Piazza Grande 1. 📞 *(0578) 75 70 34.*
Tour ouv. *9h - 14h lun. - sam.*
Michelozzo dessina au XVe siècle la tour et la façade ajoutées à cet hôtel de ville gothique ressemblant au Palazzo Vecchio *(p. 78-79)*. La tour, d'où l'on a une vue splendide, est ouverte au printemps et en été.

♜ Palazzo Tarugi
Piazza Grande. **Fermé.**
Cet imposant palais Renaissance en cours de restauration s'élève à côté du Palazzo Comunale.

🛡 Duomo
Piazza Grande. **Ouv.** *t.l.j.*
Construite de 1592 à 1630 par Ippolito Scalza, la cathédrale de Montepulciano resta inachevée, sa façade ne recevant pas le revêtement de marbre prévu à l'origine. L'intérieur à trois nefs, aux sobres proportions, recèle, au-dessus du maître-autel, l'un des premiers chefs-d'œuvre de l'école siennoise : le triptyque de l'*Assomption de la Vierge* peint par Taddeo di Bartolo en 1401.

Triptyque de Taddeo di Bartolo

🛡 Santa Maria dei Servi
Via del Poliziano. **Ouv.** *sur r.-v.* ♿
Le corso continue après la grand-place jusqu'à l'église gothique de Santa Maria dei Servi. Le vino nobile, cru servi dans le bar voisin, provient de caves creusées au Moyen Âge dans les falaises sous la ville.

Fresque étrusque au Museo Nazionale Etrusco de Chiusi

Chiusi ⓭

Carte routière E4. 🏘 10 000.
FS ▭ 🛈 *Piazza Duomo 1 (0578
22 76 67).* 🚌 *lun. et mar.*

Importante cité étrusque,
Chiusi atteint l'apogée de
sa puissance aux VIIᵉ et
VIᵉ siècles av. J.-C. *(p. 40-41).*
Les nombreuses tombes qui
parsèment sa campagne
rappellent cette époque.

🏛 Museo Nazionale Etrusco
Via Porsenna 17. 🕿 *0578 201 77.* **Ouv.**
9 h - 19 h 30 t.l.j. **Accès payant.** ♿
Fondé en 1871, ce musée
présente une collection
de sarcophages et d'urnes
funéraires étrusques en terre
cuite et en albâtre découverts
dans les sépultures des
environs. Possibilité de visiter
la nécropole étrusque.

🛈 Duomo
Piazza del Duomo. **Ouv.** *t.l.j.*
Incorporant des piliers et
chapiteaux antiques, cette
cathédrale romane s'élève
en face du musée. Les
décorations de ses murs,
à l'aspect de mosaïques,
sont en réalité des peintures
(1887) par Arturo Viligiardi.
On peut voir en revanche
une véritable mosaïque
romaine sous le maître-autel.

🏛 Museo della Cattedrale
Piazza del Duomo. 🕿 *0578 22 64 90.*
Ouv. *juin-mi-oct. : 9 h 30 - 12 h 45, 14 h
- 19 h ; mi-oct. - mai : 9 h 30 - 12 h 45 lun.
- sam., 15 h 30 - 18 h 30 dim.* **Accès
payant.** ♿ *partiel.*
Le cloître de la cathédrale
abrite ce musée qui présente
une collection de sculptures
romaines, lombardes
et médiévales. Il organise
également des visites des
galeries creusées sous la ville
par les Étrusques et
transformées aux IIIᵉ et
Vᵉ siècles en catacombes
chrétiennes.

Sant'Antimo ⓮

Carte routière D4. *Gardien (0577)
83 56 59.* **Ouv.** *t.l.j.* ♿

Bâtie dans la vallée de la
Starcia, cette superbe
église abbatiale en travertin
(p. 42-43) se découpe sur un
décor de collines boisées. La
légende affirme que
Charlemagne l'aurait fondée
en 781, mais ses éléments les
plus anciens, en particulier le
portail orné de motifs
géométriques de son bas-côté
gauche, datent seulement du
IXᵉ siècle. La construction de la
plus grande partie de l'édifice,
de style roman mais marqué
cependant d'influences
cisterciennes, remonte à 1118.
Des arcades aveugles
sculptées des symboles des
quatre évangélistes rythment
ses murs extérieurs.

À l'intérieur, des colonnes
aux chapiteaux décorés de
scènes bibliques séparent les
trois nefs où la lumière
réfléchie par les parois couleur
de miel prend une tonalité
particulière. L'acoustique du
sanctuaire renforce encore
l'impression de se trouver
dans un lieu hors du monde.
Les récitals d'orgue organisés
en juillet et en août, et les
chants grégoriens interprétés à
la messe du dimanche par les
moines augustins en charge de
l'église permettent d'en
apprécier toute la subtilité.

La superbe église abbatiale de Sant'Antimo

Une journée dans le Chianti

Cette excursion passe par les principaux villages de la région du Chianti Classico où châteaux et domaines viticoles parsèment la route. Les panneaux *venditta diretta* indiquent les caves où l'on peut déguster et acheter du vin.

À 20 km de Sienne, le castello di Brolio, propriété de la famille Ricasoli depuis 1167, mérite un premier arrêt. L'itinéraire choisi fait ensuite un détour par le château de Meleto (XIIIe siècle) puis traverse Gaiole, paisible petit bourg agricole où un

ruisseau court au milieu de la rue principale.

Vous pourrez faire une halte au restaurant de Badia a Coltibuono *(p. 262)* avant de rejoindre Radda in Chianti, porte du parco naturale della Viriglia. À Castellina in Chianti, ne manquez pas l'Enoteca Vini Gallo Nero (au 13, via della Rocca), vitrine des crus de la région *(p. 256-257).*

Badia a Coltibuono ④
À Gaiole, suivez les panneaux Montevarchi puis quittez la grand-route (à gauche) pour vous diriger vers le village de Badia.

Radda in Chianti ⑤
Depuis Badia, rejoignez la grand-route et suivez celle-ci jusqu'à Radda.

S429

Gaiole in Chianti ③
Depuis Meleto, la S408 y conduit.

Castellina in Chianti ⑥
Depuis Radda, la S429 y mène tout droit. Suivez ensuite les panneaux vers Sienne.

Meleto ②
Depuis Brolio, suivez les panneaux pour Gaiole. À 9 km, tournez à droite pour voir le château.

Lecchi

S222

Vagliagli

S408

Le Gallo Nero (coq noir) est l'emblème du consortium du Chianti Classico.

CONSORZIO DEL GALLO
CHIANTI CLASSICO
NERO

Pieve Asciata

Castello di Brolio ①
Quittez Sienne par la S408 vers Gaiole in Chianti. À 15 km tournez à droite vers Brolio.

SIENA

S408

LÉGENDE

▬ Itinéraire

═ Autres routes

0 ___ 2 km

DE MASSA MARITTIMA À LA CÔTE DE LA MAREMME

*S*on climat plus chaud, plus sec et plus ensoleillé donne à la partie méridionale de la Toscane un aspect très différent du reste de la région : une garrigue riche en plantes aromatiques, la macchia couvre les collines et des palmiers poussent même en bordure des plages de sable.

Sauvages, les hauteurs de l'intérieur des terres séduisent surtout les sportifs, les randonneurs et les chasseurs de sangliers. Elles dominent la plaine de la Maremme au littoral ponctué de villages de pêcheurs et de stations balnéaires dont certaines, comme celles du monte Argentario, attirent une clientèle huppée de plaisanciers milanais et romains.

Cette vocation touristique de la côte de la Maremme est cependant récente car la région resta très longtemps marécageuse. Les Étrusques puis les Romains (*p. 40*) commencèrent à drainer ses marais il y a plus de deux mille ans mais après la chute de l'Empire romain, les canaux cessèrent d'être entretenus et s'engorgèrent. Eaux stagnantes et malaria transformèrent durant des siècles les riches terres agricoles de l'Antiquité en désert. Les travaux d'assainissement reprirent à la fin du XVIIIe siècle mais la destruction complète des anophèles, moustiques vecteurs du paludisme, ne fut réalisée que dans les années 1950.

UNE RÉGION PEU DÉVELOPPÉE

La malaria, qui ravagea la Maremme pendant tout le Moyen Âge et jusqu'à notre époque, eut deux conséquences : peu de villes possèdent un important patrimoine artistique et architectural mais les vestiges archéologiques ont été préservés ; l'absence de population, cette dernière aurait évité que l'on récupère leurs pierres pour de nouvelles constructions. Récente et limitée, l'agriculture intensive n'a pas détruit une faune et une flore qui présentent une grande variété.

Détail d'un tympan roman du Duomo de Massa Marittima

◁ La route panoramique du monte Argentario

À la découverte du sud de la Toscane

En dehors de la côte, où les stations balnéaires telles celles d'Orbetello et du monte Argentario offrent un large choix de boutiques, restaurants et boîtes de nuit, cette région demeure peu fréquentée et l'absence de touristes et de circulation ne rend que plus agréable la visite des sépultures troglodytiques de Sovana, les bains pris dans les sources sulfureuses de Saturnia ou les promenades dans la campagne de la Maremme.

Statue à l'entrée d'Orbetello

LÉGENDE

▨	Route principale
▨	Route secondaire
▨	Parcours pittoresque
▱	Cours d'eau
☀	Point de vue

CIRCULER

En été, mieux vaut éviter la route côtière S1 très encombrée. Une voie ferrée court en parallèle et la plupart des trains qui l'empruntent s'arrêtent à Orbetello et à Grosseto d'où des cars desservent les principales villes de la région. Des transbordeurs (toutes les demi-heures en été) relient Piombino à l'île d'Elbe. Des bus permettent de circuler partout dans l'île.

Vue depuis les toits de Massa Marittima

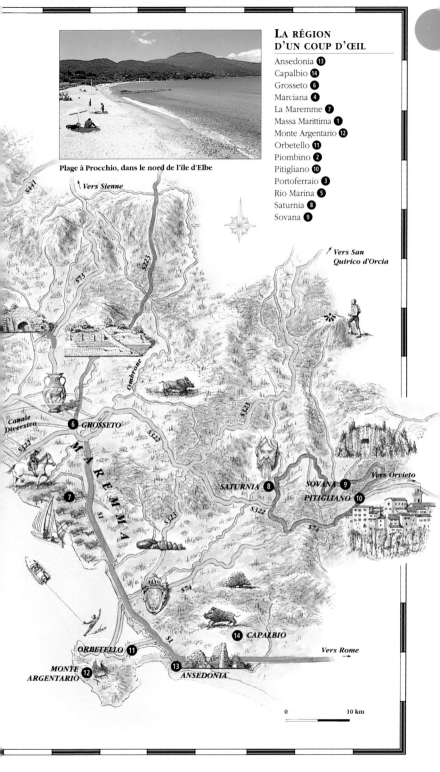

La région d'un coup d'œil

Plage à Procchio, dans le nord de l'île d'Elbe

Vers Sienne

Vers San
Quirico d'Orcia

S441

S73

S223

Ombrone

Canale
Diversivo

S322

⑥ GROSSETO

S322

M A R E M M A

⑦

S1

S323

S322

S74

Vers Orvieto

SATURNIA ⑧

SOVANA ⑨

PITIGLIANO ⑩

S74

S74

⑭ CAPALBIO

Vers Rome

ORBETELLO ⑪

S1

MONTE ⑫
ARGENTARIO

⑬ ANSEDONIA

0   10 km

Massa Marittima ❶

Carte routière C4. 🏛 *9 469.* 🚌 ℹ️
*Amatur, via Norma Parenti 22
(0566 90 27 56).* 🛒 *mer.*

Située dans les collines Métallifères d'où furent longtemps extraits plomb, cuivre et argent, cette agréable cité médiévale à l'architecture romane ne présente pas le triste visage d'une ville industrielle malgré son histoire liée à l'activité minière.

🔒 Duomo

La cathédrale romane est dédiée à saint Cerbone (VIᵉ siècle) dont un relief, à l'entrée, raconte la légende.

L'horizon à Massa Marittima

🏛 Museo Archeologico

Palazzo del Podestà, piazza Garibaldi.
📞 *(0566) 90 22 89.* **Ouv.** *du mar. au dim.* **Accès payant.**

Sa collection d'objets datant du Paléolithique à l'époque romaine occupe un bâtiment du XIIIᵉ siècle.

🏛 Museo della Miniera

Via Corridoni. 📞 *(0566) 90 22 89.*
Ouv. *mars-jan. : mar.-dim. (visite guidée oblig.).* **Accès payant.**
En partie installé dans une ancienne galerie de mine, le musée présente l'histoire des techniques minières de l'époque étrusque à nos jours.

Piombino ❷

Carte routière C4. 🏛 *36 774.*
🚆 🚌 ⛴ ℹ️ *Via Ferrucio 4
(0565 22 56 39).* 🛒 *mer.*

Centre sidérurgique très actif, Piombino, situé à l'extrémité de la péninsule de Massoncello, une ancienne île, est le port de départ pour l'île d'Elbe (fréquentes navettes en

---

Une journée sur l'île d'Elbe

Après son abdication en 1814, Napoléon reçut la souveraineté de l'île d'Elbe, réputée pour ses mines de fer depuis l'époque étrusque, et il y régna neuf mois avant de partir à la reconquête de son empire perdu. L'île est surtout fréquentée aujourd'hui par des vacanciers qui empruntent les navettes desservant Portoferraio au départ de Piombino. Ils y trouvent un paysage varié offrant un large éventail d'activités sportives et de détente : plages de sable à l'ouest, oliveraies et vignobles sur les coteaux de l'intérieur, hautes falaises et plages de galets sur le rivage oriental.

Marciana Marina ③
Suivez la route principale jusqu'à la côte puis encore 7,5 km après Procchio et ses longues plages de sable.

LÉGENDE

━━━ Itinéraire de l'excursion

⎓ Autres routes

0   2 km

Marciana Alta ④
Après Marciana Marina, la route principale continue jusqu'à la cité médiévale. Au bout de 8 km, prenez la voie secondaire qui mène à la télécabine grimpant au sommet du monte Capanne.

Marina di Campo ⑤ La route longe la côte ouest jusqu'à cette station balnéaire.

hiver, toutes les demi-heures en été). À quelques kilomètres se dressent les vestiges de Populonia, seule grande cité étrusque construite sur la mer. Le **museo etrusco Gasparri** y présente les objets découverts dans les nécropoles des environs.

🏛 **Museo etrusco Gasparri**
Populonia. 📞 *(0565) 294 36.* **Ouv.** *9 h - crépuscule t.l.j.* **Accès payant.** ♿

Portoferraio ❸

Carte routière B4. 👥 *11 500.* 🚢
🚢 ℹ️ *Calata Italia 26 (0565 91 46 71).*
✉️ *ven.*

Sur l'île d'Elbe, les transbordeurs et les hydroglisseurs arrivant de Piombino accostent dans le joli port de Portoferraio. Les principaux monuments de la ville sont les deux maisons de Napoléon.

La **Palazzina Napoleonica,** est un bâtiment construit à partir de deux moulins à vent. La **villa San Martino,** sa résidence de campagne, doit sa façade néoclassique (1851) à un émigré russe, le prince Demidoff. À l'intérieur, des fresques peintes en 1814 évoquent les campagnes d'Afrique de Napoléon.

🏰 **Palazzina Napoleonica**
Villa Napoleonica dei Mulini.
📞 *(0565) 91 58 46.* **Ouv.** *9 h - 19 h lun., mer. - dim. (13 h le dim.).* **Accès payant.** ♿
🏰 **Villa San Martino**
San Martino. 📞 *(0565) 91 46 88.*
Ouv. *9 h - 19 h 30 mar. dim. (13 h dim.).*
Fermé *lun.* **Accès payant.**

Marciana ❹

Carte routière B4. 👥 *3 000.*
🚌 ℹ️ *Municipio, Marciana Alta (0565 90 12 15).*

Les plages s'étendent sur la côte nord-ouest tandis qu'à Marciana Alta, ville médiévale, une télécabine conduit au point culminant de l'île

Criques à Marciana Marina sur l'île d'Elbe

(1 018 m) sur le monte Capanne. Le **Museo Civico Archeologico** présente les vestiges retrouvés dans les épaves de vaisseaux étrusques.

🏛 **Museo Civico Archeologico**
Via del Pretorio, Marciana Alta.
📞 *(0565) 90 12 15.* **Ouv.** *juin - sept. : t.l.j.* **Accès payant.**

Villa San Martino ②
Tournez à gauche pour rejoindre San Martino puis continuez jusqu'à la villa.

Portoferraio ① Prenez la route principale en direction de Marciana Marina.

Cavo ⑨ La route longe la côte est pendant encore 7,5 km jusqu'à la pointe nord de l'île. Beau panorama.

Rio Marina ❽
À 12 km plus au nord, cette ville minière possède un musée minéralogique.

Porto Azzurro ⑦
Reprenez la route principale et suivez-la pendant 2 km jusqu'au deuxième port d'Elbe, station balnéaire élégante sur un superbe golfe dominé par une forteresse construite en 1603.

Capoliveri ⑥ Quittez la route à droite juste avant Porto Azzurro pour visiter ce charmant village où la vigne a remplacé les activités minières.

La Maremme ❼

**Papillon de
la Maremme**

Cultivés dès l'Antiquité, les marais de la Maremme restèrent après la chute de l'Empire romain une zone quasiment déserte jusqu'au XVIIIe siècle. Assainis, les anciens marécages sont devenus aujourd'hui une riche terre agricole dont le développement menaçait flore et faune et a conduit à la création, en 1975, du parco naturale dell'Uccelina.

Faune
Maquis et marais offrent un milieu favorable aux sangliers.

Les billets d'entrée se prennent à Alberese.

Ce marais salant, sillonné par des canaux, abrite hérons et cigognes.

SPERGOLAIA

ALBER

PRATINI

Torre di Castelmarino

Fiume Ombrone

A6

A5

A1

A2

A7

A3

A4

MARINA DI ALBERESE

Torre di Collelungo

Des canoës permettent d'explorer les canaux d'irrigation.

Des tables de pique-nique, sur la plage, attendent les promeneurs à l'ombre de pins.

Pins parasols, lentisques, genévriers et panicauts poussent le long des plages de sable.

Plages
Des falaises dominent de longues plages de sable au sud de Marina di Alberese.

Torre di Castelmarino
Les tours de guet du XVIe siècle qui se dressent sur les falaises étaient destinées à la défense de la côte.

★ Abbazia di San Rabano

Les ruines de cette abbaye cistercienne construite au XIIe siècle se dressent près du plus haut pic du parc, le Poggio Lecci. les moines renoncèrent à cultiver ce terrain aride au milieu du XVIIe siècle.

Les collines parallèles à la côte sont couvertes d'une garrigue de romarin, de genêts, de cistes, de statices et de sorbiers appelée *macchia*.

★ Les sentiers tracés

Des itinéraires pédestres serpentent au milieu d'une végétation où prospèrent papillons, lézards et même vipères.

Des oiseaux de proie chassent au cœur du parc.

re dell'Uccellina

an Rabano

Rocca di Talamone

Bétail
Les cow-boys (butteri) *qui élèvent les bœufs blancs de la Maremme organisent des rodéos.*

Talamone est un village de pêcheurs.

TALAMONE
P

MODE D'EMPLOI

Centro Visite di Alberese. **Carte routière** D5. 🕿 *(0564) 40 70 98.* W www.parks.it. **Zones périphériques ouv.** *de 9 h à 1 h avant le coucher du soleil t.l.j. (de mi-juin à sept. : de 7 h 30 à 10 h t.l.j. et de 16 h à 18 h t.l.j.* **Accès** *à Alberese, Marina di Alberese Talamone.* **Itinéraires : A/5, A/6 :** *sentiers de nature, 5 km, 2 h ;* **A/7 :** *estuaire de l'Ombrone, 4 km, 2 h ;* **T/1, T/2 :** *circuits courts (oct. - mi-juin).* 📷 🚫 *réservations.* **Parc ouv.** *de 9 h à 1 h avant le coucher du soleil les mer., sam., dim. et jours fériés.* **Fermé** *25 déc., 1er mai.* **Accès** *à Alberese assuré jusqu'à Pratini (9 km), point de départ des excursions.* **Itinéraires : A/1 :** *Abbazia di San Rabano, 6 km, 5 h ;* **A/2 :** *Le Torri, 5 km, 3 h ;* **A/3 :** *Le Grotte, 8 km, 4 h ;* **A/4 :** *Cala di Forno, 12 km, 6 h.* **Accès payant.** 📷 🚫 *de mi-juin à sept. : obligatoire pour* **A/1** *(7 h) et* **A/2** *(16 h).* **Règlement du parc :** *les visiteurs doivent porter une tenue adéquate et se munir d'eau. Certaines excursions sont fatigantes.*

LÉGENDE

═══ Route

▭▭▭ Sentier

▭▭▭ Canaux et rivières

– – Itinéraire d'excursion

```
0                    1 km
```

À NE PAS MANQUER

★ **Les sentiers tracés**

★ **L'abbazia di San Rabano**

Rio Marina ❺

Carte routière B4. 🚶 *2 038.* 🚌
ℹ️ *Piazza Salvo d'Acquisto.* 🗓️ *lun.*

On extrait toujours à ciel ouvert près de Rio Marina les minerais qui attirèrent les Étrusques sur l'île d'Elbe. En ville, le **museo dei Minerali Elbani** explique la géologie de l'île et des boutiques vendent des bijoux en pierres semi-précieuses.

🏛 **Museo dei Minerali Elbani**
Palazzo Comunale. 📞 *0565 96 27 47.*
Ouv. *avr. - mi-oct. : t.l.j. ; mi-oct. - mars : sur r.-v.* **Accès payant.**

Grosseto ❻

Carte routière D4. 🚶 *71 472.* 🚆
🚌 ℹ️ *Via Fuccini 43 (0564 46 26 11).* 🗓️ *jeu.*

Grâce, notamment, à ses remparts (XVIᵉ siècle) et à leurs jardins, Grosseto garde son aspect ancien malgré les dommages subis pendant la guerre.

🏛 **Museo Civico Archeologico e d'Arte della Maremma**
Piazza Baccarini 3. **Ouv.** *oct. - fév. : 9 h - 13 h mar. - dim. (et 16 h - 18 h sam.) ; mars - avr. ; 9 h - 13 h, 16 h - 18 h mar. - dim. ; mai - sept. : 10 h - 13 h, 17 h - 20 h mar. - dim.* **Fermé** *1ᵉʳ jan., 1ᵉʳ mai, 25 déc.*
Il présente des objets étrusques et romains en provenance de Vetulonia et Roselle, en particulier une collection de monnaies, d'*intaglios* (pierres sculptées) et de poteries.

Grosseto, ville aux rues étroites et animées

La cascate del Gorello, des thermes gratuits à Saturnia

La Maremme ❼

Voir p. 232-233.

Saturnia ❽

Carte routière D5. 🚶 *550.* 🚌 ℹ️
Piazza Vittorio Veneto (0564 60 12 80).

On vient en vacances à Saturnia pour savourer les spécialités de la Maremme ou suivre une cure thermale dans les modernes terme di Saturnia. On peut également se baigner gratuitement dans les eaux chaudes et sulfureuses de la cascate del Gorello, sur la route de Montemerano, qui ont teinté de vert les rochers qu'elles dévalent.

Sovana ❾

Carte routière E5. 🚶 *100.*

À l'entrée de Sovana, village perché au-dessus de la vallée de la Lente, la **rocca Aldobrandesca** construite au XIIIᵉ siècle par la famille d'origine allemande qui régna sur la région jusqu'en 1605 est aujourd'hui en ruine. La rue principale, bordée de maisons médiévales et de boutiques, conduit jusqu'à l'église **Santa Maria** qui recèle des fresques (XVᵉ siècle) de l'école siennoise découvertes récemment sous un badigeon blanc. Le baldaquin du maître-autel, du IXᵉ siècle, provient du Duomo, cathédrale romane qui incorpore les sculptures d'églises plus anciennes.

Les Étrusques creusèrent des tombes dans les falaises de calcaire tendre qui se dressent sur les rives de la Lente. Les plus intéressantes font partie de la Necropoli Etrusca située dans une vallée à l'ouest (1,5 km) de Sovana.

♣ **Rocca Aldobrandesca**
Via del Pretorio. **Fermé.**
🏰 **Santa Maria**
Piazza del Pretorio. **Ouv.** *t.l.j.*
🏰 **Duomo**
Piazza del Pretorio. **Ouv.** *t.l.j. en été ; les sam. et dim. en hiver.*
🏛 **Necropoli Etrusca**
Poggio di Sopra Ripa.
Ouv. *10h - 13h, 15h - 18h t.l.j.*

Cafés et boutiques sur la grand-place médiévale de Sovana

Pitigliano ⑩

Carte routière E5. 🏠 *4 361*. 🚌
ℹ️ *Piazza Garibaldi 51 (0564 61 71 11.*
🔵 *mer.*

Pitigliano offre un spectacle impressionnant, perché au-dessus de gorges creusées par la Lente, avec ses maisons qui semblent appartenir aux falaises de tuf persées de grottes où vieillissent vins et huiles d'olive. Longtemps capitale d'un comté des Orsini, la ville servit au XVIIe siècle de refuge à des juifs fuyant les persécutions catholiques. Elle a d'ailleurs conservé les vestiges d'un ghetto, labyrinthe de ruelles médiévales.

Sur la grand-place, le palazzo Orsini, alimenté en eau par un aqueduc construit en 1545, abrite le **museo Palazzo Orsini,** petite

collection d'œuvres de Francesco Zuccarelli (1702-88). Celui-ci exécuta également deux des peintures d'autel du Duomo dont le campanile massif renferme une cloche pesant trois tonnes.

Ouvert en 1994, le **Museo Etrusco** expose des vestiges antiques découverts lors de fouilles effectuées dans la région.

🏛 **Museo Palazzo Orsini**
Piazza della Fortezza Orsini.
📞 *0564 61 60 74.* **Ouv.** *10 h - 13 h, 15 h - 19 h mar. - dim.*
Fermé *lun.* **Accès payant.**

🏠 **Duomo**
Piazza San Gregorio.
Ouv. *t.l.j.* ♿

🏛 **Museo Etrusco**
Piazza Fortezza. 📞 *0564 61 40 74.*
Ouv. *par intermittence. (téléphoner).*

Orbetello ⑪

Carte routière D5. 🏠 *15 455*. 🚆
🚌 ℹ️ *Piazza del Duomo (0564 86 04 47).* 🔵 *sam.*

Deux lagunes bordent cette ville construite sur la bande de terre reliant le monte Argentario au continent. Une réserve zoologique du Worldwide Fund for Nature occupe une partie de la lagune située au nord.

Les armoiries du roi d'Espagne qui ornent la porta del Soccorso, percée dans les remparts du XVIe siècle, rappellent qu'Orbetello fut à partir de 1557 la capitale du petit État espagnol des Presidi absorbé par le grand-duché de Toscane en 1808. Près de la porte, la **polveriera Guzman** fut autrefois un arsenal. Le Duomo, la cathédrale **Santa Maria Assunta,** présente lui aussi une décoration de style espagnol mais sa cappella di San Biagio renferme un autel typiquement roman. La Fontone di Talamone, sur la piazza della Republica est un socle de statue romano-étrusque.

Armoiries ornant la Porta del Soccorso

🏛 **Polveriera Guzman**
Viale Mura di Levante. **Fermé.** *Pas de date d'ouverture fixée.*

🏠 **Santa Maria Assunta**
Piazza del Duomo. **Ouv.** *t.l.j.*

Pitigliano, village perché au-dessus de la Lente sur une falaise percée de grottes

Porto Ercole près du monte Argentario

Monte Argentario ⑫

Carte routière D5. 👤 *14 000.* 🚌
ℹ️ *Via Archetto de Palio 1, Porto Santo Stefano (0564 81 42 08).* ⚓ *mar.*

Ce promontoire était une île jusqu'à ce que l'accumulation d'alluvions forme, au début du XVIIIe siècle, les deux langues de sable, appelées *tomboli*, qui enclosent la lagune d'Orbetello. La ville est elle-même reliée au monte Argentario par une digue construite en 1842 de la terre ferme à Terrarossa.

La strada Panoramica qui fait le tour de la presqu'île passe par Porto Ercole et Porto Santo Stefano, stations balnéaires réputées pour leurs restaurants de poisson *(p. 263)*, et aux ports très prisés par les plaisanciers aisés. Des bateaux au départ de Porto Santo Stefano desservent l'isola del Giglio, appréciée des Italiens pour ses plages de sable et sa nature préservée, et l'isola di Giannutri (uniquement en été), où l'on peut voir les vestiges d'une villa romaine mais c'est une île privée et il est interdit aux visiteurs d'y passer la nuit.

Ansedonia ⑬

Carte routière D5. 👤 *300.*

Les ruines de la cité romaine de Cosa, fondée en 173 av. J.-C., couronnent le sommet de la colline qui domine les jardins et les luxueuses villas du riche village d'Ansedonia. Le **museo di Cosa** renferme des vestiges de la colonie antique.

Un canal étrusque traverse la longue plage de sable qui s'étend à l'est. La fonction de cet ouvrage

Une excursion en pays étrusque

Les Étrusques, qui tirèrent richesse et puissance des ressources minières de la Toscane, ont laissé de nombreux témoignages de leur civilisation raffinée *(p. 40-41)* dans des tombes somptueuses creusées dans le rocher ou construites en pierre de taille. Bien des aspects de leur culture restent cependant encore mystérieux.

À VISITER ÉGALEMENT

Museo Archeologico, Florence *(p. 99)*.

Museo Etrusco, Volterra *(p. 162)*.

Vulci et **Tarquinia** Les ruines, les tombes peintes et les musées de ces deux grands sites archéologiques du Latium voisin méritent une visite.

Cette fibule (broche) en os du Museo Archeologico de Florence provient des environs de Grosseto.

Grosseto ① Le Museo Civico Archeologico présente une collection d'objets étrusques découverts dans la région.

Talamone ⑦ Suivez la S74 jusqu'à la S1. Tournez à droite puis, au bout de 8 km, prenez à gauche pour visiter la villa, les thermes romains et le temple étrusque.

S223

S1

Maglia

0   5 km

Le canal étrusque d'Ansedonia

d'art n'a jamais été établie avec certitude. Il aurait pu servir à lutter contre l'ensablement du port ou faire partie d'un canal plus important allant jusqu'au lago di Burano, 5 km plus loin sur la côte, une lagune de 4 km de long transformée aujourd'hui en une réserve zoologique *(rifugio faunistico)* gérée par le Worldwide Fund for Nature.

🏛 **Museo di Cosa**
Ansedonia. 📞 *0564 88 14 21.*
Ouv. *9 h - 19 h t.l.j.* **Accès payant.**

Capalbio ⑭

Carte routière D5. 👥 *4 049.* 🚌
🚊 *mer.*

L es Italiens aisés fréquentent toute l'année les hôtels et restaurants de la vieille ville, perchée sur une colline, de cette localité touristique. En été, ce sont les plages qui attirent les visiteurs, et en hiver, les cerfs et les sangliers de la réserve de chasse créée dans les bois environnants. Une fête de la chasse a lieu tous les ans en septembre.

🌿 **Giardino dei Tarocchi**
Garavicchio, Pescia Fiorentina. 📞
(0564) 89 51 22. **Fermé** *pour restauration.*
L'artiste français Niki de Saint-Phalle créa en 1982 ce jardin de sculptures situé au sud-est de Capalbio. Ces œuvres, dont la réalisation lui demanda plus de dix ans, s'inspirent des figures symboliques du tarot. Les sculptures représentent chacune une carte. Une des plus grandes, la Tour, étincelante construction de trois étages est presque entièrement recouverte de morceaux de miroirs.

Capalbio

Saturnia ③ Continuez vers l'est pendant 54 km jusqu'aux sépultures construites sous ce petit village d'origine étrusque.

Roselle ② Prenez la S223 vers le nord jusqu'aux ruines étrusques et romaines les plus importantes mises au jour en Toscane.

Scansano

S322

③

Manciano

S74

④

⑤

Sovana ④ Poursuivez jusqu'à Sovana. La nécropole étrusque se trouve à 1,5 km dans une vallée à l'ouest.

Pitigliano ⑤ La ville, à la jonction avec la S74, se dresse sur des falaises creusées de tombeaux et de tunnels étrusques servant d'entrepôts.

Marsiliana ⑥
Après Manciano sur la S74, une vaste nécropole s'étend à la périphérie de Marsiliana.

⑥

Légende

▬ Itinéraire d'excursion

═ Autres routes

LES BONNES ADRESSES

HÉBERGEMENT

Panneau indiquant le nombre d'étoiles

Villas, *palazzi* ou anciens couvents transformés en hôtels ; grands palaces modernes appartenant à des chaînes internationales ou petits établissements familiaux parfois remplis d'antiquités et proposant souvent une excellente cuisine ; locations meublées et séjours chez l'habitant ou à la ferme ; campings, auberges de jeunesse, refuges de montagne et même accueils en dortoirs, la Toscane offre aux millions de touristes qui la visitent chaque année une variété d'hébergements en mesure de satisfaire tous les goûts et de convenir à toutes les bourses, en particulier durant la basse saison (novembre à mars), où les tarifs se négocient. Vous trouverez des pages 244 à 251 une sélection d'hôtels à Florence et en Toscane choisis pour leur cachet, leur confort ou leur bon rapport qualité-prix.

Terrasse de l'hôtel Continental *(p. 247)*

OÙ CHERCHER UN HÔTEL

Florence offre un large choix d'établissements mais les prix peuvent s'avérer élevés, surtout dans la partie historique de la cité sur la rive nord de l'Arno, ou à Fiesole, les endroits les plus agréables. Si l'on a une voiture, mieux vaut choisir un hôtel doté d'un parc de stationnement.

À Pise et à Arezzo, où les hôtels du centre manquent parfois de charme, trouver un hébergement à la périphérie si l'on dispose d'un véhicule permettra de jouir du cadre offert par des bâtiments historiques réaménagés. Dans les collines du centre de la Toscane, les villas, châteaux, monastères ou palais constituent souvent des lieux d'hébergement confortables et pittoresques. Dans la région viticole du Chianti, on trouvera de nombreuses vieilles demeures typiques notamment autour de Radda et de Gaiole, disposant généralement d'un excellent restaurant.

Les hébergements les plus intéressants de Sienne se trouvent hors de la ville, comme au hameau de Strove.

Panneaux de rues indiquant la direction des hôtels

LE PRIX DES HÔTELS

La basse saison s'étend de novembre à mars, et même dans les établissements ne proposant pas un tarif inférieur, il est en général possible de marchander. Le littoral est particulièrement bondé en juillet et en août, et mieux vaut éviter Florence durant certaines semaines de janvier et de juillet où les défilés de mode remplissent les meilleurs hôtels.

Les prix, inférieurs d'environ un quart pour les chambres sans salle de bains, incluent les taxes et le service. L'hébergement à Florence ou à Sienne revient plus cher qu'ailleurs dans la région.

SUPPLÉMENTS-SURPRISES

Avant de faire une réservation, vérifiez si le petit déjeuner est compris dans le prix. Place de parking, nettoyage de vêtements, en-cas, boissons et, surtout, téléphone, peuvent s'avérer dispendieux. Mieux vaut s'informer des tarifs.

Pendant la haute saison, certains hôtels n'acceptent que des clients en pension complète ou demi-pension.

LE CLASSEMENT DES HÔTELS ET LE SERVICE

En Italie, les hôtels sont classés selon un système de une à cinq étoiles, mais comme chaque région fixe ses propres critères d'attribution, une même catégorie peut correspondre, selon les endroits, à des prestations différentes. Certains châteaux ou villas rénovés ne possèdent pas de climatisation. Ils conservent néanmoins leur fraîcheur jusqu'au cœur de l'été grâce à l'épaisseur de leurs murs. Il n'est pas nécessaire de résider

L'extraordinaire entrée de l'hôtel Villa Villoresi (p. 248)

dans un hôtel pour profiter de son restaurant.

Les enfants sont partout bien accueillis mais un petit établissement ne disposera généralement que d'un équipement spécifique limité. Souvent, son propriétaire, ou un membre de sa famille, pourra garder vos enfants. Les grands hôtels proposent un service de baby-sitting.

HÔTEL MODE D'EMPLOI

N'oubliez pas, en cherchant votre hôtel à Florence, que la numérotation des rues y est spécifique (p. 274).

De nombreux quartiers, dans la ville, sont bruyants. Les établissements les plus luxueux sont généralement insonorisés mais mieux vaut, si le bruit vous dérange, demander une chambre ne donnant pas sur la rue.

Tenus de transmettre une fiche de police, les hôteliers vous demanderont votre passeport ou votre carte d'identité. Pensez à les récupérer, vous en aurez besoin pour changer argent ou chèques de voyage. Même les plus petites pensions proposent des salles de bains, quelquefois communes. Les chambres sans salle de bains disposent le plus souvent d'un lavabo et de serviettes.

Le petit déjeuner traditionnel des Italiens se compose d'une tasse de café accompagnée de tartines ou de *brioche* (p. 254). Se rendre dans une pâtisserie ou un bar proche reviendra toutefois presque toujours moins cher.

La chambre se libère habituellement pour midi dans les établissements à quatre et cinq étoiles mais à partir de 10 h dans beaucoup d'autres. Vous risquez de payer une nuitée supplémentaire en cas de dépassement. La plupart des hôtels gardera toutefois vos bagages, si vous restez quelques heures dans la ville avant votre départ.

COMMENT RÉSERVER

Partout, l'office du tourisme local peut vous transmettre la liste de tous les hôtels à proximité et vous conseiller sur ceux qui correspondent le mieux à vos besoins et à vos moyens. Sachez que si vous souhaitez résider dans un établissement particulier en haute saison ou à Pâques, mieux vaut réserver au moins deux mois à l'avance par fax ou e-mail. Vous pouvez acquitter des arrhes par carte bancaire ou mandat international. Selon la loi italienne, la réservation est valide dès que vous avez reçu confirmation du règlement des arrhes.

Attention, certains hôtels refusent les paiements par carte bancaire ou ne les acceptent pas toutes.

PERSONNES HANDICAPÉES

Peu d'hôtels sont équipés pour l'accueil de personnes handicapées. Les pages 247 à 251 précisent les établissements sélectionnés qui disposent d'un équipement approprié.

HÔTELS INSTALLÉS DANS DES BÂTIMENTS HISTORIQUES

L'office du tourisme toscan publie un fascicule où sont répertoriés les hôtels offrant un intérêt artistique et occupant un bâtiment historique. Il est disponible dans tous les offices du tourime italiens installés à l'étranger. Le **Guide international des Relais et Châteaux** donne également l'adresse d'établissements prestigieux en Toscane.

La Villa San Michele, un ancien monastère de Fiesole (p. 248)

Terrasse et jardin de la Villa La Massa *(p. 248)*

LES LOCATIONS

Dans chaque région d'Italie, un bureau de l'**Agriturist** recense les hébergements dans des fermes qui sont pour la plupart encore en activité. En Toscane, de nombreuses agences comme l'**American Agency** et **Solemar** basées à Florence, **Casa Club** à Sienne, **Cuendet** à Monteriggioni et **Prima Italia** à Grosseto proposent en outre des appartements et des villas à louer. Solemar et Cuendet ont des correspondants à l'étranger. Parmi ceux-ci : **Alternative immobilière** (Solemar) et **Cuendet France** à Paris.

Les tarifs de location varient énormément selon la date et le lieu. En général, une semaine en basse saison dans un pavillon pour 4 personnes appartenant à un complexe reviendra à 450 €, alors qu'une villa indépendante se loue en haute saison jusqu'à 1 750 € par semaine.

SÉJOUR CHEZ L'HABITANT

Des organismes tels que l'**AGAP** (Associazione Gestori Alloggi Privati) permettent de louer des chambres chez des particuliers. Ceux-ci ne fournissent en général pas les repas sauf si on le demande.

LES HÔTELS RÉSIDENTIELS

Partout en Toscane, d'anciens palais ou villas (répertoriés dans les offices du tourisme) proposent petits appartements indépendants disposant de services hôteliers et des commodités tels que bar ou

---

CARNET D'ADRESSES

HÔTELS HISTORIQUES

Relais & Châteaux
15, rue Galvani - 75017 Paris.
☎ 08 25 32 32 32.
FAX 01 45 72 96 69.
W www.relaischateaux.com

AGENCES DE LOCATION

Agriturist Ufficio Regionale
Via degli Alfani 6/7, 50122
Florence. ☎ 055 28 78 38.
@ agritosc@
confagricoltura.it

American Agency
Via del Ponte Rosso 33r,
50129 Florence.
☎ 055 47 50 53.
@ am@americanagency.it

Casaclub
Viale Vittorio Veneto 41,
53100 Siena.
☎ 0577 440 41.
@ casaclub@ interbusiness.it

Cuendet
Strada di Stove 17,
53035 Monteriggioni.
☎ 0577 57 63 50.
@ internetsales@
cuendet.com

Italie Loc'Appart
125, av. Mozart
75016 Paris
☎ 01 45 27 56 41.
FAX 01 42 88 38 89.
@ italielocappart@infonie.fr

Prima Italia
Viale Tirreno 19, Principina
a Mare 58046 Grosseto.
☎ (0564) 300 09.
W www.primaita.it

Casa d'Arno
50, rue Bichat
75010 Paris.
☎ 01 42 08 68 10.
FAX 01 42 01 21 94.

SÉJOUR CHEZ L'HABITANT

AGAP
Piazza San Marco 7,
50122 Florence.
☎ (055) 28 41 00.
W www.agap.it

HÔTELS RÉSIDENTIELS

Mini Residence
Via Giulio Caccini 20,
50141 Florence.
☎ (055) 41 08 76.

Residence Da-al
Via dell'Ariento 3r,
50123 Florence.

Plan 1 C4 (5 C1).
☎ (055) 21 49 79.

La Valle
Via Sanminiatese,
Loc. La Valle, 50050
Montaione (Florence).
☎ 0571 69 80 59.
W www.agricolalavalle.it

Palazzo Ricasoli
Via delle Mantellate 2,
50129 Florence.
Plan 2 D3.
☎ (055) 35 21 51.
W www.ricasoli.com

COOPÉRATIVES HÔTELIÈRES

Coopal
Il Prato 2r, 50123 Florence.
Plan 1 A4.
☎ (055) 21 95 25.

Family Hotel
Via Trieste 5,
50139 Florence.
Plan 2 D1
☎ 055 4620 080.
@ topquark.fi@mbox.it.net

Florence Promhotels
Viale Alessandro Volta 72,
50100 Florence. Plan 2 F2.
☎ 055 57 04 81.
@ info@promhotels.it

HÉBERGEMENT BON MARCHÉ

Associazione Italiana Alberghi per la Gioventù
Viale Augusto Righi 2-4,
50137 Florence.
☎ (055) 60 03 15
W www.hostels-aig.org

Europa Villa Camerata
Viale Augusto Righi 2-4,
50137 Florence.
☎ (055) 60 14 51.

REFUGES DE MONTAGNE ET CAMPINGS

Touring Club Italiano
Corso Italia 10,
20122 Milan.
☎ (02) 852 61.
W www.touringclub.it

Club Alpino Italiano
Via Fonseca Pimental 7,
20127 Milan.
☎ (02) 205 72 31.

piscine. Le séjour minimal est généralement d'une semaine mais ces établissements montrent plus de souplesse en basse saison. Les hôtels résidentiels de Florence comprennent le **Palazzo Ricasoli** et la **Residence Da-al.**

LES COOPÉRATIVES

Affiche (v. 1918) d'un hôtel de Pise

HÔTELIÈRES

Il ne s'agit pas de chaînes mais d'associations d'hôtels de types variés. **Family Hotel** se spécialise dans les petits établissements familiaux, les *pensioni*, tandis que **Florence Promhotels** propose un choix plus ouvert. **Coopal** n'accepte que les groupes d'au moins dix personnes et le **Consorzio Sviluppo** regroupe des hôtels situés au sud de Florence.

HÉBERGEMENT BON MARCHÉ

Les hôtels à une ou deux étoiles proposant des nuitées entre 25 et 45 € par personne sont généralement de petits établissements. Beaucoup ont conservé leur nom de *pensione*, bien qu'il ne corresponde plus à une appellation officielle, et n'offre plus l'accueil chaleureux qui les a rendus si populaires. La plupart servent des petits déjeuners et certains ont des chambres avec salle de bains

Pour les budgets les plus serrés, il est possible de trouver des places en dortoir, généralement dans des couvents ou institutions religieuses, en se renseignant auprès des centres d'information touristique *(p. 272)*. L'**Associazione Italiana Alberghi per la Gioventù** ainsi que tous les bureaux de l'Office national italien du tourisme tiennent à disposition la liste des auberges de jeunesse en Italie. Consultez aussi le site : www.hostels-aig.org La principale, à Florence, s'appelle l'**Europa Villa Camerata.**

REFUGES DE MONTAGNE ET CAMPINGS

Les randonneurs trouveront des refuges de montagne partout en Toscane. Comme dans le reste de l'Italie, la plupart appartiennent au **Club Alpino Italiano** basé à Milan.

Il existe des terrains de camping à la périphérie de la plupart des villes. Le **Touring Club Italiano** en publie une liste dans son *Campeggi et Villaggi Turistici in Italia.*

Les Offices du tourisme locaux ou l'ENIT *(p. 273)* vous informeront également sur les refuges comme sur les terrains de camping.

LÉGENDE DES TABLEAUX

Les hôtels figurant p. 247-251 sont classés par région en fonction de leur prix. Les symboles complétant les adresses résument les services offerts.

🛁 toutes chambres avec bain et/ou douche sauf mention contraire
1️⃣ chambres pour une personne
➕ chambres pour deux personnes ou plus ou lit supplémentaire dans une chambre pour deux personnes
📺 télévision dans toutes les chambres
📋 climatisation dans toutes les chambres
🏊 piscine dans l'hôtel
♿ accès fauteuil roulant
🛗 ascenseur
🅿 parc de stationnement
🍽 restaurant
💳 cartes de crédit acceptées

Catégories de prix pour une chambre pour deux personnes, petit déjeuner, taxes et service compris.
€ moins de 55 €
€€ de 55 € à 85 €
€€€ de 85 € à 125 €
€€€€ de 125 € à 175 €
€€€€€ plus de 175 €.

Hall d'entrée de l'Hotel Porta Rossa *(p. 247)*

Les meilleurs hôtels de Florence

Parmi les plus beaux hôtels de Florence, anciens *palazzi*, villas et monastères rénovés proposent des chambres dans une gamme de prix très étendue. Leur authenticité a parfois été préservée au détriment du confort moderne : parmi les établissements les plus anciens répertoriés en pages 247-248, nous avons choisi de préférence ceux alliant les deux. Voici une sélection des meilleurs.

Hotel Tornabuoni Beacci
Cet ancien palais meublé d'antiquités est particulièrement accueillant (p. 247).

A R N O

LE QUARTIE
SANTA MA
NOVELL

L'OLTRA

Hotel Excelsior
Ce très luxueux hôtel se dresse sur une place du XIIIᵉ siècle près de l'Arno (p. 248).

Torre di Bellosguardo
Vaste et ancien, cet établissement mérite son nom : il commande une superbe vue (p. 248).

Hotel Villa Belvedere
Au cœur d'un parc de 4 ha, cette villa des années 30 superbement entretenue offre une vue splendide de la ville (p. 247).

0   1 km

Villa San Michele
Michel-Ange aurait dessiné ce paisible monastère de Fiesole (p. 248).

Pensione Bencistà
Havre de paix dans les collines, cette charmante pensione est superbement meublée (p. 248).

DE SAN MARCO À SAN LORENZO

LA VIEILLE VILLE

Hotel Hermitage
Cet établissement confortable et tranquille occupe les derniers étages d'un bâtiment médiéval, et son salon domine le Ponte Vecchio (p. 247).

Villa La Massa
Entourée d'un parc, cette ancienne demeure de campagne est l'un des hôtels les plus élégants de Florence (p. 248).

Choisir un hôtel à Florence et à Sienne

Ce tableau présente une sélection rapide d'hôtels de Florence et de Sienne. Même les moins chers offrent pour la plupart un cadre et un décor attrayants. Ces établissements, et d'autres en Toscane, sont décrits plus en détail dans les pages suivantes. Pour d'autres formes d'hébergement, reportez-vous aux pages 242-243.

	Prix	Nombre de chambres	Grandes chambres	Parc de stationnement	Restaurant	Bâtiment d'intérêt historique ou artistique	Belle vue	Situation calme
CENTRE DE FLORENCE *(p. 247-248)*								
Hotel Locanda Orchidea	€	7				●		
Hotel Casci	€€€	25	●					
Piccolo Hotel	€€€	10						●
Hotel Aprile	€€€€	28	●			●		
Hotel Porta Rossa	€€€€	81	●			●	●	
Hotel Silla	€€€€	36	●			●	●	
Morandi alla Crocetta	€€€€	10	●			●		
Pensione Annalena	€€€€	20	●			●		
Splendor	€€€€	31	●				●	
Grand Hotel Villa Cora	€€€€€	48	●	●	●	●		
Hotel Brunelleschi	€€€€€	96	●		●	●		●
Hotel Cellai	€€€€€	47	●	●		●	●	
Hotel Continental	€€€€€	48	●				●	
Hotel Excelsior	€€€€€	168	●		●	●	●	
Hotel Helvetia e Bristol	€€€€€	49	●		●	●		
Hotel Hermitage	€€€€€	28				●	●	●
Hotel J and J	€€€€€	18	●			●		●
Hotel Loggiato dei Servii	€€€€€	29	●			●		
Hotel Monna Lisa	€€€€€	30	●	●		●		
Hotel Regency	€€€€€	33			●	●		●
Hotel Tornabuoni Beacci	€€€€€	28	●		●	●		
Hotel Villa Belvedere	€€€€€	26	●				●	
Rivoli	€€€€€	60	●			●		
ENVIRONS DE FLORENCE *(p. 248)*								
Hotel Villa Bonelli	€€€	20	●	●	●		●	●
Rovezzano Bed & Breakfast	€€€	6		●				●
Ariele	€€€€	39	●	●				
Hotel Villa Villoresi	€€€€	28	●	●	●	●		
Pensione Bencistà	€€€€	44	●	●		●	●	●
Torre di Bellosguardo	€€€€€	16	●	●		●	●	●
Villa La Massa	€€€€€	34	●	●	●		●	●
Villa Le Rondini	€€€€€	40	●	●	●		●	●
Villa San Michele	€€€€€	41		●	●	●	●	●
SIENNE *(p. 251)*								
Hotel Chiusarelli	€€€	49	●	●	●			
Pensione Palazzo Ravizza	€€€€	40		●	●	●	●	
Santa Caterina	€€€€	19	●	●				
Hotel Certosa di Maggiano	€€€€€	17	●	●	●	●		
Villa Patrizia	€€€€€	33	●	●	●		●	
Villa Scacciapensieri	€€€€€	28	●	●	●	●	●	

Catégories de prix pour une chambre pour deux personnes, petit déjeuner, taxes et service compris.
€ moins de 55 €
€€ de 55 € à 85 €
€€€ de 85 € à 125 €
€€€€ de 125 € à 175 €
€€€€€ plus de 175 €.

RESTAURANT
Quand l'hôtel comprend un restaurant, les clients extérieurs sont généralement les bienvenus mais il arrive que l'établissement donne priorité à ses hôtes en cas d'affluence. Presque tous les hôtels répertoriés servent des petits déjeuners mais mieux vaut vérifier.

PARC DE STATIONNEMENT
Renseignez-vous sur le nombre de places disponibles et sur le montant d'un éventuel supplément.

GRANDES CHAMBRES
L'hôtel propose des chambres pour plus de deux personnes ou la possibilité d'ajouter un ou des lits dans une chambre pour deux.

FLORENCE

LE CENTRE

Hotel Locanda Orchidea

Borgo degli Albizi 11, 50122. **Plan** 2 D5 (6 E3). [📞] & [FAX] 055 248 03 46. [@] hotelorchidea@yahoo.it **Chambres** : 7. [1] [📶] [€]

Ce petit hôtel familial occupant le 2e étage d'un bâtiment du XIIe siècle propose des chambres confortables malgré leur décor défraîchi.

Hotel Casci

Via Cavour 13, 50129. **Plan** 2 D4. [📞] 055 21 16 86. [FAX] 055 239 64 61. [@] info@hotelcasci.com **Chambres** : 25. [📶] [1] [TV] [📶] [📶] [€]

Installé dans un aplais autrefois occupé par le compositeur Rossini, cet hôtel de famille offre propreté et calme à deux pas de Duomo et de San Lorenzo.

Piccolo Hotel

Via San Gallo 51, 50129. **Plan** 2 D4. [📞] 055 47 55 19. [FAX] 055 47 45 15. [W] www.paginegialle.it/piccolofir **Chambres** : 10. [♿] [📶] [TV] [📶] [€€€]

Ce charmant hôtel est proche des sites à visiter. Chambres à la décoration simple mais soignée. On y prête gratuitement des vélos.

Hotel Aprile

Via della Scala 6, 50123. **Plan** 1 A4 (5 A1). [📞] 055 21 62 37. [FAX] 055 28 09 47. [@] info@hotelaprile.com **Chambres** : 28. [📶] 26. [1] [📶] [📶] [📶] [€€€€]

La façade de cet ancien palais des Médicis porte encore les traces d'une fresque (XVIe siècle) représentant le Triomphe de David. D'autres, ainsi que des antiquités, décorent la réception. L'établissement comprend un petit bar et un salon de thé. En été, le petit déjeuner est servi dans le jardin intérieur.

Hotel Porta Rossa

Via Porta Rossa 19, 50123. **Plan** 3 C1 (5 C3). [📞] 055 28 75 51. [FAX] 055 28 21 79. **Chambres** : 81. [📶] 80. [1] [📶] [TV] [📶] [📶] [📶] [€€€€]

Créé en 1386, c'est le 2e hôtel le plus ancien d'Italie. Le hall d'entrée voûté (p. 243) et les chambres (certaines immenses) toutes d'un style différent lui donnent un cachet particulier. La suite de la tour commande une belle vue de la ville.

Hotel Silla

Via dei Renai 5, 50125. **Plan** 4 D2 (6 E5). [📞] 055 234 28 88. [FAX] 055 234 14 37. [@] hotelsilla@tin.it **Chambres** : 36. [📶] [1] [📶] [📶] [P] [📶] [€€€]

On entre par une élégante cour intérieure dont le grand escalier mène au 1er étage dans ce bâtiment du XVIe siècle à la réception décorée de délicats camaïeux de bleu et de rose. Il possède une belle terrasse avec vue sur l'Arno.

Morandi alla Crocetta

Via Laura 50, 50121. **Plan** 2 E4. [📞] 055 234 47 47. [FAX] 0552 48 09 54. [@] welcome@hotelmorandi.it **Chambres** : 10. [📶] [1] [📶] [TV] [📶] [📶] [€€€€]

Mrs Doyle, une Anglaise, tient cette ancienne demeure, autrefois un couvent, décoré d'objets anciens, de beaux tapis et de beaucoup de plantes vertes.

Pensione Annalena

Via Romana 34, 50125. **Plan** 3 A3. [📞] 055 22 24 02. [FAX] 055 22 24 03. [@] annalena@hotelannalena.it **Chambres** : 20. [📶] [1] [📶] [TV] [📶] [€€€€]

Cet établissement porte le nom d'une princesse qui se maria en 1439 dans l'ancien palais qu'il occupe. On traverse une cour intérieure pour atteindre la réception située dans une très grande salle où se prend également le petit-déjeuner. Un mobilier de qualité équipe les chambres spacieuses.

Splendor

Via San Gallo 30, 50129. **Plan** 2 D4. [📞] 055 48 34 27. [FAX] 055 46 12 76. [@] info@hotelsplendor.it **Chambres** : 31. [📶] 25. [1] [📶] [TV] [📶] [📶] [€€€€]

Décor rouge sombre, plafonds ornés de fresques et de stuc, cet hôtel familial offre un cadre romantique bien qu'il commence à présenter quelques signes de vieillissement.

Grand Hotel Villa Cora

Viale Niccolò Machiavelli 18, 50125. **Plan** 3 A3. [📞] 055 229 84 51. [FAX] 055 22 90 86. [W] www.villacora.com **Chambres** : 48. [📶] [1] [📶] [TV] [📶] [📶] [♿] [📶] [P] [📶] [📶] [€€€€€]

Hautes fenêtres et balcons à balustrades séparés par des arcs classiques animent les façades de ce palais Renaissance doté d'un jardin et d'une piscine. À l'intérieur, d'une grande beauté, les salles de réception présentent des plafonds peints de fresques et un parquet vernis.

Hotel Brunelleschi

Piazza Santa Elisabetta 3, 50122.

Plan 6 D2. [📞] 055 273 70. [FAX] 055 21 96 53. [@] info@hotelbrunelleschi.it **Chambres** : 96. [📶] [1] [📶] [TV] [📶] [📶] [P] [📶] [€€€€€]

Cet hôtel luxueux occupant une ancienne prison renferme un étonnant musée où sont présentées des céramiques byzantines et des baignoires en pierre taillée découvertes lors de sa reconstruction.

Hotel Cellai

Via XXVII Aprile 14, 50129. **Plan** 1 D4. [📞] 055 48 92 91. [FAX] 055 47 03 87. [@] info@hotelcellai.it **Chambres** : 47. [📶] [1] [📶] [TV] [📶] [P] [📶] [€€€€€]

Une magnifique bâtisse du XVIIIe siècle restaurée abrite cet hôtel familial situé au cœur de la cité. Un personnel diligent peut vous conduire en limousine faire la visite des boutiques les plus chic ou réserver billets de musée ou restaurant.

Hotel Continental

Lungarno degli Acciaiuoli 2, 50123. **Plan** 3 C1 (5 C4). [📞] 055 272 62. [FAX] 055 28 31 39. [@] continental@lungarnohotels.com **Chambres** : 48. [📶] [1] [📶] [TV] [📶] [♿] [📶] [📶] [€€€€€]

Cet hôtel moderne se dresse en face du Ponte Vecchio. La salle du bar et les suites du dernier étage offrent une vue superbe de l'Arno.

Hotel Excelsior

Piazza Ognissanti 3, 50123. **Plan** 1 B5 (5 A2). [📞] 055 27 151. [FAX] 055 21 02 78. **Chambres** : 168. [📶] [1] [📶] [TV] [📶] [♿] [📶] [📶] [P] [📶] [€€€€€]

Ce palace dominant l'Arno occupe deux maisons reconstruites en 1815. Colonnes et pavements de marbre, escaliers du XIXe siècle, statues, vitraux, tableaux, l'intérieur a une décoration grandiose.

Hotel Helvetia e Bristol

Via de' Pescioni 2, 50123. **Plan** 1 C5 (5 C2). [📞] 055 28 78 14. [FAX] 055 28 83 53. [W] www.charminghotels.it **Chambres** : 56. [📶] [1] [📶] [TV] [📶] [📶] [📶] [P] [📶] [€€€€€]

Ce luxueux hôtel du XVIIIe siècle à quelques pas du Duomo renferme de superbes antiquités. Sa coupole en vitrail et son splendide bar en marbre et en bois lui donnent un cachet très particulier.

Hotel Hermitage

Vicolo Marzio 1, 50122. **Plan** 3 C1 (6 D4). [📞] 055 28 72 16. [FAX] 055 21 22 08. [W] www.hermitagehotel.com **Chambres** : 28. [📶] [1] [📶] [📶] [📶] [€€€€]

Légende des symboles voir p. 243

Occupant les niveaux supérieurs d'un édifice du Moyen Âge de six étages, cet hôtel ne se trouve qu'à quelques mètres du Ponte Vecchio.
Les chambres du dernier étage, les plus chères, offrent une vue superbe. On peut prendre le petit déjeuner sur la terrasse.

Hotel J and J

Via di Mezzo 20, 50121. **Plan** 2 E5.
[055 26 31 21. FAX 055 24 02 82.
@ jandj@dada.it **Chambres** : 18. 🖼
🎿 TV 🎿 🎿 🎿 partiel.
€€€€€

Un ancien monastère du XVIe siècle abrite cet établissement paisible. Le rez-de-chaussée est éclairé par de grandes baies vitrées dans des arcades de pierre dont les voûtes sont décorées de fresques.

Hotel Loggiato dei Serviti

Piazza della SS. Annunziata 3, 50122.
Plan 2 D4. [055 28 95 92. FAX 055 28 95 95. @ info@loggiatodeiserviti hotel.it **Chambres** : 29. 🖼 1 🎿
TV 🎿 🎿 🎿 €€€€€€

Une réception au plafond à voûtes et un bar flanqué de colonnes accueillent les clients de cet hôtel construit en 1527 près de l'hôpital des Innocents.

Hotel Monna Lisa

Borgo Pinti 27, 50121. **Plan** 2 E5
(6 F2). [055 247 97 51. FAX 055 247 97 55. @ monnalis@ats.it
Chambres : 30. 🖼 1 🎿 TV 🎿
🎿 P 🎿 €€€€€€

Ce palais Renaissance ouvre sur une impressionnante cour intérieure. Certaines des chambres sont immenses, avec des plafonds très hauts et un mobilier ancien. L'extension moderne n'a pas le charme du bâtiment principal.

Hotel Regency

Piazza Massimo d'Azeglio 3, 50121.
Plan 2 F5. [055 24 52 47. FAX 055 23 46 735. @ info@regency_hotel.com
Chambres : 33. 🖼 1 TV 🎿 🎿
🎿 P 🎿 €€€€€€

Quoique bien entretenu, l'extérieur de la villa ancienne qui l'abrite ne rend pas honneur au luxe de la décoration classique et raffinée de cet établissement. Les chambres en façade donne sur la jolie piazza d'Azeglio.

Hotel Tornabuoni Beacci

Via de' Tornabuoni 3, 50123.
Plan 1 C5 (5 C2). [055 21 26 45.
FAX 055 28 35 94. @ info@bthotel.it
Chambres : 28. 🖼 1 🎿 TV 🎿

🎿 🎿 🎿 €€€€€
Dans ce palais du XIVe siècle situé dans une rue centrale et animée, des couloirs aux tapis profonds mènent à des chambres luxueuses et à des salons aux tapisseries et mobilier d'époque.

Hotel Villa Belvedere

Via Benedetto Castelli 3, 50124.
Plan 3 A5. [055 22 25 01.
FAX 055 22 31 63. @ reception@ villa-belvedere.com **Chambres** : 26.
🖼 1 TV 🎿 🎿 🎿 P 🎿 🎿
€€€€€€

Cette spacieuse villa des années 30 s'élève au cœur d'un parc et ses terrasses du premier étage offrent une jolie vue des jardins de Boboli. Toutes les chambres ont un coffre-fort et un mini-bar.

Rivoli

Via della Scala 33, 50123. **Plan** 1 A4
(5 A1). [055 28 28 53. FAX 055 29 40 41. @ info@hotelrivoli.it
Chambres : 60. 🖼 1 🎿 TV 🎿
🎿 🎿 P 🎿 €€€€€€

Ancien monastère du XVe siècle, à la façade marquée par le temps, dont la décoration marie styles moderne et classique avec élégance. Joli patio et petite piscine.

ENVIRONS DE FLORENCE

Hotel Villa Bonelli

7 km au nord-est de Florence. Via F Poeti 1, Fiesole, 50014. [055 595 13. FAX 055 59 89 42. @ info@ hotelvillabonelli.com **Chambres** : 20.
🖼 1 🎿 TV 🎿 🎿 🎿 P 🎿
€€€

Pendant la haute saison, ce petit hôtel chaleureux, au mobilier simple mais de bon goût, n'accueille qu'en demi-pension. Les chambres du dernier étage offrent une belle vue de Florence

Rovezzano Bed & Breakfast

1 km à l'est de Florence. Via Aretina 417, 50136. [055 69 00 23.
FAX 055 69 10 02. @ rovezzano@ vigilio.it
Chambres : 6. 🖼 🎿 €€€

Située dans une villa Renaissance de Rovezzano, cette chambre d'hôtes vous offrira le calme de la campagne toscane. Une fabrique de tissage y est installée et les chambres portent les noms des tissus qui les habille.

Ariele

À 500 m du Vieux Pont. Via Magenta 11, 50123. [055 21 15 09. FAX 055 26 85 21. @ hotel.ariele@

libero.it **Chambres** : 39. 🖼 1 🎿
TV 🎿 🎿 P 🎿 €€€€

Tableaux et antiquités ornent les confortables espaces salon et bar de cet hôtel simple et accueillant situé dans une rue résidentielle. Les chambres sont un peu austères mais en général spacieuses.

Hotel Villa Villoresi

À 8 km au nord-ouest de Florence. Via Ciampi 2, Colonnata di Sesto Fiorentino, 50019. [055 44 32 12. FAX 055 44 20 63.

@ cvillor@tin.it **Chambres** : 34. 🖼 1
🎿 🎿 P 🎿 🎿 €€€€

Cet édifice construit à des fins militaires au XIIe siècle fut transformé en résidence de campagne pendant la Renaissance. Des peintures murales du XIXe siècle couvrent les murs de la galerie d'entrée : des symboles égyptiens évoquant la campagne de Napoléon à côté de paysages toscans.

Pensione Bencistà

À 5 km au nord-est de Florence. Via Benedetto da Maiano 4, Fiesole, 50014.
[055 591 63. FAX 055 591 63.
@ bencista@uol.it **Chambres** : 44.
🖼 32. 🎿 P 🎿 🎿 €€€€€€

D'un excellent rapport qualité-prix, cet établissement situé dans une villa du XIVe siècle commande une vue panoramique de Florence depuis la colline de Fiesole et propose des chambres fraîches et aérées.

Torre di Bellosguardo

À 2.5 km au sud-ouest de Florence.
Via Roti Michelozzi 2, 50124.
[055 229 81 45. FAX 055 22 90 08.
@ torredibellosguardo@dada.it
Chambres : 16. 🖼 1 🎿 🎿 🎿
P 🎿 €€€€€

À l'intérieur de cette vaste tour du XIVe siècle attenante à une villa du XVIe, des portes en bois colossales ouvrent sur d'immenses salles emplies d'antiquités et de tapis persans. La décoration des chambres est tout aussi grandiose. La villa commande de belles vues de Florence.

Villa La Massa

À 6 km au sud-est de Florence. Via la Massa 24, Candeli, 50012. [055 626 11. FAX 055 63 31 02.
W www.villalamassa. com **Chambres** : 34. 🖼 1 🎿 TV 🎿 🎿 🎿 P
🎿 🎿 €€€€€€

Trois villas du XVIIe siècle composent cet établissement luxueux dont le restaurant est installé au bord du fleuve. Chambres superbes u mobilier ancien.

Villa Le Rondini

À 7 km au nord de Florence. Via Bolognese Vecchia 224, Trespiano, 50139. 📞 055 40 00 81. FAX 055 26 82 12. @ mailbox@villarondini.it **Chambres** : 40. 🛏 ① ♨ TV 🗏 ♒ ⚕ P 🍴 🌀 €€€€€

Située au cœur d'un vaste domaine où l'on trouve tennis, piscine, sauna et salle de gymnastique, cette villa à la décoration et au mobilier traditionnels commande une vue saisissante de la vallée de l'Arno.

Villa San Michele

À 8 km au nord-est de Florence. Via Doccia 4, Fiesole, 50014. 📞 055 67 82 00. FAX 055 59 87 34. @ reservations@villasanmichele.net **Chambres** : 41. 🛏 ① TV ♒ ⚕ 🗏 P 🍴 🌀 €€€€€€

Un domaine de 15 ha entoure le splendide monastère San Michele (XVe siècle) qu'aurait dessiné Michel-Ange. C'est sur la loggia, où l'on peut dîner, que l'on apprécie le plus la vue panoramique de Florence. Les chambres sont simples, pour la plupart, mais élégantes.

L'OUEST DE LA TOSCANE

ARTIMINO

Paggeria Medicea

Carte routière C2. Viale Papa Giovanni XXIII 3, 50040. 📞 055 87 51 41. FAX 055 875 14 70. @ hotel@artimino. com **Chambres** : 37. 🛏 ① ♨ TV 🗏 ♒ P 🍴 🌀 €€€€€

Ferdinand Ier de Médicis fit construire cette merveilleuse villa perchée au sommet d'une colline. L'hôtel occupe les anciens quartiers des serviteurs.

PISA

Rest Hotel Primavère

Carte routière B2. Via Aurelia km 342 & 750, Migliarino Pisano, 56010. 📞 050 80 33 10. FAX 050 80 33 15. **Chambres** : 62. 🛏 ① TV 🗏 ⚕ ♒ P 🍴 🌀 €€€€

Propre et fonctionnel, cet hôtel est pratique si l'on voyage en voiture. Quatre chambres sont équipées pour les personnes handicapées.

Royal Victoria Hotel

Carte routière B2. Lungarno Pacinotti 12, 56126. 📞 050 94 01 11. FAX 050 94 01 02. @ rvh@csinfo.it **Chambres** : 48. 🛏 40. ① ♨ ♒ P 🌀 €€€€

Cet hôtel plutôt compassé a conservé quelques éléments du XIXe siècle, notamment de jolies draperies en trompe-l'œil et des portes lambrissées.

Hotel d'Azeglio

Carte routière B2. Piazza Vittorio Emanuele II 18b, 56125. 📞 050 50 03 10. FAX 050 280 17. **Chambres** : 29. 🛏 ① TV ♒ P 🌀 €€€€

Le café et salle de petit déjeuner (7e ét.) de ce bâtiment moderne commande un panorama unique de Pise et des montagnes environnantes.

RIGOLI

Hotel Villa di Corliano

Carte routière B2. Via Statale del Brennero 50, 56010. 📞 050 81 81 93. FAX 050 81 88 97. **Chambres** : 12. ♨ 🍴 🌀 €€€€ **Fermé** en hiver.

Deux allées incurvées encerclant un jardin mènent à cette magnifique demeure de la haute Renaissance aux murs et plafonds intérieurs décorés de peintures murales. Vastes et imposantes, les chambres donnent sur un hall central.

VOLTERRA

Albergo Villa Nencini

Carte routière C3. Borgo Santo Stefano 55, 56048. 📞 0588 863 86. FAX 0588 806 01. W www.villanencini.it **Chambres** : 32. 🛏 ① ♒ ♨ 🌀 €€

Situé dans un petit parc à quelques minutes en voiture de la ville, cet établissement à la terrasse agréable comprend un bar et un restaurant et propose des chambres fraîches et lumineuses bien qu'un peu petites.

LE NORD DE LA TOSCANE

BALBANO

Villa Casanova

Carte routière B2. Via di Casanova, 55050. 📞 0583 54 84 29. FAX 0583 36 89 55. **Chambres** : 40. 🛏 ① ♨ ♒ 🔄 🍴 €€ **Fermé** en hiver.

Dominant la vallée depuis le sommet d'une colline, cette majestueuse ferme toscane du XVIIe siècle abrite un hôtel confortable dans un site idéal pour les randonneurs ou tous ceux souhaitant simplement oublier la ville. Il propose en outre des tarifs réduits pour les enfants.

LUCCA

Piccolo Hotel Puccini

Carte routière C2. Via di Poggio 9, 55100. 📞 0583 554 21. FAX 0583 534 87. @ hotelpuccini@onenet.it **Chambres** : 14. 🛏 ① ♨ TV 🌀 €€

Ce bâtiment ancien bâti en pierre de taille ne se trouve qu'à quelques pas de la piazza San Michele. L'intérieur, petit mais élégant, comprend un bar dont les vitres donnent sur la pittoresque via di Poggio.

Hotel Universo

Carte routière C2. Piazza del Giglio 1, 55100. 📞 0583 49 36 78. FAX 0583 95 48 54. @ info@hoteluniversolucca.it **Chambres** : 60. 🛏 ① ♨ TV 🗏 🌀 €€€€

Construit au XIXe siècle, cet établissement possède une salle de bar lambrissée et sa réception est dallée de marbre. Certaines de ses chambres, toutes dotées de salles de bains luxueuses, offrent une jolie vue de la place.

Locanda l'Elisa

Carte routière C2. Via Nuova per Pisa 1952, 55050. 📞 0583 37 97 37. FAX 0583 37 90 19. @ locanda.elisa@ lunet.it **Chambres** : 10. 🛏 ① TV 🗏 ♒ 🔄 ⚕ 🍴 🌀 €€€€€

Cet établissement majestueux à la décoration inspirée du style en vogue à Paris au XVIIIe siècle a été récemment rénové. Reproductions et véritables antiquités meublent ses chambres somptueuses. Des boissons alcoolisées sont tenues gratuitement à disposition des clients dans le plus petit des deux salons. Cet établissement de grand standing s'adresse plutôt à des couples ou à des personnes seules qu'à des familles, surtout avec des enfants en bas âge.

PISTOIA

Hotel Piccolo Ritz

Carte routière C2. Via A Vannucci 67, 51100. 📞 0573 267 75. FAX 0573 277 98. **Chambres** : 21. 🛏 ① ♨ TV ⚕ 🌀 €€

Proche du centre historique de Pistoia et de la gare de la piazza Dante Alighieri, le Piccolo Ritz mérite son nom : l'intérieur est élégant mais petit. Le bar présente un plafond décoré de fresques.

Albergo Patria

Carte routière C2. Via F Crispi 8, 51100. 📞 0573 251 87. FAX 0573 36 81 68.

Chambres : 28. 🛏 23. 1️⃣ ❖ 📺 🗒
€€€

Situé dans une rue pittoresque du centre de Pistoia, ce bâtiment ancien recèle un intérieur sombre et moderne au bar et au restaurant agréables. Les chambres sont de taille moyenne, tout comme leurs salles de bains. Des étages supérieurs on peut voir la cathédrale romane.

PONTENUOVO

Il Convento

Carte routière C2. Via San Quirico 33, 51030. 📞 0573 45 26 51. **FAX** 0573 45 35 78. **Chambres :** 24. 🛏 1️⃣ ❖ 📺 🏊 🍴 🅿 🗒 €€€

Une allée pleine de charme conduit à la réception de cet hôtel installé dans un ancien couvent. La salle à manger principale, aux tables couvertes de nappes de lin blanc, contient toujours les bancs sur lesquels s'asseyaient les religieuses. Les chambres sont simples mais confortables.

VIAREGGIO

Hotel President

Carte routière B2. Viale Carducci 5, 55049. 📞 0584 96 27 12. **FAX** 0584 96 36 58. @ info@hotelpresident.it **Chambres :** 37. 🛏 1️⃣ ❖ 📺 🗒 🗓 🍴 🗒 €€€€€

Sur le front de mer, le President dispose de chambres récemment rénovées particulièrement agréables. Dinez au restaurant, sur le toit, d'où la vue sur la mer est très belle.

L'EST DE LA TOSCANE

AREZZO

Castello di Gargonza

Carte routière E3. Gargonza, Monte San Savino, 52048. 📞 0575 84 70 21. **FAX** 0575 84 70 54. 🅆 www.gargonza.it **Chambres :** 7. 🛏 ❖ 🍴 🗒 €€€€

Un hameau se serre contre ce château et l'hôtel, résidentiel, propose en plus de ses 7 chambres 18 appartements dans les maisons de pierre. L'ensemble comprend un petit jardin et une jolie chapelle, ornée de fresques, où une messe est dite une fois par semaine.

CORTONA

Hotel San Luca

Carte routière E3. Piazzale Garibaldi 2, 52044. 📞 0575 63 04 60.

FAX 0575 63 01 05. 🅆 www. sanlucacortona. com **Chambres :** 60. 🛏 1️⃣ ❖ 📺 🍴 🗒 €€€

Construit à flanc de colline, le San Luca offre depuis sa salle de restaurant et sa vaste réception claire et confortablement meublée une vue panoramique des vallées qu'il domine. Les chambres sont simples.

Hotel San Michele

Carte routière E3. Via Guelfa 15, 52044. 📞 0575 60 43 48. **FAX** 0575 63 01 47. @ sanmichele@ats.it **Chambres :** 40. 🛏 1️⃣ ❖ 📺 🗒 🗓 🅿 🗒 €€€€

Donnant sur une rue étroite, cet établissement occupe un palais Renaissance, magnifiquement restauré, dont il a conservé les hautes et lourdes portes lambrissées. Un véritable labyrinthe de couloirs distribue les chambres accueillantes et confortables. La suite, sous les combles, est superbe.

LE CENTRE DE LA TOSCANE

CASTELLINA IN CHIANTI

Salivolpi

Carte routière D3. Via Fiorentina 89, 53011. 📞 0577 74 04 84. **FAX** 0577 74 09 98. @ info@hotelsalivolpi.com **Chambres :** 19. 🛏 🏊 🅿 🗒 €€€

Cette ferme restaurée possède un bel intérieur rustique au sol carrelé et aux murs badigeonnés de blanc. Les chambres du bâtiment principal ont des poutres apparentes, de petites fenêtres et des salles de bains étincelantes.

Tenuta di Ricavo

Carte routière D3. Località Ricavo, 53011. 📞 0577 74 02 21. **FAX** 0577 74 10 14. @ ricavo@ricavo.com **Chambres :** 23. 🛏 1️⃣ ❖ 🏊 🍴 fermé mar. 🗒 €€€€€

Cet hôtel de charme occupe entièrement le hameau de Ricavo vieux de mille ans. Les chambres se trouvent ainsi pour la plupart dans des maisons anciennes et la moitié disposent d'une terrasse. Antiquités et mobilier rustique décorent les salons.

GAIOLE IN CHIANTI

Castello di Spaltenna

Carte routière D3. Spaltenna 53013. 📞 0577 74 94 83. **FAX** 0577 74 92 69. **Chambres :** 37. 🛏 ❖ 📺 🗒 🏊 🍴 🗒 €€€€€ **Fermé** jan.-fév.

Perché sur une colline, ce château est en fait un ancien, et superbe, monastère fortifié dont les chambres spacieuses, certaines avec jacuzzi, donnent sur la cour intérieure. Les propriétaires tirent une grande fierté de leur cuisine faite au four à bois.

PANZANO IN CHIANTI

Villa le Barone

Carte routière D3. Via San Leolino 19, 50020. 📞 055 85 26 21. **FAX** 055 85 22 77. 🅆 www.villalebarone.it **Chambres :** 14. 🛏 1️⃣ ❖ 🏊 🅿 🍴 🗒 €€€€€

Cette maison du XVIe siècle appartint jadis à la célèbre famille de céramistes des della Robbia. Des fleurs égaient les salons et des antiquités meublent les chambres.

RADDA IN CHIANTI

Relais Fattoria Vignale

Carte routière D3. Via Pianigiani 9, 53017. 📞 0577 73 83 00. **FAX** 0577 73 85 92. 🅆 www.vignale.it **Chambres :** 34. 🛏 1️⃣ ❖ 🏊 🅿 🍴 🗒 €€€€€ **Fermé** en hiver.

Sols carrelés, cheminées et peintures murales créent l'atmosphère des salles communes de ce superbe manoir. Les chambres donnant sur l'arrière dominent la vallée.

SAN GIMIGNANO

Albergo Leon Bianco

Carte routière C3. Piazza della Cisterna 13, 53037. 📞 0577 94 12 94. **FAX** 0577 94 21 23. @ leonbianco@ iol.it **Chambres :** 25. 🛏 1️⃣ ❖ 📺 🗒 🅿 🗒 €€€

Cet ancien palais a en partie conservé ses murs d'origine. Aérées, les chambres au sol carrelé offrent de jolies vues.

Hotel Villa Belvedere

Carte routière C3. Via Dante 14, 53037. 📞 0577 94 05 39. **FAX** 0577 94 03 27. **Chambres :** 15. 🛏 1️⃣ 📺 🏊 🅿 🗒 €€€

Cette jolie villa propose des chambres modernes peintes dans des tons pastel et un agréable jardin où un hamac est suspendu entre deux cyprès.

La Cisterna

Carte routière C3. Piazza della Cisterna 24, 53037. 📞 0577 94 03 28. **FAX** 0577 94 20 80. @ lacisterna@ iol.it **Chambres :** 47. 🛏 1️⃣ ❖ 📺 🗒 🍴 🗒 €€€

Situé dans un palais du XIVe siècle, les chambres de la Cisterna, meublées dans un style florentin traditionnel, offrent des vues de la campagne toscane.

Villa San Paolo

Carte routière C3. Strada per Certaldo, 53037. 📞 0577 95 51 00. 📠 0577 95 51 13. @ sanpaolo@ iol.it
Chambres : 18. 🛏 🔲 ⚏ 🔁 🖾
€€€€ *fermé 10 jan.-5 mars.*

Le jardin en terrasses de cette belle villa à flanc de colline comprend un court de tennis. Les pièces communes sont intimes et les chambres agréables.

SAN GUSMÉ

Villa Arceno

Carte routière D3. Castelnuovo Berardenga, 53010. 📞 0577 35 92 92. 📠 0577 35 92 76. *Chambres :* 16. 🛏 🔲 ⚏ 📺 🔲 ⚏ 🔁 🅿 🍽 🖾
€€€€€ *fermé mi-nov. à mi-fév.*

Cette villa construite au XVIIᵉ siècle au cœur de bois magnifiques propose des chambres spacieuses. Les pièces communes, aux plafonds voûtés, sont harmonieusement décorées de reproductions d'antiquités.

SIENA

Hotel Chiusarelli

Carte routière D3. Viale Curtatone 15, 53100. 📞 0577 28 05 62. 📠 0577 27 11 77. @ info@chiusarelli.com *Chambres :* 49. 🛏 🔲 ⚏ 📺 🅿 🍽 🖾 €€€€

Si l'extérieur de cette charmante villa au jardin plein de palmiers montre quelques signes de décrépitude, l'intérieur vient d'être entièrement rénové.

Pensione Palazzo Ravizza

Carte routière D3. Pian dei Mantellini 34, 53100. 📞 0577 28 04 62. 📠 0577 22 15 97. @ bureau@ palazzoravizza.it *Chambres :* 40. 🛏 🔲 ⚏ 🔁 🅿 🍽 🖾 €€€€

Situé à l'intérieur des murs de la ville, cet hôtel propose un salon confortable, une bibliothèque et des chambres avec de jolies vues de la campagne toscane. Le restaurant n'est ouvert que le soir.

Santa Caterina

Carte routière D3. Via Enea Silvio Piccolomini 7, 53100. 📞 0577 22 11 05. 📠 0577 27 10 87. @ hsc@ sienanet.it *Chambres :* 19. 🛏 🔲 ⚏ 📺 🔲 ⚏ 🅿 🖾 €€€€

Cette demeure du XVIIIᵉ siècle au mobilier rustique est d'un bon rapport qualité-prix pour Sienne. Les chambres, de tailles et de styles variés, sont décorées d'antiquités.

Hotel Certosa di Maggiano

Carte routière D3. Strada di Certosa 82, 53100. 📞 0577 28 81 80. 📠 0577 28 81 89. @ certosa@relaischateaux.fr *Chambres :* 17. 🛏 🔲 ⚏ 📺 ⚏ 🅿 🍽 🖾 €€€€€

Occupant la plus vieille chartreuse (1314) de Toscane, cet établissement étonnant aux pièces décorées de peintures anciennes allie calme, simplicité et grande classe.

Villa Patrizia

Carte routière D3. Via Fiorentina 58, 53100. 📞 0577 504 31. 📠 0577 504 42. @ info@villapatrizia.it *Chambres :* 33. 🛏 🔲 ⚏ 📺 ⚏ 🔁 🅿 🍽 🖾 €€€€€

Cette vieille demeure se trouve à la limite nord de la ville. Meublées simplement, les chambres sont confortables.

Villa Scacciapensieri

Carte routière D3. Via di Scacciapensieri 10, 53100. 📞 0577 414 41. 📠 0577 27 08 54. @ villasca@tin.it *Chambres :* 28. 🛏 🔲 ⚏ 🔲 📺 ⚏ 🅿 🍽 🖾 €€€€€

Une grande cheminée en pierre trône dans le salon de cet hôtel chaleureux où les chambres spacieuses offrent une belle vue de Sienne et des collines toscanes.

SINALUNGA

Locanda dell'Amorosa

Carte routière E3. Località Amorosa, 53048. 📞 0577 67 94 97. 📠 0577 63 20 01. @ locanda@ amorosa.it *Chambres :* 20. 🛏 🔲 ⚏ 🔲 ⚏ 🅿 🍽 🖾 €€€€€

Cette délicieuse villa du XIVᵉ siècle aux chambres fraîches et aérées appartient à un domaine agricole et viticole.

STROVE

Albergo Casalta

Carte routière D3. Comune di Monteriggioni, 53035. 📞 & 📠 0577 30 10 02. @ casalta@chiantiturismo.it *Chambres :* 10. 🛏 🍽 €€ *Fermé en hiver.*

Dans un hameau, un bâtiment vieux de mille ans abrite cet hôtel où un âtre trône au centre de la réception. Le restaurant est élégant.

San Luigi Residence

Carte routière D3. Via della Cerreta 38, 53035. 📞 0577 30 10 55. 📠 0577 30 11 67. *Chambres :* 64.

🔲 🔲 ⚏ ⚏ 🅿 🍽 🖾 €€€€€

Le parc entourant ces bâtiments agricoles magnifiquement restaurés contient des courts de tennis, un terrain de volley-ball et une aire de jeu pour les enfants.

LE SUD DE LA TOSCANE

ELBA

Capo Sud

Carte routière B4. Località Lacona, 57037. 📞 0565 96 40 21. 📠 0565 96 42 63. @ info@hotelcaposud.it *Chambres :* 39. 🛏 🔲 ⚏ 📺 *sur demande.* 🔲 ⚏ 🅿 🍽 €€€

Les chambres éparpillées dans les pavillons de ce village de vacances commandant une vue superbe de la baie.

GIGLIO PORTO

Castello Monticello

Carte routière C5. Via Provinciale, 58013. 📞 0564 80 92 52. 📠 0564 80 94 73. @ info@hotelcastellomonticello.com *Chambres :* 29. 🛏 🔲 ⚏ 📺 🔲 🅿 🍽 🖾 €€€€ *Fermé oct-Pâques.*

On découvre un panorama splendide depuis les chambres de cette ancienne résidence privée.

PUNTA ALA

Piccolo Hotel Alleluja

Carte routière C4. Via del Porto, 58040. 📞 0564 92 20 50. 📠 0564 92 07 34. *Chambres :* 38. 🛏 ⚏ 📺 🔲 🅿 🍽 🖾 €€€€€ *Fermé mi-oct.-mars.*

Cet élégant petit hôtel meublé avec style et simplicité dispose de courts de tennis en bord de mer. Certaines des chambres ont leur propre salon.

PORTO ERCOLE

Il Pellicano

Carte routière D5. Località San Barcatello, 58018. 📞 0564 85 81 11. 📠 0564 83 34 18. @ info@pellicanohotel.com *Chambres :* 41. 🛏 ⚏ 📺 🔲 ⚏ 🅿 🍽 🖾 €€€€€ *Fermé mi-oct.-mars.*

Cet établissement de grand standing avec sa bande de côte rocheuse privée occupe une villa couverte de vigne vierge. Chambres calmes.

Légende des symboles *voir p. 243*

Restaurants, cafés et bars

Les Italiens ont toujours porté un grand intérêt à la cuisine, en particulier à celle de leur pays (il existe peu de restaurants proposant des cuisines étrangères) et plus encore à celle de leur région. Celle de la Toscane se caractérise par des plats consistants préparés souvent à base de produits de saison. Le déjeuner (*pranzo*) se prend généralement vers 13 h et le dîner (*cena*) à partir de 20 h,

Serveur italien

mais peut se prolonger fort tard. Les restaurants décrits des pages 258 à 263 font partie des meilleurs de la région dans toutes les catégories de prix. Les références cartographiques vous aideront à les trouver, surtout à Florence où la numérotation des rues peut tromper (*p. 274*). Il vaut mieux téléphoner pour réserver car certains ferment en hiver ou pendant les vacances d'été.

LES TYPES DE RESTAURANTS ET DE CAFÉS

Les restaurants italiens portent des appellations très diverses mais il n'y a, en pratique, que peu de différence en termes de prix, cuisine ou ambiance entre une *trattoria*, une *osteria* et un *ristorante*. Les *birrerie* et *spaghetterie*, établissements plus modestes, vendent de la bière, des plats de pâtes et des casse-croûte. À côté des pizzas, le menu d'une *pizzeria* comprend des plats simples de viande ou de poisson. Beaucoup n'ouvrent que le soir.

Une *tavola calda* propose quelques plats chauds en libre service, une solution idéale pour le déjeuner. Vous trouverez du poulet rôti à emporter dans les *rosticcerie*, et des friands (*panini*), des sandwichs (*tramezzini*) et des parts de pizzas (*pizza taglia*) dans de nombreux cafés et à de petits comptoirs dans la rue.

Les bars à vins traditionnels (*vnaii* ou *fiaschetterie*), bien qu'en voie de disparition, offrent un cadre typique pour boire un verre de vin ou manger un en-cas. Certains des meilleurs glaciers (*gelaterie*) d'Italie se trouvent à Florence.

LA CUISINE VÉGÉTARIENNE

Bien que la plupart des Italiens aient du mal à comprendre le végétarisme et que Florence ne compte que quelques restaurants

La façade du Palle d'Oro (*p. 258*)

végétariens, vous ne rencontrerez pas de difficulté à composer des repas sans viande surtout depuis la crise de la vache folle. Salades, soupes et entrées (*antipasti*) devraient répondre à vos attentes. Assurez-vous tout de même que les sauces des pâtes sont faites à partir de bouillon de légumes (*brodo vegetariano*).

LE PRIX DES RESTAURANTS

Les prix pratiqués à Florence sont souvent plus élevés qu'ailleurs. Dans les pizzerias et les établissements les moins chers, un menu (*menù turistico*) ou un repas composé de deux plats accompagnés d'un demi-litre de vin revient environ à 10 €. Un repas complet à la carte coûte en moyenne de 13 € à 26 €, mais peut aller jusqu'à 45 € ou 55 € dans les établissements les plus huppés.

Presque tous les restaurants font payer le couvert (*pane e coperto*), environ 3 € ; certains ajoutent 10 % de service (*servizio*) sur la note (*il conto*). La loi impose la remise au client d'un reçu (*una recivuta*) clair et lisible. Le pourboire est à votre discrétion (12 à 15 %).

Mieux vaut prévoir du liquide pour payer dans les cafés mais de nombreux restaurants, surtout parmi les

À l'intérieur de Le Fonticine, établissement réputé de Florence (*p. 259*)

plus chers, acceptent les cartes bancaires des grands réseaux. Il est prudent de vérifier en prenant votre réservation.

RÉSERVER UNE TABLE

À Florence, les meilleurs restaurants dans toutes les gammes de prix sont très fréquentés. Même pour les plus modestes mieux vaut donc réserver. Si c'est impossible, essayez d'arriver tôt pour éviter d'attendre.

COMMENT S'HABILLER

Sans en faire une question de principe, les Italiens aiment s'habiller pour sortir. La liste de notre sélection indique les restaurants exigeant une tenue de ville.

La Trattoria Angiolino (*p. 258*)

LE MENU ET LA COMMANDE

Dans les établissements les moins chers, le menu (*il menù* ou *la lista*) est parfois simplement écrit sur une ardoise, et souvent, c'est le serveur (*cameriere*) qui récite la liste des plats du jour (*piatti del giorno*).

Le repas commence traditionnellement par les *antipasti* (hors-d'œuvre) ou les *primi piatti* : soupes, risottos ou pâtes. Les plats principaux (*secondi*), à base de poisson ou de viande, s'accompagnent de légumes (*contorni*) à part ou d'une salade (*salata*). Fromage (*formaggio*) et/ou fruit (*frutta*) ou dessert (*dolci*)

Le Badia a Coltibuono de Gaiole in Chianti date du XIᵉ s. (*voir p. 262*)

concluent le repas, suivi ou non d'un *espresso* et d'un *digestivo* (*p. 257*).

LE CHOIX DU VIN

La cuvée du patron consistera le plus souvent en un chianti ou un proche cousin. Les établissements les moins chers ne proposent souvent rien d'autre à part, peut-être, quelques vins locaux. Ceux de la gamme 40 € à 55 € disposeront d'une sélection plus étendue comprenant des crus d'autres régions de l'Italie, et la carte des plus chic présentera un large éventail de vins toscans et italiens. Vous trouverez à l'Enoteca Pinchiorri (*p. 259*) un choix intéressant de crus étrangers, notamment français (*p. 256-257*).

LES ENFANTS

Sauf parfois dans les plus huppés, les enfants sont généralement les bienvenus dans les restaurants mais ceux-ci sont rarement équipés de

Repas en terrasse au café Rivoire (*p. 265*)

chaises hautes (*seggetione*). Vérifiez sur le menu si des portions réduites (*porzione piccola*) sont prévues. Vous pourrez sinon presque toujours commander une demi-portion (*mezza porzione*), mais ne vous attendez pas à payer la moitié du prix.

FUMEUR - NON-FUMEUR

Pratiquement aucun café et peu de restaurants proposent une zone non-fumeur.

ACCÈS FAUTEUIL ROULANT

Les accès spéciaux pour fauteuils roulants sont rares mais un coup de fil à l'avance vous vaudra une table bien placée et de l'aide à l'arrivée.

LÉGENDE DES TABLEAUX

Symboles des tableaux des pages 258 à 263.

🍽 menu à prix fixe
👔 tenue de ville
▦ tables en terrasse
☰ climatisation
🍷 cave exceptionnelle
★ recommandé
💳 cartes de crédit acceptées
Vérifiez lesquelles en réservant.

Catégories de prix pour un menu avec entrée et dessert, demi-bouteille de vin de la maison, couvert, taxes et service compris.
€ moins de 15 €
€€ 15 €-25 €
€€€ 25 €-40 €
€€€€ 40 €-55 €
€€€€€ plus de 55 €.

Que manger à Florence et en Toscane

L a cuisine toscane a des racines paysannes et utilise avant tout des produits du terroir tels qu'huile d'olive, herbes aromatiques, haricots blancs, légumes de saison, charcuteries et fromages de brebis comme le *pecorino* ou la crémeuse *ricotta*. En entrée, d'épaisses soupes telle la *ribotta* remplacent souvent les pâtes, et la viande se cuit de préférence au grill. Une glace ou un fruit concluent le repas mais le *panforte* siennois a aussi ses adeptes, comme les célèbres *cantucci* que l'on accompagne de vin santo.

Tomate olivette

Brioche
Ces petits pains parfois fourrés de confiture ou de crème sont servis au petit déjeuner.

Pâté de foie   Crème de tomates

Panzanella
Tomates, pain imbibé d'huile, basilic, ail et persil donnent sa saveur à cette salade.

Pâte d'olives   Beurre d'anchois

Bruschetta
Des tranches de pain grillé frottées d'ail et d'huile d'olive ou nappées de pâtes d'olives, d'anchois, ou de tomates font de délicieux amuse-gueules.

Fagioli all'uccelletto
Ces haricots cuits dans une sauce tomate sont un des plats de légumes les plus populaires de Toscane.

Ribotta
Haricots blancs et choux constituent la base de cette soupe savoureuse.

Pappardelle alla lepre
Du lièvre cuit en sauce, souvent dans son sang ou dans un bouillon de bœuf, accompagne ces larges pâtes typiquement toscanes.

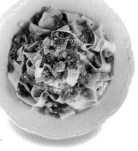

Salame di cinghiale
Ce goûteux salami est fait de chair de sanglier.

Trippa alla fiorentina
Cuites dans une sauce tomate, ces tripes sont saupoudrées de parmesan.

Bistecca alla fiorentina
Cette côte de bœuf d'une découpe spéciale doit être grillée sur la braise.

Baccalà
La morue salée se prépare le plus souvent avec persil, ail et tomates.

Scottiglia di cinghiale
Les côtelettes de sanglier sont particulièrement appréciées en Maremme.

Arosto misto
Cette recette campagnarde mélange des viandes rôties : agneau, porc, poulet, foie et saucisses épicées (salsicce).

Panforte

Ricciarelli

Castagne ubriache
Une sauce au vin couvre ces chataîgnes souvent accompagnées d'une crème.

Torta di riso
Un simple coulis de fruit nappe ces gâteaux de riz.

Panforte et ricciarelli
Clous de girofle et cannelle donnent la saveur typique du panforte. Les ricciarelli sont à base d'amandes pilées, de zeste d'orange confit et de miel.

Pecorino
Ce fromage de brebis se consomme aussi bien frais que sec.

Huile d'olive

Ricotta
Ce fromage frais de brebis se mange avec du miel et de l'huile d'olive.

Cantucci
Ces biscuits sont encore meilleurs trempés dans le vin santo, un délicieux vin de dessert.

Que boire à Florence et en Toscane

Le foulage du raisin,
estampe médiévale

Blancs ou rouges, de table (*vino della casa*) ou grands crus, les vins de Toscane accompagnent à merveille la robuste cuisine locale. Les rouges les plus réputés, notamment le brunello di Montalcino, le vino nobile di Montepulciano et le chianti, sont produits sur les coteaux de l'intérieur et issus du cépage sangiovese mais de nombreux domaines, notamment dans le Chianti Classico, implantent également aujourd'hui avec succès des cépages français. Dans toute la Toscane, des bars et cafés servant aussi bien alcools et bières que boissons chaudes et non alcoolisées sont ouverts toute la journée. Voir aussi *Une journée dans le Chianti* page 225.

Il Poggione produit d'excellents brunello di Montalcino.

LE VIN ROUGE

Vin de table toscan

Les meilleurs crus de chianti, vin de qualité très variable, proviennent des coteaux du Classico et de la Rufina. Produit plus au sud, le brunello di Montalcino, vieilli au moins cinq ans, peut atteindre des prix élevés. Le rosso, plus jeune, est plus abordable. D'autres vins toscans, qui ne respectent pas toujours les traditions, se révèlent souvent très bons, comme le fontalloro, le cepparello, le solaia et le sassicaia, issu du cépage français cabernet sauvignon.

Chianti produit par Ruffino

Le carmignano est un bon vin rouge du nord de Florence.

Le sassicaia est fait à partir de cabernet sauvignon.

LE VIN BLANC

Galestro

Légers et pétillants comme le galestro, ou simplement secs sous l'appellation de Bianco della Toscana, les vins blancs toscans, issus en général du cépage trebbiano, sont moins intéressants que les rouges. Certains producteurs commencent toutefois à implanter des pieds de chardonnay et de sauvignon. On peut trouver parfois de bons vernaccia di San Gimignano, à base de cépage vernaccia, et le montecarlo, produit près de Lucques à partir d'un mélange de variétés, se révèle souvent intéressant. Les blancs toscans se boivent presque tous jeunes.

LE VIN SANTO

Vin santo

Jadis une production traditionnelle des agriculteurs de toute la région, le « vin saint », fabriqué à partir de raisins trebbiano et de malvoisie à demi séchés puis vieilli en petits fûts pendant plusieurs années, est en train de connaître un regain d'intérêt après une période de déclin. S'il existe des vin santo secs, les meilleurs crus sont doux et les restaurants et maîtres et maîtresses de maison le proposent souvent avec des biscuits aux amandes, les *cantucci*. Les productions d'Avignonesi et Isole e Olena sont réputées.

LA FABRICATION DU CHIANTI

La vinification, qui tire parti des meilleures techniques traditionnelles et modernes, a lieu tout de suite après la récolte en octobre.

L'égrappage et le foulage
Au pressurage, les grains de raisin (cépage sangiovese) sont séparés de la rafle trop chargée en tanin pour la production de vins fins.

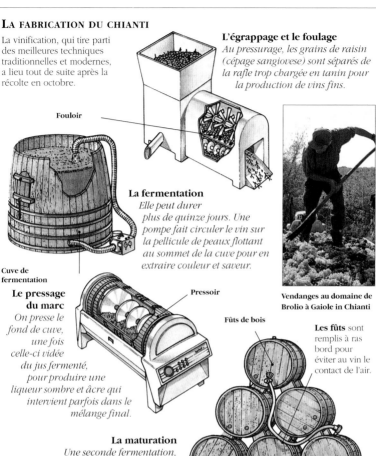

Fouloir

La fermentation
Elle peut durer plus de quinze jours. Une pompe fait circuler le vin sur la pellicule de peaux flottant au sommet de la cuve pour en extraire couleur et saveur.

Cuve de fermentation

Vendanges au domaine de Brolio à Gaiole in Chianti

Le pressage du marc
On presse le fond de cuve, une fois celle-ci vidée du jus fermenté, pour produire une liqueur sombre et âcre qui intervient parfois dans le mélange final.

Pressoir

Fûts de bois

Les fûts sont remplis à ras bord pour éviter au vin le contact de l'air.

La maturation
Une seconde fermentation, appelée malolactique, a lieu au printemps, puis le vin est mis à vieillir en fûts.

Cinzano, un *aperitivo* très populaire

APÉRITIFS ET DIGESTIFS

Campari, Cinzano ou Cynar sont des apéritifs désormais connus partout. Parmi ceux sans alcool, Crodino est le plus répandu.

Un *amaro* à base d'herbes aromatiques, un cognac italien ou une *grappa* (eau-de-vie de marc) concluent agréablement un repas. Essayez aussi le limoncello, liqueur au citron et le Sambuca anisé ou l'Amaretto parfumé à l'amande.

LA BIÈRE

Moins chère à la pression *(birra alla spina)* qu'en bouteille, la bière est vendue partout. Peroni et Moretti qui font partie des bières blondes, sont parmi les bonnes marques italiennes.

LES AUTRES BOISSONS

Cafés et bars proposent également jus de fruits en petite bouteille *(succo di frutta)*, orange pressée *(spremuta)*, milk-shake *(frullato)* et, en été, thé et café glacés. L'*espresso*, café noir serré, se boit à toute heure du jour et le mousseux *cappuccino* au petit déjeuner ou dans l'après-midi.

Espresso   **Cappuccino**

FLORENCE

CENTRE-VILLE

Trattoria Mario

Via Rosina 2r. **Plan** 1 C4.
(055 21 85 50. **Ouv.** 12 h-14 h 30
lun.-sam. €

Ce restaurant du Mercato Centrale
souvent plein de Florentins travaillant
dans le quartier et de visiteurs qui
viennent y déguster une cuisine
familiale à prix très raisonnables.
Le menu du jour propose des soupes,
des pâtes accompagnées de
différentes sauces et un choix de plats
de viande et d'accompagnements.
Poisson frais le vendredi.

Acquacotta

Via de' Pilastri 51r. **Plan** 2 E5.
(055 24 29 07. **Ouv.** 12h30-14h,
19h-22h jeu.-lun., 12h30-14h mar.
Fermé mer. et août. 🗾 €€€

Ce restaurant bon marché tire son
nom de la spécialité de la maison :
l'*acquacotta* (litt. l'eau cuite), une
soupe traditionnelle de légumes
servie sur du pain grillé et couronnée
d'un œuf poché. Grillades et
classiques de la cuisine toscane
figurent également au menu,
notamment des plats populaires
comme les pieds de porc, la langue
ou le *bollito misto* e *salsa verde*
(mélange de viandes bouillies
à la sauce verte).

Da Pennello

Via Dante Alighieri 4r. **Plan** 4 D1
(6 E3). (055 29 48 48.
Ouv. 12h-15h, 19h-22h
mar.-sam. ¶☺¶ €€€

Réservez longtemps à l'avance si
vous ne voulez pas attendre un
long moment avant de pouvoir
prendre place à l'une des tables
du jardin ou de la salle à manger.
Da Pennello est particulièrement
réputé pour la variété de ses
antipasti qui constituent des repas
en eux-mêmes.

Osteria dei Macci

Via de' Macci 77r. **Plan** 4 E1. (055 24
12 26. **Ouv.** 19h30-1h mar.-dim.
🗾 €€€

Sa position légèrement périphérique
à la lisière du marché Sant'Ambrogio
vaut à cette trattoria à l'ancienne
d'être relativement peu fréquentée
par les touristes. Sa clientèle
l'apprécie en particulier pour les prix
raisonnables de ses menus.

Palle d'Oro

Via Sant'Antonino 43r. **Plan** 1 C5 (5 C1).
(055 28 83 83. **Ouv.** 12h-14h30,
18h30-21h45 lun.-sam.
¶☺¶ 🗾 €€

Cet établissement offre un bon
exemple de trattoria traditionnelle.
Les tables se trouvent au fond tandis
qu'un comptoir, à l'entrée, vend des
sandwichs. Sans fioritures, la
nourriture est bien préparée.

Paoli

Via dei Tavolini 12r. **Plan** 4 D1 (6 D3).
(055 21 62 15. **Ouv.** 12h-14h30,
19h-22h30 mer.-lun. **Fermé** 3 sem.
en août. ¶☺¶ 🗾 €€€

La nourriture n'a rien d'exceptionnel
mais les fresques du Moyen Âge qui
couvrent les parois de sa salle à
manger voûtée en font un des plus
beaux restaurants de Florence.
Comme en outre il est situé juste à
côté de la via dei Calzaiuoli, mieux
vaut réserver ou venir très tôt.

San Zanobi

Via San Zanobi 33r. **Plan** 1 C4. (
055 47 52 86. **Ouv.** 12h-14h30,
19h-22h lun.-sam. ▤ €€€

Depuis sa cuisine, délicate et
inventive, jusqu'au souci du détail
dans la décoration et le service,
l'art de la table s'exprime partout
dans ce restaurant calme et raffiné.
Inspirés de la tradition culinaire
florentine, les plats sont légers et
superbement présentés.

Trattoria Angiolino

Via di Santo Spirito 36r. **Plan** 3 B1
(5 A4). (055 239 89 76. **Ouv.** 12h-
14h30, 19h15-22h30 t.l.j. (nov.-mars :
ferm. lun.) 🗾 €€€

Ce restaurant dans l'Oltrarno à
l'accueil très chaleureux bourdonne
d'une ambiance typiquement
florentine. La qualité de la nourriture
– souvent excellente – et du service
n'est malheureusement pas régulière.
Parmi les spécialités à déguster
autour du foyer central allumé en
hiver : les *penne ai funghi* (penne
aux champignons). Demandez le
menu du jour.

Alle Murate

Via Ghibellina 52r. **Plan** 4 E1.
(055 24 06 18. **Ouv.** 20h-23h30
mar.-dim. **Fermé** 15 jours en déc.
🍷 ¶☺¶ 🗾 €€€€

Une jeune chef prépare au Alle
Murate, restaurant de plus en plus
fréquenté, une cuisine raffinée
où des classiques de la tradition
italienne se pimentent
d'éléments plus exotiques comme
les *ravioli di gamberi* (raviolis
farcis aux crevettes). Les desserts
sont légers et inventifs
et la cave fait partie des plus
riches de la ville.

Buca dell'Orafo

Volta de' Girolami 28r. **Plan** 6 D4.
(055 21 36 19. **Ouv.** 12h30-14h30,
19h30-22h30 mar.-sam., 12h30-14h30
lun. **Fermé** en août. €€€

Midi et soir, visiteurs et autochtones
se pressent dans ce restaurant
chaleureux devenu depuis
longtemps l'un des favoris des
Florentins amateurs de cuisine
familiale. Les pâtes sont faites maison
et les plats du jour comprennent
toujours du poisson le vendredi,
la *pasta e fagioli* (pâtes aux haricots)
le samedi, et la *ribollita* les jeudi,
vendredi et samedi. La réputation
de la Buca dell'Orafo doit également
beaucoup à sa pâtisserie.

Buca Mario

Piazza degli Ottaviani 16r. **Plan** 1 B5
(5 B2). (055 21 41 79. **Ouv.** 12h30-
14h30, 19h30-22h30 ven.-mar.,
19h30-22h mar. **Fermé** 3 sem.
en août. 🗾 €€€€

De nombreux visiteurs étrangers
se pressent dans ce grand restaurant où
le mieux est d'arriver en avance. Ils
attendent patiemment qu'une des
tables de la cave se libère pour
pouvoir savourer viandes grillées et
pâtes maison d'un prix abordable.

Cafaggi

Via Guelfa 35r. **Plan** 1 C4. (055 29
49 89. **Ouv.** 12h30-15h, 19h-22h
lun.-sam. ¶☺¶ €€€

La famille Cafaggi tient cette
classique trattoria toscane depuis
80 ans et l'huile utilisée pour la
préparation des plats cuisinés avec
soin provient du domaine familial en
Chianti, tout comme plusieurs des
vins proposés en accompagnement.
S'en tenir à l'un des trois menus à
prix fixe, le *turistico*, le *leggero*
(léger) ou le *vegetariano* (végétarien),
évitera d'alourdir par trop la note.
Crostini et *involtini* sont
particulièrement bons.

Da Ganino

Piazza dei Cimatori 4r. **Plan** 6 E3. (
055 21 41 25. **Ouv.** 12h30-14h45,
19h30-22h30 lun.-sam. 🎴 🗾
€€€

Ce petit restaurant offre la double
particularité, rare près du Duomo
et de la via dei Calzaiuoli, d'être
accueillant mais pas surpeuplé. On
y mange pour un prix raisonnable
des classiques toscans dans une
salle décorée à l'ancienne ou en
terrasse sur une jolie petite piazza.
Si vous ne trouvez pas de place,
essayez la Birreria Centrale voisine
(*p. 265*).

Dino

Via Ghibellina 51r. **Plan** 4 D1 (6 E3).
(055 24 14 52. **Ouv.** 12h-14h30,
19h30-22h30 mar.-sam., 12h30-14h30
dim. 🍴 🍷 ✉ €€€

Un splendide palais du XIVe siècle
abrite ce restaurant renommé situé à
la limite du quartier de Santa Croce.
Le Dino possède l'une des meilleures
caves de Florence et les produits de
saison sont à l'honneur sur une carte
inventive. Des plats tels que les
tagliatelle all'erba limoncella
(tagliatelles aux herbes aromatiques),
les différentes *baccalà* (morue) et le
filettino di maiale al cartoccio (filet
de porc en papillote) méritent que
l'on se lance à la découverte.

Le Fonticine

Via Nazionale 79r. **Plan** 1 C4. **(** 055
28 21 06. **Ouv.** de 12 h à 14 h 30 et
de 19 h à 22 h du mar. au sam. 🍷
€€€

Originaires de la région voisine de
l'Émilie-Romagne, les propriétaires
de cet établissement à la réputation
solidement établie apportent une
touche personnelle à de robustes
plats toscans tels que la *trippa*,
l'*ossobucco* (veau) et le *cinghiale*
(sanglier). La viande est de premier
choix et la *pasta* faite maison.

l'Francescano

Largo Bargellini 16r. **Plan** 4 E1.
(055 24 16 05. **Ouv.** 12h30-
14h30, 19h30-22h30 mer.-lun. (t.l.j.
en été). 🍷 ✉ €€€

Dans une atmosphère rustique,
on déguste ici des plats toscans
traditionnels, adaptés avec
raffinement aux goûts plus
modernes. Une clientèle composée
surtout de jeunes Florentins y a le
choix entre des soupes telles que
pappa al pomodoro ou la *ribollita*
et des plats de viande. La carte des
vins et celle des desserts sont
impressionnantes.

LOBS

Via Faenza 75r.
Plan 1 C4 (5 C1). **(** 055 21 24 78.
Ouv. 12h-14h30, 19h-22h30 t.l.j. 🍴
🍷 ✉ €€€

Situé au cœur de San Lorenzo, près
du marché central, LOBS est un petit
restaurant de poisson sans
prétention, à l'accueil chaleureux.
Des plats de pâtes telles les
spaghettis aux coques et les *gnocchi*
aux légumes et aux crevettes sont
servis au déjeuner, tandis qu'un choix
de plats d'assortiment de poissons
aux légumes sont proposés au dîner.

Le Mossacce

Via del Proconsolo 55r.
Plan 2 D5 (6 E2). **(** 055 29 43 61.

Ouv. de 12 h à 14 h 30 et de 19 h à
21 h 30 du lun. au ven. 🍴 🍷 ✉
€€€

La carte traduite en plusieurs langues
et le chaos qui y règne à midi ne
doivent pas vous tenir à l'écart de
cet établissement centenaire situé
entre le Bargello et le Duomo,
pas plus que son nom qui signifie
le « discourtois ». On y sert sur de
petites tables aux nappes en papier
une robuste cuisine toscane et le
menu est d'un excellent rapport
qualité-prix, même sans dessert.
Malheureusement, on ne peut
pas réserver.

La Taverna del Bronzino

Via delle Ruote 25-27r. **Plan** 2 D3.
(055 49 52 20. **Ouv.** 12h30-
14h30, 19h30-22h30 lun.-sam.
Fermé en août. 🍴 🍷 ✉ €€€

Installé dans un *palazzo* du
XVe siècle qui aurait un rapport avec
le peintre florentin dont il porte le
nom, ce restaurant accueille dans un
décor aéré une clientèle en grande
partie composée d'hommes d'affaires.
Les *antipasti* et le grand choix de
pâtes restent largement toscans tandis
que les plats principaux manifestent
une ambition plus spécifiquement
florentine.

Trattoria Zà Zà

Piazza del Mercato Centrale 26r.
Plan 1 C4. **(** 055 21 54 11.
Ouv. de 12 h à 15 h et de 19 h à 23 h
du lun. au sam. 🍴 🍴 ✉
€€€

Dans les deux salles de ce restaurant
à l'ambiance de cantine, les clients,
perchés sur des tabourets, se serrent
coude à coude à des tables à
tréteaux dans un décor où des
étagères chargées de bouteilles de
chianti masquent les affiches
jaunissantes de vedettes des
années 50. On y déguste une robuste
cuisine toscane où des entrées
consistantes comme la *ribollita* et le
passato di fagioli (purée de haricots)
précèdent l'*arista* (porc rôti) et les
scallopine (escalopes de veau). Au
dessert, essayez la spécialité de la
maison, la *torta di mele alla zà zà*,
une tarte aux pommes.

Cibrèo

Via Andrea del Verrocchio 8r. **Plan** 4
E1. **(** 055 234 11 00. **Ouv.** 12h50-
14h30, 19h-23h15 mar.-sam. **Fermé**
1 sem. en jan. et en août. 🍴 🍷 ★
✉ €€€€

Sous la direction de Fabio et
Benedetta Picchi Cibreo, ce
restaurant propose, dans une
atmosphère décontractée, une
cuisine traditionnelle toscane

magnifiquement préparée. Pas de
pâtes mais un large choix de recettes
florentines à base de tripes, courges,
cervelles d'agneau, crêtes de coq et
rognons. Dans un registre plus
raffiné, le canard farci aux raisins
secs et aux pignons, ou l'agneau aux
artichauts ont subi l'influence de la
nouvelle cuisine. Excellents desserts.

Enoteca Pinchiorri

Via Ghibellina 87. **Plan** 4 D1 (6 E3).
(055 24 27 77. **Ouv.** 12h30-14h,
19h30-22h mar., jeu.-sam., 19h30-
22h mer. 🍴 🍷 🍴 🍷 ★ ✉
€€€€€

Souvent décrit comme le meilleur
d'Italie, ce restaurant installé
au rez-de-chaussée du palazzo Ciofi-
Iacometti (XVe siècle) s'enorgueillit
d'une des plus riches caves d'Europe
(plus de 80 000 bouteilles de crus
italiens et français). Sa cuisine marie
tradition toscane et *cucina nuova*
d'inspiration française. Des *menù
degustazione* comprennent des
verres de vins appropriés à chaque
plat, ce qui permet de ne pas avoir
à acheter des bouteilles entières.
Mais l'ambiance, créée par la
solennité qu'attachent les clients et le
personnel au fait de manger et de
boire, peut paraître guindée.
L'accueil, parfois désagréable, n'est
pas à la hauteur de son standing.

Sabatini

Via Panzani 9a. **Plan** 1 C5 (5 C1).
(055 21 15 59. **Ouv.** 12h30-
14h30, 19h30-23h mer.-dim.
🍴 🍷 🍷 ✉ €€€€

Jadis restaurant le plus réputé de
Florence, le Sabatini a vu sa gloire
passer et les critiques le bouder.
Pourtant, sa cuisine mariant
tradition italienne et influences
internationales reste toujours d'une
grande qualité et est parfois même
extraordinaire. Le service et
l'ambiance demeurent parfaits
mais les tarifs, y compris pour
les vins, sont élevés.

ENVIRONS DE FLORENCE

Caffè Concerto

2 km à l'est de Florence. Lungarno
Cristoforo Colombo 7. **(** 055 67 73 77.
Ouv. 12h30-14h30, 19h30-23h lun.-
sam. **Fermé** en août. ✉ €€€

Le décor créé par Gabriele
Turchiani et sa *cucina nuova* ne
sont pas du goût de tout le monde.
Pourtant la vue de l'Arno que
commande sa véranda justifie
presque à elle seule d'aller tester
ses recettes novatrices.

Légende des symboles *voir p. 253*

L'OUEST DE LA TOSCANE

ARTIMINO

Da Delfina

Carte routière C2. Via della Chiesa 1. ☎ 055 871 80 74. **Ouv.** 12h30-14h30, 20h-22h mar.-sam., 12h30-14h30 dim. **Fermé** en août. ▦ ★ €€€

Carlo Cioni entretient la tradition culinaire de sa mère, Delfina, dans ce charmant restaurant situé dans une village médiéval à 22 km à l'ouest de Florence. Le porc au fenouil sauvage et au chou noir de Toscane n'est qu'une des étonnantes recettes locales proposées dans cet établissement réputé pour ses spécialités de gibier.

LIVORNO

La Barcarola

Carte routière B3. Viale Carducci 39. ☎ 0586 40 23 67. **Ouv.** 12h-14h45, 20h-22h15 lun.-sam. ▦ €€€

Livourne n'est pas la plus belle ville de Toscane mais c'est sans conteste l'endroit où déguster des produits de la mer. Ne manquez pas le *cacciucco* (soupe de poissons traditionnelle) de La Barcarola. Autres spécialités : la *zuppo di pesce* et les *penne* aux *scampi*.

La Chiave

Carte routière B3. Scali delle Cantine 52. ☎ 0586 88 86 09. **Ouv.** 20h-22h mar.-jeu. ▤ ▦ €€€

Dans un cadre raffiné, ce restaurant propose un choix de spécialités aussi bien locales que siciliennes ou napolitaines.

PISE

Al Ristoro dei Vecchi Macelli

Carte routière B2. Via Volturno 49. ☎ 050 204 24. **Ouv.** 12h30-14h30, 8h-22h mar.-jeu. **Fermé** dim. midi. ▤ ▯ ▦ €€€€

La soupe de haricots et de fruits de mer n'est que l'un des plats servis dans ce restaurant accueillant. Les spécialités de poisson et de gibier sont soignées et les desserts extraordinaires. Les indécis auront le choix entre trois menus-dégustation.

VOLTERRA

Etruria

Carte routière C3. Piazza dei Priori 6-8. ☎ 0588 860 64. **Ouv.** août et sept. : midi-15h30, 19h-22h30 t.l.j. ; oct.-juil. : 12h-14h30, 19h-22h30 mer.-lun. ▦ €€€

Dans une ville pauvre en bons restaurants, l'Etruria représente votre meilleur chance. En automne, essayez les spécialités de gibier.

LE NORD DE LA TOSCANE

BAGNI DI LUCCA

La Ruota

Carte routière C2. Via Giovanni XXIII 29b. ☎ 0583 80 56 27. **Ouv.** 12h-14h30, 19h30-22h mer.-dim. 12h-14h30 lun. **Fermé** mar. ▦

La Ruota propose un menu étendu incluant viandes et poissons grillés ainsi que des spécialités italiennes et plus spécialement toscanes.

LUCCA

Giulio in Pelleria

Carte routière C2. Via delle Conce 47. ☎ 0583 559 48. **Ouv.** de 12 h à 14 h 30 et de 19 h à 22 h du mar.-sam.. ▦ €€

Les robustes plats locaux proposés offrent peu de surprises mais les prix sont très raisonnables. Réservation indispensable !

Buca di Sant'Antonio

Carte routière C2. Via della Cervia 3. ☎ 0583 558 81. **Ouv.** de 12 h 30 à 15 h et de 19 h 30 à 22 h 30 du mar. au sam., de 12 h 30 à 15 h le dim. ▤ ▦ €€€

Le restaurant le plus connu de Lucques n'a plus l'excellence de jadis mais il continue d'offrir un large choix de plats de la Garfagnana et ses tarifs restent accessibles.

Solferino

Carte routière C2. Via delle Gavine 50, San Macario in Piano. ☎ 0583 591 18. **Ouv.** 19h30-22h30 lun., mar. et jeu.-sam., 12h-14h30, 19h30-22h30 dim. et j. fériés. ▯◑ ▦ ▯ ▦ €€€

Cet établissement fait partie des plus réputés de Toscane. Les recettes proposées restent régionales mais les chefs, Edema et Giampiero, leur apportent souvent d'intéressantes innovations. Les vins sont splendides.

Vipore

Carte routière C2. Pieve Santo Stefano. ☎ 0583 39 40 65. **Ouv.** avr.-oct. : 12h30-15h, 19h45-22h30 mar.-dim. **Fermé** jan. ▦ €€€

Perché sur une colline, le Vipore commande une très belle vue. Son chef, y invente une cuisine inhabituelle à base de gibier, de légumes de saison et d'herbes de son jardin.

MONTECATINI TERME

Enoteca Giovanni

Carte routière C2. Via Garibaldi 27. ☎ 0572 716 95. **Ouv.** 12h30-14h30, 20h-23h mar.-dim. **Fermé** juil. ▯ ▦ €€€€€

Le chef Giovanni Rotti a su personnaliser la « nouvelle cuisine » toscane grâce à des plats tels que le pigeon aux raisins et pignons de pin, accompagnés des vins de la région. L'ambiance chaleureuse contribue aussi à cette expérience gustative.

PESCIA

Cecco

Carte routière C2. Via Francesco Forti 96-98. ☎ 0572 47 79 55. **Ouv.** 12h15-14h30, 19h45-22h20 mar.-dim. ▦ ▯ ▦ €€€

Ce restaurant calme et décontracté est le meilleur endroit où goûter les célèbres *asparagi* (asperges) de Pescia mais tout y est bon et souvent excellent. Au dessert, essayez la délicieuse *cioncia*, une spécialité maison.

PISTOIA

La Bottegaia

Carte routière D2. Via del Lastrone 4. ☎ 0573 36 56 02. **Ouv.** 12h30-14h30, 19h30-22h15 mar.-sam., 19h30-22h15 dim. ▦ €€

Proche de la piazza del Duomo, ce restaurant offre un large choix de viandes produites dans la région et de plats traditionnels comme la *pappa al pomodoro*, la *ribollita* et le ragoût de veau. Le personnel est amical et peut vous conseiller en matière de vin.

PRATO

Osvaldo Baroncelli

Carte routière D2. Via Fra' Bartolomeo 13. ☎ 0574 238 10. **Ouv.** 12h30-14h30, 19h30-22h15 lun.-ven., 19h30-22h15 sam. 📧
€€€

Quarante ans d'expérience permettent à Osvaldo d'apprêter avec art ses petites tartes de pomme de terre et ses *porcini* (cèpes). Essayez le poulet farci aux pistaches et, pour le dessert, les roulés au miel. Le menu varie selon la saison.

Il Pirana

Carte routière D2. Via Valentini 110. ☎ 0574 257 46. **Ouv.** 12h30-14h30, 20h-22h30 lun.-ven., 20h-22h30 sam. 🍽📧 €€€€

Ne vous laissez pas rebuter par l'intérieur très moderne ni par les usines qui le cernent. Nombreux sont les connaisseurs qui le considèrent comme l'un des meilleurs restaurants de poisson de Toscane et même d'Italie.

VIAREGGIO

Romano

Carte routière B2. Via Mazzini 120. ☎ 0584 313 82. **Ouv.** 12h30-14h30, 19h30-22h mar.-dim. **Fermé** jan. 🍽🍷★📧 €€€€€

Malgré ses tarifs élevés, cet excellent restaurant de poisson offre un remarquable rapport qualité-prix, notamment pour les vins. Romano vous accueille avec une courtoisie sans faille et sa femme Franca prépare une cuisine simple, souvent inventive et toujours superbement présentée.

L'EST DE LA TOSCANE

AREZZO

Buca di San Francesco

Carte routière E3. Via San Francesco 1. ☎ 0575 232 71. **Ouv.** 12h-14h30, 19h-21h30 mer.-dim., 12h-14h30 lun. 📧 €€€

La cuisine du Buca di San Francesco n'a rien pour laisser des souvenirs impérissables mais son ambiance médiévale et la proximité de l'église San Francesco et de ses fresques par Piero della Francesca en font un lieu très fréquenté.

CAMALDOLI

Il Cedro

Carte routière E2. Via di Camaldoli 20, Moggiona. ☎ 0575 55 60 80. **Ouv.** juil.-août : 12h30-14h, 19h30-21h t.l.j. **Fermé** lun. de sept. à juin. €€

Ce petit restaurant dominant les montagnes du Casentino, l'un des plus agréables et des plus appréciés de la région, propose des spécialités finement préparées à base de gibier, en particulier de sanglier, et de légumes frits. Réserver au dîner.

CASTELNUOVO BERARDENGA

La Bottega del Trenta

Carte routière D3. Villa a Sesta, Via Santa Caterina 2. ☎ 0577 35 92 26. **Ouv.** 20h jeu.-lun. (1 table seul. réserver). **Fermé** dim. en juil et août. 🍽🍷 €€€€

Les recettes de Franco Cameilia et d'Hélène, son épouse, qui dirigent cet établissement, paraissent parfois audacieuses aux habitués de la rustique cuisine Toscane. Le *petto di anatra con il finocchio selvatico* (magret de canard au fenouil sauvage) ou les desserts méritent qu'on se lance à l'aventure. La carte des vins est très complète.

CORTONA

Locanda nel Loggiato

Carte routière E3. Piazza di Pescheria 3. ☎ 0575 63 05 75. **Ouv.** 12h30-14h30, 19h30-22h30 jeu.-mar. (juin-sept. : t.l.j.) 📧 €€€

La Loggetta se trouve en plein centre de Cortone, sa curieuse loggia médiévale dominant une petite place tranquille. Dans le décor moyenâgeux de ses murs, ne manquez surtout pas les cannellonis maison farcis aux épinards et à la *ricotta*.

SANSEPOLCRO

Il Fiorentino

Carte routière E3. Via Luca Pacioli 60. ☎ 0575 74 20 33. **Ouv.** 12h30-14h30, 19h30-22h sam.-jeu. 📧 €€€

Cet établissement chaleureux et sans prétention se dédie aux recettes traditionnelles de l'Ombrie et des Marches. Le pigeon aux olives ou les pâtes aux sauces parfumées aux aromates constituent d'excellents choix, tout comme l'assortiment de fromages locaux.

Paola e Marco Mercati

Carte routière E3. Via Palmiro Togliatti 68. ☎ 0575 73 48 75. **Ouv.** 19h-22h30 lun.-sam. 🍽📧 €€€€

Ce restaurant récent propose un menu d'un excellent rapport qualité-prix. Les plats comprennent du chou noir de Toscane à la truffe blanche, des raviolis aux légumes nappés de sauce à la truffe, du pigeon rôti, des gnocchis en sauce tomate.

LE CENTRE DE LA TOSCANE

COLLE DI VAL D'ELSA

Antica Trattoria

Carte routière C3. Piazza Arnolfo 23. ☎ 0577 92 37 47. **Ouv.** 12h30-14h30, 20h-22h30 mer.-lun. 🏠★📧 €€€€

Le plus décontracté des deux excellents restaurants de la ville est une affaire de famille qui se consacre – après quelques errances vers la *cucina creativa toscana,* cuisine traditionnelle innovatrice. Le décor est médiéval et le service, sous l'œil du patron, enjoué et attentif.

Arnolfo

Carte routière C3. Via XX Settembre 50-52. ☎ 0577 92 05 49. **Ouv.** 13h-14h30, 20h-22h mer.-lun. **Fermé** mar., mer. midi, 10 jan.-10 fév., 1-10 août. 🍽🏠🍷📧 €€€€€

Des chefs formés en France ont valu à cet établissement l'une des rares étoiles Michelin de Toscane. Malgré la perfection des vins, plats et service, l'atmosphère de l'Arnolfo est cependant un peu trop solennelle pour un restaurant italien. On s'y régale néanmoins d'une *ribollita* superbe, et d'agneau au thym et au sésame. Excellente tarte aux oignons et aux pointes d'asperges.

Légende des symboles *voir p. 253*

GAIOLE IN CHIANTI

Badia a Coltibuono

Carte routière D3. Badia a Coltibuono. **C** *0577 74 94 24.* **Ouv.** *Pâques-oct. : 12h-14h30, 19h30-21h30 t.l.j. (nov.-fév. : fermé ; mars-Pâques : fermé lun.).* 🔲 ▮ 🅿 €€€€

Au cœur d'un domaine réputé pour ses vins et son huile d'olive, une abbaye du XIe siècle abrite un restaurant dont le menu propose des viandes rôties à la broche et de délicieux desserts. On peut également visiter le domaine et suivre des cours de cuisine.

Castello di Spaltenna

Carte routière D3. Via Spaltenna 13. **C** *0577 74 94 83.* **Ouv.** *12h30-14h30, 20h-22h t.l.j.*
🍽️ 🔲 ▮ ★ 🅿 €€€€
Voir aussi **Hébergement** *p. 250.*

Ce restaurant paisible décoré de fleurs mises en valeur par les murs de pierre, fait partie d'un hôtel situé dans un château aux abords de Gaiole in chianti. Outre quelques innovations occasionnelles, il propose des classiques toscans tels que le pigeon cuit au chianti, les cèpes frais ou la soupe de pois chiches.

MONTALCINO

Taverna e Fattoria dei Barbi

Carte routière D4. Località Podernovi. **C** *0577 84 12 00.* **Ouv.** *12h30-14h30, 19h30-21h30 (mai-mi-juil. : jeu.-mar. ; mi-juil.-sept. : t.l.j. ; oct.-avr. : jeu.-lun. et mar. midi).* ▮ ★ 🅿 €€€

Essayez d'obtenir une table à l'extérieur pour profiter de la vue des collines environnantes dans ce restaurant où le brunello di Montalcino issu des vignobles de la région rehausse merveilleusement une excellente cuisine paysanne.

MONTEPULCIANO

Il Cantuccio

Carte routière E4. Via delle Cantine 1/2. **C** *0578 75 78 70.* **Ouv.** *13h-14h, 19h30-21h mar.-dim.* 🅿 €€€

Si vous voulez une cuisine traditionelle dans un cadre exceptionnel, essayez Il Cantuccio situé dans un palais du XIIIe siècle. Ne manquez pas la spécialité de la maison *pici alla nana*, des pâtes au canard et à la tomate dans une sauce au vin rouge.

MONTERIGGIONI

Il Pozzo

Carte routière D3. Piazza Roma 2. **C** *0577 30 41 27.* **Ouv.** *12h15-14h40, 19h45-22h mar.-sam., 12h15-14h40 dim.* 🅿 €€€€

Il Pozzo offre un cadre idéal pour un repas dans un village aussi médiéval que Monteriggioni. On sert dans ce lieu parfait pour déjeuner une cuisine toscane, simple mais préparée avec enthousiasme. Ses desserts ont fait la réputation de la patronne, Lucia.

PIENZA

Da Falco

Carte routière D4. Piazza Dante Alighieri 3. **C** *0578 74 85 51.* **Ouv.** *12h-15h, 19h-22h sam.-jeu.* 🍽️ 🔲 🅿 €€€

Ce restaurant accueillant, l'un des meilleurs de Pienza, propose d'excellents *antipasti* et un vaste choix de spécialités régionales en *primi* et *secondi*.

SAN GIMIGNANO

Le Terrazze

Carte routière C3. Albergo La Cisterna, Piazza della Cisterna 24. **C** *0577 94 03 28.* **Ouv.** *12h30-14h30, 19h30-21h30 jeu.-lun., 19h-21h30 mer.* **Fermé** *10 jan.-10 mars.* 🅿 €€€

Apprécié pour ses plats régionaux encore que la carte comprenne parfois des nouveautés, Le Terrazze, comme son nom l'indique, a pour point fort sa terrasse ouverte sur les collines du sud de la Toscane. La salle à manger médiévale au plafond bas à poutres apparentes fait partie d'un palais du XIIIe siècle occupé principalement par l'hôtel voisin.

SIENNE

La Torre

Carte routière D3. Via Salicotto 7-9. **C** *0577 28 75 48.* **Ouv.** *12h-15h, 19h-22h ven.-mer.* €€

Si l'endroit à été longtemps méconnu, il faut désormais arriver tôt pour obtenir l'une des quelques tables dressées dans la bruyante salle à arcades de pierre de cette minuscule trattoria à l'ancienne située près du Campo.

Il Campo

Carte routière D3. Piazza del Campo 50. **C** *0577 28 07 25.* **Ouv.** *12h22h mer.-lun.* 🔲 🅿 €€€

La plupart des restaurants en bordure du Campo ne sont que des pièges à touristes chers et sans grand intérêt. Le plus onéreux, cependant, fait exception à la règle et c'est l'endroit où aller si vous désirez vous offrir un repas sur l'une des plus belles places d'Italie. Deux menus complètent la carte.

Al Marsili

Carte routière D3. Via del Castoro 3. **C** *0577 471 54.* **Ouv.** *12h30-14h30, 19h30-22h mar.-dim.* 🅿 €€€

Longtemps en compétition avec l'Osteria Le Loge (*voir ci-dessous*) pour le titre de meilleur restaurant de Sienne, Al Marsili a souffert de la qualité capricieuse de sa cuisine. Les prix de son rival étant excessifs, on peut de nouveau se laisser tenter par cet établissement tout aussi élégant.

Osteria Le Logge

Carte routière D3. Via del Porrione 33. **C** *0577 480 13.* **Ouv.** *12h-15h, 19h-22h30 lun.-sam.* 🅿 €€€€

Un décor de bois sombre et de marbre met en valeur les plantes vertes et les nappes blanches du plus joli restaurant de Sienne. Comme il est souvent plein, mieux vaut réserver ou arriver tôt pour éviter d'attendre une table. Des vins de Montalcino accompagnent des plats qui s'écartent souvent de la stricte tradition toscane. Parmi les plus exotiques : la pintade *(faraona)* farcie, le poulet au citron, le canard au fenouil et les viandes farcies au lapin et aux câpres.

Ristorante Certosa di Maggiano

Carte routière D3. Via di Certosa 82. **C** *0577 28 81 80.* **Ouv.** *13h-14h, 20h-22h30 t.l.j.* ▮ 🅿 €€€€€
Voir aussi **Hébergement** *p. 251.*

Ancienne chartreuse du XIVe siècle, l'Hotel Certosa di Maggiano offre un cadre idéal où passer une lune de miel. Bien que le charme de sa cuisine n'égale pas tout à fait celui du cloître où l'on peut la déguster, le restaurant demeure cependant un bon endroit où échapper au bruit et à l'agitation de la ville. On peut y savourer – pour un prix élevé – des plats italiens extrêmement raffinés.

SUD DE LA TOSCANE

CAPALBIO

Da Maria

Carte routière D5. Via Nuova 3.
[0564 89 60 14. **Ouv.** été : midi-14h30, 19h30-22h t.l.j. ; hiver : midi-14h30, 19h30-22h mer.-lun.
Fermé 7 jan.-7 fév. 🍷 🗆 €€€€

Les politiciens et célébrités romaines séjournant en été à Capalbio n'hésitent pas à se mêler aux autochtones pour déguster l'authentique cuisine de la Maremme de Maurizio Rossi. Nous vous conseillons notamment, parmi bien d'autres plats, le *cinghiale alla cacciatora* (sanglier chasseur), l'*acquacotta*, les *tortelli tartufati* (pâtes farcies aux truffes) et le *fritto misto vegetale* (mélange de légumes frits).

ELBA

Rendez-Vous da Marcello

Carte routière B4. Piazza della Vittoria 1, Marciana Marina. [0565 992 51. **Ouv.** juil.-oct. : midi-14h30, 19h-22h t.l.j. ; mars-juin : midi-14h30, 19h-22h jeu.-mar. (**fermé** nov.-fév.)
🍴 🗒 🍷 🗆 €€€€

Dressées sur le port, les tables de cet établissement réputé pour ses plats de poisson permettent d'échapper aux foules estivales de Marciana Marina. La plupart des plats sont d'une agréable simplicité mais la carte propose de temps en temps les derniers caprices culinaires à la mode.

Publius

Carte routière B4. Piazza del Castagneto, Poggio Marciana.
[0565 992 08. **Ouv.** avr.-oct. 12h30-14h30, 19h-22h30 mar.-dim. (mi-juin-mi-sept. : t.l.j.) ; nov.-mars : sur r.-v.
🍷 ★ 🗆 €€€

Sans doute la meilleure cave de l'île, cette trattoria installée dans un cadre historique et bénéficiant

de superbes vues de l'île offre un répit dans le régime de poissons et de fruits de mer quasiment imposé par la plupart des autres établissements de l'île d'Elbe. Tout en jouissant d'une vue extraordinaire, on peut en effet y déguster également de la volaille, du sanglier et autres gibiers, de l'agneau rôti et un large choix de fromages.

MASSA MARITTIMA

Bracali

Carte routière C4. Via Pietro Sarcoli, Frazione Ghirlanda.
[0566 90 23 18.
Ouv. 13h-14h30, 20h-22h30 mer.-dim.
🗆 €€€€€

Le centre de Massa Marittima offre quelques bons restaurants. Toutefois, à quelques minutes en voiture, le Bracali, établissement familial situé au nord de la ville, propose les meilleurs ingrédients du cœur du terroir. Le *brasato* de sanglier (tranches fines braisées), le pigeon au miel, ou le canard froid au vinaigre balsamique et au cassis justifient sans conteste ce petit déplacement.

ORBETELLO

Osteria del Lupacante

Carte routière D5. Corso Italia 103.
[0564 86 76 18. **Ouv.** 12h30-15h, 19h30-minuit mer.-lun. (juin-sept. t.l.j.). 🍴 🗒 🗆 €€€

Cette agréable *osteria* conserve son authenticité dans une ville de plus en plus fréquentée par les touristes étrangers ou italiens. Sa cuisine, légère et souvent inventive, privilégie les plats de poissons et de fruits de mer comme les *cozze in salsa di marsala* (moules à la sauce au marsala), *risotto con gamberi e pinoli* (risotto de crevettes et de pignons) et les filets de sole aux amandes et aux oignons et la spécialité de la maison *la zuppa di pesce* (soupe de poisson).

PORTO ERCOLE

Bacco in Toscana

Carte routière D5. Via San Paolo 1.
[0564 83 30 78. **Ouv.** 20h-minuit jeu.-mar. (août t.l.j.) **Fermé** nov.

🗒 🗆 €€€€

Cet établissement sert d'excellents mets à base de fruits de mer tels les scampi au citron, les *spaghetti alle vongole* (aux clams) et les moules *(cozze)* accompagnées de pommes de terre.

PORTO SANTO STEFANO

La Bussola

Carte routière C5. Viale Marconi.
[0564 81 42 25.
Ouv. 12h30-14h30, 19h30-22h30 jeu.-mar. **Fermé** nov.

🍴 🗒 🗆 🗆 €€€

Après d'inventives entrées au poisson et aux fruits de mer, les plats principaux de la carte apparaissent un peu ternes. Profitez de la vue de la péninsule offerte par la terrasse.

SATURNIA

I Due Cippi da Michele

Carte routière D5. Piazza Vittorio Veneto 26a.
[0564 60 10 74.
Ouv. oct.-juin : 12h30-14h30, 19h30-22h30 mer.-lun. (juil.-sept. t.l.j.).
Fermé 10-25 jan., 15-26 déc.
🗆 €€€

Ce restaurant, l'un des plus populaires de la région et une référence en matière de cuisine de la Maremme, propose des recettes traditionnelles à un prix imbattable. À côté, les propriétaires proposent une dégustation de vins, confitures et douceurs que l'on peut acheter.

SOVANA

Taverna Etrusca

Carte routière E5. Piazza del Pretorio 16. [0564 61 61 83.
Ouv. 12h30-14h30, 19h30 21h30 jeu.-mar. **Fermé** jan. 🍴 🍷 🗆
€€€

Le succès de ce petit établissement provient probablement de l'exigence de qualité que s'imposent ses deux propriétaires. Dans un superbe cadre médiéval, vous y dégusterez d'excellents plats toscans agrémentés d'une pointe de sophistication plus exotique.

Légende des symboles *voir* p. 253

Repas légers et snacks à Florence

Les traditionnels cafés en terrasse ne rythment pas autant la vie sociale de Florence que celle d'autres villes italiennes. Vous trouverez néanmoins partout dans la ville des établissements où boire bière, café et jus de fruits, prendre un savoureux petit déjeuner ou manger un en-cas. N'oubliez pas cependant qu'il revient plus cher de consommer à une table qu'au comptoir et que certains cafés ferment en août. Pour un repas léger arrosé d'un bon vin italien, n'hésitez pas à entrer dans un des rares bars à vins encore existant. Et si vous préférez grignoter en vous promenant, stands et éventaires proposent partout – mais plus particulièrement autour des marchés et de la gare Santa Maria Novella – pizzas et snacks.

LES BARS

Les Florentins entrent au bar aussi bien pour avaler un café, prendre l'apéritif, grignoter sur le pouce ou utiliser les toilettes (il bagno), et même si certains établissements restent ouverts tard le soir, c'est pendant la journée qu'ils connaissent en général la plus grande affluence.

Quelques-uns n'ont quasiment pas de tables, d'autres se doublent d'une pâtisserie (pasticceria) et presque tous servent à midi friands (panini) et sandwichs (tramezzini) que l'on peut accompagner aussi bien d'un verre de vin (un bicchiere di vino) que d'une orange pressée (una spremuta). Le petit déjeuner comprend normalement un expresso (un caffè) ou un crème mousseux (cappuccino) accompagné d'un croissant (cornetto) ou d'un petit pain (brioche).

Une bière à la pression (una birra alla spina), qu'elle soit piccola, media ou grande, reviendra moins cher à volume égal que son équivalent en bouteille, même pour les marques italiennes comme Peroni.

Quoi que vous consommiez, il vous faudra payer d'avance à la caisse (la cassa) puis apporter le reçu (lo scontrino) au comptoir. Un petit pourboire accélère d'habitude le service.

Parmi les nombreux bars de Florence, certains jouissent d'un emplacement privilégié comme le **Caffè** en face du palais Pitti ou le **Gran Caffè San Marco** sur la piazza San Marco.

LES BARS À VINS

Jadis institutions florentines, les vinaii et les fiaschetterie, endroits merveilleusement surannés où boire et manger, se font de plus en plus rares.

La plupart des bars à vin, propose des crostini ou des antipasti ou des en-cas pour accompagner la dégustation.

LES CAFÉS

Quatre des quelques grands cafés anciens de Florence se trouvent dans le quartier de la piazza della Repubblica. **Gilli**, renommé pour ses cocktails, date de 1733 et ses deux salles lambrissées, au fond, éveillent la nostalgie d'une époque révolue qu'évoquent également les lustres du **Giubbe Rosse**, grand rendez-vous littéraire au début du siècle. En raison de leurs tarifs excessifs, ils sont toutefois plutôt fréquentés par de riches étrangers que par les Florentins qui préfèrent le **Rivoire**, cher lui aussi, mais d'une classe plus authentique avec son intérieur de marbre. Les bars où l'on peut commander le Manaresi, un café torréfié dans la région méritent qu'on s'y arrête.

La jeune génération se retrouve quant à elle plutôt au **Giacosa** ou au **Procacci**, renommé pour ses délicieux friands truffés (tartufati).

MANGER SUR LE POUCE

Les Toscans apprécient un très large éventail d'en-cas. Autour du Mercato Nuovo (p. 112) et du Mercato Centrale (p. 88), particulièrement recommandé pour faire les courses d'un pique-nique si vous prévoyez une excursion hors de la ville, vous trouverez éventaires et camionnettes proposant des sandwichs au lampredotto (tripes de porc) ou de la porchetta, croustillantes tranches de porc grillés glissés dans des petits pains connus sous le nom de rosette.

De petites boutiques vendant des pizzas au poids ou à la part (pizza taglia) parsèment toute la ville et les bars proposent aussi bien panini et tramezzini que glaces. Certaines vinaii et fiaschetterie, entre autres celles de la via dei Cimatori et de la piazza dell'Olio, proposent des crostini et des sandwichs à emporter.

Les hamburgers, les frites ou les milk-shakes de snack-bars comme la **Gastronomia Vera** deviennent de plus en plus populaires.

LES GLACIERS

Les Florentins concluent souvent un repas ou la promenade du soir (passeggiata) par une glace (gelato) achetée au glacier (gelateria) sous forme de cornet (un cono) ou de coupe (una coppa). Le prix dépend de la quantité : les tarifs commencent d'habitude à 1 € et augmentent par paliers de 50 cts. jusqu'à d'impressionnants assemblages coûtant 3 €.

Si une journée d'été ne se conçoit pas sans au moins une glace, mieux vaut préférer aux cafés, vendant des produits fabriqués ailleurs, des établissements comme le **Bar Vivoli Gelateria** (p. 71), de réputation nationale, **Badiani** renommé pour son Buontalenti riche en œufs, ou encore **Frilli**.

CARNET D'ADRESSES

LA VIEILLE VILLE

Bars et cafés

Bar 16
Via del Proconsolo 51.
Plan 2 D5 (6 E2).

Caffè Caruso
Via Lambertesca 14 -16r.
Plan 6 D4.

Caffè Meseta
Via Pietrapiana 69.
Plan 4 E1.

Chiaroscuro
Via del Corso, 36r.
Plan 4 E1.

Dolci Dolcezze
Piazza Cesare Beccaria 8r.
Plan 4 F1.

Fantasy Snack Bar
Via de' Cerchi 15.
Plan 6 D3.

Galleria degli Uffizi
Piazzale degli Uffizi 6.
Plan 6 D4.

Red Garter
Via de' Benci 33.
Plan 4 D2 (6 E4).

Rivoire
Piazza della Signoria 5.
Plan 4 D1 (6 D3).

Robiglio
Via de' Tosinghi 11.
Plan 6 D2.

Tratoria Santa Croce
Borgo Santa Croce 31r.
Plan 4 D1 (6 F4).

Scudieri
Piazza di San Giovanni 19.
Plan 1 C5 (6 D2).

Bars à vins

Bottiglieria Torrini
Piazza dell'Olio, 15r.
Plan 6 D2.

Enoteca Baldovino
Via San Guiseppe, 18r.
Plan 4 E1.

Fiaschetteria Balducci
Via de' Neri 2r.
Plan 4 D1 (6 E4).

I Fratellini
Piazza dei Cimatori 38r.
Plan 6 D3.

Vini del Chianti
Via dei Cimatori.
Plan 4 D1 (6 D3).

Vini e Panini
Via dei Cimatori 38r.
Plan 4 D1 (6 D3).

Snack-bars

Cantinetta del Verrazzano
Via dei Tavolini 18 -20r.
Plan 4 D1 (6 D3).

Fiaschetteria Baldwin
Via de' Neri 2r.
Plan 4 D1 (6 E4).

Giovacchino
Via de' Tosinghi 34r.
Plan 6 D2.

Italy et Italy
Piazza della Stazione 25.
Plan 1 B5 (5 B1).

Glaciers

Bar Vivoli Gelateria
Via Isola delle Stinche 7r.
Plan 6 F3.

Gelateria Valentino
Via del Corso 75r.
Plan 2 D5 (6 D3).

Gelateria Veneta
Piazza Cesare Beccaria.
Plan 4 F1.

Perchè No!
Via dei Tavolini 19r.
Plan 4 D1 (6 D3).

DE SAN MARCO À SAN LORENZO

Bars et cafés

Da Nerbone
Mercato Centrale.
Plan 1 C4 (5C1).

Gran Caffè San Marco
Piazza San Marco.
Plan 2 D4.

Robiglio
Via dei Servi 112.
Plan 2 D5 (6 E2).

Rex Café
Via Fiesolana 23-25r.
Plan 2 E5.

Bar à vins

Casa del Vino
Via del Ariento.
Plan 1 C4.

Glaciers

Badiani
Via dei Mille 20.
Plan 2 F2.

Carabè
Via Ricasoli, 60r.
Plan 2 D5.

LE QUARTIER DE SANTA MARIA NOVELLA

Bars et cafés

Alimentari
Via Parione 12r.
Plan 3 B1 (5 B3).

Caffè Amerini
Via della Vigna Nuova 61-63.
Plan 3 B1 (5 B3).

Caffè Strozzi
Piazza degli Strozzi 16r.
Plan 3 C1 (5 C3).

Caffè Voltaire
Via della Scala 9r.
Plan 1 A4 (5 A1).

Donnini
Piazza della Repubblica 15r.
Plan 1 C5 (6 D3).

Giacosa
Via della Spada.
Plan 1 C5 (5 C2).

Gilli
Piazza della Repubblica 39r.
Plan 1 C5 (6 D3).

Giubbe Rosse
Piazza della Repubblica 13-14r.
Plan 1 C5 (6 D3).

Il Barretto Piano Bar
Via Parione 50r.
Plan 3 B1 (5 B3).

La Vigna
Via della Vigna Nuova 88.
Plan 3 B1 (5 B3).

Paszkowski
Piazza della Repubblica 6r.
Plan 1 C5 (6 D3).

Procacci
Via de' Tornabuoni 64r.
Plan 1 C5 (5 C2).

Rose's Bar
Via Parione 3.
Plan 3 B1 (5 B3).

Glaciers

Banchi
Via dei Banchi 14r.
Plan 1 C5 (5 C2).

L'OLTRARNO

Bars et cafés

Bar Ricchi

Piazza di Santo Spirito 9r.
Plan 3 B2 (5 A5).

Bar Tabbucchin
Piazza di Santo Spirito.
Plan 3 B2 (5 A5).

Caffè
Piazza de' Pitti 11-12r.
Plan 3 B2 (5 B5).

Caffè Santa Trinita
Via Maggio 2r.
Plan 3 B2 (5 B5).

Caffeteria Henry
Via dei Renai 27a.
Plan 4 D2 (6 E5).

Cennini
Borgo San Jacopo 51r.
Plan 3 C1 (5 C4).

Dolce Vita
Piazza del Carmine.
Plan 3 A1 (5 A4).

Gastronomia Vera
Piazza de' Frescobaldi 3r.
Plan 3 B1 (5 B4).

Il Rifrullo
Via di San Niccolò 55r.
Plan 4 D2.

La Loggia
Piazzale Michelangelo 1.
Plan 4 E3.

Marino
Piazza Nazario Sauro 19r.
Plan 3 B1 (5 A3).

Pasticceria Maioli
Via de' Guicciardini 43r.
Plan 3 C2 (5 C5).

Tiratoio
Piazza de' Nerli.
Plan 3 A1.

Bars à vins

Cantinone del Gallo Nero
Via di Santa Spirito 5-6r.
Plan 3 B1 (5 A4).

Snack-bars

Gastronomia Vera
Piazza de' Frescobaldi 3r.
Plan 3 B1 (5 B4).

Glaciers

Frilli
Via San Miniato 5r.
Plan 4 E2.

Il Innocenti
Piazza Sauro 25r.
Plan 3 B1 (5 A3).

BOUTIQUES ET MARCHÉS

Peu de villes de la taille de Florence offrent à l'acheteur un tel choix et une telle profusion d'antiquités, de bijoux, de vêtements et d'articles d'artisanat souvent d'une très grande qualité. Le cadre offert par les rues historiques où se nichent boutiques et ateliers transforme en outre le lèche-vitrines en une promenade hors du temps.

Sac portant une marque prestigieuse

En comparaison, le reste de la Toscane paraît bien pauvre. Pourtant, depuis la céramique ou les tissus artisanaux jusqu'aux sculptures en albâtre, de nombreux bourgs et villages entretiennent un savoir-faire séculaire. En outre, la région est riche en spécialités gastronomiques, fruits de siècles de gourmandise et d'expérience. (*Voir aussi p. 28-29.*)

Présentation colorée d'élégants sacs à main

HORAIRES D'OUVERTURE

En général, les magasins ouvrent de 9 h à 13 h (toute l'année) et de 15 h 30 à 19 h 30 (en hiver), ou de 16 h à 20 h (en été). À Florence, Sienne et Arezzo, ils sont fermés le lundi matin en hiver et le samedi après-midi en été. À Pise et Lucques, ils sont fermés le lundi matin toute l'année.

Gardez à l'esprit que beaucoup de boutiques et de marchés ferment pendant deux ou trois semaines autour du 15 août, la fête nationale (*ferragosto*).

COMMENT PAYER

Les magasins les plus importants acceptent les principales cartes de crédit mais les plus petits préfèrent le liquide. Presque tous prennent les chèques de voyage mais à un taux de change moins intéressant qu'à la banque.

La loi oblige le vendeur à vous remettre un reçu (*ricevuta fiscale*). Si vous présentez le ticket de caisse, un article défectueux sera remplacé ou échangé contre un bon d'achat mais rarement remboursé.

EXEMPTION DE LA TVA

Les étrangers à l'Union européenne peuvent récupérer la TVA de 19 % sur des achats effectués dans la même boutique et excédant 160 €. Ils doivent informer le vendeur de leur intention et réclamer une facture qu'ils renverront tamponnée par la douane à leur sortie du territoire. Le magasin les remboursera en euros après réception de la facture tamponnée.

LE SHOPPING À FLORENCE

Le centre de Florence abonde en boutiques, de la haute couture jusqu'aux livres d'occasion. Vous pourrez y faire de bonnes affaires en janvier ou en juillet, périodes des soldes. Pour l'artisanat,

Lèche-vitrines, via de'Tornabuoni à Florence

essayez les rues autour de la piazza di Santa Croce, de la piazza dei Ciompi et de la piazza di Santo Spirito.

LES GRANDS MAGASINS

Les chaînes principales, **Coin,** sur la via dei Calzaiuoli, et **Rinascente,** sur la piazza della Repubblica, ont également des succursales dans d'autres villes de Toscane.

VÊTEMENTS ET ACCESSOIRES

À Florence, les grands noms de la mode italienne tiennent boutique via de'Tornabuoni (*p. 105*), comme **Gucci, Giorgio Armani, Prada** et **Enrico Coveri,** ou via della Vigna Nuova (*p. 105*), où sont situés **Versace, Dola & Gabbana** et **Valentino.**
Si vous voulez visiter le salon d'exposition où ce dernier garde d'extravagants vêtements des années 60 dans son palais familial (*p. 88*), il faut prendre rendez-vous. Dans une gamme de prix moins élevée, **Principe** propose une mode classique pour homme, **Eredi Chiarini** des modèles plus décontractés.

En ce qui concerne le cuir, autre spécialité de Florence, le chausseur **Ferragamo** est célèbre jusqu'à Hollywood par ses créations raffinées. Vous pouvez sinon essayer **Cresti,** plus abordable, ou vous promener sur la via de'Cerretani où **Bojola** propose de beaux sacs. Des maroquineries abondent également piazza Santa Croce et dans les rues voisines, et, de l'autre côté de l'Arno, la minuscule boutique **Francesco** vend des sandales faites main à des prix modestes. Allez chez **Valli** si vous cherchez de riches tissus, chez **Lisio-Arte della Seta** pour la soie et chez **Taf** pour les broderies.

LA PARFUMERIE

Articles de toilette et produits de beauté s'achètent dans une *profumeria* mais se trouvent également, s'ils sont d'origine naturelle, dans les *erboristerie*, notamment, à Florence, à l'**Erboristeria** (Palazzo Vecchio) *(p. 75)*. La **Farmacia di Santa Maria Novella**, près de la via della Scala *(p. 112-113)*, mérite aussi une visite, autant pour ses fresques que pour les élixirs des moines camaldules ou les savons qu'elle commercialise.

Un antiquaire à Florence

ART, ANTIQUITÉS ET DÉCORATION D'INTÉRIEUR

En matière de bijouterie, la famille **Torrini** jouit à Florence d'une expérience de six siècles et **Buccellati** est réputé pour ses alliances incrustées de diamants.

Si vous aimez les styles Art nouveau et Art déco passez à **Fallani Best** et, si vous appréciez la belle antiquité, chez **Neri** ou chez **Romanelli.** Ce dernier est spécialisé dans la statuaire en bronze et en marbre ainsi que dans les œuvres incrustées de pierres semi-précieuses, qui vont

Les créations d'Alessi vendues par **Rebus**

des petites boîtes aux pièces très grandes.

Enfin, si vous préférez le style moderne, essayez **Armando Poggi** pour les objets décoratifs, **Ugo Poggi** pour son élégante porcelaine, et **Rebus** pour les ustensiles de cuisine d'Alessi.

LIVRES ET CADEAUX

Si vous ne lisez pas l'italien, la **Librairie française** ou **Seeber,** une librairie internationale, vous seront utiles. **Salimbeni** vend des livres d'art, **Chiari** des livres d'occasion, notamment d'art, d'histoire et de littérature, et **Il Viaggio** propose un bel assortiment de guides et de cartes.

Utilisé pour décorer de nombreux objets, le papier marbré est un des artisanats typiquement florentins. Vous en trouverez à **Giulio Giannini** et **Il Torchio.** Autre spécialité, la marqueterie de marbre s'achète chez **Ugolini** et à **Mosaico di Pitti.**

Sbigoli et **Arredamenti Castorina** proposent de belles sélections de céramiques, tandis que la via de'Guicciardini abonde en boutiques vendant livres et souvenirs reliés en cuirs de couleurs vives.

ÉPICERIE ET VINS

Vous n'aurez aucun mal à assouvir votre gourmandise à Florence. **Pegna** propose un large choix de produits de luxe en libre service et les amateurs sentiront l'eau leur monter à la bouche devant les spécialités à la truffe de **Porta del Tartufo.**

Pour le vin, essayez l'**Enoteca Bonatti**, où vous trouverez une large sélection de crus italiens et pourrez acheter de l'huile d'olive de Fiesole tirée d'une jarre en poterie sous vos yeux. Chez **Zanobini**, une fois vos bouteilles achetées, n'hésitez pas à boire un *bicchiere* avec les habitués.

LES MARCHÉS DE FLORENCE

Si le **Mercato di San Lorenzo** s'adresse avant tout aux touristes, le **Mercato Centrale** tout proche, dans la via dell'Ariento, est le plus grand marché d'alimentation de la cité *(p. 88)*, tandis qu'au cœur de la ville, le **Mercato Nuovo,** ou Marché de paille *(p. 112)*, propose ses articles de cuir et ses souvenirs sous la loggia del Porcellino (XVIe siècle).

Le mardi matin se tient un grand marché au Parco delle Cascine. On y trouve vêtements, chaussures, articles ménagers et nourriture bon marché. Le **mercato delle Pulci** est un marché aux puces qui propose bric-à-brac et antiquités. Les amateurs de fleurs et de plantes visiteront le petit **mercato delle Piante.**

Légumes frais sur un marché florentin

LE SHOPPING EN TOSCANE

Dans tous les bourgs et villages de Toscane, artisanat, spécialités culinaires et certains des meilleurs vins d'Italie emplissent une multitude de petits magasins et les éventaires dressés pour les marchés, foires commerciales et fêtes locales *(p. 32-37)* qui rythment la vie rurale.

Boutique d'artisanat local

CADEAUX ET SOUVENIRS

Terre cuite rustique caractéristique d'Impruneta, poterie émaillée de Montelupo et Sienne ou répliques de plats et vases Renaissance *(p. 28)*, la Toscane produit de nombreuses formes de céramique. Elle entretient également une riche tradition de sculpture, notamment dans les Alpes Apuanes dont les carrières millénaires continuent de fournir leur célèbre marbre blanc aux artisans de Pietrasanta et de Carrare *(p. 168)* qui y taillent, comme à l'époque de Michel-Ange, reproductions et œuvres originales.

À Volterra, c'est l'albâtre que les artisans travaillent, et ce depuis l'époque des Étrusques qui exploitèrent en outre les minéraux et pierres précieuses des collines Métallifères, de la Maremme et de l'île d'Elbe. Cette dernière est toujours réputée pour le quartz et l'opale *(p. 230-231)*.

Le travail et le commerce de la soie ont fondé la prospérité de Lucques mais les boutiques de cette ville proposent également de la broderie et des tissus rustiques, produits d'un artisanat rural encore très vivace dans la Garfagnana, le Mugello et le Casentino.

ÉPICERIE ET VINS

Rien n'égale les dégustations dans les caves ou les vignobles pour agrémenter les excursions en Toscane, que ce soit dans la région de San Gimignano réputée pour le vernahia, un blanc excellent, dans les environs de Montalcino dont sont issus certains des plus grands crus d'Italie *(p. 220)* ou dans le Chianti parsemé de châteaux et de domaines vinifiant eux-mêmes leur production *(p. 225)*. La grande fête de cette région : la Rassegna del Chianti Classico *(p. 220)* se tient pendant la troisième semaine de septembre à Greve, petite localité dont la rue principale, comme celle, entre autres, de Montalcino, de San Gimignano et de Pienza, abonde en magasins proposant les spécialités culinaires locales telles que viandes fumées, vins, alcools ou fromages. Parmi ces derniers, le *pecorino*, fromage de brebis produit dans la région du Crete, s'achète

Une épicerie toscane

également à la ferme. Les amateurs de truffes doivent s'arrêter à Grosseto.

Les pâtisseries typiques de la Toscane comprennent le *panforte* de Sienne, gâteau à l'aspect de nougatine fabriqué depuis le Moyen Âge, les *cavallucci*, biscuits aux amandes pilées et à l'anis, et les *ricciarelli* (amandes pilées, zeste d'orange confit et miel) *(p. 255)*.

LES MARCHÉS EN TOSCANE

Parmi les nombreux marchés de Toscane, le plus célèbre est le mercato dell'Antiquariato où antiquaires, brocanteurs et vendeurs de bric-à-brac se côtoient dans une ambiance débonnaire. Il se tient sur la Piazza Grande d'Arezzo le premier week-end de chaque mois, sur le ponte di Mezzo à Pise le second week-end et sur la piazza San Martino de Lucques le troisième.

Le mercato dell'Antiquariato sur la Piazza Grande d'Arezzo

CARNET D'ADRESSES DE FLORENCE

GRANDS MAGASINS

Coin
Via dei Calzaiuoli 56r.
Plan 6 D3.
C (055) 28 05 31.

Rinascente
Piazza della Repubblica 1.
Plan 1 C5 (6 D3).
C (055) 21 91 13.

VÊTEMENTS ET ACCESSOIRES

Bojola
Via de' Rondinelli 25r.
Plan 5 C2.
C 055 21 11 55.

Cresti
Via Roma 9r.
Plan 1 C5 (6 D2).
C 055 29 23 77.

Emilio Pucci
Via della Vigna Nuova 97r.
Plan 3 B1 (5 B3).
C 055 29 40 28.

Enrico Coveri
Via de' Tornabuoni, 81r.
Plan 1 C5 (5 C2).
C 055 21 12 63.

Eredi Chiarini
Via de' Tosinghi 12r.
Plan 1 C5 (6 D2).
C 055 21 55 57.

Ferragamo
Via de' Tornabuoni 14r.
Plan 1 C5 (5 C2).
C 055 29 21 23.

Francesco
Via di Santo Spirito 62r.
Plan 3 B1 (5 A4).
C 055 21 24 28.

Giorgio Armani
Via de' Tornabuoni 48/50r.
Plan 1 C5 (5 C2).
C 055 21 90 41.

Gucci
Via de' Tornabuoni 73r.
Plan 1 C5 (5 C2).
C 055 26 40 11.

Lisio – Arte della Seta
Via dei Fossi 45r.
Plan 1 B5 (5 B3).
C 055 21 24 30.

Prada
Via de' Tornabuoni 67r.
Plan 1 C5 (5 C2).
C 055 28 34 39.

Principe
Piazza Strozzi 1.
Plan 1 C5 (5 C3).
C 055 29 27 64.

Taf
Via Por Santa Maria 22r.
Plan 6 D4.
C 055 21 31 90.

Valentino
Via della Vigna Nuova 47r.
Plan 3 B1 (5 B3).
C 055 29 31 42.

Valli
Via degli Strozzi 4-6r.
Plan 1 C5 (5 C3).
C 055 28 24 85.

Versace-Versus Boutique
Via Vigna Nuova 36/38r.
Plan 1 C5 (5 C2).
C 055 217 619.

ART, ANTIQUITÉS ET DÉCORATION D'INTÉRIEUR

Armando Poggi
Via dei Calzaiuoli 103-116r.
Plan 6 D3.
C 055 21 65 28.

Buccellati
Via de' Tornabuoni 71r.
Plan 1 C5 (5 C2).
C 055 239 65 79.

Fallani Best
Via della Fonderia 5r.
C 055 22 37 46.

Neri
Via dei Fossi 55-57r.
Plan 1 B5 (5 B3).
C 055 29 21 36.

Rebus
Borgo Ognissanti 114r.
Plan 1 A5 (5 A2).
C 055 28 39 11.

Romanelli
Lungarno degli Acciaiuoli 74r.
Plan 3 C1 (5 C4).
C 055 239 66 62.

Torrini
Piazza del Duomo 10r.
Plan 2 D5 (6 D2).
C 055 230 24 01.

Ugo Poggi
Via degli Strozzi 26r.
Plan 1 C5 (5 C3).
C 055 21 67 41.

LIVRES ET CADEAUX

Arredamenti Castorina
Via di Santo Spirito 15r.
Plan 3 B1 (5 A4).
C 055 21 28 85.

Feltrinelli
Via de' Cerretani 30-32r.
Plan 5 C2.
C 055 238 26 52.

Feltrinelli International
Via Cavour 12-20r.
Plan 2 D4.
C 055 21 95 24.

Giulio Giannini
Piazza de' Pitti 37r.
Plan 3 B2 (5 B5).
C 055 21 26 21.

Il Torchio
Via de' Bardi 17.
Plan 3 C2 (6 D4).
C 055 234 28 62.

Il Viaggio
Borgo degli Albizi 41r.
Plan 4 D1 (6 E3).
C 055 24 04 89.

Mosaico di Pitti
Piazza de' Pitti 16-18r.
Plan 3 B2 (5 B5).
C 055 28 21 27.

Paperback Exchange
Via Fiesolana 31r.
Plan 2 E5.
C 055 247 81 54.

Salimbeni
Via M Palmieri 14-16r.
Plan 4 E1 (6 F3).
C 055 234 09 04.

Seeber
Via de' Tornabuoni 68r.
Plan 1 C5 (5 C2).
C 055 21 56 97.

Ugolini
Lungarno degli Acciaiuoli 66-70r. **Plan** 3 C1 (5 C4).
C 055 28 49 69.

ÉPICERIE ET VINS

Enoteca Bonatti
Via Vincenzo Gioberti 66-68r (sur Piazza Cesare Beccaria, **Plan** 4 F1).
C (055) 66 00 50.

Porta del Tartufo
Borgo Ognissanti 133r.
Plan 1 A5.
C (055) 28 75 05.

Pegna
Via dello Studio 26r.
Plan 6 E2.
C (055) 28 27 01.

Zanobini
Via Sant'Antonino 47r.
Plan 1 C5 (5 C1).
C (055) 239 68 50.

PARFUMERIE

Erboristeria
Via Vaccereccia 9r.
Plan 3 C1 (6 D3).
C (055) 239 60 55.

Farmacia di Santa Maria Novella
Via della Scala 16.
Plan 1 A4 (5 A1).
C (055) 21 62 76.

MARCHÉS

Mercato Centrale
Voir p. 88.

Mercato delle Piante
Via Pellicceria. **Plan** 6 D3.
Ouv. jeudi matin.

Mercato delle Pulci
Piazza dei Ciompi.
Plan 4 E1. *Ouv.* de avr. à oct. : de 8 h à 19 h 30 t.l.j. ; de nov. à mars : lun.- sam.

Mercato di San Lorenzo
Piazza di San Lorenzo.
Plan 1 C5 (6 D1).
Ouv. 8 h-20 h t.l.j. ; nov. à mars : lun.-sam.

Mercato Nuovo
voir p. 112

RENSEIGNEMENTS
PRATIQUES

La Toscane mode d'emploi

**ENTE NAZIONALE
ITALIANO PER IL TURISMO**

Logo de l'ENIT

La Toscane est d'une telle richesse en matière d'art, d'architecture, de paysages et de gastronomie qu'il est préférable de bien organiser son séjour à l'avance pour en profiter au mieux. Il ne servira cependant à rien de vouloir changer le rythme de vie et la nonchalance de vos hôtes. Commencez vos visites tôt, non seulement pour apprécier l'animation qui règne en début de journée mais aussi parce que la plupart des musées, monuments et boutiques restent fermés plusieurs heures pour le déjeuner et la sieste. Leurs horaires d'ouverture varient en outre beaucoup et nombre d'entre eux ferment en août. Dans plusieurs villes de Toscane, des collèges et instituts proposent des cycles de cours.

LES MUSÉES ET LES MONUMENTS

Les musées en Italie ont des horaires d'ouverture irréguliers, et le mieux est de consulter les sites Internet des lieux que vous voulez visiter avant votre départ *(voir p. 273)*. Toutefois, la plupart des musées sont ouverts le matin, et généralement fermés le lundi toute la journée. Les galeries privées ferment généralement plus tard dans la soirée et, à Florence de juin à septembre, on peut visiter gratuitement de 21 h à 23 h un musée différent chaque soir. Renseignez-vous auprès des bureaux d'information touristique où vous pourrez également obtenir la brochure *Florence et ses environs*. Il est bon de noter que les billeteries ferment souvent une demi-heure avant l'heure de fermeture du musée.

L'accès des musées est généralement payant. Toutefois, à Florence, vous pourrez vous procurer un ticket groupé pour plusieurs d'entre eux, notamment le Palazzo Vecchio et le museo di

Un musicien de rue devant les Uffizi

Concert nocturne, piazza del Campo à Sienne

Firenze com'era. Valable six mois, il s'achète à n'importe lequel de leurs guichets.

INFORMATION TOURISTIQUE

Florence, Pise et Sienne ont plusieurs **Ufficio Informazioni Turistiche** et la plupart des petites villes en possèdent au moins un. Beaucoup, cependant, ne donnent de renseignements que sur leur localité. Des agences de voyages telles que **CIT Viaggi** et **American Express** proposent des circuits organisés et pourront vous aider pour vos déplacements en train ou en autocar en Italie. Avant votre départ, vous pouvez également contacter l'**ENIT** (office du tourisme national italien) de votre pays.

Sigle des bureaux d'information

INFORMATION SUR LES SPECTACLES

Les éditions locales (à Florence, Sienne, Pise et Empoli) du quotidien *La Nazione* constituent partout en Toscane les meilleures sources d'informations sur les manifestations culturelles ou sportives. À Florence, les mensuels *Firenze Spettacolo* et *Florence Today* proposent en outre un guide de cafés et de restaurants. Si vous lisez mieux l'anglais que l'italien, *Concierge Information*, bulletin écrit dans les deux langues, vous sera très utile. Il est disponible dans beaucoup d'hôtels. Les offices du tourisme diffusent aussi des brochures d'informations culturelles. Dans toute la Toscane, les

Magazines sur Florence

villages organisent des fêtes et des bals en été. En revanche, les discothèques se trouvent surtout en ville et sur la côte.

LES VISITES GUIDÉES

À Florence, des agences de voyages comme **CIT, Viaggi, Walking Tours of Florence** (pour des randonnées pédestres dans Florence) ou **American Express** proposent des visites commentées par des guides polyglottes mais les groupes déjà constitués peuvent également en engager auprès de la **Tourist Guide Association**. Dans toute la Toscane, les offices du tourisme et les agences de voyages vous dirigeront vers des guides agréés.

Une visite guidée de Florence

LES USAGES

Les Italiens apprécieront les efforts que vous ferez pour parler quelques mots de leur langue.

Ils boivent avec modération mais fument à peu près partout excepté dans les cinémas et les transports publics.

LA VISITE DES ÉGLISES

Il faut éviter de se présenter en short ou avec les bras nus dans les églises. Vous risquez en effet de vous voir refuser l'entrée. En outre, prévoyez beaucoup de petite monnaie, car la plupart sont sombres et ont un éclairage par minuterie payante.

LES POURBOIRES

Sauf mention spéciale, le service dans les restaurants est compris dans le prix *(p. 252)* mais on attend des étrangers qu'ils laissent un pourboire. Gardez une réserve de petites coupures pour les chauffeurs de taxi, portiers et sacristains.

LES PERSONNES HANDICAPÉES

Les aménagements pour handicapés sont rares en Toscane. Dans le cadre de séjours organisés, vous devez pouvoir obtenir une assistance à l'aéroport et des chambres adaptées.

Certains trains rapides disposent d'aménagements pour fauteuils roulants et il existe des ascenseurs dans quelques gares pour faciliter l'accès aux trains. Il faut réserver celui de Santa Maria Novella 24 h à l'avance.

LES TOILETTES PUBLIQUES

Elles sont rares en Toscane hors des musées. La plupart des cafés vous laisseront toutefois utiliser les leurs.

ADRESSES UTILES

American Express
Via Dante Alighieri 22r,
Florence.
Plan 4 D1 (6 E3).
☎ *(055) 509 81.*
@ *amexfi@tin.it*

CIT Viaggi
Piazza della Stazione 51r, Florence.
Plan 1 B5 (5 B1).
☎ *(055) 28 41 45.*

ENIT
Via Marghera 2-6, Rome 00185.
☎ *(06) 497 11.*

ENIT France
23, rue de la Paix, 75002 Paris.
📠 *0800 00 48 25 42.*
W *www.enit.it*

Tourist Guide Association
Via Roma 4,
Florence. **Plan** 1 C5.
☎ *055 230 22 83.*
@ *caftours@tin.it*

Ufficio Informazioni Turistiche
Via Cavour 1r,
Florence. **Plan** 2 D4 (6 D1).
☎ *(055) 29 08 32.*
W *www.firenze.turismo.toscana.it*
Via Carlo Cammeo 2, Sienne.
☎ *(0577) 28 05 51.*
W *www.siena.turismo.toscana.it*
Piazza del Duomo, Pise.
☎ *(050) 56 04 64.*

Walking Tours of Florence
Piazza Santo Stefano 2,
Florence
☎ *055 264 50 33.*
W *www.artviva.com*

LES PROMENADES EN CALÈCHE

Très agréables pour visiter Florence, les calèches se louent piazza della Signoria et piazza del Duomo. Chacune contient jusqu'à cinq personnes et il ne faut pas hésiter à négocier le prix, généralement élevé, en fonction de la durée du trajet, ni à vérifier si le tarif annoncé est pour une personne ou le fiacre entier.

Calèche sur la piazza della Signoria

LA DOUANE ET L'IMMIGRATION

Les ressortissants de l'Union européenne (UE) n'ont besoin que d'une carte d'identité pour entrer en Italie ou, comme les citoyens suisses et canadiens, d'un passeport en cours de validité. Ces derniers sont soumis à une obligation de visa pour un séjour de plus de trois mois. Vérifiez toutefois les formalités avant votre départ auprès du consulat italien. Aucune vaccination n'est exigée.

S'ils subissent encore quelques contrôles ponctuels effectués dans le cadre de la lutte contre le trafic de drogue, les ressortissants de l'UE n'ont toutefois plus à déclarer les biens qu'ils transportent.

Les ressortissants extérieurs à l'Union ne peuvent importer, sans acquitter de taxe, que 400 cigarettes ou 100 cigares ou 200 cigarillos ou 500 grammes de tabac ; 1 litre de spiritueux ou 2 litres de vin ; 50 grammes de parfum. Les objets tels que montres ou appareils photo doivent être réservés à un usage personnel ou professionnel. Le système permettant de récupérer la TVA (IVA en Italie) semble d'une telle complexité qu'il faut dépenser au moins 160 € dans un même établissement pour que la démarche devienne intéressante *(p. 266)*.

Si vous voyagez avec un animal domestique, il vous faudra présenter un certificat de bonne santé et un certificat de vaccination contre la rage datant de plus d'un mois et de moins de onze.

LES LOCATIONS

Si vous voyagez en famille, louer en meublé sera plus économique que l'hôtel *(p. 242)*. Ne soyez toutefois pas surpris de manquer d'eau à certains moments de la journée, c'est un problème fréquent en Italie. Ce pays restant fidèle à ses petits magasins, vous ne

Une étudiante se détend au soleil à Gaiole in Chianti

Numéro de rue rouge

Numéro de rue bleu

rencontrerez pas de problème pour les courses, même les petits villages ont une épicerie, mais vous ne trouverez pas de supermarchés partout comme en France. Les laveries automatiques *(lavanderie)* vous permettront de faire vos lessives.

LES ADRESSES

La numérotation dans les rues de Florence est double et souvent déroutante pour les visiteurs : boutiques, restaurants et entreprises ont un numéro rouge tandis qu'hôtels et résidences privées ont un numéro bleu ou noir. Les deux numérotations suivent leur propre séquence, un 10 rouge peut ainsi très bien voisiner avec un 22 bleu. Si vous écrivez à une entreprise, n'oubliez pas d'ajouter un « r » à son numéro (4r, par exemple) pour différencier son adresse de celle d'une résidence privée.

LES ÉTUDIANTS

Si vous souhaitez profiter des réductions pour étudiants, notamment dans les musées, munissez-vous d'une carte d'étudiant international (ISIC) ou d'une carte d'échange éducatif international (YIEE).

Les **Centro Turistico Studentesco** (CTS) ou les agences de voyages affichant le sigle vert de Transalpino/ BIJ, comme la succursale **Wasteels** de la gare Santa

Maria Novella, vous renseigneront sur les tarifs privilégiés auxquels vous avez droit sur les avions et les trains. Pour obtenir la liste des auberges de jeunesse en Toscane, adressez-vous à la **Villa Europa Camerata.**

SÉJOURS D'ÉTUDES

De nombreux organismes proposent des cours d'italien ou d'art en Toscane, notamment, parmi les plus prestigieux, l'**Institut culturel français** et le **Centro di Cultura per Stranieri dell'Università di Firenze**. À Sienne, adressez-vous au **Centro Internazionale Dante Alighieri** si vous intéressez à la restauration d'art, à la tapisserie, à la céramique, au dessin ou à la peinture, et à l'**Università per Stranieri** pour approfondir vos connaissances sur l'histoire, la culture et la cuisine italiennes. L'**Ufficio Promozione Turistica, Turismo Sociale e Sport** tient à votre disposition une liste des écoles en Toscane.

Kiosque à journaux vendant la presse nationale et internationale

La Nazione et un supplément local

TÉLÉVISION, RADIO ET PRESSE ÉCRITE

La *Nazione*, qui propose plusieurs éditions locales, est le quotidien le plus lu en Toscane mais vous trouverez également, du moins dans les grandes villes, des journaux français comme *Le Monde* ou *Libération*. De plus en plus d'hôtels sont équipés pour recevoir non seulement les chaînes hertziennes italiennes, privées ou d'État, mais aussi des chaînes européennes et internationales transmises par câble ou par satellite, comme CNN, programme continu d'informations en anglais. Radio France Internationale est diffusée partout en Italie.

ADAPTATEURS ÉLECTRIQUES

Les prises italiennes sont alimentées en courant alternatif de 220 volts et acceptent des prises mâles à

Prise électrique italienne standard

deux broches rondes. Si vous voyagez avec des appareils électriques à grosses fiches, prévoyez d'acheter un adaptateur avant votre départ.

Dans la plupart des hôtels de plus de trois étoiles, les salles de bains sont équipées de prises spéciales pour les rasoirs et les sèche-cheveux.

AMBASSADES ET CONSULATS

Si vous perdez votre passeport ou pour tout autre problème, vous trouverez ci-dessous la liste des consulats et des ambassades francophones.

L'HEURE TOSCANE

L'Italie applique l'heure d'été et l'heure d'hiver, et la Toscane a, comme Paris ou Bruxelles, une heure d'avance sur l'heure GMT. Le temps officiel se mesure sur 24 heures (par exemple, 18 h et non 6 h du soir).

Quelques exemples de décalages horaires : Londres : - 1 h ; Montréal et New York : - 6 h ; Tokyo : + 8 h.

LES SERVICES RELIGIEUX

Il n'y a pas de service religieux donné en français à Florence mais une messe est dite en anglais le samedi à 17 h 30 au Duomo à Florence *(p. 64-65)*.

CARNET D'ADRESSES

INFORMATION SUR L'IMMIGRATION

Questura
Via Zara 2,
Florence.
Plan 2 D3.
📞 *(055) 497 71.*

Via del Castoro,
Sienne.
📞 *(0577) 20 11 11.*

Via Lalli 4,
Pise.
📞 *(050) 58 35 11.*

INFORMATION POUR ÉTUDIANTS

Centro Turistico Studentesco
Via de' Ginori 25r,
Florence.
Plan 2 D4 (6 D1).
📞 *(055) 28 95 70.*
🌐 *www.cts.it*

Via Bandini 21, Sienne.
📞 *(0577) 28 50 08.*

Villa Europa Camerata
Viale Augusto Righi 2-4,
Florence.
📞 *(055) 60 14 51.*

Wasteels
Gare Santa Maria Novella
quai 16. **Plan** 1 B4 (5 B1).
📞 *(055) 28 06 83.*

SÉJOURS D'ÉTUDES

Centro di Cultura per Stranieri dell' Università di Firenze
Via Vittorio Emanuele II 64,
50134 Florence. **Plan** 1 C1.
📞 *(0577) 47 21 39.*

Centro Internazionale Dante Alighieri
Via Tommaso Pendola 36,
53100 Sienne.
📞 *(0577) 49 533.*

Istituto per l'Arte e il Restauro
Palazzo Spinelli,
borgo Santa Croce 10,
50122 Florence.
Plan 4 D1 (6 F4).

📞 *(055) 24 60 01.*
🌐 *www.spinelli.it*

Institut culturel français
Piazza Ognissanti 2,
Florence. **Plan** 1 B5 (5 A2).
📞 *(055) 239 89 02.*

Ufficio Promozione Turistica, Turismo Sociale e Sport
Via di Novoli 26,
50127 Florence.
📞 *(055) 438 21 11.*
🌐 *www.turismo.toscana.it*

Università per Stranieri
Piazzetta Grassi 2,
53100 Sienne.
📞 *(0577) 492 60.*

AMBASSADES ET CONSULATS

Belgique
Via dei Servi 28, 50132
Florence. **Plan** 2 E3.
📞 *(055) 28 20 94.*

Canada
Via G.B. de Rossi 27,
Rome. 📞 *(06) 44 59 81.*

Suisse
Piazza le Galileo 5,
50125 Florence. **Plan** 3 C4.
📞 *(055) 22 24 34.*

SERVICES RELIGIEUX

Église épiscopale américaine
Via Bernardo Rucellai 9,
Florence. **Plan** 1 A4.
📞 *(055) 29 44 17.*

Chiesa Evangelica Valdese
Via Monzoni 21,
Florence. **Plan** 2 D3.
📞 *(055) 247 78 00.*

Église anglicane
Via Maggio 16, Florence.
Plan 3 B2 (5 B5).
📞 *(055) 29 47 64.*

Synagogue
Tempio Israelitico
Via Luigi Farini 4, Florence.
Plan 2 F5.
📞 *(055) 24 52 52.*

Église méthodiste
Via de' Benci 9, Florence.
Plan 4 D2 (6 E4).
📞 *(055) 28 81 43.*

Santé et sécurité

L es villes toscanes sont en général sûres, si l'on prend toutefois quelques précautions simples.
Comme dans beaucoup d'endroits en Europe, ce sont les voleurs à la tire qui posent le plus de problème, en particulier à Florence et à Pise. Mieux vaut donc rester vigilant au milieu de la foule, surtout dans les lieux touristiques et les bus, et laisser autant que possible argent, documents et objets de valeur dans le coffre de l'hôtel. Il est préférable de contracter une assurance avant votre départ car cela est très difficile sur place.

Agent de police florentin aidant un touriste

LA SÉCURITÉ DES BIENS

L es chèques de voyage constituent le moyen le plus sûr de transporter de grosses sommes d'argent, à condition de conserver à part les reçus.
Emportez également une photocopie de vos documents les plus importants.
À Florence, les voleurs à la tire, souvent des enfants opérant en petits groupes, sévissent surtout autour du Duomo et de Santa Maria Novella ainsi que dans les bus n° 12/13 vers le piazzale Michelangelo et le n° 7 pour Fiesole.
À Pise, soyez prudent autour du campo dei Miracoli et dans les bus desservant la gare. Les sacs

Policier municipal

« banane » constituent une proie de choix.
Les vols dans les voitures sont eux aussi fréquents, ne laissez de préférence rien en évidence. Pour obtenir un remboursement par votre assurance, il vous faut déclarer le vol à la police dans les 24 h et demander un procès verbal *(denuncia)*.

LA SÉCURITÉ DES PERSONNES

L a Toscane connaît peu d'agressions. Les rues restent animées jusque tard le soir et si les femmes voyageant seules risquent d'être importunées, elles le seront rarement avec insistance. Évitez cependant les lieux mal éclairés la nuit et prenez toujours des taxis officiels au numéro de licence clairement affiché. Si vous en réservez un par téléphone, demandez le nom de code du chauffeur (Napoli 37, par exemple).

LA POLICE

S ouvent affectés à la circulation, les *vigili urbani* de la police municipale portent un uniforme bleu en hiver et blanc en été. Les *carabinieri,* gendarmes aux pantalons à galons rouges, interviennent aussi bien en cas de vol que d'excès de vitesse. Les membres de la *polizia*, la police nationale, aux

Carabinieri **en uniforme d'agents de la circulation**

uniformes bleus à ceinture et béret blancs, s'occupent des crimes les plus graves. Tous devraient pouvoir vous aider.

QUELQUES PRÉCAUTIONS

M algré un processus administratif décourageant, les ressortissants de l'Union européenne ont officiellement le droit à la réciprocité des soins en Italie. Ils doivent pour cela se procurer avant leur départ un formulaire E111 auprès de leur caisse d'assurance maladie. Seule une assurance complémentaire couvrira cependant des frais de rapatriement ou de prise en charge d'un conjoint. Ce type d'assurance, comprenant en outre la couverture des soins médicaux, est particulièrement recommandé aux visiteurs n'appartenant pas à l'UE.

Aucune vaccination n'est nécessaire pour se rendre en Toscane mais songez à vous protéger contre les moustiques, surtout en campagne. Les petits appareils électriques chauffant des plaquettes insecticides s'avèrent très pratiques en voyage. On en trouve notamment à Rinascente *(p. 269)*. Le soleil de Toscane peut être redoutable. Buvez beaucoup d'eau et emportez une bonne protection solaire.

L'eau du robinet est potable mais la plupart des Italiens préfèrent celle en bouteilles.

LES SOINS MÉDICAUX

La façade d'une pharmacie florentine

En cas de grave problème de santé, contactez le service des urgences *(Pronto Soccorso)* de l'hôpital le plus proche. Les patients hospitalisés sont supposés fournir leurs propres couverts, vaisselle, serviettes et papier-toilette mais pas la literie. Le personnel s'attend en outre que

Un bénévole de la Misericordia vêtu de la soutane traditionnelle

des amis ou des parents les aident à nourrir et à laver les malades.

À Florence et Sienne, l'**Associazione Volontari Ospedalieri** propose gratuitement aux étrangers ayant des problèmes médicaux des interprètes parlant français, allemand et anglais. Le **Tourist Medical Centre** de Florence emploie quant à lui des médecins parlant anglais et français.

Les dentistes sont chers en Italie. Vous trouverez le plus proche dans les pages jaunes *(pagine gialle)*. Votre hôtel pourra également vous en recommander un.

Les pharmacies affichent à leur porte l'adresse de celles assurant la garde de nuit *(servizio notturno)* ou du dimanche. La **Farmacia Comunale 13**, à la gare Santa Maria Novella de Florence, reste ouverte 24 h sur 24 tout comme la **Farmacia Molteni,** sur la via dei Calzaiuoli.

La Misericordia *(p. 193)*, l'une des plus anciennes institutions charitables du monde, assure une grande partie du service d'ambulances de la Toscane. Le personnel ne porte toutefois pas la traditionnelle soutane noire.

Ambulance de la Misericordia à Florence

Banques et monnaie

Plusieurs possibilités s'offrent aux étrangers pour changer de l'argent en Toscane. Les banques proposent un meilleur taux que les bureaux de change ou les hôtels mais la paperasserie y prend en général plus de temps. Une pièce d'identité est toujours nécessaire. Cartes bancaires et Eurochèques permettent de retirer de l'argent mais aussi de régler ses dépenses dans de nombreux établissements. Gardez en réserve de la petite monnaie pour les téléphones, les pourboires et l'éclairage dans les églises.

Guichet de change d'une grande banque italienne

LE CHANGE

Les heures d'ouverture des banques peuvent varier, surtout en période de vacances, mieux vaut donc se munir d'euros avant son départ.

Les taux de change varient selon les établissements et il est intéressant de comparer. Les bureaux de poste principaux changent de l'argent sans prendre de commission.

Pour bénéficier des meilleurs taux, il faut changer à une banque (signalée par l'enseigne *cambio*). Les hôtels ont tendance à donner des taux faibles, mais leurs commissions sont modestes. Le bureau de l'American Express (*p.273*) offre de bons taux.

Il existe cependant de plus en plus de changeurs automatiques, notamment aux aéroports de Florence et de Pise, à Florence même et à Sienne, ainsi que dans certaines villes plus petites comme San Gimignano. Ces machines, au mode d'emploi écrit en plusieurs langues, acceptent jusqu'à dix billets de la même devise. Un écran affiche le taux de change qui varie selon les lieux.

LES CARTES BANCAIRES

Les cartes de crédit sont largement utilisées en Italie, aussi vaut-il mieux en emporter une avec soi. Les cartes VISA ou Access (Mastercard) sont plus souvent acceptées que celles d'American Express et de Diner's Club.

La plupart des banques et des distributeurs à Florence et en Toscane acceptent les cartes VISA ou Access pour le retrait des espèces, mais il faut savoir qu'une taxe est perçue dès que l'argent est retiré (vérifiez toutefois auprès de votre banque).

Certains restaurants, cafés ou boutiques peuvent demander un montant minimum pour accepter la carte de paiement. Assurez-vous d'avoir toujours des espèces sur vous au cas où votre carte de crédit ne serait pas acceptée.

LES CHÈQUES DE VOYAGE

Les chèques de voyage offrent le moyen le plus sûr de transporter de l'argent. Choisissez de préférence une institution émettrice bien connue telle que Thomas Cook, American Express ou une grande banque. Il y a une commission minimum, qui pourrait ne pas être avantageuse si vous changez de petites sommes. Certains établissements facturent chaque chèque.

Selon les taux de change, il peut s'avérer plus intéressant de les souscrire en dollars ou en euros mais sachez que ceux en euros sont plus difficiles à échanger, surtout dans les hôtels, car ils offrent une plus faible commission.

LES HEURES D'OUVERTURE

Les banques ouvrent habituellement de 8 h 30 à 13 h 20 du lundi au vendredi et certaines agences entre 14 h 45 et 16 h. Elles ferment plus tôt les veilles de jour férié (*p. 35*). Les bureaux de change ouvrent plus longtemps mais proposent des taux moins favorables. À Florence, celui qui se trouve derrière la gare principale reste ouvert de 8 h jusque tard dans la soirée (selon la saison). À Pise, ceux de la piazza del Duomo et de la gare restent ouverts le soir et pendant les week-ends.

À LA BANQUE

Changer de l'argent à la banque peut être une expérience déprimante car elle implique paperasserie et attente. Vous devez d'abord vous présenter au guichet marqué *cambio* puis faire la queue devant la *cassa* pour récupérer vos euros. Il est conseillé de se munir d'une pièce d'identité.

Pour des raisons de sécurité, la plupart des établissements ont des sas électroniques. Il faut presser le bouton pour ouvrir la première porte. La seconde ne se débloquera qu'une fois la première verrouillée.

Un sas électronique à l'entrée d'une banque

L'Euro

En 2002 douze pays ont remplacé leur monnaie nationale par une monnaie unique européenne, l'euro : l'Allemagne, l'Autriche, la Belgique, l'Espagne, la Finlande, la France, la Grèce, l'Irlande, le Luxembourg, les Pays-Bas, le Portugal et l'Italie. Le Royaume-Uni, le Danemark et la Suède, ne font pour l'instant pas partie de la zone euro. Les pièces et les billets ont été mis en circulation le 1er janvier 2002. Dans certains pays de l'Union, une période de transition a permis d'utiliser la monnaie nationale et les euros simultanément. La lire n'a plus eu cours à partir du 28 février 2002. Toutes les pièces et les billets de la monnaie unique sont utilisables partout dans les pays de la zone euro.

Les billets

Les billets en euros existent en 7 coupures. Leur taille et leur couleur sont différentes selon leur valeur. Le billet de 5 € (de couleur grise) est le plus petit, le billet de 10 € est rouge, le billet de 20 € est bleu, le billet de 50 € est orange, le billet de 100 € est vert, le billet de 200 € est brun-jaune et celui de 500 € est violet.

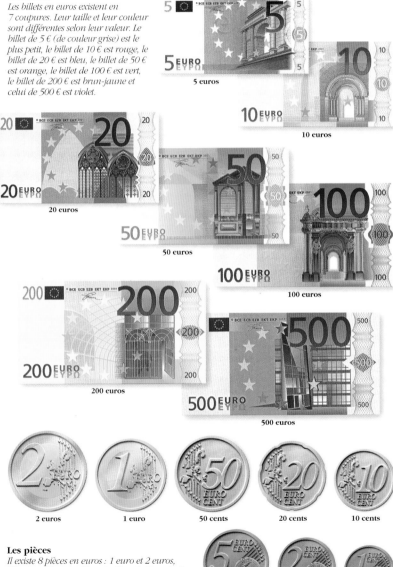

5 euros

10 euros

20 euros

50 euros

100 euros

200 euros

500 euros

2 euros

1 euro

50 cents

20 cents

10 cents

Les pièces

Il existe 8 pièces en euros : 1 euro et 2 euros, 50 cents, 20 cents, 10 cents, 5 cents, 2 cents et 1 cent. Les pièces de 1 et de 2 euros sont dorées et argentées. Les pièces de 5, 2 et 1 cents sont couleur bronze.

5 cents

2 cents

1 cent

Le téléphone en Toscane

Vous trouverez des téléphones publics partout en Toscane – dans des cabines sur les trottoirs des grandes villes, dans les postes, les bars et les bureaux de tabac –, mais leur utilisation est parfois frustrante, surtout pour des appels à l'étranger. Ne vous étonnez pas si votre communication est parasitée par une autre ou brusquement interrompue.

Logo d'une compagnie de téléphone

TÉLÉPHONES PUBLICS

L'utilisation croissante du téléphone mobile a ralenti celle des téléphones publics. Florence n'a qu'un bureau de téléphone (*Telefono*) géré par Telecom Italia (via Cavour 21/r). Vous pouvez y acheter des cartes téléphoniques à un distributeur et consulter les annuaires de toute l'Italie. Le centre est ouvert tous les jours jusqu'à 21 h. On trouve les mêmes services à la gare de Pise, ouvert jusqu'à 21 h 45, ainsi qu'à l'aéroport. Le bureau de Telecom Italia à Sienne se trouve via dei Termini 40. Des postes de téléphone Telecom Italia sont disponibles dans les

Enseigne de téléphone

gares, les aéroports et dans les restaurants et les bars affichant une enseigne.

Des compagnies privées offrant des tarifs peu élevés se développent, surtout autour de la gare principale de Florence. Ces centres vendent aussi des cartes téléphoniques internationales qui peuvent être utilisées dans n'importe quel téléphone.

LE TARIF DES COMMUNICATIONS

Le tarif le moins élevé pour les communications en Italie s'applique de 22 h à 8 h du lundi au samedi et le dimanche toute la journée. Un tarif intermédiaire est appliqué de 18 h 30 à 22 h en semaine et à partir de 13 h le samedi.

Le coût des appels à l'étranger varie selon les décalages horaires. Pour l'Europe, c'est généralement de 22 h à 8 h en semaine et le dimanche toute la journée qu'il est le plus intéressant, pour le Canada, de 23 h à 8 h en semaine et de 23 h à 14 h les week-ends.

Attention, il revient souvent très cher d'appeler d'une chambre d'hôtel, parfois deux ou trois fois plus que la normale.

E-MAIL

L'accès à Internet est très facile à Florence, et s'étend à toute l'Italie. Il y a plusieurs centres privés offrent accès à Internet dans les quartiers les plus fréquentés de Florence. Ils offrent des conditions avantageuses aux visiteurs,

MODE D'EMPLOI D'UN TÉLÉPHONE À CARTE TELLECOM ITALIA

3 Le voyant affiche le crédit d'unités.

4 Composez le numéro et attendez la connexion.

5 S'il vous reste des unités et que vous souhaitez effectuer un autre appel, appuyez sur le bouton d'appel suivant.

1 Décrochez le combiné et attendez la tonalité.

2 Insérer la carte dans la fente.

Pour utiliser une carte, casser le coin indiqué et insérer suivant la flèche.

facturant le temps passé sur Internet par tranches de 15 à 30 minutes. La compagnie la plus largement répandue est **Internet Train,** qui possède 13 centres dans Florence. Internet Train fournit une carte magnétique que les clients créditent et qui peut être utilisée dans n'importe quel centre Internet Train des 22 villes italiennes où la compagnie est installée.

Internet Train
Borgo S. Jacopo 30/4, Florence.
Plan 3 C1 (5 C4)
█ *(055) 265 79 35.*
W *www.internettrain.it*

LES TÉLÉPHONES PUBLICS

L es appareils de Telecom Italia permettent d'obtenir des communications interurbaines et internationales. Prévoyez beaucoup de monnaie car si l'on ne met pas une somme suffisante au moment de l'appel, l'appareil n'établit pas la connexion mais conserve les pièces, restituées si l'on raccroche. Les appareils à pièces sont remplacés aujourd'hui par des téléphones acceptant des cartes prépayées

(carta ou *scheda telefonica).* Vous pouvez les acheter dans les bars, les kiosques à journaux et les bureaux de tabacs affichant le sigle T blanc sur fond noir.

Dans les villages, il existe encore d'anciens appareils n'acceptant que les jetons *(gettoni)* que l'on achète dans les cafés, les postes et auprès des marchands de journaux. Pour des appels longue distance, mieux vaut utiliser un appareil à compteur *(telefono a scatti)* dans un bar. On règle après la communication.

Un magasin vendant cartes, gettoni et timbres

Le courrier

L es lettres peuvent être envoyées par courrier ordinaire ou prioritaire. Le courrier ordinaire est le moins cher, avec un tarif standard pour toute lettre envoyée n'importe où en Italie ou en Europe. Les cartes postales dans une enveloppe timbrée arrivent plus rapidement. *Poste priorità,* le courrier rapide, doit être affranchi avec des timbres spéciaux et un autocollant marqué *poste priorità.* Il faut le poster dans les boîtes aux lettres bleues ou dans les boîtes rouges avec la mention *poste priorità.*

Enseigne de la poste

Les timbres *(francobolli)* s'achètent dans les bureaux de tabac affichant le T blanc et dans les postes. Celles-ci ouvrent, pour les plus petites, de 8 h 30 à 14 h, du lundi au vendredi, et de 8 h 30 à 12 h le samedi et le dernier jour du mois.

L'ENVOI DE PAQUETS

E nvoyer un paquet depuis l'Italie impose de se plier à un rite complexe. Le paquet doit être une boîte rigide enveloppée de papier kraft, ficelée et scellée. Il faut également remplir un formulaire de déclaration douanière. Dans les grandes villes, un magasin de cadeaux ou d'articles de bureau acceptera contre rétribution d'emballer votre paquet. Très peu de postes

offrent ce service. Les paquets internationaux arrivent plus rapidement. Si ils partent par *postacelere,* service offert par tous les grands bureaux.

LA POSTE RESTANTE

F aites-vous envoyer lettres et paquets aux bons soins de (c/o) *Fermo Posta,* Ufficio Postale Principale, puis le nom de la ville où vous désirez les recevoir. Pour éviter tout problème, le nom de famille doit être écrit lisiblement en lettres capitales et souligné. Il vous suffira pour retirer votre courrier de présenter une pièce d'identité et d'acquitter une petite commission.

PRINCIPAUX BUREAUX DE POSTE

Pellicceria 3, Florence. **Plan** 6 D3.
█ *(055) 277 41.*
Piazza Matteotti 37, Sienne.
█ *(0577) 20 22 73.*
Piazza Vittorio Emanuele II, Pise.
█ *(050) 450 80.*

Courrier pour la ville   Autres destinations

Boîte aux lettres italienne

ALLER EN TOSCANE ET Y CIRCULER

Bien que trains et autocars au départ de toute l'Europe assurent des liaisons régulières avec la Toscane, en particulier Pise et Florence, ces moyens de transport ne représentent qu'une économie négligeable par rapport à l'avion si l'on part d'une grande ville. Toutefois le *Galilei* Paris-Florence, qui est un train de nuit direct, est très pratique si l'on ne dispose que de peu de temps, un week-end par exemple.

Avion d'Alitalia

L'aéroport le plus important de la région est celui de Pise où se posent la plupart des vols charters. Celui de Florence, situé au nord de la ville à quelques minutes en bus du centre, est quasiment réservé aux vols réguliers. Cependant, ces deux aéroports n'accueillent que les vols nationaux et européens. Les vols intercontinentaux imposent donc un changement, ou une arrivée, à Milan ou à Rome, les deux grands aéroports internationaux les plus proches.

Le hall d'entrée de l'aéroport de Pise

intéressant. Toutefois, les meilleurs tarifs ne sont pas toujours remboursables et mieux vaut prendre une assurance annulation. Les meilleurs offres s'obtiennent souvent sur Internet. N'hésitez pas à consulter directement le site des compagnies et pas seulement les sites de voyages dégriffés. Les agences de voyages, comme les succursales de l'agence nationale italienne **CIT Viaggi** (nombreuses succursales) peuvent aussi vous proposer des trajets à prix intéressants.

ARRIVER EN AVION

Les grandes compagnies aériennes nationales comme **Alitalia** et **Air France** proposent des vols quotidiens directs entre les capitales européennes et les grands aéroports toscans comme Florence et Pise. **Brussels Airlines** assurent une liaison directe entre Bruxelles et Florence. **Crossair** propose une liaison également directe pour Florence à partir de la Suisse.

Les vols intercontinentaux ne permettent pas de se rendre directement à Pise ou à Florence, mais en revanche de nombreuses compagnies proposent des vols fréquents et nombreux pour Rome et Milan. Alitalia relie ainsi Vancouver à la Toscane via Rome. Rejoindre Pise ou Florence depuis Rome ou Milan est aisé par la route ou le train. La compagnie italienne **Meridiana** propose une desserte directe de

Florence au départ d'Amsterdam, Barcelone, Paris et Londres, et de nombreux vols vers Pise ou Florence au départ d'autres villes d'Italie. Toutes les compagnies proposent des tarifs spéciaux pour les enfants, les jeunes, les personnes du 3e âge ou pour des séjours respectant certaines conditions. D'une manière générale, plus vous réservez votre billet à l'avance plus vous pourrez obtenir un tarif

La gare de l'aéroport Galileo Galilei de Pise

NUMÉROS UTILES

Alitalia
Paris ☎ 0820 315 315.
🌐 www.alitalia.fr

Air France
Paris ☎ 0820 820 820.
Rome ☎ 06 48 79 15 55.
🌐 www.airfrance.com

Brussels Airlines
Belgique ☎ 070 35 11 11.
🌐 www.brussels-airlines.com

Crossair (Swiss)
🌐 www.swiss.com

CIT Viaggi
Florence
☎ (055) 283 200.

Meridiana
☎ 0552 30 23 34.
🌐 www.meridiana.it

Aéroports
Florence ☎ (055) 306 15.
🌐 www.safnet.it
Pise ☎ (050) 50 07 07.

LES VOYAGES ORGANISÉS

À moins de s'en tenir à un budget très serré et aux campings et auberges de jeunesse, les circuits ou séjours proposés par les voyagistes reviennent presque toujours moins cher qu'un voyage effectué individuellement. Les tarifs comprennent les trajets, y compris entre l'aéroport et le centre-ville, l'hébergement et, selon les cas, la demi-pension, la pension ou des prestations diverses.

Vérifiez toujours la situation des hôtels proposés, parfois loin du centre, et comparez les prix.

L'AÉROPORT DE PISE

Suivez ces panneaux pour prendre le train à l'aéroport de Pise

Vous trouverez le train qui relie l'aéroport Galileo Galilei de Pise à la gare Santa Maria Novella de Florence à gauche en sortant du hall d'arrivée. En milieu de journée, les trains partent toutes les heures passées de 40 mn (10 h 40, 11 h 40, etc.). Ils sont un peu moins fréquents tôt le matin et en fin de soirée. Le trajet dure une heure et passe par Pisa Centrale et Empoli où l'on peut changer pour Sienne. Le comptoir d'information de l'aéroport vend des billets.

Il vend aussi

Location de chariots à l'aéroport de Pise

ceux du bus n° 7 qui rejoint le centre de Pise. Une liaison ferroviaire irrégulière est également assurée avec Lucques et Montecatini. Il y a une station de taxis devant l'aérogare.

Si vous comptez utiliser un chariot à bagages à votre arrivée, il vous faudra avoir acquis des lires italiennes avant votre départ. La location coûte en effet 2 000 L et on ne peut pas changer d'argent dans la salle de réception des bagages.

L'AÉROPORT DE FLORENCE

L'aéroport Amerigo Vespucci de Florence, parfois aussi appelé Peretola, est très petit. La SITA *(p. 287)* assure un service de bus jusqu'au centre-ville. Le trajet dure 20 mn et il y a un départ, coordonné avec les arrivées, environ

toutes les heures entre 9 h 40 et 22 h 30. Les billets ne se prennent pas à bord mais au bar de l'aéroport.

Si vous préférez utiliser un taxi, ne vous adressez qu'à ceux garés dans la ligne officielle *(p. 289)*. Les bagages, les dimanches, les jours fériés et le fait de démarrer la course à l'aéroport donnent lieu à des suppléments. La plupart des chauffeurs sont honnêtes mais vérifiez tout de même que le vôtre a enclenché son compteur.

LES LOCATIONS DE VOITURES

Toutes les grandes sociétés de location de véhicules ont des succursales aux deux aéroports. N'oubliez toutefois pas que réserver une voiture avant votre départ vous coûtera nettement moins cher *(p. 290)*.

Si vous atterrissez à Florence, le plus simple consistera sans doute à retirer votre véhicule dans le centre-ville que vous rejoindrez en transport en commun *(p. 291)*.

LES AGENCES DE LOCATION AUX AÉROPORTS

Avis
Aéroport de Florence 📞 *(055) 31 55 88.*
Aéroport de Pise 📞 *(050) 420 28.*

Hertz
Aéroport de Florence 📞 *(055) 30 73 70.*
Aéroport de Pise 📞 *(050) 432 20.*

Maggiore
Aéroport de Florence 📞 *(055) 31 12 56.*
Aéroport de Pise 📞 *(050) 425 74.*

L'aéroport Amerigo Vespucci de Florence accueille aussi les vols internationaux

Voyager en train

Pour tous ceux qui n'aiment pas l'avion, le train offre une alternative intéressante pour rejoindre la Toscane. Une fois sur place, les chemins de fer nationaux italiens (Ferrovie dello Stato, ou FS) proposent de plus un large éventail de possibilités pour se déplacer dans la région, des omnibus *(locali)* au Eurostar (train à grande vitesse, uniquement 1re classe), en passant par les trains express et régionaux. Si les villes que relient le réseau principal sont bien desservies, il sera plus rapide de prendre des autocars *(p. 287)* pour rejoindre les agglomérations situées sur de petites lignes locales.

Un train à la gare principale de Florence

ARRIVER EN TRAIN

Des trains rapides relient directement Paris à Florence et à Pise. Au départ de Genève, il faut changer à Milan. Pour les voyageurs combinant avion et chemin de fer, Alitalia propose un service d'express entre l'aéroport de Pise (Galileo Galilei) et Florence.

De nombreuses cartes de réductions valables en France ou dans d'autres pays d'Europe, s'appliquent également en Italie. Elles ne concernent toutefois pas tous les suppléments exigés sur certains trains. Mieux vaut se renseigner avant le départ auprès des services ferroviaires de votre pays.

Un Eurostar – le train le plus rapide d'Italie

CIRCULER EN TRAIN EN ITALIE

Des trains desservant toute la péninsule partent et arrivent à Pisa Centrale et à la gare Santa Maria Novella de Florence *(p. 286)*, mais c'est à la gare Rifredi de Florence que l'on prend l'Eurostar. Les Ferrovie dello Stato proposent des formules d'abonnement qui autorise les trajets illimités pour une période déterminée. On peut ainsi acheter dans les gares la carte Interrail ou l'Italy Flexi Rail Card, utilisables uniquement par les étrangers. Le *biglietto chilometrico* autorise jusqu'à vingt voyages ne

totalisant pas plus de 3 000 km à des groupes allant jusqu'à cinq personnes. Il s'achète dans les bureaux du CIT, en Italie ou à l'étranger *(p. 282)*, ou dans les agences de voyages proposant des billets de train. Certains trains express proposent des services spéciaux pour les handicapés *(p. 273)*.

LES RÉSERVATIONS

Les réservations ferroviaires sont obligatoires sur l'Eurostar et certains express, indiqués sur les horaires dans les gares par un R noir sur fond blanc. Le bureau de réservation se trouve devant la gare Santa Maria Novella. Vous pouvez aussi réserver sur le site Internet e la gare de Florence (www.fs-on-line.com). Une fois sur le site, les utilisateurs doivent suivre les instructions pour réserver et payer leurs places. Les tickets réservés en ligne peuvent être envoyés par coursier (service payant), ou retirés gratuitement dans les gares offrant ce service. N'oubliez pas le code de réservation (PNR), délivré à la fin de la transaction effectuée

sur le site. Les agences de voyages peuvent effectuer toute réservation de billets de train gratuitement. Les réservations sont conseillées sur la plupart des trains en haute saison et durant le week-end, mais elles ne sont en revanche pas possible pas sur les omnibus. Prendre son billet plus de cinq heures à l'avance sur un train express donne droit gratuitement à une place réservée.

LES AGENCES

CIT Viaggi
Piazza della Stazione 51r, Florence.
Plan 1 B5 (5 B1). ☎ *(055) 28 41 45.*

Palio Viaggi
Piazza Gramsci, Sienne.
☎ *(0577) 28 08 28.*

LES BILLETS

S'il y a une longue file d'attente aux guichets,

Guichets automatiques à la gare Santa Maria Novella de Florence

essayez les distributeurs automatiques que l'on trouve dans toutes les gares. Les instructions sont généralement claires et écrites en six langues. Les instructions sont géneralement claires. Ils acceptent les pièces, les billets ou les cartes de crédit. Les instructions sont géneralement claires. Mieux vaut toujours acheter son billet avant d'entreprendre un voyage. Vous pouvez acheter un billet dans le train, mais il sera majoré d'une taxe. En revanche, pouvez vous adresser au contrôleur pour prendre une couchette une fois à bord ou changer un billet de seconde classe pour un de première sans frais supplémentaires.

Pour un voyage de moins de 200 km, vous pouvez acheter un *biglietto a fasce chilometriche* à un marchand de journaux dans la gare. Si votre point de départ n'est pas imprimé dessus, écrivez son nom au dos. Il faudra composter ce billet dans l'une des machines dorées installées à l'entrée de la plupart des quais. Celles-ci servent également à dater la partie retour d'un billet aller-retour dont les deux volets doivent être utilisés dans les trois jours après l'achat. La validité des allers simples dépend de la longueur du trajet : un jour pour moins de 200 km, deux jours de 200 à 400 km, etc.

Pour tout déplacement sur les trains express, notamment l'Eurostar et les liaisons entre les grandes villes européennes, même les titulaires de carte de réduction doivent acquitter un supplément. Son montant dépend du trajet.

Compostez votre billet ici

Composteur

DISTRIBUTEUR AUTOMATIQUE DE BILLETS DE TRAIN

Ces machines sont faciles à utiliser. Les instructions sont souvent en 6 langues. Elles acceptent pièces, billets et cartes de crédit.

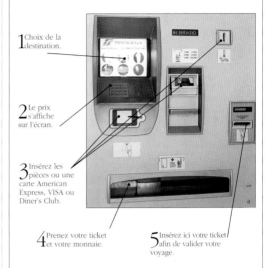

1 Choix de la destination.

2 Le prix s'affiche sur l'écran.

3 Insérez les pièces ou une carte American Express, VISA ou Diner's Club.

4 Prenez votre ticket et votre monnaie.

5 Insérez ici votre ticket afin de valider votre voyage.

LES LIGNES PRINCIPALES DU RÉSEAU FERROVIAIRE ITALIEN

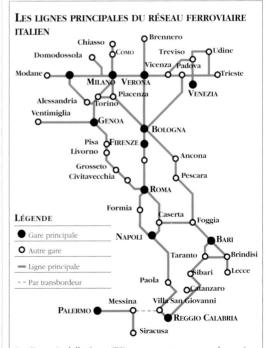

LÉGENDE

● Gare principale
○ Autre gare
— Ligne principale
-- Par transbordeur

Les Ferrovie dello Stato (FS) proposent sept types de services différents. Étudier un horaire vous indiquera lequel correspond le mieux à vos moyens et à votre emploi du temps.

LA GARE SANTA MARIA NOVELLA DE FLORENCE

Bien que l'Eurostar ne s'y arrête pas *(p. 284)*, Santa Maria Novella est la gare principale de Florence et comme toutes les grandes gares, elle attire quelques personnages douteux. Surveillez donc vos bagages.

En été, de longues files d'attente se forment au guichet principal. Vous pouvez toutefois utiliser les billetteries automatiques *(p. 285)* ou réserver un billet gratuitement dans un agence de voyages. La consigne *(deposito bagagli)* est située sur le quai 16, de même que l'agence de voyages pour les étudiants Wasteels *(p. 274)* ainsi que le bureau de la police ferroviaire Polfer).

Pour avoir des informations sur les horaires, il faut faire la queue au kiosque d'information. Prenez un ticket et attendez que votre numéro s'affiche. Le personnel parle habituellement anglais ou français.

D'autres services sont disponibles dans le hall dont une pharmacie ouverte 24h sur 24, un bureau de réservation d'hôtel donnant quelques informations touristiques et des kiosques vendant la presse internationale et des tickets de bus. Le bureau de téléphone international est situé à proximité du quai 15. Il y a une banque et un bureau de change non loin de la gare et également dans le hall près du guichet central où on trouve aussi un changeur automatique de devises. Il y a un bureau d'information touristique 4 piazza della Stazione, qui dépend de la municipalité de Florence et un autre situé 1r via Cavour. Ce dernier est dirigé par un

Vue de la gare Santa Maria Novella, Florence

organisme public différent et semble disposer d'informations plus complètes sur toute la Toscane.

Un tableau des départs surmonte l'entrée de Santa Maria Novella

LA GARE DE SIENNE

La gare de Sienne est située hors des murs de la ville à 20 min. à pied du centre-ville, sur le piazzale Carlo Roselli que l'on peut également rejoindre par n'importe quel bus partant en face de la gare.

Bien que petite, on y trouve une consigne, un snack-bar, un marchand de journaux et des bornes d'information en anglais, français et allemand.

Pour obtenir des renseignements, il faut s'adresser au bureau de vente des billets.

Outre le service d'autobus urbains, la compagnie TRA-IN propose des autocars pour Montepulciano, Montalcino et Buonconvento (départ devant la gare). Les tickets se prennent avant de monter à bord au guichet ou aux distributeurs automatiques qui se trouvent dans le hall de la gare.

PISA CENTRALE

La gare centrale de Pise renferme un restaurant et un bar, des marchands de journaux vendant tickets de bus et cartes de téléphone, plusieurs bornes interactives d'information et des distributeurs automatiques de billets de train.

Un bureau de téléphone ouvert jusqu'à 21 h 45 se trouve sur la droite du hall et un bureau de change ouvert jusqu'à 19 h sur la gauche, près du bureau de renseignements et de réservations. La consigne et la *Polfer* (police ferroviaire) sont sur le quai 1.

Il faut sortir du bâtiment pour rejoindre le bureau d'information touristique près de la Banca Nazionale di Lavoro. La plupart des bus, notamment le n° 1 à destination du campo dei Miracoli *(p. 154-155)* et le n° 7 pour l'aéroport, se prennent devant la gare. Vous trouverez, près de l'arrêt, un bureau de vente de tickets ainsi qu'un distributeur automatique de tickets. L'aéroport de Pise a sa propre gare *(p. 283)*.

Gare de Santa Maria Novella

Voyager en autocar

Un autocar de la compagnie Lazzi

Il existe des liaisons régulières en autocar entre Florence et les grandes villes d'Europe tandis qu'en Toscane même, les compagnies locales assurent de très nombreuses dessertes. Le car est plus rapide que le train sur des trajets sans ligne ferroviaire directe et il est souvent moins cher pour de longs parcours. Les compagnies d'autocars ont généralement leurs bureaux près des gares. Vous y trouverez cartes, horaires et tarifs.

ARRIVER EN AUTOCAR

La gare Santa Maria Novella de Florence constitue en Toscane le cœur des liaisons par autocars, qu'elles soient internationales ou régionales. Vous trouverez notamment, sur la piazza della Stazione, le bureau de la compagnie **Lazzi** dont les lignes desservent plusieurs grandes villes d'Europe et qui vend des billets Eurolines. Elle assure en particulier une liaison régulière et rapide avec Rome.

FLORENCE

Outre **Lazzi,** qui dessert la région à l'ouest et au nord de Florence, la ville compte trois compagnies d'autocars assurant des liaisons avec le reste de la Toscane : **SITA** pour le Sud et l'Est, **COPIT,** pour la région d'Abetone et de Pistoia, et **CAP** pour le Mugello.

Elles ont toutes leur bureau à un jet de pierre de la gare de Santa Maria Novella.

SIENNE

En plus des transports urbains de Sienne, la compagnie **TRA-IN** assure la desserte en autocar des localités voisines (départ piazza Antonio Gramsci) et de presque toute la région (départ piazza san Domenico). Elle possède un bureau sur les deux places d'où partent les cars. TRA-IN propose également une liaison régulière (deux fois par jour) et directe avec Rome.

Le bureau Lazzi de Florence

PISE

La compagnie des bus urbains, **CPT,** dessert aussi les environs de Volterra, Pontedera, Livourne et San Miniato depuis la piazza Sant'Antonio où elle a un bureau de renseignements et d'achat de billets. **Lazzi** dessert Viareggio, Lucques et Florence depuis la piazza Vittorio Emanuele II où elle a également un bureau.

L'une des compagnies de Florence

Un car SITA arrive à la gare de Florence

Circuler à pied et en bus

L es cités toscanes sont assez denses pour être explorées à pied mais les autobus, assurant des dessertes régulières pour un prix abordable, augmenteront votre liberté. Un ticket simple vous donnera droit à des trajets jusqu'à 15 km hors du centre de Florence, Pise ou Sienne. N'oubliez cependant pas qu'il fait très chaud dans les bus en été et que des pickpockets y sévissent parfois, surtout lorsqu'ils sont bondés.

Panneau des zones piétonnes

Plan de ligne à un arrêt de bus

À PIED

L eurs églises toujours fraîches même au cœur des plus grosses chaleurs et les places qui les parsèment et permettent de se reposer en regardant le monde s'agiter ne rendent que plus agréable la découverte à pied des villes toscanes. Toutes les villes ont des zones où la circulation automobile est limitée ou interdite et une signalisation claire, en particulier à Sienne, guide jusqu'aux sites touristiques.

À Florence, où le Duomo et l'Arno permettent de s'orienter aisément, une promenade passant par les principaux monuments demande à peine plus de deux heures car la cathédrale, Santa Maria Novella, le Ponte Vecchio et l'Accademia ne se trouvent qu'à dix minutes de marche les uns des autres. Si les principaux monuments de Pise se dressent tous sur la même place, il faut prévoir de bonnes chaussures pour visiter Sienne, construite sur des collines.

En été, mieux vaut se plier au rythme italien : commencer tôt les journées, réserver les

Ne quittez le trottoir à aucun prix

Il est un peu moins dangereux de traverser

heures les plus chaudes au déjeuner et à la sieste, et profiter de la fraîcheur du soir pour jouir de l'animation des rues.

TRAVERSER LES RUES

U tilisez un *sottopassaggio* (passage souterrain) chaque fois que possible car même le signal lumineux *avanti* ne vous donne qu'une priorité théorique. Pour traverser, la meilleure technique consiste encore à imiter les Italiens et à s'engager d'un pas décidé sur la chaussée en fixant les conducteurs droit dans les yeux. Tant que ceux-ci vous voient, ils s'arrêteront ou vous éviteront, même au dernier moment. Redoublez de précaution la nuit quand les feux de signalisation clignotent à l'orange.

LES AUTOBUS URBAINS

L a compagnie florentine s'appelle **ATAF,** celle de Pise **CPT** et celle de Sienne **TRA-IN** mais tous leurs véhicules sont d'un orange éclatant. La plupart des lignes circulent jusqu'à 21 h 30 et les plus fréquentées jusqu'à minuit ou 1 h du matin à Florence.

À Pise et à Florence, les bus passent près de tous les principaux monuments. À Florence, les lignes n° 12 et n° 13 font partie des plus pratiques avec la no 7 pour Fiesole. Les itinéraires A, B,

Un bus de la compagnie ATAF rentrant au dépôt

C et D sont desservis par des minibus électriques ou au diesel écologique

PRENDRE LE BUS

L a plupart des lignes de bus de Florence passent à Santa Maria Novella ; celles de Pise par la gare et la piazza Vittorio Emmanuele II ; celles de Sienne piazza Antonio Gramsci et piazza San Domenico. Vous trouverez des guichets de renseignements à tous ces endroits mais s'ils sont fermés, adressez-vous aux bureaux d'information touristique.

On monte à l'avant ou à l'arrière et l'on descend par les portes du milieu. Les quatres places situées à l'avant du véhicule sont réservées aux personnes âgées, accompagnées d'enfants ou les personnes handicapées. Les resquilleurs sont nombreux, tout comme les contrôleurs. L'amende s'élève à cinquante fois le prix du ticket. Pour valider un ticket, il faut l'introduire dans le composteur installé dans le bus.

LES TICKETS DE BUS

I l faut acheter ses tickets avant de monter à bord auprès des marchands de journaux, des bars ou des bureaux de tabac affichant le logo de la compagnie

Signalisation des voies piétonnes jusqu'aux monuments de Florence

de bus (ATAF, CPT, TRA-IN), ou dans les distributeurs automatiques installés près des arrêts (ils acceptent toutes les pièces et les billets en euros de petite valeur). Rien n'interdit d'en acquérir plusieurs d'avance puisque tant que vous n'avez pas composté un ticket en montant dans le premier bus de votre parcours, il garde toute sa validité. Celle-ci, comme les prix, varie selon les villes. Elle est calculée en temps, un ticket donnant droit à une, deux, ou même parfois quatre heures de trajet sans limite de distance ou de nombre de bus pris.

Il est possible d'acheter des tickets valables à la journée ou un ticket *quattro corsi* pour 4 trajets. Il faut composter le ticket à chacun des voyages.

LES ABONNEMENTS

Vous pourrez prendre un abonnement à Florence à l'**Ufficio Abbonamenti de la compagnie ATAF** proche de gare Santa Maria Novella et chez la plupart des marchands de journeaux. À Sienne, on les trouve au bureau TRA-IN de la piazza San Domenico. Les cartes mensuelles s'achètent partout où sont vendus des tickets de bus. Pensez à vous munir d'une pièce d'identité. À Florence, la formule la plus intéressante est la carte *plurigiornale* que l'on achète dans les bureaux d'ATAF, les bars, les marchands de journeaux et les bureaux de tabac. Elle est valable de 2 à 7 jours. ATAF propose également

Le principal arrêt de bus à la gare Santa Maria Novella

une formule appelée *abbonamento plurigiornaliero* valable de 2 à 25 jours. Les non-résidents en Toscane peuvent également acquérir à tous les guichets des compagnies de train, d'autocars et de bus une *carta arancio* valide pendant sept jours sur toutes les lignes de chemin de fer ou de car de la province de Florence.

ADRESSES UTILES

ATAF
Piazza della Stazione, Florence.
Plan 1 B5 (5 B1).
📞 800 424 500. Ⓦ www.ataf.net

CPT
Ufficio Informazioni,
Piazza Sant'Antonio 1, Pise.
📞 050 505 511. Ⓦ www.ctp.pisa.it

TRA-IN
Piazza Antonio Gramsci, Sienne.
📞 (0577) 20 42 46.

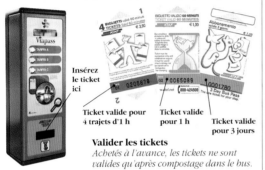

Insérez le ticket ici

Ticket valide pour 4 trajets d'1 h

Ticket valide pour 1 h

Ticket valide pour 3 jours

Composteur

Valider les tickets
Achetés à l'avance, les tickets ne sont valides qu'après compostage dans le bus.

LES TAXIS EN TOSCANE

Ne prenez pas d'autres taxis que les officiels qui sont blancs et portent l'enseigne lumineuse « taxi » sur le toit. Les chauffeurs, en général honnêtes, compteront un supplément pour les bagages, pour les courses de nuit entre 22 h et 7 h, le dimanche et les jours fériés ainsi que pour les trajets hors du centre de la ville (depuis ou vers l'aéroport, par exemple). Si vous commandez un taxi par téléphone, son compteur commencera à tourner à partir du moment où vous l'avez réservé et peut afficher plusieurs euros au moment où vous monterez dans le véhicule.
On attend des touristes un pourboire d'au moins 10 % mais les Italiens ne laissent eux-mêmes que de la menue monnaie ou rien du tout. À Florence, vous trouverez des stations via Pellicceria, piazza di Santa Maria Novella et piazza di San Marco ; à Sienne, piazza Matteotti et piazza della Stazione ; à Pise, piazza del Duomo, piazza Garibaldi et piazza della Stazione.

NUMÉROS DES RADIOTAXIS

Florence Radiotaxi
📞 055 47 98 ou 055 43 90.

Siena Radiotaxi
📞 (0577) 492 22.

Pisa Radiotaxi
📞 (050) 54 16 00.

Taxi attendant à une des stations de Florence

Florence et la Toscane en voiture

La Fiat 500, un classique

U ne voiture vous offrira une liberté incontestable pour visiter la campagne et les montagnes toscanes mais si vous envisagez de rester à Sienne ou à Florence, elle constituera probablement plus une gêne qu'un avantage : ces cités sont assez peu étendues pour y circuler à pied et y stationner peut s'avérer difficile et coûteux. Pour passer une seule journée dans une ville, mieux vaut se garer en périphérie et marcher ou prendre un bus jusqu'au centre.

ARRIVER EN VOITURE

A vant de partir en Italie avec votre propre véhicule, renseignez-vous auprès de votre assurance sur les risques qu'elle couvre en cas d'accident (frais de rapatriement, assistance médicale, etc.). Il vous faudra bien entendu emporter la carte verte, le document d'enregistrement de la voiture (la carte grise en France) et un permis en règle. Vous trouverez dans les bureaux de l'**ACI** (Automobile Club d'Italia) d'excellentes cartes routières et une aide précieuse. Cette organisation assure en outre gratuitement les dépannages et, pour tout membre d'un Automobile club affilié, les réparations. Des bornes, sur les autoroutes, permettent de joindre à tout instant les services d'urgence.

LOUER UNE VOITURE

I l vous faudra avoir plus de 21 ans et posséder un permis depuis plus d'un an pour louer une voiture en Italie. Les locations y sont chères mais vous pouvez obtenir de meilleurs tarifs en réservant par l'intermédiaire d'une agence de voyages avant votre départ. Une fois arrivé en Toscane, une compagnie locale comme **Maggiore** devrait être moins onéreuse. Vérifiez toutefois si le prix comprend bien l'assurance contre les dégâts matériels et le vol.

Les visiteurs hors UE sont supposés présenter un permis international, mais il est en pratique rarement exigé.

Florence en scooter

LOUER UN VÉLO OU UN CYCLOMOTEUR

L a location d'un vélo, moyen de transport idéal dans une ville comme Lucques où même l'office du tourisme en propose,

Code de la route
Sauf mention spéciale, les véhicules venant de droite ont la priorité. Le port de la ceinture de sécurité est obligatoire à l'avant comme à l'arrière ainsi que la possession d'un triangle de signalisation en cas de panne. La vitesse est limitée à 50 km/h en ville, à 90 km/h sur route et, pour les voitures de moins de 1 100 cm³, à 110 km/h sur autoroute, les véhicules plus puissants ayant le droit de rouler à 130 km/h. Une amende à régler immédiatement et le retrait de points de permis répriment les excès de vitesse.

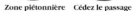

Rue à sens unique

coûte environ 3 € l'heure ; celle d'un scooter, moins fatigant pour affronter les collines de Toscane, 25 € par jour. Les casques sont obligatoires sur les scooters. Les vélos peuvent se louer aux principaux parkings payants à l'extérieur de Florence à un petit prix.

CONDUIRE EN VILLE

S euls les conducteurs aux nerfs d'acier affronteront les labyrinthes de rues à sens unique, les zones de circulation limitée dans le centre des villes et les deux-roues ne respectant pas les feux rouges. À part pour y déposer leurs bagages à l'hôtel, ils ne pourront de toute manière pas entrer dans Lucques, Sienne et San Gimignano dont l'accès est réservé aux résidents et aux taxis, ni pénétrer dans la *zona traffico limitato,* ou *zona blu,* qui couvre plusieurs quartiers de Pise proches de l'Arno et presque tout le cœur de Florence.

À Florence, se promener à pied dans la zone piétonnière créée autour du Duomo n'empêche pas d'être vigilant à l'égard des taxis, vélos et vélomoteurs.

Limitation de vitesse (sur route)

Fin de limitation de vitesse

Zone piétonnière

Cédez le passage

Passage protégé à 320 m

Danger (précisé)

Péages automatiques sur l'autoroute

STATIONNER

Une bande bleue signale les lieux de stationnement autorisés généralement bordés de parcmètres et surveillés par des gardiens. Florence dispose en outre de deux grands parkings souterrains, l'un à la gare de Santa Maria Novella, ouvert de 6 h 30 à 1 h, l'autre au nord-est de la piazza della Libertà. Dans les zones situées presque toujours hors du centre-ville, le *disco orario* (vendu dans les stations-service) sur lequel on affiche son heure d'arrivée permet de stationner gratuitement pendant une période généralement d'une ou deux heures *(un'ora* ou *due ore).*

DISCO ORARIO

Disque de stationnement

Les panneaux indiquant *zona rimozione* signalent le jour de la semaine dévolu au nettoyage de la rue et où il est donc interdit de se garer. Méfiez-vous des parkings

réservés aux résidents (*riservato ai residenti*). Si votre voiture a disparu (probablement à la fourrière), appelez la police municipale, les *Vigili.*

ROULER EN CAMPAGNE

Prendre les paisibles routes de campagne toscanes peut être un grand plaisir. Méfiez-vous cependant des plus petites au revêtement parfois en mauvais état et des trajets qui paraissent courts sur la carte mais prennent un temps fou à cause des lacets.

LES PÉAGES ET L'ESSENCE

Bien que quelques routes à double voie soient gratuites en Toscane, toutes les autoroutes au nord de Rome sont payantes. Les péages acceptent l'argent liquide et des cartes magnétiques appelées Viacard permettent d'acheter à l'avance des droits de péage. Les bureaux de tabac, l'ACI et certains Automobile clubs à l'étranger en vendent.

Relativement rares, les stations-service en dehors des autoroutes et des villes n'acceptent presque jamais les cartes bancaires et n'ouvrent le plus souvent l'après-midi que de 15 h 30 à 19 h 30. Beaucoup ferment le dimanche et en août.

Certaines pompes, notamment d'essence sans plomb *(senza piombo)*, fonctionnent en libre-service avec des billets et des cartes de paiement.

Une zone de stationnement autorisé et son gardien

Index

Remerciements

L'Editeur remercie les organismes, les institutions et les particuliers suivants dont la contribution a permis la préparation de cet ouvrage.

AUTEUR
Christopher Catling explore Florence et la Toscane depuis sa première fouille archéologique dans la région, effectuée il y a vingt ans alors qu'il était étudiant à l'université de Cambridge. Il est l'auteur de plusieurs guides sur la ville et la région.

PHOTOGRAPHIES D'APPOINT
Jane Burton, Philip Dowell, Neil Fletcher, Steve Gorton, Frank Greenaway, Neil Mersh, Poppy, Clive Streeter.

ILLUSTRATIONS D'APPOINT
Gillie Newman, Chris D Orr, Sue Sharples, Ann Winterbotham, John Woodcock, Martin Woodward.

CARTOGRAPHIE
Colourmap Scannning Limited ; Contour Publishing ; Cosmographics ; European Map Graphics. Plans de l'Atlas des rues par ERA Maptec Ltd (Dublin) adaptés à partir des cartes originales Shobunsha (Japon), avec leur autorisation.

RECHERCHE CARTOGRAPHIQUE
Caroline Bowie, Peter Winfield, Claudine Zante.

COLLABORATION ARTISTIQUE ET ÉDITORIALE
Louise Abbott, Gaye Allen, Douglas Amrine, Sam Atkinson, Rosemary Bailey, Hilary Bird, Lucia Bronzin, Cooling Brown Partnership, Vanessa Courtier, Joy FitzSimmons, Natalie Godwin, Jackie Gordon, Steve Knowlden, Neil Lockley, Georgina Matthews, Alice Peebles, Andrew Szudek, Dawn Terrey, Tracy Timson, Daphne Trotter, Glenda Tyrrell, Nick Turpin, Janis Utton, Alastair Wardle, Lynda Warrington, Fiona Wild, Stewart J. Wild (correction).

AVEC LE CONCOURS SPÉCIAL DE :
Antonio Carluccio ; Sam Cole ; Julian Fox, University of East London ; Simon Groom ; Signor Tucci du Ministero dei Beni Culturali e Ambientali ; Museo dell'Opificio delle Pietre Dure ; Signora Pelliconi à la Soprintendenza per i Beni Artistici e Storici delle Province di Firenze e Pistoia ; prof. Francesco Villari, Direttore, Istituto Italiano di Cultura, Londres.

Pour l'image générée par ordinateur des fresques de Gozzoli au palazzo Medici-Riccardi : Dr Cristina Acidini, directrice de la restauration, et les restaurateurs du Consorzio Pegasus, Firenze ; Ancilla Antonini d'Index, Firenze ; et Galileo Siscam SpA, Firenze, éditeurs du programme graphique CAD Orthomap.

RÉFÉRENCE PHOTOGRAPHIQUE
Camisa I & Son, Carluccio's, Gucci Ltd.

AUTORISATION DE PHOTOGRAPHIER
L'Editeur remercie les entreprises, les institutions et les organismes suivants d'avoir accordé leur autorisation de photographier :

FLORENCE : Badia Fiorentina ; Biblioteca Mediceo-Laurenziana ; Biblioteca Riccardiana ; Centro Mostra di Firenze ; Comune di Firenze ; Duomo ; Hotel Continental ; Hotel Hermitage ; Hotel Villa Belvedere ; Le Fonticine ; Museo Bardini ; Museo di Firenze com'era ; Museo Horne ; Museo Marino Marini ; Museo dell'Opera del Duomo di Firenze ; Ognissanti ; Palazzo Vecchio ; Pensione Bencistà ; Rebus ; Santi Apostoli ; Santa Croce ; San Lorenzo ; Santa Maria Novella ; Santa Trinità ; Soprintendenza per i Beni Ambientali e Architettonici delle Province di Firenze e Pistoia ; Tempio Israelitico ; Trattoria Angiolino ; Ufficio Occupazioni Suolo Pubblico di Firenze ; Villa La Massa ; Villa Villoresi.

TOSCANE : Campo dei Miracoli, Pisa ; Collegiata, San Gimignano ; Comune di Empoli ; Comune di San Gimignano ; Comune di Vinci ; Duomo, Siena ; Duomo, Volterra ; Museo della Collegiata di Sant'Andrea, Empoli ; Museo Diocesano di Cortona ; Museo Etrusco Guarnacci, Volterra ; Museo Leonardiano, Vinci ; Museo dell'Opera del Duomo, Pisa ; Museo dell'Opera del Duomo, Siena ; Museo delle Sinopie, Pisa ; Opera della Metropolitana di Siena ; Opera Primaziale Pisana, Pisa ; Soprintendenza per i Beni Ambientali e Architettonici di Siena ; Soprintendenza per i Beni Artistici e Storici di Siena ; Soprintendenza per i Beni Ambientali, Architettonici, Artistici e Storici di Pisa.

CRÉDIT PHOTOGRAPHIQUE
h = en haut ; hg = en haut à gauche ; hc = en haut au centre ; hd = en haut à droite ; chg = centre haut à gauche ; ch = au centre en haut ; chd = centre haut à droite ; cg = centre gauche ; c = centre ; cd = au centre à droite ; cbg = centre bas à gauche ; cb = centre bas ; cbd = centre bas à droite ; bg = bas à gauche ; b = bas ; bc = bas au centre ; bd = bas à droite ; (d) = détail.

Malgré tout le soin que nous avons apporté à dresser la liste des auteurs des photographies publiées dans ce guide, nous demandons à ceux qui auraient été involontairement oubliés de bien vouloir nous en excuser. Cette erreur serait corrigée à la prochaine édition de l'ouvrage.

L'Editeur remercie les particuliers, organismes ou agences de photos suivants qui l'ont autorisé à reproduire leurs clichés :

AGENZIA PER IL TURISMO, FIRENZE : 72hd ; ARCHIVI ALINARI, FIRENZE : 104b ; THE ANCIENT ART AND ARCHITECTURE COLLECTION : 77hg ; ARCHIVIO FOTOGRAFICO ENCICLOPEDICO, ROMA : Giuseppe Carfagna 36h, 37b, 199h, 199c ; Luciano Casadei 36b ; Cellai/Focus Team 36c ; Claudio Cerquetti 31bg ; B. Kortenhorst/K & B News Foto 19h ; B. Mariotti 37c ; S. Paderno 21h, 37h ; G. Veggi 32c.
THE BRIDGEMAN ART LIBRARY, LONDON : Archivo dello Stato, Siena 45cbg ; Bargello, Firenze 68h ; Biblioteca di San Marco, Firenze 97h ; Biblioteca

Marciana, Venezia 42bd ; Galleria dell'Accademia, Firenze 94b ; Galleria degli Uffizi, Firenze 25bd, 43b, 45chg, 80b, 81hg, 81hd, 83h, 83b ; Musée du Louvre, Paris/Lauros-Giraudon, 105h ; Museo di San Marco, Firenze 50hg, 51h, 97cb ; Museo Civico, Prato 184h ; Palazzo Pitti, Firenze 121hd ; Sant'Apollonia, Firenze 89h (détail), 92c (détail) ; Santa Croce, Firenze 72b ; Santa Maria Novella, Firenze 111cd ; © THE BRITISH MUSEUM : 40b.

BRUCE COLEMAN : N. G. Blake 31bd, Hans Reinhard 31chg, 31chd ; JOE CORNISH : 30-31, 34h, 35, 129h, 201h, 223h ; GIANCARLO COSTA, MILANO : 32h, 43h, 53cbg, 54ch, 54bg, 145 (incrustation), 256hg.

MARY EVANS PICTURE LIBRARY : 44h, 46b, 48bg, 53b, 54bd, 74c, 175c, 192c.

FERROVIA DELLO STATO : B. Di Giulio 284cg ; JACKIE GORDON : 55cb, 267cg, 285, 290c.

ROBERT HARDING PICTURE LIBRARY : 56-7 ; ALISON HARRIS : Museo dell'Opera del Duomo, Firenze 25bg, 67h, 67c ; Palazzo Vecchio, Firenze/Comune di Roma/Direzione dei Musei 4h, 50cb (Sala di Gigli), 51cbg, 79h ; San Lorenzo, Firenze/ Soprintendenza per i Beni Artistici 91c ; Santa Felicità, Firenze 119h (détail) ; Santo Spirito, Firenze 118b ; 116 ; HOTEL PORTA ROSSA, FIRENZE : 179b ; PIPPA HURST : 179cd.

THE IMAGE BANK : 58h, 100, 108 ; Guido Alberto Rossi 11h, 11b ; IMPACT PHOTOS : Piers Cavendish 5b ; Brian Harris 17b ; INDEX, FIRENZE : 182h (détail), 182b, 182c (détail), 183h ; Biblioteca Nazionale, Firenze 9 (incrustation) ; Biblioteca Riccardiana, Firenze 57 (incrustation), 239 (incrustation) 271 (incrustation) ; Galileo Siscam, S.p.A, Firenze 54-5 ; P. Tosi, 66cd ; ISTITUTO E MUSEO DI STORIA DELLA SCIENZA DI FIRENZE : 74b, 75h.

FRANK LANE PICTURE AGENCY : R. Wilmshurst 31cbd.

THE MANSELL COLLECTION : 45b ; MUSEO DELL'OPIFICIO DELLE PIETRE DURE, FIRENZE : 95c.

MARKA : F. Pizzochero 29chg ; Roberto Benzi 276chg ; M. Motta 277cg ;GRAZIA NERI, MILANO : R. Bettini 34b ; Carlo Lannutti 55b ; PETER NOBLE : 5h, 16, 168b, 218hd, 218chd, 276c.

OXFORD SCIENTIFIC FILMS : Stan Osolinski 232hd.

ROGER PHILLIPS : 198chd, 198cbd ; ANDREA PISTOLESI, FIRENZE : 220b, 277h ; EMILIO PUCCI S.R.L, FIRENZE : 55chg.

RETROGRAPH ARCHIVE, LONDON : © Martin Breese 169c, 180b, 243h, 257bg ; ROYAL COLLECTION : © HER MAJESTY QUEEN ELIZABETH II : 53h (détail).

SCALA, FIRENZE : Abbazia, Monte Oliveto Maggiore 207h ; Galleria dell'Accademia, Firenze 92b, 94h, 95h ; Badia, Fiesole 47cbg ; Badia, Firenze 70b ; Bargello, Firenze 39h, 42bg, 44b, 47chg, 47b, 49cd, 52bd, 66hd, 68b, 69h, 69chg, 69chd, 69cbg, 108c ; Battistero, Pisa 154b ; Biblioteca Laurenziana, Firenze 90c ; Camposanto, Pisa 152b ; Cappella dei Principi, Firenze 48hg, 90h ; Cappelle Medicee, Firenze 51cbd, 91h ; Casa del Vasari, Arezzo 195h (détail) ; Chiesa del Carmine, Firenze 126-7, (126h, 126b, 127bg, 127bd tous les détails) ; Cimitero, Monterchi 26c ; Collegiata, San Gimignano 208cb ; Corridoio Vasariano, Firenze 106h ; Duomo, Lucca 176b ; Duomo, Pisa 155h ; Duomo, Prato 26h (détail), 27h (détail) 27c (détail), 27b (détail), 26-7 ; Galleria Comunale, Prato 184b ; Galleria d'Arte Moderna, Firenze 52cb, 121hg ; Galleria Palatina, Firenze 53cbd, 122-3 ; Galleria degli Uffizi, Firenze 17h, 41cla, 41bd, 46c, 48c, 48bd, 49h, 49cg, 49b, 50cg, 50b (Collezione Giovanna), 80h, 81ch, 81cb, 81b, 82h, 82b, 83c (détail) ; Loggia dei Lanzi, Firenze 77hd ; Musée Bonnat, Bayonne 69b ; Musei Civici, San Gimignano 38, 209b, 211b ; Museo Archeologico, Arezzo 195c ; Museo Archeologico, Firenze 40ch, 41cbg, 41bg, 93cb, 99h, 99b, 236b ; Museo Archeologico, Grosseto 236c ; Museo Civico, Bologna 46hd ; Museo degli Argenti, Firenze 51b, 52h, 52ch, 120b ; Museo dell'Accademia Etrusca, Cortona 41h, 42ch ; Museo dell'Opera del Duomo, Firenze 45h, 63h (détail) ; Museo dell'Opera Metropolitana, Siena 24h ; Museo di Firenze com'era, Firenze 71h, 125h, 161b ; Museo Diocesano, Cortona 200b ; Museo Etrusco Guarnacci, Volterra 40h ; Museo di San Marco, Firenze 59h, 84, 96h (détail), 96c, 96b, 97ch, 97b ; Museo Mediceo, Firenze 48hd ; Museo Nazionale di San Matteo, Pisa 153h ; Necropoli, Sovana 237cbd ; Palazzo Davanzati, Firenze 103c (Sala dei Pappagalli), 108h ; Palazzo Medici Riccardi, Firenze 2-3 ; Palazzo Pitti, Firenze 120c, 121bg ; Palazzo Pubblico, Siena 44-5, 215h ; Palazzo Vecchio, Firenze 50-51 (Sala di Clemente VII), 78h (Sala dei Gigli) ; Pinacoteca Comunale, Sansepolcro 193b ; Pinacoteca Comunale, Volterra 162cd ; San Francesco, Arezzo 196-7, (196h, 196b, 197h, 197b, 197cg tous les détails) ; San Lorenzo, Firenze 25h ; Santa Maria Novella, Firenze 24b, 44c (détail), 47h (détail), 110b ; Santa Trinità, Firenze 102h ; Santissima Annunziata, Firenze 98b ; Tomba del Colle, Chiusi 40cb, 224h ; Tribuna di Galileo, Firenze 52-3 ; Vaticano 39b (Galleria Carte Geographica) ; SYGMA : G. Giansanti 218chg, 218 cbd, 218bg ; Keystone 55h.

THE TRAVEL LIBRARY : Philip Enticknap 94cd, 214h, 272c.
Couverture : photographies spéciales
sauf : GRAZIA NERI, Stefano Cellai, 1re de couverture : ch.
Toutes autres images © Dorling Kindersley.
Couverture intérieure 1re page : THE IMAGE BANK : hg ; SCALA, FIRENZE : hd.
Pour plus d'information, consultez www.dkimages.com

Lexique

EN CAS D'URGENCE

Au secours !	**Aiuto!**	*a-iou-to*
Arrêtez !	**Fermate!**	*fèr-ma-té*
Appelez un médecin !	**Chiama un medico**	*quia-a-ma oun mé-di-co*
Appelez une ambulance !	**Chiama un' ambulanza**	*quia-a-ma oun am-bou-lan-tsa*
Appelez la police !	**Chiama la polizia**	*quia-a-ma la po-li-tsi-a*
Appelez les pompiers !	**Chiama i pompieri**	*quia-a-ma i pom-pi-é-ri*
Où est le téléphone ?	**Dov'è il telefono?**	*dov-é il té-lé-fo-no ?*
L'hôpital le plus proche ?	**L'ospedale più vicino?**	*los-pé-da-lé pi-ou vi-tchi-no ?*

L'ESSENTIEL

Oui/Non	**Si/No**	*si/no*
S'il vous plaît	**Per favore**	*pèr fa-vo-ré*
Merci	**Grazie**	*gra-tsi-è*
Excusez-moi	**Mi scusi**	*mi scou-tsi*
Bonjour	**Buon giorno**	*bouone jor-no*
Au revoir	**Arrivederci**	*a-ri-vé-dèr-tchi*
Bonsoir	**Buona sera**	*bouona sé-ra*
le matin	**la mattina**	*la ma-ti-na*
l'après-midi	**il pomeriggio**	*il po-mé-ri-djio*
le soir	**la sera**	*la sé-ra*
hier	**ieri**	*i-èr-i*
aujourd'hui	**oggi**	*o-dji*
demain	**domani**	*do-ma-ni*
ici	**qui**	*coui*
là	**la**	*la*
Quoi ?	**Quale?**	*coua-lé ?*
Quand ?	**Quando?**	*couan-do ?*
Pourquoi ?	**Perchè?**	*pèr-qué ?*
Où ?	**Dove?**	*do-vé ?*

QUELQUES PHRASES UTILES

Comment allez-vous ?	**Come sta?**	*co-mé-sta ?*
Très bien, merci.	**Molto bene, grazie.**	*mol-to bé-né gra-tsi-é*
Ravi de faire votre connaissance.	**Piacere di conoscerla.**	*pi-a-tchèr-é di co-no-chèr-la*
A bientôt.	**A più tardi.**	*a pi-ou tar-di*
C'est parfait.	**Va bene.**	*va bé-né*
Où est/sont... ?	**Dov'è/Dove sono ...?**	*dov-é/dové so-no ?*
Combien de temps pour aller à... ?	**Quanto tempo ci vuole per andare a ...?**	*couan-to tèm-po tchi vou-o-lé pèr an-dar-é a ... ?*
Comment aller à... ?	**Come faccio per arrivare a ...?**	*co-mé fa-tcho pèr arri-var-é a... ?*
Parlez-vous français ?	**Parla francese?**	*par-la frane-tché-sé ?*
Je ne comprends pas	**Non capisco.**	*none ca-pi-sco*
Pourriez-vous parler plus lentement, SVP ?	**Può parlare più lentamente, per favore ?**	*pouo par-la-ré pi-ou lèn-ta-mèn-té pèr fa-vo-ré ?*
Excusez-moi	**Mi dispiace.**	*mi dis-pi-a-tché*

QUELQUES MOTS UTILES

grand	**grande**	*grane-dé*
petit	**piccolo**	*pi-co-lo*
chaud	**caldo**	*cal-do*
froid	**freddo**	*frèd-do*
bon	**buono**	*bouo-no*
mauvais	**cattivo**	*cat-ti-vo*
assez	**basta**	*bàs-ta*
bien	**bene**	*bé-né*
ouvert	**aperto**	*a-pèr-to*
fermé	**chiuso**	*qui-ou-so*
à gauche	**a sinistra**	*a si-ni-stra*
à droite	**a destra**	*a dèss-tra*
tout droit	**sempre dritto**	*sèm-pré dri-to*
près	**vicino**	*vi-tchi-no*
loin	**lontano**	*lone-ta-no*
en haut	**su**	*sou*
en bas	**giù**	*djou*
tôt	**presto**	*près-to*
tard	**tardi**	*tar-di*
entrée	**entrata**	*ène-tra-ta*
sortie	**uscita**	*ou-chi-ta*
les toilettes	**il gabinetto**	*il ga-bi-nèt-to*
libre	**libero**	*li-bé-ro*
gratuit	**gratuito**	*gra-tou-i-to*

AU TÉLÉPHONE

Je voudrais l'interurbain.	**Vorrei fare una interurbana.**	*vor-reil far-é ouna ine-tèr-our-ba-na*
Je voudrais téléphoner en P.C.V.	**Vorrei fare una telefonata a carico del destinatario.**	*vor-reil far-é ouna té-lé-fo-na-ta a ca-ri-co dèl dés-ti-na-ta-rio*
Je rappellerai plus tard.	**Ritelefono più tardi.**	*ri-té-lé-fo-no pi-ou tar-dé*
Puis-je laisser un message?	**Posso lasciare un messaggio?**	*Poss-o lach-a-ré oun mess-sa-djio ?*
Ne quittez pas.	**Un attimo, per favore**	*oun a-ti-mo pèr fa-vo-ré*
Pourriez-vous parlez plus fort, SVP	**Può parlare più forte, per favore ?**	*pouo par-la-ré pi-ou for-té, pèr fa-vo-ré*
Appel local	**la telefonata locale**	*la té-lé-fo-na-ta lo-ca-lé*

LE SHOPPING

Combien cela coûte-t-il ?	**Quant'è, per favore?**	*couane-té pèr fa-vo-ré ?*
Je voudrais...	**Vorrei ...**	*for-reil*
Avez-vous... ?	**Avete ...?**	*a-vé-té... ?*
Je ne fais que regarder.	**Sto soltanto guardando.**	*sto sol-tan-to gouar-dan-do*
Acceptez-vous les cartes de crédit	**Accettate carte di credito?**	*a-tché-ta-té car-té di cré-di-to ?*
A quelle heure ouvrez-vous/ fermez-vous ?	**A che ora apre/ chiude?**	*a qué or-a a-prè/ qui-ou-dé ?*
ceci	**questo**	*coué-sto*
cela	**quello**	*couél-o*
cher	**caro**	*car-o*
bon marché	**a buon prezzo**	*a bouon prèt-so*
la taille, (vêtements)	**la taglia**	*la ta-li-a*
la pointure	**il numero**	*il nou-mé-ro*
blanc	**bianco**	*bi-ane-co*
noir	**nero**	*né-ro*
rouge	**rosso**	*ross-o*
jaune	**giallo**	*djial-o*
vert	**verde**	*vèr-dé*
bleu	**blu**	*blou*
brun	**marrone**	*mar-ro-né*

LES MAGASINS

l'antiquaire	**l'antiquario**	*lane-ti-coua-ri-o*
le boulanger	**la panetteria**	*la pa-nèt-tèr-ri-a*
la banque	**la banca**	*la bang-ca*
la librairie	**la libreria**	*la li-bré-ri-a*
le boucher	**la macelleria**	*la ma-tchèl-é-ri-a*
la pâtisserie	**la pasticceria**	*la pas-ti-kèr-i-a*
la pharmacie	**la farmacia**	*la far-ma-tchi-a*
le grand magasin	**il grande magazzino**	*il grane-dé ma-ga-dzi-no*
l'épicerie fine	**la salumeria**	*la sa-lou-mé-ri-a*
la poissonnerie	**la pescheria**	*la pés-ké-ri-a*
le fleuriste	**il fioraio**	*il fi-o-rail-o*
le marchand de légumes	**il fruttivendolo**	*il frou-ti-vène-do-lo*
l'épicier	**alimentari**	*a-li-mène-ta-ri*
le coiffeur	**il parrucchiere**	*il par-ou-ki-èr-è*
le glacier	**la gelateria**	*la dgé-la-tèr-ri-a*
le marché	**il mercato**	*il mèr-ca-to*
le marchand de journaux	**l'edicola**	*lé-di-co-la*
la poste	**l'ufficio postale**	*lou-fi-tcho pos-ta-lé*
le marchand de chaussures	**il negozio di scarpe**	*il né-go-tsio- di scar-pé*
le supermarché	**il supermercato**	*il sou-pèr-mèr-ca-to*
le débit de tabac	**il tabaccaio**	*il ta-bak-ail-o*
l'agence de voyages	**l'agenzia di viaggi**	*la-djen-tsi-a di vi-ad-ji*

LE TOURISME

le musée	**la pinacoteca**	*a pina-co-té-ca*
l'arrêt de bus	**la fermata dell'autobus**	*la fèr-ma-ta dèl aou-to-bouss*
l'église	**la chiesa**	*la qui-é-tsa*
	la basilica	*la ba-sil-i-ca*
le jardin	**il giardino**	
la bibliothèque	**la biblioteca**	*la bi-bli-o-té-ca*
le musée	**il museo**	*il mou-sé-o*
la gare	**la stazione**	*la sta-tsi-o-né*
l'office du tourisme	**l'ufficio turistico**	*lou-fi-tcho tou-ri-sti-co*
fermé les jours fériés	**chiuso per la festa**	*qui-ou-so pèr la fés-ta*

À L'HÔTEL

Avez-vous une chambre libre ?	**Avete camere libere?**	*a-vé-té ca-mé-ré li-bé-ré?*
une chambre pour deux personnes	**una camera doppia**	*ouna ca-mé-ra do-pi-a*
avec un grand lit	**con letto matrimoniale**	*cone lét-to ma-tri-mo-ni-a-lé*
une chambre à deux lits	**una camera con due letti**	*ouna ca-mé-ra cone dou-é lét-ti*
une chambre pour une personne	**una camera singola**	*ouna ca-mé-ra sing-go-la*
une chambre avec bain, douche	**una camera con bagno, con doccia**	*ouna ca-mé-ra cone ban-io, cone dot-tcha*
le portier	**il facchino**	*il fa-qui-no*
la clef	**la chiave**	*la qui-a-vé*
J'ai réservé une chambre	**Ho fatto una prenotazione.**	*bo fat-to ouna pré-no-ta-tsi-o-né*

AU RESTAURANT

Avez-vous une table pour… ?	**Avete una tavola per … ?**	*a-vé-té ouna ta-vo-la pèr…?*
Je voudrais réserver une table.	**Vorrei riservare una tavola.**	*for-rei ri-sèr-va-ré ouna ta-vo-la*
le petit déjeuner	**colazione**	*co-la-tsi-o-né*
le déjeuner	**pranzo**	*prane-tso*
le dîner	**cena**	*qué-na*
L'addition, s'il vous plaît.	**Il conto, per favore.**	*il cone-to pèr fa-vor-é*
Je suis végétarien/ne.	**Sono vegetariano/a.**	*so-no vé-gé-tar-i-a-no/na*
la serveuse	**cameriera**	*ca-mé-ri-èr-a*
le garçon	**cameriere**	*ca-mé-ri-èr-é*
menu à prix fixe	**il menù a prezzo fisso**	*il mé-no a prèt-so fi-so*
le plat du jour	**piatto del giorno**	*pi-a-to dèl jor-no*
l'apéritif	**antipasto**	*ane-ti-pas-to*
l'entrée	**il primo**	*il pri-mo*
le plat principal	**il secondo**	*il sé-cone-do*
la garniture	**il contorno**	*il cone-tor-no*
le dessert	**il dolce**	*il dol-qué*
le supplément couvert	**il coperto**	*il co-pèr-to*
la carte des vins	**la lista dei vini**	*la lis-ta déi vi-ni*
saignant	**al sangue**	*al sangue-goué*
à point	**al puntino**	*al poune-ti-no*
bien cuit	**ben cotto**	*bèn cote-to*
le verre	**il bicchiere**	*il bi-qui-èr-é*
la bouteille	**la bottiglia**	*la bot-til-ia*
le couteau	**il coltello**	*il col-tèl-o*
la fourchette	**la forchetta**	*la for-quèt-ta*
la cuillère	**il cucchiaio**	*il cou-qui-aille-o*

LIRE LE MENU

l'agneau	**l'abbacchio**	*la-baqu-qui-o*
l'ail	**l'aglio**	*lal-io*
l'artichaut	**il carciofo**	*il car-tchoff-o*
l'aubergine	**la melanzana**	*la mé-lane-tsa-na*
le beurre	**il burro**	*il bour-o*
la bière	**la birra**	*la bir-ra*
le bifteck	**la bistecca**	*la bi-stèque-ca*
le bœuf	**il manzo**	*il mane-tso*
bouilli	**lesso**	*lèss-o*
le bouillon	**il brodo**	*il bro-do*
le café	**il caffè**	*il ca-fé*
le canard	**l'anatra**	*la-na-tra*
les champignons	**i funghi**	*i foun-gi*
les courgettes	**gli zucchini**	*li dzou-qui-ni*
la crème glacée	**il gelato**	*il gé-la-to*
les crevettes	**i gamberi**	*i gam-bèr-i*
l'eau	**l'acqua**	*la-coua*
l'eau minérale	**l'acqua minerale**	*la-coua mi-nèr-a-lé*
pétillante/	**gasata/**	*ga-za-ta/*
plate	**naturale**	*na-tou-ra-lé*
au four	**al forno**	*al for-no*
les fraises	**le fragole**	*lé fra-go-lé*
les frites	**patatine fritte**	*pa-ta-ti-né fri-té*
le fromage	**il formaggio**	*il for-mad-djio*
le fruit frais	**frutta fresca**	*frou-ta frés-ca*
les fruits	**frutti**	*frou-ti*
de mer	**di mare**	*di ma-ré*
le gâteau	**la torta**	*il tor-ta*
grillé	**alla griglia**	*a-la gril-ia*
les haricots	**i fagioli**	*i fa-djio-li*
le homard	**l'aragosta**	*la-ra-goss-ta*
l'huile	**l'olio**	*lol-io*

le jambon cuit/cru	**il prosciutto cotto/crudo**	*il pro-chou-to cot-to/crou-do*
jus d'orange/ de citron	**succo d'arancia/ di limone**	*sou-co da-ran-tcha/ di li-mo-né*
le lait	**il latte**	*il la-té*
les légumes	**i legumi**	*i lé-gou-mi*
l'œuf	**l'uovo**	*lou-o-vo*
l'oignon	**la cipolla**	*la tchi-pol-a*
l'olive	**l'oliva**	*lo-li-va*
l'orange	**l'arancia**	*la-ran-tcha*
le pain	**il pane**	*il pa-né*
les palourdes	**le vongole**	*lé vone-go-lé*
la pêche	**la pesca**	*la pès-ca*
le petit pain	**il panino**	*il pa-ni-no*
le poisson	**il pesce**	*il pêch-é*
le poivre	**il pepe**	*il pé-pé*
la pomme	**la mela**	*la mé-la*
les pommes de terre	**le patate**	*le pa-ta-té*
le porc	**carne di maiale**	*car-né di maï-ya-lé*
le poulet	**il pollo**	*il poll-o*
le raisin	**l'uva**	*lou-va*
le riz	**il riso**	*il ri-tso*
rôti	**arrosto**	*ar-ross-to*
la saucisse	**la salsiccia**	*la sal-si-tcha*
sec	**secco**	*séc-co*
le sel	**il sale**	*il sa-lé*
la salade	**l'insalata**	*line-sa-la-ta*
la soupe	**la zuppa**	*la tsou-pa*
	la minestra	*la mi-nès-tra*
le sucre	**lo zucchero**	*lo tsou-quèr-o*
le thé	**il tè**	*il té*
le thon	**il tonno**	*il ton-no*
la tisane	**la tisana**	*la ti-sa-na*
la tomate	**il pomodoro**	*il po-mo-dor-o*
le veau	**il vitello**	*il vi-tèl-o*
la viande	**la carne**	*la car-né*
le vin blanc	**vino bianco**	*vi-no bi-ang-co*
le vin rouge	**vino rosso**	*vi-no-ross-o*
le vinaigre	**l'aceto**	*la-tché-to*

LES NOMBRES

1	**uno**	*ou-no*
2	**due**	*dou-é*
3	**tre**	*trè*
4	**quattro**	*couat-ro*
5	**cinque**	*tching-coué*
6	**sei**	*seille*
7	**sette**	*sét-é*
8	**otto**	*ot-to*
9	**nove**	*no-vé*
10	**dieci**	*di-é-tchi*
11	**undici**	*oune-di-tchi*
12	**dodici**	*do-di-tchi*
13	**tredici**	*trèi-di-tchi*
14	**quattordici**	*coua-tor-di-tchi*
15	**quindici**	*couin-di-tchi*
16	**sedici**	*séi-di-tchi*
17	**diciassette**	*di-tcha-sèt-té*
18	**diciotto**	*di-tchot-to*
19	**diciannove**	*di-tcha-no-vé*
20	**venti**	*vèn-ti*
30	**trenta**	*trèn-ta*
40	**quaranta**	*coua-ran-ta*
50	**cinquanta**	*tching-couan-ta*
60	**sessanta**	*séss-an-ta*
70	**settanta**	*sét-tan-ta*
80	**ottanta**	*ot-tan-ta*
90	**novanta**	*no-van-ta*
100	**cento**	*tchèn-to*
1 000	**mille**	*mi-lé*
2 000	**duemila**	*dou-é-mi-la*
5 000	**cinquemila**	*tching-coué mi-la*
1 000 000	**un milioneo**	*un mil-io-né*

LE JOUR ET L'HEURE

une minute	**un minuto**	*oun mi-nou-to*
une heure	**un'ora**	*oun or-a*
une demi-heure	**mezz'ora**	*médz-or-a*
un jour	**un giorno**	*oun djor-no*
une semaine	**una settimana**	*ouna sét-ti-ma-na*
lundi	**lunedì**	*lo-né-di*
mardi	**martedì**	*mar-té-di*
mercredi	**mercoledì**	*mèr-co-lé-di*
jeudi	**giovedì**	*djio-vé-di*
vendredi	**venerdì**	*vén-èr-di*
samedi	**sabato**	*sa-ba-to*
dimanche	**domenica**	*do-mé-ni-ca*

PAYS

AFRIQUE DU SUD • ALLEMAGNE • AUSTRALIE • CANADA
CUBA • ÉGYPTE • ESPAGNE • FRANCE • GRANDE-BRETAGNE
IRLANDE • ITALIE • JAPON • MAROC • MEXIQUE
NOUVELLE-ZÉLANDE • PORTUGAL, MADÈRE ET AÇORES
SINGAPOUR • THAÏLANDE

RÉGIONS

BALI ET LOMBOCK • BARCELONE ET LA CATALOGNE
BRETAGNE • CALIFORNIE
CHÂTEAUX DE LA LOIRE ET VALLÉE DE LA LOIRE
ÉCOSSE • FLORENCE ET LA TOSCANE • FLORIDE
GRÈCE CONTINENTALE • GUADELOUPE • HAWAII
ÎLES GRECQUES • JÉRUSALEM ET LA TERRE SAINTE
MARTINIQUE • NAPLES, POMPÉI ET LA CÔTE AMALFITAINE
NOUVELLE-ANGLETERRE • PROVENCE ET CÔTE D'AZUR
SARDAIGNE • SÉVILLE ET L'ANDALOUSIE • SICILE
VENISE ET LA VÉNÉTIE

VILLES

AMSTERDAM • BERLIN • BRUXELLES, BRUGES, GAND ET ANVERS
BUDAPEST • DELHI, AGRA ET JAIPUR • ISTANBUL
LONDRES • MADRID • MOSCOU • NEW YORK
NOUVELLE-ORLÉANS • PARIS • PRAGUE • ROME
SAINT-PÉTERSBOURG • STOCKHOLM • VIENNE

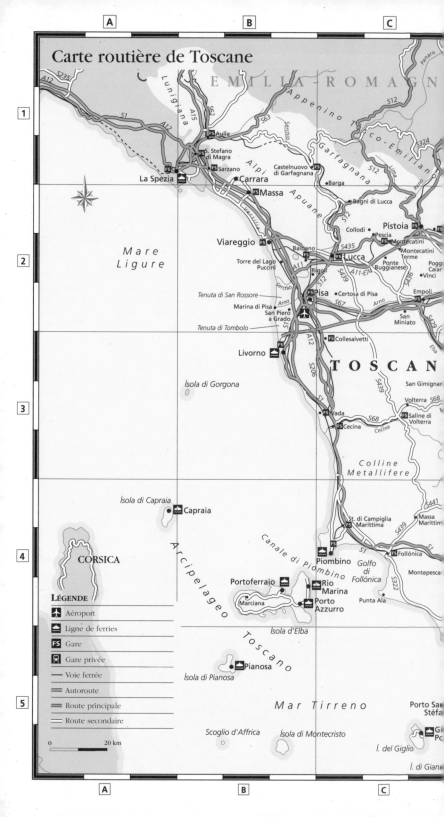